Autorin & Fotografenteam

Gewürze sind die große Leidenschaft von **Dr. Manuela Mahn**. Schon ihre Doktorarbeit im Fach Wirtschaftsgeschichte weckte bei der Historikerin und Archäologin das Interesse an würzenden Pflanzen und deren Verwendung. Seit nahezu drei Jahrzehnten forscht und arbeitet Manuela Mahn nun im Bereich Gewürze. Sie berät als Gewürzexpertin Industrie und Medien, bildet Gewürzsommeliers aus, schult Fachleute aus Unternehmen sowie Handel und gibt Seminare für Hobbyköche und Genießer. Ihre zahlreichen Reisen, stets auf den Spuren der Gewürze, führten sie auf der berühmten Gewürzroute in wichtige Anbaugebiete bis hin zu alten Karawanenwegen. Manuela Mahn arbeitet national, hat sich als Lebensmittelpunkt jedoch Bamberg ausgesucht. Dort genießt sie mit Familie sowie Hund die barocke Lebensfreude und -kultur der fränkischen Stadt.

Der Fotograf **Michael Gunz** liebt Lebensmittel und setzt sie, nicht zuletzt durch ein besonderes Handling der Lichtführung, einzigartig in Szene. Der 34-Jährige ist in Hohenems im österreichischen Voralberg geboren und begann seine Laufbahn in der Peoplefotografie. Auf mehreren internationalen Stationen sammelte er über die Jahre die nötige Erfahrung, um seinen Platz in der Produktfotografie zu finden.

Der 36-jährige **Michael Ritter** ist vom Gault&Millau ausgezeichneter Koch, Sommelier und Foodstylist. Geboren in Dornbirn in Österreich, absolvierte er in Lech am Arlberg seine Berufsausbildung. Anschließend war er am Arlberg in Österreich, an der Côte d'Azur in Vence sowie in Monte Carlo tätig und arbeitete in einem der führenden Lokale der Schweiz. Über zehn Jahre war er selbstständiger Unternehmer in der Top-Gastronomie. Als Ideenfinder und Berater für Bücher sowie Autor für diverse Tageszeitungen und Feinschmeckermagazine berichtet er bis heute über die Kulinarik in der ganzen Welt.

Gewürze
Das Standardwerk
Warenkunde · Küchenpraxis · 140 Rezepte

Dr. Manuela Mahn

CHRISTIAN

INHALT

7 VORWORT

8 WARENKUNDE

10 EINE KLEINE KULTURGESCHICHTE DER GEWÜRZE

16 GEWÜRZE – BEGRIFFSKLÄRUNG

22 WÜRZENDES VON A–Z

- 22 Gewürze
- 74 Gewürz- und Küchenkräuter
- 102 Alte Gewürze
- 108 Samen mit Geschmack
- 112 Würzende Spezialitäten
- 119 Zitrusfrüchte

120 KÜCHENPRAXIS

- 122 Gewürze richtig konservieren, lagern & verwenden
- 124 Gewürze – Grundausstattung
- 125 Herstellung von Gewürzmischungen
- 126 Die wichtigsten Geräte im Überblick
- 128 Herstellung von Gewürzölen & -essigen
- 132 Herstellung von Dressings & Kräuterbutter
- 134 Herstellung von Marinaden
- 136 Aromatische Getränke

138 REZEPTE – DIE WELT DER AROMEN

140 AROMENWELT AFRIKA

158 AROMENWELT ORIENT

188 AROMENWELT MEDITERRANES EUROPA

218 AROMENWELT MITTEL- & NORDEUROPA

248 AROMENWELT NORDAMERIKA

260 AROMENWELT SÜDAMERIKA & KARIBIK

278 AROMENWELT ASIEN

310 ANHANG

- 310   Die Lieferkette des Pfeffers
- 313   Register Warenkunde & Küchenpraxis
- 314   Rezeptregister
- 316   Glossar
- 318   Rezeptautoren
- 320   Impressum

Würzen ist eine Kunst

Der Begriff »Kunst« wird von Können abgeleitet. Die wahre Kunst des Würzens ist also vor allem denen vorbehalten, die sich tiefergreifend mit der Materie auseinandersetzen. Entscheidend ist nämlich nicht nur »eine Prise hiervon« oder »eine Messerspitze davon«. Würzkunst ist ein komplexes Thema. Es geht um Herkunft, Sorten, Qualitäten, Veredelungsprozesse, Fingerspitzengefühl und vor allem um ganz viel Geschmack!

Lassen Sie sich in die Welt der Gewürze entführen und erleben Sie aromatische Ausnahmetalente aus aller Welt in einer ganz neuen Dimension. Tauchen Sie ein in die spannende Geschichte der Gewürze, die von aufregenden Entdeckungen und kriegerischen Eroberungen erzählt. Eignen Sie sich botanisches Grundwissen über die wichtigsten Gewürzpflanzen und -sorten an. Erfahren Sie, wie man die Qualität der verschiedenen Gewürze unterscheidet und erkennt. Lernen Sie die vielfältigen Verwendungsmöglichkeiten von Gewürzen und Kräutern in Kochkunst und Heilkunde kennen. Kurz: Lassen Sie sich verzaubern von der Magie der Gewürze.

Sieben Aromenwelten lernen Sie hier näher kennen und erfahren, welche würzigen Schwerpunkte in den verschiedenen Ländern und Kulturkreisen der Erde traditionell zu finden sind. Tauchen Sie ein in die exotischen Geschmackswelten Asiens, die sinnlichen Würzträume des Orients, die kräuterwürzige Frische mediterraner Regionen, die fantasievollen Aromen Afrikas oder die rassige Schärfe südamerikanischer Esskultur.

Raffinierte Rezepte von innovativen Profiköchen, die die wunderbaren Gewürze und Würzmischungen geschickt in den Vordergrund stellen, begleiten dieses Standardwerk und werden Ihrem Gaumen den Zugang zu einzigartigen, visionären Aromenwelten eröffnen.

Früher galten Gewürze als Luxusgüter, heute sind sie Kult und Trendsetter in Sachen guter Geschmack. Holen auch Sie sich die faszinierenden, facettenreichen Aromen dieser Welt in Ihre Küche und erheben Sie das Würzen zu dem, was es sein sollte: eine echte Kunst!

Ihre Manuela Mahn

WARENKUNDE

Eine kleine Kulturgeschichte der Gewürze

»Bevor der Fluss [Nil] nach Ägypten fließt, legen die Leute, wie dort üblich, am Abend ihre Netze aus, und wenn der Morgen anbricht, finden Sie in Ihren Netzen diese Waren, die man nach Gewicht kauft und dann hierher bringt, als da sind Ingwer, Aloenholz und Zimt. Man sagt, dass diese Dinge aus dem irdischen Paradies kommen, wo der Wind sie von den Bäumen schüttelt ...«

Woher die aromatischen Schätze, die auf den Märkten der Welt feilgeboten wurden, tatsächlich genau stammten, lag noch weit bis ins Mittelalter hinein im Dunklen. Der Garten Eden war aber wohl nicht ihre Heimat, auch wenn die Vielfalt und Köstlichkeit die Vermutung durchaus nahelegte.

Spärlich sind die Überlieferungen über Gewürze aus früher Zeit, nur vereinzelt tauchen Spuren auf: rund 7.000 Jahre alte Funde von Chili aus Ecuador oder Kümmel aus einer jungsteinzeitlichen Pfahlbausiedlung am Bodensee.

Die Menschheit hatte also schon früh Geschmack an Gewürzen gefunden. Die Zugabe von aromatischen Pflanzenteilen machte die fade, eintönige Nahrung einfach schmackhafter und interessanter für den Gaumen. Zunächst wurden die Würzpflanzen aber natürlich nur dort eingesetzt, wo sie auch wuchsen. Erst mit dem Aufkommen internationaler Handelsverbindungen und der Etablierung weltweiter Handelsrouten wurden Gewürze auch außerhalb ihrer Ursprungsgebiete verfügbar.

Es waren zunächst die exotischen Gewürze aus Asien, die auf den Weg gebracht wurden. Kassia, der Zimt aus China, gehörte zu den ersten Gewürzen, die über weite Handelsstrecken bis in den Mittelmeerraum kamen. Die alten Hochkulturen der Ägypter, der Griechen wie auch der Römer begeisterten sich sehr für die würzige Rinde, die sie nicht nur in der Küche schätzten, sondern auch als Räucherwerk in den Tempeln verbrannten. Neben Zimt waren Kardamom und Langer Pfeffer typische Gewürze der antiken Kochkunst. Der Lange Pfeffer erfreute sich wegen seiner Schärfe bis ins erste Jahrhundert nach Christus hinein großer Beliebtheit. Erst als die Römer, damals Herren über Ägypten, von dort aus eine direkte Seehandelsroute bis zur indischen Westküste einrichteten, begann man, auch *Piper nigrum*, den schwarzen Pfeffer, in großen Mengen ins Römische Reich zu importieren. Mit einem Preis von vier Denaren pro römischem Pfund (entspricht 327,45 g) gehörte Pfeffer damals zu den preisgünstigeren Gewürzen und war dadurch auch einer Bevölkerungsschicht mit durchschnittlicher Kaufkraft - etwa Ärzten, Lehrern oder Architekten - zugänglich. Die Preise für Langen Pfeffer (15 Denare) oder Kassiazimt (50 Denare pro römisches Pfund) rangierten dagegen in einer ganz anderen Klasse.

Die Küche im alten Rom neigte zum maßlosen Überwürzen von Speisen und Getränken - ein Trend, der sich im mittelalterlichen Abendland fortsetzen und dort seinen Höhepunkt finden sollte. Ausschlaggebend hierfür war sicherlich eine gewisse Eintönigkeit im täglichen Speiseplan. Aber auch um den ranzigen Geschmack kaum konservierbarer, verderblicher Lebensmittel wie Fleisch oder Wildbret zu überdecken, neigte man zu kräftigem Würzen. Darüber hinaus konnten bestimmte Gewürze die Verdauung des in Mengen verzehrten Fleischs fördern. Der wichtigste Grund für die Verwendung exotischer Speisearomen lag allerdings in dem Wunsch der sozial Privilegierten, der Oberschicht, sich durch eine mit teuren Zutaten verfeinerte Kochkunst vom einfachen Volk abzuheben. In einer überlieferten Kochrezeptsammlung aus dem vierten Jahrhundert, die auf den römischen Feinschmecker Apicius zurückgeht, kommen Pfeffer, Kardamom und Ingwer geradezu übermäßig zum Einsatz. Vor allem Pfeffer durfte an fast keiner Speise fehlen, eine großzügige Zugabe vor dem Servieren war offenbar kulinarische Pflicht. Sogar Süßspeisen wurden mit den scharfen Körnern bedacht. Zurückhaltung in Sachen Würze führte dazu, dass sich der berühmte Feinschmecker Trimalchio darüber beschwerte, sein Koch habe wohl vergessen, Pfeffer an die Speise zu geben, und wolle seinen Ruf als exzentrischer und generöser Gastgeber ruinieren.

EINE KLEINE KULTURGESCHICHTE DER GEWÜRZE

Die Bedeutung von Essen und Trinken ging allerdings bereits in der Antike weit über die der reinen Nahrungsaufnahme hinaus. Neben der Sättigung und dem kulinarischen Vergnügen spielten die Gewürze auch ernährungsphysiologisch eine wichtige Rolle. Man hatte erkannt, dass Gewürze der Gesundheit dienen und sogar zahlreichen Krankheiten vorbeugen konnten. So wurde etwa Ingwer bei Magen-Darm-Problemen empfohlen, Pfeffer gegen Husten verabreicht.

Mit den römischen Legionen gelangten die exotischen Gewürze schließlich auch in unsere Breiten, was Pfefferfunde in römischen Militärlagern am Rhein belegen, und schon bald wollten auch die Ortsansässigen nicht mehr auf würzige Speisen verzichten, allen voran die Männer der Kirche und des Adels. Im Mittelalter wurden die Begriffe »Wurz«, »Spezerei« und »Gewürz« mit Wohlleben und Luxus in Verbindung gebracht. In besseren Kreisen gab es kein Gericht, das nicht großzügig mit Pfeffer, Zimt oder Muskatnuss abgeschmeckt wurde. Aromatische Gewürze begleiteten eine mittelalterliche Mahlzeit über alle Gänge hinweg. Ein Bericht über ein Festmahl für einen Bischof demonstriert anschaulich die große Vielfalt gewürzter Speisen: Serviert wurden Eiersuppe mit Pfeffer und Safran, Schaffleisch mit Zwiebeln, gesottener Aal mit Pfeffer und eine Süßspeise mit Pfeffer und Anis. Zum Abschluss solcher Schlemmereien wurde süßes *confectum* gereicht, zubereitet vom Zuckerbäcker oder Apotheker, aus Kardamom, Pfeffer, Gewürznelken, Muskatnuss, Ingwer und Zucker. Dieses *confectum*, Vorläufer unseres heutigen Weihnachtsgebäcks, wurde oft sogar noch vergoldet oder versilbert und erfüllte zwei Funktionen: Zum einen sollte es die Verdauung unterstützen, zum anderen durch seine Schärfe den Durst der Gäste anregen. Denn auf das Essen folgten die großen Trinkgelage, bei denen Verträge besiegelt und auf die Ehre von König und Papst angestoßen wurde.

Aufgrund ihres hohen Preises waren die Gewürze jedoch bis ins 15. Jahrhundert nur den wirklich Wohlhabenden vorbehalten. Man fand sie ausschließlich

Bereits vor der Zeitenwende kamen über bedeutende Handelswege Seide, Porzellan und nicht zuletzt Gewürze aus dem Fernen Osten bis nach Europa.

Unten: Dürers »Vier Apostel« verkörpern die vier Charaktertypen der antiken Vier-Säfte-Lehre, an der sich auch die mittelalterliche Ernährungslehre orientierte.
Gegenüber: Die Heilkunde des Mittelalters bediente sich unzähliger Gewürze und Kräuter.

in den Küchen der Adeligen, des Klerus und ab dem 13. Jahrhundert auch denen der reichen Bürger, der Patrizier. Von der einfachen Bevölkerung wurden Gewürze nur in kleinsten Mengen für Heilzwecke genutzt, für eine medizinische Wirkung genügten ja meist schon eine kleine Menge oder eine Prise.

Erst im Spätmittelalter, das als das goldene Zeitalter der Handwerker gilt, konnten sich aufgrund höherer Löhne und damit gestiegener Kaufkraft nun auch andere Bevölkerungsgruppen wenigstens an Fest- und Feiertagen, an denen Fleisch auf den Tisch kam, eine gut gewürzte Mahlzeit leisten.

Gewürze waren im Mittelalter Statussymbole der Reichen. Bei den Festgelagen wurden mit ihrem übermäßigen Einsatz Wohlstand und Macht demonstriert.

So wurden bei der Hochzeit Georgs des Reichen von Bayern-Landshut im Jahre 1457 allein für die Bewirtung der Gäste 386 Pfund Pfeffer, 286 Pfund Ingwer, 205 Pfund Zimt, 105 Pfund Gewürznelken und 85 Pfund Muskatnuss verbraucht, der Fürst gab ein Vermögen für Aromen und Prestige aus.

Doch auch bei der täglichen Speise wurde in vornehmen Kreisen nicht an Gewürzen gespart, die allerdings ausschließlich den Familienmitgliedern vorbehalten waren. Bis ins 14. Jahrhundert war es Sitte, dass die Familie ihre Mahlzeiten an einem Tisch mit dem Gesinde einnahm. Grundsätzlich bestand das Essen für alle aus den gleichen Nahrungsmitteln, den Unterschied machten einzig die teuren und exotischen Gewürze. Zu diesem Zweck standen auf dem Tisch aufwendig gestaltete silberne oder goldene Gewürzgefäße.

In den Kochbüchern des Mittelalters spielen Gewürze stets eine wichtige Rolle. Das *buoch von guoter spîse* aus dem 14. Jahrhundert empfiehlt die Verwendung aromatisierender Zutaten wie Pfeffer, Safran, Ingwer, Muskatnuss oder Zimt. Genaue Mengenangaben sucht man in den Rezepten jener Zeit jedoch vergeblich. Die Köche müssen sich mit Anweisungen wie »*versalcz es nit*« und »*würz es wol*«, »*so wirt es gut und wolgeschmack*« begnügen. Das Würzen der einzelnen Speisen richtete sich also ganz nach dem Gaumen des Leibkochs sowie den Vorlieben von dessen Herrschaft. Aber schon im Mittelalter kam dem Koch eine weiterreichende Funktion zu als nur die der Essenszubereitung. »*[E]in ordentlicher koch mit wol bereiteter natürlicher speiß ist hie in dieser Zeit der best arzt*«, heißt es. Rezepte waren damals also weit mehr als reine Kochanleitungen, sondern obendrein konkrete Anweisungen zur richtigen Ernährung und Gesundheitsprophylaxe. Die mittelalterliche Ernährungslehre stützte sich auf die antike Vier-Säfte-Lehre des griechischen Arztes Hippokrates. Darin wurden die Menschen in vier Charaktertypen unterteilt: Choleriker, Melancholiker, Sanguiniker und Phlegmatiker. »*Erkennst Du deine Natur, so erkenne auch, was schlecht für Dich ist, und bereite danach dein Essen*

zu«, war das Gebot der Zeit. Das bedeutete nichts anderes, als dass ein Mensch mit hitzigem Temperament, ein Choleriker also, besser auf zusätzlich erhitzende, also scharfe Gewürze wie Pfeffer verzichten sollte. Stattdessen wurde einem solchen Charakter geraten, zu Nahrungsmitteln zu greifen, die als feucht und kühl eingestuft wurden, um einen Ausgleich zu schaffen. Und noch heute finden sich klassische Nahrungsmittelkombinationen, die aus dieser Tradition hervorgegangen sind: Karotten mit Petersilie, Gurkensalat mit Dill oder Milchreis mit Zimt. Gewürze spielten in der Ernährungslehre des Mittelalters eine wichtige Rolle, außerdem wurde ihnen auch heilende und prophylaktische Wirkung zugesprochen. So wurde in Pestzeiten gegen die Ansteckung ein Sud aus Ingwer und Salbei empfohlen, Pfeffer, Muskatnuss und Nelken wurden als Mittel gegen die gefürchtete Seuche eingesetzt.

Doch egal ob als Speisezutat oder als Heilmittel, auch im Mittelalter waren Gewürze sehr gefragt und extrem teuer. Die Handelswege von den Gewürzanbaugebieten in Asien waren durch den »islamischen Vorhang«, die Vormacht der Muslime, blockiert. Bis die Gewürze Europa erreichten, mussten sie durch zahlreiche Hände gehen, Zwischenhändler wollten ebenso daran verdienen wie Zollbeamte. Um diesem Missstand ein Ende zu bereiten, machten sich gegen Ende des 15. Jahrhunderts die ersten Europäer auf, um einen direkten Seeweg nach Indien, dem Gewürzparadies, zu finden. Es war Vasco da Gama, ein in portugiesischen Diensten reisender Seefahrer, der 1498 in Calicut an der vorderindischen Westküste an Land trat und seine Wünsche vorbrachte: »*Wir suchen Christen und Gewürze!*«

Und noch eine andere europäische Nation hatte sich im Wettstreit um die beste Route nach Indien aufgemacht: die Spanier. Diese sandten Christoph Kolumbus, ausgestattet mit einem Pfeffersack als Muster, aus, um einen westlichen Seeweg in das gelobte Gewürzland Indien zu finden. Kolumbus brachte zwar keinen Pfeffer, dafür aber andere, neue Gewürze mit nach Hause. Durch ihn kamen Vanille, Piment und Chili nach Europa, die in den Küchen dort schon bald für Furore sorgen sollten.

Nach der Landung der Portugiesen in Indien kamen asiatische Gewürze in großen Mengen nach Europa. Der Zwischenhandel durch die muslimischen Kaufleute entfiel, die Preise sanken deutlich. Nun entwickelten sich die Gewürze, allen voran der Pfeffer, zu wahren »Volksgewürzen«, der Gewürzkonsum demokratisierte sich. Das Angebot wirkte sich jedoch auch in umgekehrter Richtung auf die Nachfrage aus: Waren Gewürze im Altertum wie auch im Mittelalter noch hoch geschätzte, kostspielige Speisezutaten mit Exklusivcharakter gewesen, nahm deren Verwendung in den folgenden Jahrhunderten deutlich ab. Mit den Preisen sank nämlich auch das Prestige der Würzwaren.

Zur beliebtesten Alltagswürze war mittlerweile das Salz aufgestiegen, denn es galt schon lange nicht mehr als Luxusgut, sondern zählte zu den günstigen und gut verfügbaren Nahrungsmitteln. Als neues Geschmackserlebnis kam der Zucker hinzu, der aus Zuckerrohr gewonnen wurde.

Andere exotische Luxusgüter sollten nun den Gaumen kitzeln und die Sinne anregen und lösten die Gewürze als Statussymbole der Oberschicht ab: Kakao, Kaffee und Tee. Dass diese Pflanzen und die daraus hergestellten Genussmittel auch stimulierende Wirkstoffe besitzen und gleichermaßen anregend und aufmunternd wirkten, trug zu ihrer schnell wachsenden gesellschaftlichen Akzeptanz und Beliebtheit bei.

Der Adel, Vorreiter in Fragen des guten Geschmacks, bevorzugte in dieser Zeit Gerichte, die den Eigengeschmack der Speisen mehr hervorhoben, und lehnte Maßlosigkeit auch in Bezug auf Gewürze ab. Um sich gegenüber dem Bürgertum abzugrenzen, aber auch, um die eigene Vorbildfunktion zu wahren, änderte die Aristokratie ihre Esskultur. Maßgeblich wurden nun europaweit die italienische und die französische Kochkunst, die den individuellen Charakter der Lebensmittel betonten und auf eine delikate Zubereitung der Speisen Wert legte. Fortan

EINE KLEINE KULTURGESCHICHTE DER GEWÜRZE

galt es als schick, ein »Gourmet«, also ein Feinschmecker zu sein, und nicht, wie bisher, ein »Gourmand«, ein Vielfraß. Viele Gewürze entsprachen damit einfach nicht mehr dem Zeitgeschmack, kamen aus der Mode. Zunehmender Beliebtheit erfreuten sich hingegen die duftigen Kräuter des Mittelmeerraums oder der heimischen Gärten, und besonders die französische Küche setzte auf diese frischen, grünkräuterigen Aromen.

Doch nicht nur in der Kochkunst verloren die Gewürze ihre Bedeutung. Ab dem 17. Jahrhundert wurden sie auch in ihrer Funktion als Heilmittel immer mehr durch chemisch hergestellte Medikamente abgelöst.

Erst im 19. Jahrhundert stieg die Nachfrage nach Gewürzen wieder deutlich an. Gründe hierfür waren niedrige Preise und das weltweite Bevölkerungswachstum. Selbst exotische Gewürze waren nun für fast jedermann erschwinglich.

Noch bis ins 20. Jahrhundert hinein verbrauchte das Nahrungsmittelhandwerk den größten Teil aller importierten Gewürze. Heutzutage ist es die Lebensmittelindustrie, die eine Hälfte aller Würzstoffe verarbeitet, die andere Hälfte verteilt sich auf handwerkliche Nahrungsmittelhersteller, die Gastronomie und über den Einzelhandel den Verbraucher. Der weltweite Anbau und die globale Vernetzung sichern heute eine gleichmäßige Belieferung aller Verbraucher mit Gewürzen zu adäquaten Preisen. Damit gehören Gewürze in unserer Zeit zur Grundausstattung jeder guten Küche. Und das Repertoire erweitert sich ständig. Zimtblüten, Tonkabohnen oder Tasmanischer Pfeffer reisen aus den weit entfernten Anbaugebieten auf schnellem Weg in deutsche Küchen und bereichern die traditionelle Würzkunst um exotisch raffinierte Nuancen. Beim Würzen ist heute alles möglich – Hauptsache kreativ!

Auf den Gewürzbasaren des Orients werden heute wie vor Jahrhunderten aromatische Schätze aller Art angeboten.

Gewürze – Begriffsklärung

Würzpflanzen, Kräuter, Salze oder was?

Was genau bezeichnet man eigentlich als »Gewürz«? Alles, was das Essen schmackhafter macht? Im Prinzip ja. Aber natürlich gibt es wie überall auch hier die berühmten Ausnahmen, die sich aus den verschiedenen Definitionsansätzen ergeben. Umgangssprachlich wird mit dem Begriff »Gewürz« zunächst einmal all das bezeichnet, was zusätzlichen Geschmack an Speisen und Getränke bringt. Demzufolge zählen nicht nur Pfeffer, Paprika, Kümmel oder Schnittlauch dazu, sondern eben auch Salz. Und warum sollte Salz auch kein Gewürz sein? Das Bundesministerium für Ernährung, Landwirtschaft und Verbraucherschutz beantwortet die Frage, warum Salz nicht als »echtes« Gewürz gilt, eindeutig. Offiziell erklärt folgender Leitsatz die etwas vagen Begriffe »Gewürze und Kräuter«:

»Gewürze und Kräuter sind Pflanzenteile, die wegen ihres Gehaltes an natürlichen Inhaltsstoffen als geschmack- und/oder geruchgebende Zutaten zu Lebensmitteln bestimmt sind. Gewürze sind Blüten, Früchte, Knospen, Samen, Rinden, Wurzeln, Wurzelstöcke, Zwiebeln oder Teile davon, meist in getrockneter Form. Kräuter sind frische oder getrocknete Blätter, Blüten, Sprosse oder Teile davon.«

(BAnz. Nr. 183a vom 30.09.1998)

Hier werden ausdrücklich nur Pflanzenteile als Gewürze definiert. Salz, bekanntlich ein Mineral, ist demnach im engeren Sinn eben doch kein »Gewürz«, genauso wenig wie die würzigen Substanzen tierischen Ursprungs, Honig, Anchovis, Fischpaste oder Fleischextrakt.

Tropische Exoten und/oder mediterrane Pflanzen?

Über die Feststellung, dass ein »Gewürz« ein geschmack- und geruchgebender Pflanzenteil ist, hinaus gibt es natürlich noch weitere Ansätze, den Begriff mit Inhalt zu füllen. Einer davon setzt das Augenmerk auf geografische Aspekte, genauer auf das Ursprungsgebiet, und unterteilt die würzenden Pflanzen in Gewürze, Gewürzkräuter und Küchenkräuter.

Als **Gewürze** werden nach dieser Kategorisierung all jene aromatischen Pflanzen eingestuft, die zum Wachstum tropisches oder subtropisches Klima benötigen und einst über lange Handelswege aus Asien oder Amerika nach Europa kamen: Gewürznelke, Muskatnuss, Macis, Zimt, Kardamom, Piment, Pfeffer und Vanille. Alle diese Gewürze können bis heute nicht in nördlichen Breitengraden kultiviert werden. Sie gedeihen optimal nur in einer begrenzten Klimazone, die sich wie ein breiter Gürtel entlang des Äquators zieht. **Gewürzkräuter** wie Rosmarin, Thymian, Salbei, Oregano oder Majoran sind im Mittelmeerraum beheimatet und finden dort auch heute noch ideale Wachstumsbedingungen vor. Inzwischen wurden aber winterharte Sorten gezüchtet, denen die kalten Perioden in Mitteleuropa nichts mehr anhaben können und die entsprechend auch bei uns nicht nur einjährig wachsen. Die dritte Gruppe, die **Küchenkräuter**, ist in Mitteleuropa bereits heimisch geworden und wächst problemlos auf dem Balkon und im Garten. Schnittlauch, Petersilie oder Dill können also auch bei uns ohne großen Aufwand angebaut werden.

Blüten, Rinde oder Kraut?

Würzende Pflanzen, ob aus den Tropen, der Mittelmeerregion oder der Nachbarschaft, lassen sich aber noch präziser spezifizieren. Als Kriterium gilt dabei der Pflanzenteil, der als Würzzutat verwendet wird. Natürlich kennt auch diese Gliederung Ausnahmen, denn beim Koriander werden sowohl die getrocknete Frucht als auch das frische Grün zum Würzen verwendet.

Blütengewürze: Gewürznelken, Kapern, Safran

Fruchtgewürze: Anis, Chili, Dill, Fenchel, Gewürzpaprika, Koriander, Kreuzkümmel, Kümmel, Pfeffer, Piment, Sternanis, Wacholderbeeren, Vanille

Krautgewürze: Basilikum, Beifuß, Bohnenkraut, Estragon, Dill, Kerbel, Liebstöckel, Lorbeerblätter, Majoran, Thymian, Petersilie, Oregano, Rosmarin, Salbei

Rhizomgewürze: Ingwer, Kurkuma, Galgant

Rindengewürze: Zimt, Kassia

Samengewürze: Muskatnuss, Kardamom, Schwarzkümmel

Zwiebelgewürze: Knoblauch, Zwiebel

Innerhalb dieser Kategorien lassen sich die einzelnen Würzpflanzen nochmals unterteilen. So sind innerhalb der Gruppe »Krautgewürze« sowohl Lippenblütler wie Bohnenkraut als auch Korbblütler wie Beifuß zu finden.

Lippenblütler, Korbblütler oder Myrtengewächs?

Eine weitere Möglichkeit der Differenzierung ergibt sich durch die Zuordnung der Gewürze und Kräuter zu ihren botanischen Pflanzenfamilien. Die größte Gruppe bilden die Doldenblütler (*Apiaceae/Umbelliferae*) wie Anis, Kümmel oder Fenchel. Typisch für diese botanische Familie ist, dass ihre Mitglieder am Stängelende Dolden ausbilden. Am zweithäufigsten ist die Familie der Lippenblütler (*Lamiaceae/Labiatae*) vertreten. Dazu gehören Bohnenkraut, Majoran und Thymian, deren Charakteristikum eine »lippenförmige« Blüte mit angedeuteter Ober- und Unterlippe ist.

Die Pflanzenfamilien

Annattogewächse	Annatto									
Borretschgewächse	Borretsch									
Cassiengewächse	Tamarinde									
Doldenblütler	Ajowan	Anis	Asant	Dill	Fenchel	Kerbel	Koriander	Kreuzkümmel	Kümmel	Liebstöckel
Hahnenfußgewächse	Schwarzkümmel									
Ingwergewächse	Galgant	Ingwer	Kardamom	Kurkuma	Paradieskörner					
Kaperngewächse	Kapern									
Korbblütler	Beifuß	Currystrauch	Estragon							
Kreuzblütler	Brunnenkresse	Kresse	Meerrettich	Senf	Wasabi					
Lauchgewächse	Bärlauch	Knoblauch	Schalotte	Schnittlauch	Zwiebel					
Lippenblütler	Basilikum	Bohnenkraut	Lavendel	Majoran	Minze	Oregano	Rosmarin	Salbei	Thymian	Ysop
Lorbeergewächse	Ceylonzimt	Kassiazimt	Lorbeer							
Muskatnussgewächse	Macis	Muskatnuss								
Myrtengewächse	Gewürznelke	Piment								
Nachtschattengewächse	Chili	Gewürzpaprika								
Orchideengewächse	Vanille									
Pfeffergewächse	Pfeffer	Kubebenpfeffer	Langer Pfeffer							
Rautengewächse	Szechuanpfeffer	Kaffirlimettenblätter								
Sesamgewächse	Sesam									
Schmetterlingsblütler	Bockshornklee	Süßholz	Tonkabohne							
Schwertliliengewächse	Safran									
Sternanisgewächse	Sternanis									
Süßgräser	Zitronengras									
Sumachgewächse	Mastix	Rosa Beeren	Sumach							
Zypressengewächse	Wacholder									

Geschmack in vielen Formen

Gewürze und Kräuter können als Monogewürze, Gewürzmischungen oder Gewürzsalze eingesetzt werden. Hier die wichtigsten Merkmale zur Einstufung würzender Produkte.

Gewürze: Teile würzender Pflanzen werden als Monogewürze angeboten und nach ihrer Art sowie dem Zerkleinerungsgrad eingeordnet, wie Pfeffer, schwarz, gemahlen. Hier schließt der Begriff auch Gewürz- und Küchenkräuter mit ein, etwa Bohnenkraut, gerebelt.

Gewürzmischungen: Dies sind aromatische Kompositionen, die ausschließlich aus Gewürzen/Gewürzkräutern bestehen und nach ihrer Art (»Kräuter der Provence«) oder ihrem Verwendungszweck (etwa »Suppengewürz«) bezeichnet werden.

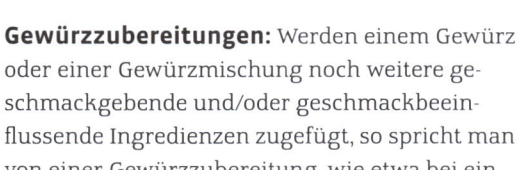

Gewürzzubereitungen: Werden einem Gewürz oder einer Gewürzmischung noch weitere geschmackgebende und/oder geschmackbeeinflussende Ingredienzen zugefügt, so spricht man von einer Gewürzzubereitung, wie etwa bei eingelegten Kapern, die zusätzliches Aroma durch eine Essig- und Salzlösung erhalten. Der Anteil an Gewürzen in Gewürzzubereitungen muss aber bei mindestens 60 % liegen.

Gewürzsalze: Bei diesen Würzmitteln handelt es sich um Speisesalz, das mit Gewürzen und/oder Gewürzzubereitungen angereichert wurde. Der Anteil an Speisesalz liegt bei über 40 %, der Gewürzanteil bei mindestens 15 %. Die Bezeichnung orientiert sich an der Art (»Mediterranes Gewürzsalz«) oder dem Verwendungszweck (»Gewürzsalz für Pommes frites«).

Würzen: Als Würze, Speise- oder Suppenwürze bezeichnet man flüssige, pastenförmige oder auch trockene Produkte, die den Geschmack von Lebensmitteln beeinflussen. Hergestellt werden diese Würzmittel durch Hydrolyse eiweißreicher Stoffe. Auch Sojasauce gehört zu den Würzen.

Würzsaucen: Unter diesem Begriff werden flüssige oder pastenartige Zubereitungen mit einem dominant würzigen Geschmack zusammengefasst. Sie werden aus diversen zerkleinerten und/oder flüssigen Zutaten hergestellt. Beispiele für Würzsaucen sind Curry- oder Grillsaucen.

Gewürze – die Top Ten

Auch Gewürze sind Moden und Zeitgeschmack unterworfen. Die folgende Liste zeigt, welche Gewürzzutaten sich zurzeit in unseren Küchen besonderer Beliebtheit erfreuen.

Platz 1 schwarzer Pfeffer

Platz 2 Ingwer

Platz 3 Paprika, Chili

Platz 4 Kümmel, Wacholder, Fenchel, Sternanis

Platz 5 Koriander

Platz 6 Zimt

Platz 7 Muskatnuss

Platz 8 Gewürznelken

Platz 9 Kardamom

Platz 10 sonstige, wie Safran, Kurkuma, Vanille

Gewürze für die Sinne

Sie erfreuen das Auge mit sattem Grün oder kräftigem Gelb, sie kitzeln den Gaumen mit einem samtigen Bukett und verführen die Nase mit warmem Duft: Gewürze, Gewürz- und Küchenkräuter. Es sind ihre ätherischen Öle, Scharf-, Bitter- oder Gerbstoffe, die Zunge und Nase so aufregende Erlebnisse bescheren können. »Das Auge isst mit«, heißt es, und tatsächlich reagiert der Körper bereits auf optische Reize. Das Gelb der Kurkuma, das Rot der Gewürzpaprika, das Grün frischen Basilikums lassen »das Wasser im Mund zusammenlaufen«, regen mit anderen Worten den Speichelfluss an und setzen den Verdauungsprozess in Gang. Wer dieses Potenzial für sich nutzen möchte, sollte auch auf die natürlichen Farbstoffe von Gelbwurzel, Safran oder Paprikapulver setzen.

Wenn dann der warm-holzige Duft einer frisch geriebenen Muskatnuss oder das sahnige Bukett einer geöffneten Vanilleschote »in die Nase steigen«, wird ein anderer Prozess aktiviert. Die Duftstoffe docken an den Riechzellen an und lösen Signale aus, die an das Gehirn weitergeleitet werden. Dort werden die Düfte mit Assoziationen und Emotionen verknüpft. Nach Erkennen des Geruchs kommt es zur Ausschüttung von körpereigenen Hormonen. Hier greift das »Geruchsgedächtnis«, das im Laufe eines Lebens unzählige Eindrücke gespeichert hat. So wird Vanille von den meisten Menschen mit Vertrautheit und Geborgenheit verknüpft, Zimt weckt Erinnerungen an Familienfeste und gemütliche Wintertage.

Bei einigen Gewürzen – etwa Zimt, Gewürznelke und Muskatnuss – ist mittlerweile bekannt, dass ihr Duft zur Freisetzung von Glückshormonen führt. Wer an kalten Tagen dem »Winterblues« verfällt, kann seiner Stimmung mit diesen Gewürzen – frisch zerstoßen, damit die ätherischen Öle bestmöglich freigesetzt werden – also einen positiven Schubs verpassen.

Stark werden die von Gewürzen getragenen Aromen auch über die Geschmacksknospen der Zunge wahrgenommen. Die unterscheiden grob zwischen den Geschmacksrichtungen

- **süß**, wie Zucker oder Fructose,
- **sauer**, wie Essig oder Zitronensaft,
- **salzig**, wie Salz,
- **bitter**, wie Spargel oder Chicorée,
- **umami** (herzhaft), wie Steinpilze oder Parmesan.

Hinzu kommen Reize, die durch scharfe, prickelnde oder adstringierende Aromen ausgelöst werden. Hierbei werden die Schmerzrezeptoren von Zunge und Gaumen dazu gereizt, Signale wie Schmerz auszulösen. Die feurige Schärfe einer Chilischote wird also nicht als Geschmack, sondern tatsächlich als Verbrennungsschmerz empfunden.

Bei einem Großteil der Gewürze sind die ätherischen Öle geschmacksgebend. Sie werden stets von Mund und Nase zusammen wahrgenommen. Die Bitternote von Salbei oder die feine Note von Meersalz werden dagegen nur über die Geschmacksfelder der Zunge erspürt: salzig am vorderen und hinteren Zungenrand, sauer am mittleren, süß an der Spitze, bitter am Zungengrund und *umami* in der Zungenmitte.

Letztendlich ist es aber immer das Zusammenspiel von Optik, Duft und Geschmack, das Gewürze und Kräuter als Nahrungsmittel so einzigartig macht. Einen sensorischen Check durchlaufen die meisten Gewürze bereits bei ihrer ersten Qualitätskontrolle vor Ort im Anbaugebiet, die sich auf Augen, Nase und Gaumen geschulter Fachleute verlässt:

- Wie sehen die Gewürze aus? Gibt es Hinweise auf Mängel, Verunreinigungen, Verfälschungen? Passt die Farbe? Ist sie natürlich oder chemisch verstärkt?
- Wie duften die Gewürze, frisch oder muffig? Ist der Geruch auch authentisch?
- Wie schmecken die Gewürze? Typisch und frisch? Überlagert und alt? Sind Fehlaromen oder Beimengungen anderer Stoffe erkennbar?

Schon diese schlichte Untersuchung ermöglicht eine effektive Bewertung, bevor die Gewürze beim Produzenten noch einer ausführlichen chemischen Analyse unterzogen werden, die die Ware unter anderem auf Schwermetalle, Pestizide, Bakterien oder Pilze prüft.

Gewürze

Ajowan
Carum copticum

Wer mit geschlossenen Augen an frisch gemörserten Ajowanfrüchten schnuppert, wird sich leicht täuschen lassen: Ajowan duftet unverkennbar nach Thymian. Ein wichtiger Bestandteil seines ätherischen Öls ist Thymol, das auch das Aroma des mediterranen Gewürzkrauts Thymian charakterisiert.

Gewürzporträt
Die einjährige Ajowanpflanze mit kahlen Stängeln und gefiederten, zarten, dunkelgrünen Blättern gehört zu der großen Spezies der Doldenblütler, ebenso wie Kümmel, Anis und Fenchel. Sie alle teilen sich das charakteristische Merkmal eines kompakten Blütenstands, der wie ein geöffneter Schirm anmutet. Aus filigranen weißen Blüten bilden sich ovale, flache, zweiteilige, jedoch miteinander verbundene Spaltfrüchte. Kurz vor der Reife werden diese geerntet und getrocknet. Erst beim Trocknungsprozess entwickeln die Ajowanfrüchte dann ihre interessante Schärfe.

Ajowan bevorzugt sonnige, trockene Standorte und ein erfolgreicher Anbau ist nur in tropischen und subtropischen Regionen wie Indien, Pakistan, Ägypten, Äthiopien, Afghanistan, China, Indonesien sowie dem Iran möglich. Trotz wiederholter Versuche seit dem Mittelalter ist es bisher nicht gelungen, die Ajowanpflanze in nördlicheren Breitengraden anzusiedeln.

Würzprodukt
Gewürzt wird mit den reifen und getrockneten Früchten der Ajowanpflanze. Werden diese vor der Nutzung noch trocken geröstet, entfalten sie ein prägnantes Bukett, begleitet von aromatischen Röstnoten.

Würzpraxis
Der vollmundige, thymianlastige, scharf-bittere Charakter des Ajowans kommt erst richtig beim Anstoßen der ganzen getrockneten Früchte – am besten im Mörser – zur Geltung. Das Gewürz sollte stets erst zum Ende der Garzeit hinzugefügt werden, damit sich seine sensiblen Aromen nicht verflüchtigen.

Ajowan ist ein Würzstar der indischen Küche und wird dort bei vielen Speisen verwendet, etwa den Fladenbroten *naan* oder *parantha*, dem Gemüsesnack *pakora* oder dem Hülsenfrüchtegericht *dal*.
Darüber hinaus verfeinert das exotische Gewürz Speisen der Orientküche wie *pilaws* und eignet sich bestens zum Würzen von Hülsenfrüchten, Kartoffeln, Fisch, sauer eingelegtem Gemüse oder pikantem Kleingebäck.

Würzkunst
Ajowan korrespondiert wunderbar mit dem kräftigen Aroma von Kreuzkümmel, dem inspirierenden Bukett von Ingwer und der pikanten Note von Knoblauch. In Currymischungen umspielt das Gewürz harmonisch die anderen würzigen Komponenten.

Phytotherapie
Getrocknete Ajowanfrüchte, in Indien offiziell als Heilmittel gelistet, unterstützen die Verdauung, lindern Magen- und Darmbeschwerden und zeigen bei Husten oder Asthma bronchiale heilende Wirkung.

Anis
Pimpinella anisum

Hier heimisch, aber in der ganzen Welt zu Hause ist dieses Gewürz aus der Familie der Doldengewächse. Anis gehört zu den Würzpflanzen, die bereits in frühen Kulturen eine Rolle spielten.

Als eines der am längsten bekannten Gewürze wird es bereits im *Papyrus Ebers*, einer altägyptischen Rezeptursammlung, die um 1.500 v. Chr. entstand, zur Linderung von Harnwegsbeschwerden oder Zahnschmerzen erwähnt. Im antiken Griechenland oder im römischen Reich galt Anis als Gewürz des Volkes und wurde gern beim Backen von Brot oder Kuchen verwendet. Auch war Anis eine beliebte Knabberei bei Gladiatorenkämpfen. Archäobotanische Grabungsfunde aus dem Kolosseum in Rom bestätigen heute, dass die Zuschauer zur Beruhigung der Nerven die kleinen Gewürzkörner kauten.

Um 812 verfügte Kaiser Karl der Große in dem Gesetzeswerk *Capitulare de villis* den Anbau von *anaesum* auf seinen Landgütern und etablierte den Anis so als wichtige Pflanze der abendländischen Klostermedizin. Dies zeigt auch das *Lorscher Arzneibuch*, eine von einem Mönchsarzt verfasste medizinische Schrift, die zur Einnahme von Anis zur Förderung der Verdauung, bei Erkältung, aber auch zur Bekämpfung von »Melancholie« riet.

Seinen Ursprung hat der Anis wohl im östlichen Mittelmeergebiet, vermutlich in Ägypten sowie Vorderasien. Die heutigen Hauptanbaugebiete liegen in der Türkei, in Spanien, Ungarn, Ägypten und im Libanon. Deutschland ist als Anbaugebiet einer ganz speziellen Sorte, des Thüringer Anis, bekannt.

Gewürzporträt

Anis ist die kleine, kugelige, hartschalige Frucht einer einjährigen Pflanze mit aufrechten Stängeln, die sich nach oben zu kleinen Ästen verzweigen. Darauf sitzen Dolden mit kleinen weißen Blüten. Aus diesen entwickeln sich dann zweiteilige Spaltfrüchte. Sobald die sich bräunlich färben, werden die ganzen Pflanzen gemäht und dann gedroschen.

Gewürzkunde

Auch in flüssiger Form hat der Anis die Welt erobert – als griechischer Ouzo, türkischer Raki oder französischer Pastis. Mit Wasser aufgegossen, erhält der hochprozentige Anisaperitif sein charakteristisches, milchig trübes Aussehen.

Würzige Verwandtschaft

Auch Kümmel und Fenchel gehören wie der Anis zur Familie der Doldenblütler (*Apiaceae* oder *Umbelliferae*). So ist Anis auch unter dem Namen »süßer Kümmel« bekannt.

Sternanis dagegen ist die Frucht eines tropischen Magnoliengewächses aus China. Das ätherische Öl beider Gewürze beinhaltet den Aromastoff *Anethol*, was die geschmackliche Ähnlichkeit erklärt. Botanisch verwandt sind Anis und Sternanis aber nicht.

Würzprodukt

Beim Anis wird als Gewürz die getrocknete Spaltfrucht verwendet, ganz, geschrotet oder gemahlen. Form und Farbe sind entscheidende Qualitätsmerkmale: Je größer und heller die Spaltfrüchte, umso besser die Qualität. Bei richtiger Lagerung in einem dunklen Glasbehälter, vor Licht, Luft und hohen Temperaturen geschützt, sind die ganzen Spaltfrüchte 24 Monate haltbar, ohne dass sie ihr Aroma verlieren.

Gesunder Genuss: Magen-Darm-Tee

25 g Anis
20 g Fenchel
15 g Kümmel
15 g Pfefferminze
15 g Melisse

Die Gewürze miteinander mischen und im Mörser grob zerstoßen. Einen EL der Mischung mit 150 ml heißem, abgekochtem Wasser aufgießen und alles etwa 6 Minuten abgedeckt ziehen lassen, dann abseihen. Vor den Mahlzeiten trinken.

Würzpraxis

Das Aromaprofil des Anis wird durch das ätherische Öl dominiert, das als wichtige Komponente trans-Anethol besitzt. Diese bewirkt auch das typische süßliche Aroma, das zugleich an Lakritze und Fenchel erinnert. Frisch gemahlen oder zerstoßen entfaltet Anis erst sein ganzes Spektrum. Beim Anrösten verstärkt sich der lakritzartige Geschmack, die feine, blumige Süße jedoch tritt dadurch in den Hintergrund.

Anis ist der Würzklassiker für Backwaren, besonders Weihnachtsgebäck, aber auch für Süßigkeiten, Obstkompott, Pflaumenmus oder eingemachte Früchte. Ein besonders Geschmackserlebnis sind Erdbeeren oder Himbeeren, zart mit gemahlenem Anis gewürzt. Doch auch zu pikanten Gerichten wie süßsauren Saucen und Suppen oder zu Fisch, Meeresfrüchten, Geflügel- oder Kalbfleisch, Rotkohl und Kürbis passt das Anisaroma bestens. Außerdem wird Anis gern in Marinaden oder als Einmachgewürz für saures Gemüse verwendet.

Würzkunst

Durch seine aromatische, süße Note harmoniert Anis perfekt mit Koriander, Muskatnuss und Piment. Auch frische Gewürzkräuter wie Basilikum, Estragon, Kerbel oder Kräuter der Provence profitieren vom Anisbukett. Wer die charakteristische Anisnote liebt, verstärkt diese noch durch Fenchel und Sternanis zum würzigen Trio. Fenchel oder Sternanis können den echten Anis als Würze ersetzen, ebenso wie umgekehrt.

Phytotherapie

Anis hat eine lange Tradition als Heilmittel bei Verdauungsstörungen, da er krampflösend, blähungstreibend und verdauungsanregend wirkt. Das macht ihn zum wirkungsvollen Bestandteil von Verdauungstees. Auch bei Atemwegserkrankungen wird er geschätzt, denn er kann festsitzenden Husten lösen.

Gewürzkunde

Mit echt französischer Raffinesse betört diese Spezialität den Gaumen: Anis de Flavigny, weltbekannte Pastille, bei der eine Anisfrucht von parfümiertem Zuckerguss umhüllt wird.

Annatto
Orellana americana

Den lateinischen Namen Orellana teilt sich dieses Gewürz mit dem spanischen Konquistador Francisco de Orellana (1511–1546). Dieser war im Auftrag der spanischen Krone an einer abenteuerlichen Expedition beteiligt, um im Dschungel Brasiliens das legendäre Goldland Eldorado und Zimtbäume zu suchen.

Viele der Teilnehmer erkrankten und bezahlten diese Erkundungstour mit ihrem Leben. Orellana, der sich auf der Suche nach Nahrung vorzeitig verabschiedete, bereiste daraufhin als erster Europäer den Amazonas auf ganzer Länge.

Gewürzporträt
Die auch als Orlean(a)strauch bezeichnete Annattopflanze wird als immergrüner Strauch/Baum bis zu 10 m hoch. Die sattgrünen, herzförmigen Laubblätter sitzen spiralförmig an den Zweigen, die hellrosa Blüten sind in Rispen angeordnet. Daraus entwickeln sich walnussgroße, stachelige Kapselfrüchte, die dreikantige, rotbraune Samen im Inneren tragen. Bei Reife werden die Früchte geerntet, die Samen entnommen und getrocknet.
Annatto hat seine Heimat auf den Antillen sowie im tropischen Amerika und liebt heiß-feuchtes Klima. Heute liegen die Hauptanbaugebiete in Süd- und Zentralamerika, Ostafrika, Indien sowie auf Jamaika.

Würzprodukt
Die harten Annattosamen werden ganz, zerstoßen oder gemahlen zum Würzen und Färben eingesetzt. Sie sollten vor Feuchtigkeit und Licht geschützt kühl aufbewahrt werden, dann halten sie sich rund 36 Monate.

Würzpraxis
Frische Annattosamen duften stark nach Vanille, was sich aber nach dem Trocknungsprozess verliert. Sie zeichnen sich durch einen adstringierenden, pfefferig-würzigen Geschmack aus. Das scharfe Aroma wird von den Regionalküchen Mexikos und der Karibik sehr geschätzt, doch ist es vor allem seine hohe Färbekraft, für die der Annatto so populär ist. Der leuchtend rote Farbstoff ist gut fett- und wasserlöslich und kommt hauptsächlich bei der Zubereitung von Reis, Hülsenfrüchten, Fisch, Meeresfrüchten, Fleisch, Okraschoten, Kürbis, Tomaten oder Süßkartoffeln zum Einsatz. Auch mexikanische Würzpasten und -saucen (*moles*) erhalten durch ihn eine Extraportion Farbe und Geschmack. Damit sich die Färbekraft optimal entfalten kann, sollten die ganzen Annattosamen in kochendem Wasser eingeweicht oder in Speiseöl angebraten werden. Das gefärbte Öl wird nach dem Abkühlen gefiltert und in eine dunkle Flasche umgefüllt. Mit diesem Öl lassen sich die Speisen dann ganz einfach aromatisieren und kolorieren.

Würzkunst
Die pfeffrige Schärfe von Annatto harmoniert gut mit dem mediterranen Bukett des Oreganos und der kräftig aromatischen Note von Kreuzkümmel.

Phytotherapie
Die Volksheilkunde Lateinamerikas schätzt Annatto als Mittel gegen akute Erschöpfung, Durchfall und entzündliche Prozesse.

Gewürzkunde
Ein Extrakt aus Annatto wird gerne auch als natürlicher Lebensmittelfarbstoff (E 160b) eingesetzt. Dieser wird von der Nahrungsmittelindustrie verwendet bei der Herstellung von Backwaren, Desserts, Speiseeis, Käse oder pikantem Knabbergebäck.

Capsicum-Gewürze: Chili & Gewürzpaprika

Capsicum annuum, Capsicum frutescens, Capsicum chinese

Schon heute genießen die Gewürze aus der Capsicum-Familie Kultstatus in der modernen Küche und es ist noch kein Ende des Hypes abzusehen: scharf – schärfer – brennend – superfeurig. Chilischoten können den Gaumen förmlich explodieren lassen, und die Züchter liefern sich einen unendlichen Wettlauf um immer noch schärfere Chilisorten.

Bis zum Ende des 15. Jahrhunderts waren Capsicumgewächse - hierzu zählen Gewürzpaprika und Chilis - in Europa, Afrika und Asien noch unbekannt. Als Christoph Kolumbus mit einem Mustersäckchen Pfeffer an Bord losfuhr, war er sicher, auf einer westlichen Seeroute das Pfefferland Indien zu erreichen und von dort die begehrte Würztrophäe mit nach Hause zu bringen. Bekanntermaßen schlug dieser Plan fehl. Bei seiner Landung in der Neuen Welt fand er keinen echten Pfeffer, denn der wuchs ausschließlich in Asien. Dafür stießen Kolumbus und seine Mannschaft auf andere wohlschmeckende Pflanzen: Vanille, Piment und eben Chili. Auf der Karibikinsel San Salvador machten die Einheimischen die Seefahrer mit den scharfen Schoten bekannt, worauf Chili kurzerhand als *pimienta* (Pfeffer) deklariert und nach Spanien verschifft wurde.

Die Feinschmecker Europas waren zu dieser Zeit noch sehr auf den echten Pfeffer, der auch als Statussymbol galt, fixiert. Zunächst eroberten so die Capsicumgewächse als modische Zierpflanzen königliche Parks und Gewächshäuser. In den Gärten spanischer Klöster, wo man seit Langem mit unzähligen Heil- und Würzpflanzen vertraut war, begann man schließlich, Gewürzpaprika und Chili als Nutzpflanzen zu kultivieren, und im Laufe des 16. Jahrhunderts fanden sie Eingang in private Hausgärten.

Die Portugiesen brachten die Chili, die sie aus Brasilien importierten, in ihre Handelsstützpunkte in Afrika und Asien. So reisten die Scharfmacher im Gefolge der Expansion von den westafrikanischen Küsten rund um das Kap der guten Hoffnung über den Indischen Ozean bis nach Indien und von dort weiter nach China, Japan und auf die Philippinen. Es waren also die Portugiesen, die maßgeblich zur weltweiten Verbreitung der Capsicumgewürze beitrugen.

In die großen Anbaugebiete Südosteuropas wie Ungarn kamen die Capsicumpflanzen erst über die Osmanen, die die Gewürze aus Indien kannten. Über den Orient brachten die muslimischen Eroberer sie dann auf den Balkan. Während der türkischen Herrschaft über die Region übernahm die einheimische Bevölkerung die Sitte, scharf zu essen, und bis zum Ende des 18. Jahrhunderts wurden großflächig Capsicumgewürze angebaut. Gewürzpaprika wurde zum Markenzeichen der Balkanküche, Ungarn eines der Hauptanbaugebiete – noch heute sagt man den Ungarn nach, »Paprika im Blut« zu haben. Durch Züchtungen gelang es im Laufe der Zeit, immer mildere Varianten zu erzeugen, seit Ende des 19. Jahrhunderts gibt es Schoten ohne Schärfe, die als Gemüsepaprika in Grün, Gelb oder Rot die Küchen eroberten.

Gewürzkultur

Der Cayennepfeffer, eine Chilisorte oder oft auch eine Mischung aus diversen Chilis, hat seinen Namen von der Stadt Cayenne. Dieser wichtige Ausfuhrhafen für die scharfen Schoten liegt in Guayana, heute ein französisches Überseedepartement. Auf die der Stadt vorgelagerten Inseln, das »Archipel der Verdammten«, verbannten die Franzosen einst ihre Sträflinge. Wer dahin gehen sollte, »wo der Pfeffer wächst«, dem wünschte man also keine Reise nach Indien, sondern eine in ein südamerikanisches Gefangenenlager.

GEWÜRZE

> **Tipp**
>
> Um die Schärfe einer Chili grob einzuschätzen, gilt die einfache, aber fast immer zutreffende Faustregel: »Je kleiner, desto schärfer!«

Gewürzporträt

Gewürzpaprikas und Chilis gehören der Gattung *Capsicum* an, die in den südlichen USA und Mexiko bis ins nordwestliche Südamerika beheimatet ist. Es gibt drei Arten: *Capsicum annuum*, *Capsicum frutescens* und *Capsicum chinese*. Gemüse- sowie einige Sorten an Gewürzpaprika gehören zur Gruppe *Capsicum annuum*, Chilis wie Bird's Eye zur Gruppe *Capsicum frutescens* und die schärfsten Sorten, wie Habanero oder Bhut Jolokai, zu der Gruppe *Capsicum chinese*. Wie auch Tomaten, Kartoffeln und Tabak zählen Gewürzpaprika und Chili zur Familie der Nachtschattengewächse (*Solanaceae*). Auf bis zu 180 cm hohen, buschigen Sträuchern mit kantigen Stängeln wachsen länglich ovale Laubblätter. Einzelne weiß bis gelblich-weiße Blüten sitzen in den Blattachseln. Aus den Fruchtknoten entwickeln sich aufgeblasene, ledrige, vielsamige Beerenfrüchte. Diese Früchte unterscheiden sich je nach Sorte in der Form von länglich bis keilförmig, in der Farbe von grün, gelb und orange bis hin zu leuchtend rot oder rötlich-braun sowie im Schärfegrad durch den unterschiedlichen Anteil an Capsaicin, dem Scharfstoff.
Sobald die Beerenfrüchte am Strauch reifen, werden sie geerntet. Dies geschieht oft manuell, da die Schoten zu verschiedenen Zeiten reif sind. Nach der Ernte reifen die Früchte für einige Tage nach. Dann erfolgt die Reinigung und Veredelung, wobei einige Würzprodukte wie Pasten aus frischen, andere hingegen aus getrockneten Chilifrüchten gefertigt werden, so der gemahlene Cayennepfeffer.

Würzprodukt

Als Gewürz werden unzählige Sorten von Gewürzpaprikas und Chilis in den verschiedensten Formen verwendet – frisch, eingelegt oder getrocknet, ganz, geschnitzelt, gemahlen, in Flocken, Fäden oder auch als Paste. Bei den Capsicumgewürzen ist der Schärfegrad für die Abgrenzung der Sorten ebenso wie für die Verwendung entscheidend.
Die Schärfe wird bei der Veredelung der Gewürzpaprika durch das Entfernen von Trennwänden und Samen reguliert, in denen der Scharfstoff Capsaicin sitzt. So werden einige Sorten mit, andere ohne diese Stücke vermahlen. Das Ausgangsprodukt sind stets getrocknete Beerenfrüchte, die dann fein zu Pulver gemahlen werden.

Gewürzpaprika	Aroma	Schärfe	Endprodukt vermahlen
Paprika, schärfefrei	fein	keine	ohne Samen und Trennwände
Delikatess-Paprika	mild, fruchtig	wenig	ohne Samen und Trennwände
Paprika, edelsüß	fruchtig, mild	leicht	Zusatz von Samen
Halbsüß-/Gulasch-Paprika	würzig	schärfer	mit Trennwänden
Rosenpaprika	fruchtig-würzig	scharf	ganze Früchte mit Samen und Trennwänden
scharfer/Königspaprika	würzig	beißend scharf	ganze Früchte mit zusätzlichen Samen und Trennwänden

Chili wird als Gewürz nach dem jeweiligen Schärfegrad eingestuft. Hierzu wird der Scharfstoff Capsaicin der jeweiligen Varietät in Scoville-Einheiten ermittelt. Namensgeber ist der amerikanische Pharmakologe Wilbur Lincoln Scoville. Er entwickelte 1912 ein Messverfahren zur Bestimmung der Chilischärfe, den »Scoville Organoleptic Test«. Seine Methode wird noch immer angewandt, auch wenn heute die Schärfeeinstufung nicht mehr durch menschliche Probanden, sondern durch exakte Analysegeräte erfolgt. Die unterschiedlichen Schärfestufen werden in einer Skala erfasst.

Schärfegrad	Scoville-Einheiten	Chilisorte
1	100–500	Peperoni
2	500–2.500	Anaheim
3	1.000–1.500	Ancho, Cherry Hot
4	1.500–2.500	Dolmalik, Cascabel
5	2.500–5.000	Jalapeño, Aji Amarillo, Rio Grande, Cascabel
6	5.000–15.000	Serrano, Chipote, Dutch Red
7	15.000–30.000	Piri-Piri
8	30.000–50.000	Cayennepfeffer
9	50.000–100.000	Piri-Piri, Tepin, Bird's Eye, Malagueta
10	100.000–350.000	Habanero, Scotch, Bonnet, Datil
over the top		But Jolokai, Naga Jolokai

Würzpraxis

Je nachdem, ob die erdig-fruchtige Komponente oder die scharfe Note überwiegen soll, werden in der Küche die verschiedensten Gewürzpaprika- und Chilivariationen eingesetzt. Als Grundstock für das heimische Gewürzregal empfehlen sich drei Capsicumgewürze: Paprika edelsüß, Chili Jalapeño und Bird's Eye.

Diese drei bedienen grob die wesentlichen Schärfevorlieben, von fruchtig und mild scharf über rassig scharf bis echt feurig.

Wer ein fruchtiges Bukett bevorzugt, der würzt mit frischen Chilis, denn beim Kochen verflüchtigen sich diese Aromakomponenten. Beim Schneiden oder Hacken frischer Schoten sollten auf alle Fälle Einweghandschuhe getragen werden, denn die Schärfe reizt Haut und Augen. Um die Schärfe zu mildern, können die frischen Chilifrüchte aufgeschnitten und Trennwände und Samen vor dem weiteren Zerkleinern entfernt werden. Frische Schoten bewahrt man am besten im Kühlschrank auf. Um eine längere Haltbarkeit zu erreichen, kann man die Schoten auch trocknen. Ein Einfrieren empfiehlt sich allerdings nicht. Getrocknete Chilischoten oder auch Chiliflocken haben eine Haltbarkeit von 24 Monaten. Vor der Verarbeitung kann man sie zur Aromenintensivierung noch im Mörser zerstoßen. Beim Kochen potenziert Chili seine Schärfe, sodass hier Fingerspitzengefühl gefragt ist. Deshalb alle Gerichte erst zum Ende des Kochvorgangs vorsichtig mit Chili abschmecken, besser noch am Tisch nachwürzen. Da jeder eine ganz individuelle Chili- und Schärfetoleranz hat, lässt sich keine allgemein gültige Würzformel erstellen. Wichtig ist auch, Gewürzpaprika und Chili nicht stark anzurösten. Kommen die Capsicumgewürze mit heißem Fett in Kontakt, bilden sich Röststoffe und eine herbe Bitternote.

Tipp

Was gegen Schärfe wirklich hilft, hat eine Wissenschaftlerin der Universität Fulda herausgefunden: Toastbrot mit Mascarpone bestrichen. Capsaicin ist fettlöslich, und so helfen fetthaltige Milchprodukte wie Sahne, Joghurt, Kefir, Quark oder Käse, die Scharfstoffe vom Gaumen zu lösen.

GEWÜRZE

Eine besondere Art der Veredlung ist das Räuchern von Gewürzpaprika und Chili. Berühmt ist der *pimentón de la Vera*, nach alter Tradition hergestellt in der westspanischen Provinz Extremadura. Nach der Ernte werden die reifen Schoten auf Rosten ausgebreitet und schonend über dem Rauch von heimischem Steineichenholz geräuchert. Anschließend vermahlt man die Schoten ohne Samen und Trennwände zu feinstem Pulver. *Pimentón de la Vera* besitzt so neben einer rassigen Schärfe und einem fruchtigen Bukett ein charakteristisches Raucharoma. Richtig dosiert verleihen Capsicumgewürze, ob frisch oder getrocknet, Fleisch, Fisch, Gemüse (besonders Mais und Bohnen), Reis- und Nudelgerichten, Suppen, Saucen, Dips, Salaten und sogar dunkler Schokolade erst den richtigen Pep. Wo die flüssige Form bevorzugt wird, leisten die Würzsaucen Tabasco oder Sambal oelek gute Dienste.

Inzwischen wird Chili auf der ganzen Welt angebaut und in den regionalen Küchen rund um den Erdball als scharfer Begleiter geschätzt: in mexikanischen *mole*-Gerichten ebenso wie im Chili con Carne der Tex-Mex-Küche, in den latinischen Penne all'arrabbiata wie in den zahllosen Curry- und Wokgerichten Asiens.

Würzkunst

Die dominante Chilischärfe steht gut für sich allein und braucht keine Unterstützung durch andere scharfe Gewürze wie schwarzen oder Langen Pfeffer. Ansonsten ist die Kombinierbarkeit von Gewürzpaprika und Chili nahezu unbegrenzt: Beide harmonieren wunderbar mit Basilikum, Bockshornkleesamen, Fenchel, Gewürznelken, Ingwer, Kardamom, Knoblauch, Koriander, Kreuzkümmel, Kümmel, Majoran, Oregano, Petersilie, Piment, Thymian, Vanille oder Zwiebeln.

Gewürzkultur

Über 7.000 Jahre alt sind die ältesten archäologischen Funde von mikrofossilem Chili in Mexiko und Ecuador. Das beweist, dass die Bewohner Mittel- und Südamerikas und der Karibikinseln Capsicumgewächse schon weit vor unserer Zeitenwende kannten und diese bereits in den präkolumbianischen Kulturen geschätzt wurden. Mayas und Azteken würzten nicht nur ihre Nahrung, sondern verwendeten die Beerenfrüchte auch als Arznei bei Asthma, Husten, Halsentzündung und Zahnschmerzen. Darüber hinaus wurden den Scharfmachern magische Kräfte zugesprochen und man setzte sie als Zahlungsmittel ein. Besonders beliebt waren die Schoten aber zum Aromatisieren der Trinkschokolade: In Kombination mit Vanille und Piment würzte Chili das herbe Getränk. Der Legende nach soll der letzte aztekische Herrscher Moctezuma jeden Tag 50 Becher davon getrunken haben. Er war es wohl auch, der den spanischen Eroberer Hernán Cortés auf den Geschmack brachte und so den Siegeszug des Kakaos (siehe Seite 115) in Europa vorbereitete.

Phytotherapie

Diverse Studien, die weltweit über den Chilischarfstoff durchgeführt wurden, beweisen sein sehr breites medizinisch-pharmazeutisches Wirkungsfeld. So kann Capsaicin verdauungsfördernd wirken, indem es die Speichel- und Magensaftsekretion steigert und die Darmbewegungen anregt. Außerdem reduziert es die Glukoseverwertung im Körper, Chili ist also auch ein natürlicher Diäthelfer. Der Scharfstoff fördert die Durchblutung, regt den Kreislauf an und aktiviert den gesamten Stoffwechsel.

In der äußeren Anwendung stimuliert der Scharfstoff Capsaicin die Wärmerezeptoren und wirkt durchblutungsfördernd und gefäßerweiternd. In Salben und Balsamen sowie als Pflaster oder Liquid dämpft er außerdem das Schmerzempfinden. Rheumatische Erkrankungen, Muskel- und Gelenkschmerzen, Verspannungen und Neuralgien sind hierfür Einsatzgebiete.

Fenchel
Foeniculum vulgare

Der altgriechische Name des Fenchels ist marathon. *Der dort üppig wild wachsende Fenchel gab wohl auch dem Ort Marathon, an dem der athenische Feldherr Militiades der Jüngere 490 v. Chr. die Perser besiegte, seinen Namen. So avancierte der Fenchel für die Griechen zum Symbol des Triumphs, mit dem sie ihre Häupter zu Feiern und Mysterienspielen bekränzten, wie der athenische Redner Demosthenes berichtet: »... am Tage nun führest du jene schönen, mit Fenchel und Pappellaub bekränzten Chöre durch die Straßen.«*

Beheimatet in Süd- und Südwesteuropa, war Fenchel als Gewürzpflanze bereits in den frühen Hochkulturen bekannt und findet in zahlreichen Schriften Erwähnung. So empfiehlt etwa der römische Gelehrte Plinius *foeniculum* in seiner Naturgeschichte (*Naturalis historia*) als wahren Allrounder in Sachen Gesundheit: Zur Unterstützung der Milchbildung bei stillenden Müttern, bei Blasen- und Nierenleiden, gegen Übelkeit und Fieber, zur Stärkung der Sehkraft und sogar bei Hunde- und Schlangenbissen.

Auf ihren Feldzügen brachten die römischen Legionen den Fenchel auch nach Germanien und Britannien. So hatte sich die Würzpflanze bereits im frühen Mittelalter auch in den abendländischen Klostergärten etabliert, denn ein Erlass Kaiser Karls des Großen verordnete den Anbau wertvoller Heil- und Würzpflanzen wie Fenchel auf seinen Landgütern, wozu auch viele Klöster gehörten. So verwundert es nicht, dass der Fenchel als bewährtes Hausmittel Eingang in die Volksheilkunde gefunden hat und auch heute noch als wirksame Naturarznei bei Magenkrämpfen und Husten gilt.

Gewürzporträt

Fenchel ist eine ein- bis mehrjährige krautige Pflanze, die an ihre Umgebung wenig Ansprüche stellt. Der über 2 m hoch wachsende Doldenblütler hat eine rübenförmige Wurzel und fedrige Blätter. Die Hauptachse und die Seitenäste enden in zusammengesetzten Dolden aus zahlreichen, ungleich langen Doldenstrahlen mit kräftig gelben Blüten. Nach der Blüte, zwischen Juli und September, bildet sich eine zweiteilige ovale Spaltfrucht aus: die Fenchelfrucht. Sobald die Dolden eine grau-grüne Farbe annehmen, werden diese Früchte in der Regel durch Mähdrusch im Herbst geerntet und dann getrocknet.

Würzprodukt

Als Gewürz werden die reifen und getrockneten Früchte des Süßfenchels verwendet. Der Bitterfenchel spielt als Würzzutat nur regional begrenzt in der italienischen Küche eine Rolle. Dort ist er prägnante Würze der berühmten Fenchelsalami *finocchiona*. Werden die ganzen Fenchelfrüchte vor der Verwendung in einer heißen Pfanne trocken geröstet, entfalten sie ein ganz wundervolles, noch tieferes Aroma, da durch die Wärmezufuhr die leicht flüchtigen Düfte entweichen. Anschließend sollten die gerösteten Fenchelfrüchte im Mörser zerstoßen oder gemahlen werden.

Gewürzkunde

In China sind Fenchelfrüchte, zusammen mit Kassiazimt, Sternanis, Szechuanpfeffer und Gewürznelken, Ingredienzen der berühmten Fünf-Gewürze-Mischung (siehe Seite 282).

Eine gute Qualität an Süßfenchel wird durch Farbe und Statur angezeigt: Hell, gelbgrün und kräftig sollten die Früchte sein. Im Vergleich dazu ist Bitterfenchel kleiner und hat eine schwarzbraune Farbe. Haltbar sind die getrockneten und ganzen Fenchelfrüchte licht- und luftgeschützt bei mäßiger Raumtemperatur gut zwölf Monate. Gemahlener Fenchel hingegen sollte innerhalb von sechs Monaten verbraucht werden, da er rasch an Aromaqualität verliert.

Würzige Verwandtschaft

Fenchel gehört zur Familie der Doldenblütler, ist also eng verwandt mit Anis, Kümmel und Kreuzkümmel. Es gibt verschiedene Varietäten des *Foeniculum vulgare*, meist werden die getrockneten Früchte des Süßfenchels als Gewürz genutzt.

Würzpraxis

Süßfenchel besitzt einen anisähnlichen Geschmack. Diesen verdankt das Gewürz dem Aromaträger Anethol, der auch im ätherischen Öl des artverwandten Anis in größerer Menge zu finden ist. Zum anisduftigen Bukett gesellen sich beim Fenchel noch orangelastige Töne, eine elegante Bitternote, ein zarter Honigcharakter sowie ein kampferartiger Geschmack.

Diese Vielschichtigkeit beschert dem Fenchel als Gewürz zahlreiche Einsatzmöglichkeiten, sowohl in pikanten wie auch süßen Speisen: in Brot, Backwaren, Risottos, Marinaden, Beizen, Suppen, Salatdressings oder Rotkohl, zu Fisch, Krustentieren, Meeresfrüchten, Schweine- und Lammfleisch, Pilzen oder Käse. Ideal sind Fenchelfrüchte auch zum Einlegen von Gurken, Kürbis, Karotten, Sauerkraut oder Hering. Eine raffinierte Note verleiht Fenchel darüber hinaus Erdbeer- und Himbeerkonfitüre sowie Apfel- oder Quittengelee.

Würzkunst

Sein reiches Aromaspektrum macht den Gewürzfenchel zum Freund vieler würziger Zutaten. In Kombination mit seinen Verwandten Anis, Dill, Kerbel, Kümmel, Kreuzkümmel und Liebstöckel wird seine kräftig würzige Eigennote noch stärker betont. Wird Fenchel hingegen mit Zitrone (oder Zitronenschale), Thymian, Salbei oder Lavendel kombiniert, tritt seine Finesse und Eleganz in den Vordergrund.

Phytotherapie

Die traditionellen Anwendungen der Volksheilkunde kann die heutige Forschung nur bestätigen. Fenchelfrüchte regen die Verdauung an und wirken zugleich beruhigend auf den Magen-Darm-Trakt. Schon Säuglingen wird daher bei Blähungen und Bauchschmerzen ein wohltuender Fenchel-Teeaufguss verabreicht.

Gesunder Genuss: Schlankheitstee

Der französische »Kräuterpapst« Maurice Méssegué empfiehlt einen Aufguss mit Fenchel, Anis und Quendel (Feldthymian) als Schlankheitskur. Für die Teemischung je 20 g der getrockneten Gewürze vermengen. 2 EL der Mischung mit 1 l kochendem Wasser aufbrühen und den Aufguss 6 Minuten ziehen lassen. Täglich 2–3 Tassen davon trinken.

Galgant
Alpinia galanga

Beheimatet in Südostasien, zählt der Große Galgant zu den exotischen Gewürzen, die im Mittelalter mit den Kreuzfahrern ins Abendland kamen. Heute ist das Rhizomgewürz fast in Vergessenheit geraten und findet als Würze meist nur in asiatisch inspirierten Gerichten Verwendung.

Gesunder Genuss: Herzstärkender Trank

Auch die ayurvedische Lehre setzt auf die herzstärkende Kraft des Galgants und empfiehlt folgenden Trank:
1 EL Rosinen in 1 Tasse Wasser einweichen. Abseihen und die Flüssigkeit auffangen. Das Rosinenwasser mit dem Saft von 1 Orange, einigen Granatapfelkernen und ½ TL Galgantpulver mischen und trinken.

Gewürzporträt

Der Galgant, eine Rhizomstaude, trägt bis zu 30 cm lange, lanzettförmige Blätter und weiße Blüten. Unter der Erde bildet sich ein kriechender, schlanker Wurzelstock (Rhizom) aus, der eine Länge von bis zu 1 m und einen Umfang von etwa 2 cm erreicht.
Wie die anderen Ingwergewächse benötigt Galgant tropisch-feuchtes Klima. Die Vermehrung erfolgt durch Rhizomstücke. Vier bis fünf Jahre nach dem Setzen wird erstmals geerntet. Hierzu werden die Rhizome ausgegraben und in 5–10 cm lange Stücke geschnitten. Diese werden frisch verwendet oder getrocknet.

Würzige Verwandtschaft

Galgant gehört wie Ingwer und Kurkuma zur Familie der Ingwergewächse (*Zingiberaceae*). Man unterscheidet zwischen dem Großen Galgant, auch Thai-/Siam-Ingwer genannt, der als Gewürz verwendet wird, und dem kleinen Galgant (*Alpinia officinarum*), dessen Heilkraft besonders geschätzt wird.

Würzprodukt

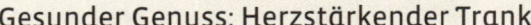

Als Gewürz wird das Rhizom frisch, eingelegt oder getrocknet verwendet. Frischer Galgant ist in Asialäden erhältlich, ebenso wie Pulver oder Paste.

Würzpraxis

Frischer Galgant erinnert im Geschmack an Ingwer, zeigt aber zusätzlich ein pfeffriges und zart bitteres Aromaprofil. Galgantpulver hingegen wirkt etwas schärfer, dumpfer und eher zimtartig.
Frischer Galgant wird geschält und dann in Scheiben geschnitten mitgegart oder fein gerieben verwendet. Er passt wunderbar zu pikanten wie zu süßen Gerichten und eignet sich als exotisches Gewürz nicht nur für Gerichte der chinesischen, thailändischen oder balinesischen Ethnoküche, sondern auch für herzhafte Schmorgerichte wie Gulasch und Rinderbraten, für Geflügel, Meeresfrüchte oder Fisch.

Würzkunst

Galgant kann die Schärfe von Pfeffer oder Chili durchaus ersetzen. Er harmoniert im Geschmack mit seinen würzigen Brüdern Ingwer und Kurkuma, aber auch mit Koriander, und geht eine herrlich vollmundige Beziehung ein mit Zitrusfrüchten, Zitronengras, Kaffirlimettenblättern und Kokosmilch.

Phytotherapie

In seiner asiatischen Heimat ein altbekanntes Heilmittel der Volksmedizin, wurde der Kleine Galgant bereits im Mittelalter auch von der abendländischen Klostermedizin geschätzt. Hildegard von Bingen lobt ihn in ihrem Werk *Physica* als hervorragendes Herzmittel: *»Wer im Herzen Schmerzen leidet und wem von Seiten des Herzens ein Schwächeanfall droht, der esse sogleich eine ausreichende Menge Galgant und es wird ihm besser gehen.«*

Gewürznelke
Syzygium aromaticum

Im Mittelalter seiner Form wegen als »Nägelein« (kleiner Nagel) bezeichnet, kennen wir das Blütengewürz heute unter dem Namen »Nelke«, den es sich mit der beliebten Zierpflanze teilt. Die magische Wirkung der Gewürznelke als Aphrodisiakum wurde in früheren Zeiten auch auf die gleichnamige Blume übertragen, was diese zum Symbol für Liebe und Ehe werden ließ.

Wie die Muskatnuss wuchs auch die Gewürznelke lange Zeit ausschließlich auf den tropischen Molukkeninseln. Der rege Tauschhandel der Inselbewohner brachte die Gewürznelke bereits vor der Zeitenwende bis nach Indien, China und Ägypten. Die Römer führten das Gewürz über den ägyptischen Handelsplatz Alexandria in ihr antikes Reich ein. Auch nach dem Untergang des gut vernetzten Römischen Reiches lief der Handel mit den südostasiatischen Kostbarkeiten weiter, seit dem frühen Mittelalter war das Abendland Hauptabnehmer der wertvollen »Nägelein«. Archäobotanische Funde von Gewürznelken, als erlesene Beigabe eines Grabes aus der Merowingerzeit (um 500 n. Chr.) bei Colmar, bestätigen deren frühe Verbreitung. Im Jahr 973 staunte der Gesandte des Kalifen von Córdoba Ibrahim ibn Ya'qub auf seiner Reise durch das mittelalterliche Frankenreich nicht wenig darüber, auf dem Markt in Mainz Gewürznelken zu finden, die er sonst nur aus weit entfernten Gegenden kannte: »*Seltsam ist auch, dass es dort Gewürze gibt, die nur im fernsten Morgenlande vorkommen, während* [die Stadt Mainz] *im fernsten Abendlande liegt, zum Beispiel Pfeffer, Ingwer, Gewürznelken. […] Sie werden aus Indien importiert, wo sie in Mengen vorkommen.*«

Bis zur Entdeckung der Gewürzinseln durch die Portugiesen zu Beginn des 16. Jahrhunderts lief der Handel mit Gewürznelken über viele Stationen: Malaien transportierten das Blütengewürz übers Meer nach Sri Lanka, von dort reiste es per Schiff über das Rote Meer bis nach Ägypten, wo man es wieder auf Schiffe verlud und übers Mittelmeer in europäische Verteilerzentren wie Venedig oder Genua beförderte.

Die Niederländer, im Wettbewerb um die Vormachtstellung im weltweiten Gewürzhandel mit ihrer Vereinigde Oost-Indische Compagnie (VOC) ganz vorne dabei, eroberten zu Beginn des 17. Jahrhunderts die Molukken und errichteten 1621 ein Handelsmonopol für Gewürznelken und Muskatnuss. Restriktive Anordnungen waren die Folge, die den Anbau von Gewürznelken nur auf der Molukkeninsel Ambon gestatteten. »Nelken-Schwarzhändler«, die das Gewürz unerlaubt ausführten, wurden hart bestraft und auf eine Gefangeneninsel verbannt. Wer Samen oder Stecklinge in andere Regionen brachte, wurde mit dem Tode bestraft. Doch 1769 gelang es dem Wissenschaftler Pierre Poivre im Auftrag des französischen Königs, sowohl Samen als auch Stecklinge von Gewürznelkenbäumen nach Mauritius zu »entführen«, wenige Jahre später begannen die Franzosen, diese auf ihren Besitzungen in Französisch-Guayana zu kultivieren. Von den Arabern 1818 auf die ostafrikanische Insel Sansibar gebracht, entwickelten sich unter der Herrschaft des Sultans von Oman ausgedehnte Kulturen von Gewürznelkenbäumen. Heute liefern neben Tansania (mit den Inseln Sansibar und Pemba) und Indonesien (Molukkeninsel Ambon) auch Madagaskar, Malaysia (Insel Penang), Sri Lanka, Mauritius, Jamaika, Brasilien und Französisch-Guayana das beliebte Gewürz.

> **Tipp**
>
> Gewürznelke schreckt Steckmücken ab. Mit Nelken gespickte Zitronen sollen die lästigen Plagegeister fernhalten.

Gewürzporträt

Tropisch-feuchtwarmes Klima, ein nährstoffreicher und wasserdurchlässiger Boden sowie windgeschützte Standorte sind die Voraussetzungen für ein optimales Wachstum von Gewürznelkenbäumen. Dann können die immergrünen Bäume aus der Familie der Myrtengewächse (*Myrtaceae*) eine Höhe von bis zu 20 m erreichen.

Der Gewürznelkenbaum trägt dunkelgrüne, ledrige, in der Form an Lorbeerblätter erinnernde Blätter, die intensiv duften. Alle Teile dieses Baumes, auch Stiele, Blätter und Rinde, verströmen einen starken Duft, wirklich wertvoll sind aber nur die Knospen. Sie bestehen aus einem stielartigen, vierkantigen Unterkelch, auf dem vier auseinandergehende, ein kugelförmiges Köpfchen umschließende Kelchzipfel sitzen. Noch bevor die Knospen sich zur Blüte entfalten, werden sie als würziger Schatz, die Gewürznelken, geerntet.

> **Gewürzkultur**
>
> Der hohe Anteil an ätherischem Öl macht die Gewürznelke zur beliebten Ingredienz in der Kosmetikindustrie für Parfüm, Seife, Körperlotion, Zahnpasta oder Mundwasser. Aber auch die Tabakindustrie hat das aromatische Gewürz für sich entdeckt. Ein Teil der Ernte geht in die Fertigung von *kreteks*, Nelkenzigaretten, die vorwiegend in Indonesien hergestellt und konsumiert werden und zur Aromatisierung geschrotete Teile des Gewürzes enthalten.

Per Hand oder mittels Haken werden die geschlossenen Blütenknospen in Büscheln vom Baum gepflückt. Stiele und Blütenblätter werden dann von Hand oder maschinell entfernt. Die Knospen trocknen meist an sonnigen Plätzen oder in Pfannen über einem offenen Feuer und erhalten dadurch ihre rötlichbraune Farbe. Durch den Trocknungsprozess verlieren die Nelken jedoch stark an Gewicht: 1.000 kg frisch gepflückte Knospen ergeben so nur rund 240 kg Gewürz.

Würzprodukt

Gewürznelken sind die vollständigen, noch nicht aufgeblühten Knospen des Gewürznelkenbaumes, die getrocknet und ganz oder gemahlen als Gewürz Verwendung finden.

Gewürznelken werden heute nach ihren Anbaugebieten klassifiziert. Als qualitativ hochwertig gelten die Ambonia-Nelken aus dem Ursprungsgebiet, gefolgt von Sansibar- und Pemba-Nelken als nächste Güteklasse. Als geringerwertig werden Singapur- und Penang-Nelken und als mindere Qualität Antillen- und Guayana-Nelken eingestuft.

Würzpraxis

Gewürznelken kitzeln den Gaumen mit ihrem ganz typischen, als »nelkenartig« definierten Geschmack. Wer auf eine Nelke beißt, spürt neben einer brennenden Schärfe und einem süßlich-balsamischen Bukett sofort ein leicht taubes Gefühl auf der Zunge. Deshalb sollten Gewürznelken nicht lose an die Speisen gegeben werden. Die betäubende Wirkung irritiert für eine Weile die Geschmacksnerven. Besser ist es also, hier auf alte Hausfrauentricks zurückzugreifen: Eine Zwiebel mit drei bis vier Gewürznelken spicken und zu Schmorgerichten, Eintöpfen oder Blaukraut in den Topf geben. Vor dem Servieren wieder entfernen. Für süße Speisen oder Backwaren ein bis zwei Gewürznelken vor der Verwendung in einem Mörser fein zerstoßen. So kann sich das Aroma voll entfalten. Bei der Zubereitung von Heißgetränken wie Punsch oder

Glühwein (siehe Seite 136) empfiehlt es sich, pro Liter ein Viertel Zitrone oder Orange mit drei Gewürznelken zu bestücken und das Getränk damit ziehen zu lassen. Gewürznelke, ein Traditionsgewürz der deutschen Küche, passt sowohl zu süßen als auch zu pikanten Gerichten. Sie verleiht Brühen, Sud, Marinaden, Wild-, Rinder- oder Entenbraten, Gemüse wie Blaukraut oder Kürbis, geräuchertem und gepökeltem Fleisch oder eingelegtem Fisch, aber auch Süßspeisen wie Früchtekompott, Marmeladen, Backwaren, Weihnachtsgebäck wie Lebkuchen oder Getränken wie Tee, Glühwein und Punsch eine charaktervolle Würze.

Auch die Ethnoküchen dieser Welt schätzen das vollmundige Aroma der Nelken, sodass sie zu den wichtigsten Zutaten vieler landestypischer Würzmischungen gehören, von *baharat* (siehe Seite 160), *berbere* (siehe Seite 142), *garam masala* (siehe Seite 280), Currymischungen (siehe Seiten 284–285), der chinesischen Fünf-Gewürze-Mischung (siehe Seite 282), *poudre de Colombo* (siehe Seite 262) und *ras el-hanout* (siehe Seite 161) bis hin zum französischen Quatre épices (siehe Seite 191).

Tipp

Ob Nelken von guter Qualität sind, lässt sich bereits am Aussehen erkennen. Sie sollten vollständig sein, also auch das ganze obere Köpfchen haben, aber frei von losen Blütenstielen und reifen Früchten, den sogenannten »Mutternelken« sein. Außerdem sollten Gewürznelken eine satte rotbraune bis braune Farbe aufweisen. Eine Qualitätskontrolle lässt sich ganz einfach auch zu Hause mit dem »Schwimmtest« durchführen: Die Gewürznelken in ein Gefäß mit Wasser geben. Hochwertige Nelken mit einem hohen Anteil an ätherischem Öl sinken nach unten oder stellen sich senkrecht mit dem Köpfchen nach oben auf. Gewürznelken geringerer Qualität schwimmen flach auf der Wasseroberfläche.

Ingwer
Zingiber officinale

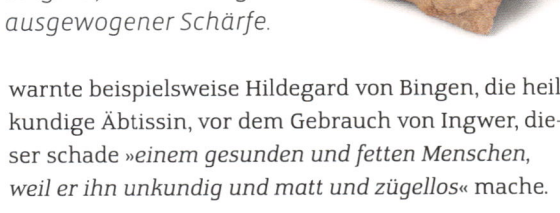

Dieser Wurzelstock verzückt heute weltweit die Gaumen: Ingwer, ein Rhizomgewürz mit frisch aromatischem, zitronigem Bukett und ausgewogener Schärfe.

In den subtropischen und tropischen Regionen Asiens ist der Ingwer zu Hause und wird dort schon seit Urzeiten verwendet. Es ist aber nicht allein sein pikanter Geschmack, der den Ingwer in Asien zum beliebten Alltagsgewürz machte. Seine positive Wirkung auf den Organismus wurde schon sehr früh entdeckt und geschätzt. In seinem legendären Werk über Ackerbau und Heilpflanzen – *Des Göttlichen Bauers Buch von Wurzeln und Kräutern* – beschreibt Shennong, mystischer Kaiser von China, bereits um 2.700 v. Chr. den Ingwer als königliche Pflanze, die die Lebenskraft erhalten und vor Krankheiten schützen kann. Auch der chinesische Philosoph Konfuzius konnte sich eine Mahlzeit ohne Ingwer angeblich nicht vorstellen. Von Asien aus kam der Ingwer um die Zeitenwende herum über die alten Handelswege bis nach Europa und im antiken Rom machte der Wurzelstock als *zingiber* schnell Karriere in Küche und Heilkunde. Im Zeitalter der Kreuzzüge eroberte er dann auch das mittelalterliche Abendland und ersetzte als scharfes Würzmittel sogar gelegentlich den Pfeffer. Seine Heilwirkung war allerdings nicht unumstritten. So warnte beispielsweise Hildegard von Bingen, die heilkundige Äbtissin, vor dem Gebrauch von Ingwer, dieser schade »*einem gesunden und fetten Menschen, weil er ihn unkundig und matt und zügellos*« mache.

Gewürzporträt
Ingwer, Kurkuma und Galgant gehören alle zur Pflanzenfamilie der Ingwergewächse (*Zingiberaceae*). Dabei handelt es sich um tropische schilfähnliche Stauden, die Wärme und Feuchtigkeit lieben. Sie bilden unter der Erde verzweigte Wurzelstöcke aus (Rhizome). Reif werden diese ausgegraben, gesäubert und zerteilt.

Würzprodukt
Ingwer wird zum Würzen frisch, eingelegt und getrocknet, geschnitten oder gemahlen verwendet. Frischer Ingwer kann, eingewickelt in ein Stück Küchenpapier, im Gemüsefach des Kühlschranks gut 14 Tage aufbewahrt werden. Aber Vorsicht: Ingwer ist sensibel gegenüber anderen, geruchsintensiven Lebensmitteln. Getrocknetes Ingwerpulver hält sich, vor Licht und Feuchtigkeit geschützt, bis zu 24 Monate. Ingwer wird nach dem jeweiligen Ursprungsgebiet eingeteilt. Jamaika-Ingwer gilt als besonders aromatisch. Auch indischer, chinesischer oder australischer Ingwer werden in guter Qualität angeboten. Wichtig beim Kauf von frischem Ingwer ist, dass dieser keine holzigen und trockenen Stellen aufweist und dass sein gelbes Fruchtfleisch fest und saftig ist.

Gewürzkultur: Aus der antiken Rezeptsammlung des römischen Feinschmeckers Apicius

»Bohnen nach Art des Vitellius: Koche die Bohnen und rühre sie zu einem glatten Püree. Zerstampfe im Mörser Pfeffer, Liebstöckel und Ingwer und gib Dotter von hart gekochten Eiern, Honig, Liquamen [altrömische Würzsauce], Wein und Essig über die Gewürze. Fülle all dies samt den gestampften Gewürzen in einen Topf, füge Öl hinzu und bringe es zum Kochen. Würze nun die Bohnen mit dieser Sauce. Rühre sie glatt, falls sich Klümpchen gebildet haben. Füge Honig hinzu und serviere.«

Würzpraxis

Frischer Ingwer hat eine zitronige Anmutung, gefolgt von einer angenehmen Schärfe. Beim getrockneten Ingwer hingegen rückt die Schärfekomponente in den Vordergrund, während die frische Note stark zurücktritt. Wenn beim Würzen das zitronig-scharfe Aroma dominieren soll, wird frischer Ingwer erst 20 Minuten vor Ende der Garzeit zugefügt, bei Saucen oder Desserts sogar erst zum Schluss. Getrockneter Ingwer kann auch gleich von Beginn an mitgekocht werden. Die Dosierung sollte wegen der Schärfe zunächst zurückhaltend sein, gerne kann kurz vor dem Servieren nochmals nachgewürzt werden.
Ingwer ist ein äußerst vielseitiger Würzkünstler, der sowohl zu pikanten als auch zu süßen Speisen oder Backwaren passt. Ob Karottensalat, Kürbis-Chutney, Birnenkompott oder Orangenmarmelade, unzählige Leckerbissen profitieren vom charaktervollen Aroma des Ingwers. Aus der Küche Asiens mit ihren Wok- und Currygerichten ist der Ingwer nicht wegzudenken, genauso wenig wie aus der englischen Kochkunst, die das Wunderrhizom mit Ingwerkonfitüre, -scones oder -kuchen würdigt.

Würzkunst

Die raffinierte Schärfe des Ingwers korrespondiert wunderbar mit den großen Würzkünstlern Asiens wie Muskatnuss, Zimt, Gewürznelke, Pfeffer, Kardamom sowie Zitronengras. Doch auch frische Kräuter wie Koriandergrün profitieren von der leicht süßen und zitronenfrischen Anmutung des Ingwers. Unschlagbar als würziges Duett sind frischer Ingwer und frischer Knoblauch. Diese Liaison gibt der Speise nicht nur eine fundierte Basisnote, der Ingwer mildert auch den schwefeligen Geschmack des Knoblauchs. Auch andere Aromaträger wie Limette, Zitrone, Orange oder dunkle Schokolade harmonieren fantastisch mit Ingwer.

Tipp

Die Schale des frischen Ingwers lässt sich am besten mithilfe eines Teelöffels abschaben. Dann wird die Wurzel – je nach Verwendungszweck – in feine Scheiben oder Streifen geschnitten oder fein gehackt. Zum Reiben des Ingwers eignen sich am besten kleinzahnige spezielle Ingwerreiben aus Porzellan oder rostfreiem Stahl.

Phytotherapie

Ingwer genießt heute in der Wissenschaft hohe Anerkennung, seine Wirksamkeit ist belegt. Vor allem wird Ingwer als nebenwirkungsfreies, antiemetisches Naturheilmittel gegen Reisekrankheit, Übelkeit, Erbrechen und Schwindel eingesetzt. Auch wirkt er positiv auf die Verdauungsorgane, den Stoffwechsel sowie das Immunsystem. Die ayurvedische Lehre vertraut von jeher auf die Kraft des Ingwers und schätzt ihn als »großen Heiler«. Sie ordnet den Ingwer als wärmende Pflanze ein, die das Verdauungsfeuer *agni* entfacht und die Lebensenergie verstärkt. Für eine intensivere Wirkung wird getrockneter Ingwer empfohlen. Die Scharfstoffe des Ingwers, Shoagol und Gingerol, potenzieren sich beim Trocknungsprozess und sorgen so mit ihrer durchblutungsfördernden Schärfe auch für innere Wärme.

Gesunder Genuss: Ingwertee

Ein etwa 1 cm langes Stück frischen Ingwer schälen und in Scheiben schneiden. Mit 1 l abgekochtem, heißem Wasser übergießen und den Aufguss abgedeckt 10 Minuten ziehen lassen. Mit einigen Spritzern Zitronensaft und etwas Honig abschmecken.

Kardamom
Elettaria cardamomum L.

Kardamom gehört weltweit zu den teuersten Gewürzen, führt in unserer Küche aber eher ein Schattendasein und tritt allenfalls als Weihnachtsgewürz für Stollen, Lebkuchen und Spekulatius ins Rampenlicht. Ganz anders präsentiert er sich in der Küche Arabiens und Nordafrikas: Das balsamische Aroma des Kardamoms mit seiner süßen Anmutung, kampferartigen Schärfe und minzigen Frische ist ein Charakteristikum orientalischer Esskultur. Ob im nordafrikanischen berbere *oder dem marokkanischen* ras el-hanout, *die Küche des Orients liebt ihn.*

Lange vor der Zeitenwende wurde Kardamom bereits als kostbares Gewürz geschätzt. Eine Rezeptsammlung aus dem antiken Rom, die dem Feinschmecker Apicius zugeordnet wird, beschreibt überschwänglich mit Kardamom gewürzte Gerichte und der Militärarzt Dioskurides empfiehlt die Samen als Arzneimittel bei Verstopfung. Im Mittelalter war Cardamömlin ein hohes Luxusgut, dessen Verwendung als Duftspender im höfischen Haushalt der Dichter und Minnesänger Wolfram von Eschenbach beschreibt: »[W]o man hintrat auf den Teppich, überall lag unter ihren Füßen eine Häckselstreu von Kardamom und Nelken und Muskat, ihrer süßen Düfte wegen.«

Gewürzkultur

In Arabien sowie in Teilen Nordafrikas sehr beliebt ist die Kombination von Kaffee oder Tee mit Kardamom. Kardamomkaffee, nach einem speziellen Ritual zubereitet, gilt auch heute noch als Symbol orientalischer Gastfreundschaft. Pro Tasse werden hier ein bis zwei zerstoßene Kapseln verwendet.
Beim Servieren des Kardamomkaffees wird dem Gast eine besondere Ehre zuteil, denn dieses Samengewürz wird im Orient auch als Aphrodisiakum mit stimulierender und potenzsteigernder Kraft hoch geschätzt (siehe Rezept Seite 136).

Gewürzporträt

Kardamom und Pfeffer haben die gleiche Heimat, die feucht-tropischen Bergwälder der Malabarküste Vorderindiens mit einer Höhe zwischen 700 und 1.500 m. Heute sind die Hauptlieferländer für Kardamom Guatemala, Indien, Indonesien, Sri Lanka und Thailand.

Die Kardamompflanze, eine mehrjährige, immergrüne Rhizomstaude, die eine Höhe von 2–3 m erreichen kann, bildet oberirdisch schlank aufragende Stängel mit schmalen, bis zu 75 cm langen lanzettförmigen Blättern und Blüten, die außen eine weiße und innen eine kräftig rot-gelb gestreifte Färbung haben. Aus den Fruchtknoten entwickeln sich längliche grüne, dreifächerige Kapseln. Darin befinden sich bis zu 20 grau- bis braunschwarze Samen mit charakteristischem Aroma.

Für optimales Wachstum benötigt die Kardamomstaude feucht-warmes Klima, satten Lehmboden sowie einen schattigen Standort. Vermehrt wird die Pflanze durch Rhizomstücke, doch erst sechs Jahre nach Anpflanzung kann der volle Ernteertrag eingebracht werden. Durch die ungleichmäßige Reife der Früchte zieht sich die Ernte dann auch über drei bis vier Monate hin. Der richtige Zeitpunkt ist hier nämlich extrem wichtig: Öffnen sich die reifen Kapseln zu früh, geht der kostbare Inhalt verloren.

Würzige Verwandtschaft

Der Kardamom ist mit Ingwer, Kurkuma und Galgant botanisch verwandt. Doch im Gegensatz zu diesen Rhizomgewürzen werden beim Kardamom die Samen der oberirdisch wachsenden Fruchtkapsel verwendet. Im Inneren sitzen unzählige winzige braunschwarze Samen, die die Schale der Fruchtkapsel schützt. Erst kurz vor dem Gebrauch werden die Kardamomkapseln geöffnet und die Samen entnommen. Dadurch bleibt das exquisite Aroma bis zum Gebrauch erhalten. Die Samen können dann im Ganzen verwendet oder im Mörser leicht zerstoßen werden.

Würzprodukt

Als beste Qualität gilt grüner Kardamom, dessen Kapselhülle noch komplett geschlossen ist. Schwarzer Kardamom hingegen wird als minderwertig eingestuft. Er wird über offenem Feuer getrocknet, sodass sein herberdiges Aroma eine zusätzliche Rauchnote aufweist.

Würzpraxis

Kardamomkapseln werden getrocknet, ganz oder gemahlen als Gewürz eingesetzt. Sie besitzen einen sehr hohen Anteil an ätherischem Öl. Dadurch zeigt Kardamom ein intensives Aroma, das sich aus blumigen, holzigen, balsamischen und kampferartigen Tönen zusammenfügt. Noch besser kommt der Geschmack zur Geltung, wenn die Kardamomsamen ganz kurz und ohne Fett angeröstet werden. Durch die Wärmezufuhr können sich dann die ätherischen Öle perfekt entfalten.

Wer eine dezentere Kardamomnote bevorzugt, der öffnet die Schale der Kapsel nur wenig und gibt die ganze Kapsel an die Speise. Dadurch werden die Aromastoffe dosierter freigesetzt. Vor dem Servieren wird die Kapsel wieder entnommen.

Seine Vielschichtigkeit macht den Kardamom zum exquisiten Begleiter sowohl pikanter als auch süßer Speisen und Backwaren. In Skandinavien ist Kardamom schon seit der Wikingerzeit eine beliebte Speisewürze, die nicht nur bei den Pfefferkuchen, sondern auch gerne für Fisch und deftige Würste oder Fleischpasteten verwendet wird. Auch in der Küche Indiens ist Kardamom sehr beliebt, und zwar nicht nur im Gewürztee Chai (siehe Seite 137), sondern ebenso in Geflügel- und Reisgerichten wie Tandoori-Hähnchen.

> **Gesunder Genuss:**
> **Ätherische Ölmischung »Good for the mood«**
>
> 3 g Kardamomöl
> 3 g Orangenschalenöl
> 1,6 g Zitronengrasöl
> 1,4 g Zimtrindenöl
> 1 g Gewürznelkenöl
>
> Alle ätherischen Öle gut miteinander vermischen und einige Tropfen davon für das Duftstövchen verwenden. Wirkt gegen trübe Gedanken und Konzentrationsschwäche.

Würzkunst

Kardamom korrespondiert durch seine balsamische Anmutung ganz wunderbar mit Pfeffer, Ingwer, Safran, Sternanis, Gewürznelken, Knoblauch, Koriander, Piment, Muskatnuss und Zwiebeln.

Phytotherapie

Der hohe Anteil an ätherischem Öl im Kardamom hat positiven Einfluss auf den Magen-Darm-Bereich. So wirkt das Gewürz verdauungsanregend, blähungstreibend und krampflösend. Auch wird ihm eine desodorierende Wirkung zugesprochen, die schon im frühen Mittelalter geschätzt wurde: »*Kardamom fegt alle üblen Gerüche aus Magen und Mund.*«

Nicht nur der Organismus profitiert von den über 120 flüchtigen Verbindungen des ätherischen Kardamomöls. Das Gewürz gilt auch als Stimulanz für den Geist, das allgemein anregt, die Konzentration fördert, die Gedächtnisleistung verbessert und für einen klaren Verstand sorgt. So kann der Kardamom zum Beispiel als natürlicher Helfer bei Prüfungen wirken: Einfach eine Kardamomkapsel zerkauen und die Schale wieder rausnehmen – ein schneller Energiebooster für zwischendurch!

Knoblauch
Allium sativum

Von Zentralasien ausgehend hatte sich der Knoblauch, ursprünglich wild wachsend, bereits in vorchristlicher Zeit als Kulturpflanze weit verbreitet. In Ägypten galt er als heilig und genoss als Arznei- und Stärkungsmittel hohes Ansehen. Herodot, griechischer Historiker und Völkerkundler, berichtete im 5. Jahrhundert v. Chr. darüber, dass die am Bau der großen Cheops-Pyramide beteiligten Arbeiter täglich ihre Ration Knoblauch erhielten. Als die Versorgung mit der Gewürzknolle, die nicht nur der Stärkung, sondern auch der Gesundheitsprophylaxe diente, aus Kostengründen eingestellt wurde, legten die Sklaven ihre Arbeit nieder und traten in den Streik.

Auch im antiken Griechenland und Rom empfahlen Ärzte wie Hippokrates und Dioskurides Knoblauch gegen die verschiedensten Krankheiten. Bald stieg die Knolle zum »Theriak des Volkes«, einem Allheilmittel für Bauern, Hirten und Sklaven, auf. Die Oberschicht hingegen verachtete den Knoblauch als Stinkpflanze, den Besuchern des Kybele-Tempels wurde per Senatsbeschluss der vorherige Verzehr von Knoblauch verboten. Im frühen Mittelalter hatte sich der Knoblauch dann bis nach Deutschland ausgebreitet und wurde dort als Knolle mit bedeutender Heilwirkung, aber auch als Speisewürze geschätzt. Die ersten wissenschaftlichen Untersuchungen über die medizinische Wirkung des Knoblauchs liegen bereits aus dem 17. Jahrhundert vor, 1858 entdeckte Louis Pasteur die antiseptische Wirkung der Pflanze. In den folgenden großen Kriegen wurde frischer Knoblauchsaft zur Wunddesinfektion eingesetzt. 1989 kürte man den Knoblauch zur Heilpflanze des Jahres, 1998 wurde er als Phytopharmakum in das *Europäische Arzneibuch* aufgenommen.

Tipp

Da die Aromakomponente Allicin durch Erhitzen an Intensität verliert, sollte frischer Knoblauch, vor der Weiterverarbeitung fein gehackt, 10 Minuten bei Raumtemperatur ruhen. Dadurch wird der Inhaltsstoff auch koch- und backstabil.

Gewürzporträt

Knoblauch, eine ausdauernde Pflanze, hat zusammengesetzte Zwiebeln mit Nebenzwiebeln (als Zehe oder Klaue bezeichnet), die von einer weißen, grünlichen bis rosa-/purpurfarbenen Haut umhüllt werden. Oberirdisch wachsen längliche, flache, herabhängende Laubblätter, und auf einem bis zu 1 m hohen Stängel sitzen zahlreiche kleine, rötlich-weiße Blüten, von einem schnabelförmigen Hochblatt umhüllt. Manchmal bilden sich im Blütenstand statt der Blüten auch kleine Brutzwiebeln aus.

Die Knoblauchpflanze gedeiht gut auf feuchtem, mittelschwerem Boden sowie an sonnigen, windgeschützten Plätzen. Die Vermehrung des Lauchgewächses erfolgt über Brut- oder Teilzwiebeln (Zehen). Nach dem Stecken bildet sich im ersten Jahr ein sogenannter Rundling, eine ungeteilte Zwiebel, aus. Erst in den Folgejahren entwickeln sich daraus dann die mehrgeteilten Knoblauchzwiebeln. Die reifen Zwiebeln werden beim großflächigen Anbau mit Maschinen wie Zwiebelrodern geerntet. Zur Herstellung von Knoblauchpulver oder -granulat werden die Zehen getrocknet und entsprechend zerkleinert.

Würzige Verwandtschaft

Zusammen mit 300 weiteren Pflanzen, darunter Speisezwiebel, Bärlauch, Lauch, Schalotte und Schnittlauch, bildet Knoblauch die Familie der Lauchgewächse (*Alliaceae*), die alle eine Gemeinsamkeit besitzen: charakteristische Lauchöle, die das kräftige Aroma definieren.

Würzprodukt

Verwendet werden die meist von der Haut befreiten Knoblauchzehen frisch, getrocknet oder gefriergetrocknet in diversen Formen wie Scheiben, Granulat, Flocken, Pulver oder Püree sowie Saft.
Frische Knoblauchzwiebeln können für einige Monate gut in kühleren, luftigen und trockenen Räumen gelagert werden. Einfrieren lassen sich frische Knoblauchzwiebeln dagegen nicht. Getrocknete Knoblauchprodukte sind etwa zwölf Monate haltbar.

Würzpraxis

Sein lauchartig schwefeliges Aroma, gern auch als »knofelig« bezeichnet, verdankt der Knoblauch der Schwefelverbindung Allicin. Doch erst nach dem Zerkleinern der frischen Zehen und der damit einhergehenden enzymatischen Spaltung bildet sich der typische Knoblauchcharakter aus. Eine Hauptkomponente des Knoblauchs ist die schwefelhaltige Verbindung Alliin. In der intakten Knoblauchzehe befindet sich das geruchlose Alliin noch getrennt von dem Enzym Alliinase in verschiedenen Kompartimenten. Erst beim Schneiden, Hacken oder Pressen der Zehen und damit der Verletzung des Fruchtfleischs kann Alliin mit dem Enzym Alliinase in Kontakt kommen. Daraus entsteht die bioaktive und geschmacksgebende Substanz Allicin. Deren Verzehr setzt geruchsintensive Stoffe frei, die über Atemluft, Mundschleimhaut und Haut transportiert werden – eben der charakteristische Knoblauchgeruch.

Den höchsten Knoblauchkonsum haben die Länder Ost- und Südostasiens, des Mittelmeerraums sowie Südamerikas. Weltweit gehört Knoblauch zu den beliebtesten Speisewürzen und wird frisch, eingelegt oder getrocknet beim Zubereiten von Fleisch-, Fisch-, Reis-, Nudel- und Gemüsegerichten, Wurstwaren, Salaten, Suppen, Saucen oder Dips verwendet. Bei Knoblauchbutter, -brot oder -paste kommen gern auch größere Mengen frischer Zehen zum Einsatz.

Gewürzkultur

Knoblauch schützt vor Vampiren! Dieser Aberglaube basiert auf einer spannenden These mit wissenschaftlichem Hintergrund: Eine Substanz des Knoblauchs, Diallyldisulfid, hemmt die Biosynthese des Hämoglobins und beschleunigt zugleich dessen Abbau. Dieser für die meisten Menschen harmlose Vorgang verschlimmert jedoch eine Stoffwechselerkrankung, die Porphyrie, bei der zu wenig roter Blutfarbstoff Hämoglobin produziert wird.
Die Träger dieser Erbkrankheit zeigen Symptome wie Blutarmut, Blässe, starken Haarwuchs, aufgesprungene Lippen, rot verfärbte Zähne, Verstümmelungen an Nase und Ohren. Hinzu kommen eine extreme Lichtempfindlichkeit und psychische Auffälligkeiten. Einer Theorie zufolge könnten die lichtscheuen und Knoblauch meidenden Gestalten aus Literatur und Legende also weniger Vampire, als vielmehr Porphyriekranke gewesen sein, deren Krankheitssymptome durch den Genuss von Knoblauch noch verstärkt wurden.

Würzkunst

Die aromatisch kräftige Note des Knoblauchs wird unterschwellig von einer feinen Süße begleitet. Die Knolle ist ein echter Allrounder und rundet perfekt das Aroma von Basilikum, Petersilie, Pfeffer, Rosmarin, Thymian, Kreuzkümmel und Ingwer ab. Entsprechend ist Knoblauch auch geschmacksprägendes Element vieler internationaler Würzkompositionen wie Pizzagewürz, Barbecuegewürz, zahlreicher Currymischungen, *harissa* oder Pesto.

Gewürzkunde

»Überall, wo ich Knoblauch gefunden habe, habe ich auch Gesundheit gefunden. Überall, wo ich Gesundheit gefunden habe, habe ich auch Knoblauch gefunden.«
(Maurice Mességué)

Koriander
Coriandrum sativum L.

Die Küche des antiken Rom liebte Koriander. Dies bezeugt ein überliefertes Kochbuch, das auf den römischen Feinschmecker Apicius zurückgeht. In diversen Rezepten wird dort Koriander als Speisewürze empfohlen: in einer Brühe, die die Verdauung fördert, zu Gurken, Spargel, Birnen, Aprikosen und Melonen, aber auch zu Schweineeutern oder gekochtem Strauß. Mit den römischen Legionen wanderte coriandrum, der gerne auch zum Würzen von Wein verwendet wurde, in die eroberten Provinzen, wie Grabungsfunde aus Germanien, Gallien oder Britannien belegen.

Im mittelalterlichen Abendland hielt sich die Begeisterung speziell für das Koriandergrün allerdings eher in Grenzen. So schrieb der Tübinger Botaniker Leonhart Fuchs 1543 in seinem *New Kreüterbuch*: »[K]ein wantz kann nit so übel stincken als der gruen Coriander.« Die Korianderfrüchte hingegen wurden als wirkungsvolles Mittel gegen Husten, Verdauungsstörungen oder Tollwut geschätzt, was dem Doldengewächs einen Platz in den Bauern- und Kräutergärten Mitteleuropas sicherte.

Seit nach der arabischen Invasion auf der Iberischen Halbinsel in Gebrauch, war Koriander auch eines der ersten Gewürze, das von den Spaniern nach Amerika eingeführt wurde, bereits im 17. Jahrhundert wurde in Massachusetts Koriander angepflanzt. Heute liegen wichtige Anbaugebiete in Bulgarien, Marokko, Ungarn, Rumänien, Ägypten, Frankreich, Italien, der Türkei, GUS und anderen Ländern Osteuropas. Auch in Deutschland wird in Württemberg, Thüringen und Franken Koriander kultiviert.

Gewürzkultur

Bei den Umzügen zur Fastnacht oder zum Karneval wurden früher kandierte Korianderkörner, *confectum* genannt, großzügig unter den Zuschauern verteilt. Später wurde das Gewürzkonfekt durch »Konfetti« aus Papier ersetzt.

Würzige Verwandtschaft
Koriander gehört wie Anis, Fenchel, Dill, Kreuzkümmel (Cumin), Kümmel, Liebstöckel und Petersilie zu den Doldenblütlern, deren typisches Merkmal der charakteristische Blütenstand einer zusammengesetzten Blütendolde ist.

Gewürzporträt
Die ein- bis zweijährige, fiederblättrige Krautpflanze wächst bis zu 80 cm hoch. Hauptstängel und Seitenäste enden in einer aus vielen zarten, weiß-rötlichen Blüten zusammengesetzten, flachen Dolde. Nach der Blütezeit von Juni bis August bilden sich zunächst kleine grüne Früchte aus, die zu zweiteiligen, kugeligen Spaltfrüchten mit Ölstriemen (Rippen auf der Oberfläche) heranreifen. Die Ernte erfolgt durch Mähdrusch im Spätsommer, sobald die Früchte der Mitteldolde reif sind. Anschließend werden die Korianderfrüchte zum Nachreifen ausgelegt und getrocknet.

Koriander bevorzugt vollsonnige und windgeschützte Standorte und gedeiht am besten auf nährstoffreichen, leichten und wasserdurchlässigen Böden. Im späten Frühjahr kann Koriander ausgesät oder ausgepflanzt werden und sollte wegen der zarten, empfindlichen Blätter im Kräutergarten eine eigene Gruppe bilden.

Würzprodukt
Vom Koriander werden die getrockneten reifen, gelbbraunen Früchte ganz, geschrotet oder gemahlen zum Würzen genutzt. Koriander wird sowohl in einer

großkörnigen Form aus Nordafrika und Indien angeboten als auch in der kleinkörnigen Sorte aus Europa. Die großfruchtigen Varianten enthalten vermindert ätherisches Öl, sind so also weniger intensiv im Aroma. Auch frisches oder getrocknetes Koriandergrün wird gerne als Würze verwendet. Manche empfinden den Geschmack als aufdringlich, doch speziell die asiatische, orientalische und lateinamerikanische Küche lieben die »arabische/chinesische Petersilie«.

Würzpraxis

Süß holzig, mit warm harzigen Noten und floralem Orangenbukett sind Korianderfrüchte heutzutage ein Gewürz mit internationaler Ausrichtung, die in Asien, Arabien, Nordafrika und Lateinamerika genauso beliebt sind wie in Europa.

Koriander würzt Saucen, süßsaure Marinaden, Wild- und Rinderbraten, Wurstwaren, Fisch, Schalentiere oder Pilze ebenso wie Hülsenfrüchte- und Kohlgerichte und Curryeintöpfe. Besonders raffiniert zeigt sich der Koriander zudem als Gewürz für Quitten- oder Kürbis-Chutney. Traditionell verwendet wird Koriander auch als Brotgewürz sowie in der Weihnachtsbäckerei für Spekulatius, Baseler Leckerli, Lebkuchen und Aachener Printen.

Damit sich das süß-würzige Aroma voll entfalten kann, sollten die kugeligen Korianderfrüchte erst kurz vor der Verwendung im Mörser zerstoßen oder frisch gemahlen werden. Im Ganzen kann das Gewürz auch gerne mitgekocht werden. Wird Koriander in einer Pfanne ohne Fett kurz angeröstet, entwickelt er ein eher nussiges Aroma.

Würzkunst

Das orangige und harzige Bukett des Korianders ergänzt sich fantastisch mit Ingwer, Muskatnuss, Pfeffer, Safran und Zimt. Auch das Eigenaroma mediterraner Gewürzkräuter wie Basilikum, Bohnenkraut, Lorbeer, Majoran oder Oregano wird durch Koriander perfekt in Szene gesetzt.

Diese Vielschichtigkeit macht Korianderfrüchte zur beliebten Zutat internationaler Würzkompositionen wie indischen *masalas* (siehe Seite 280), nordafrikanischer *harissa* (siehe Seite 163), marokkanischem *ras el-hanout* (siehe Seite 161) oder arabischem *baharat* (siehe Seite 160).

Phytotherapie

Das ätherische Öl des Korianders unterstützt auf ganz natürliche Weise die Verdauungsvorgänge: Blähungen und Völlegefühl werden gelindert, die Gallenfunktion wird angeregt. Auch zeigt Koriander einen positiven Effekt auf die Blutfett- und Blutzuckerwerte. Die Traditionelle Chinesische Medizin (TCM) setzt auf die Heilkraft des Korianders bei Hämorrhoiden, Zahnschmerzen, Masern und sogar der Ruhr.

> **Tipp**
>
> Koriander soll die Psyche stabilisieren, die Nerven stärken und helfen, Ängste wie Lampenfieber abzubauen. Auch bei Prüfungsangst könnte das Kauen von Korianderfrüchten also durchaus hilfreich sein.

> **Gesunder Genuss: Blasentee**
>
> Die ayurvedische Medizin schätzt den Koriander als pflanzliche Arznei bei Harnwegsinfekten und verordnet zur Vorbeugung einen antibiotisch wirkenden Blasentee. Hierfür 1 TL Korianderfrüchte im Mörser zerstoßen, mit 500 ml kochend heißem Wasser übergießen und den Aufguss 5 Minuten ziehen lassen. Durch ein Sieb abseihen und den Tee über den Tag verteilt schlückchenweise trinken.

Kreuzkümmel (Cumin)
Cuminum cyminum

Kreuzkümmel und Kümmel sind wie ungleiche Brüder. Zwar stammen beide aus der Familie der Doldengewächse (Apiaceae), sie unterscheiden sich aber deutlich in Farbe und Form. Der Wiesenkümmel ist etwas dunkler und stärker sichelförmig gekrümmt. Ihre Verschiedenheit zeigt sich auch im Geschmack: Kreuzkümmel ist kapriziös, Kümmel hingegen bodenständig würzig.

Das Ursprungsgebiet des Kreuzkümmels ist nicht ganz gesichert, vermutlich stammt er aus dem Niltal und wächst seit Urzeiten in Nordafrika, von wo aus er sich bis nach Indien und in den Süden Spaniens, Frankreichs und Italiens verbreitete. Heute liegen die Hauptanbaugebiete in Indien, im Iran und in der Türkei. Der Kreuzkümmel war bereits vor der Zeitenwende in Vorderasien sowie im Mittelmeerraum bekannt und als Heil- und Würzpflanze sehr beliebt. Das belegen Quellen wie der *Papyrus Ebers*, eine Arzneimittelsammlung aus dem alten Ägypten. In der Küche des alten Rom wie auch später im mittelalterlichen Abendland wurde der Kreuzkümmel wegen seiner leichten Schärfe auch gern als günstiger Pfefferersatz genutzt.

Gewürzporträt
Kreuzkümmel ist eine einjährige, 30-50 cm hoch wachsende Pflanze mit kahlem Stängel, filigranen Laubblättern und weißen bis blassrosa Blüten, die in Doldenform stehen. Aus den Blüten entwickeln sich ovale, zweiteilige, hellbraune Spaltfrüchte. Zur Erntezeit werden die ganzen Pflanzen gemäht, oft an der Sonne getrocknet und anschließend zur Gewinnung der Kreuzkümmelfrüchte gedroschen.

Würzige Verwandtschaft
Kreuzkümmel gibt es auch in einer seltenen schwarzen Variante. Dieses auch als »schwarzer Kümmel« bezeichnete Gewürz findet vor allem in der Küche Nordindiens seine Anwendung, darf aber nicht mit dem richtigen Schwarzkümmel (*Nigella*) verwechselt werden.

Würzprodukt
Gewürzt wird mit den getrockneten Kreuzkümmelfrüchten. Werden die ganzen Früchte vor der Verwendung noch leicht ohne Fett angeröstet, entfalten sie ein besonders intensives Aroma. Danach können sie im Mörser zerstoßen oder auch gemahlen werden. Das wundervoll intensive Aroma verdankt der Kreuzkümmel einem hohen Anteil an ätherischem Öl. Werden die ganzen Kreuzkümmelfrüchte in einem verschlossenen Glasgefäß licht- und luftdicht aufbewahrt, können sie über 24 Monate gelagert werden. Gemahlener Kreuzkümmel hingegen sollte möglichst rasch verbraucht werden, da sich hier die ätherischen Öle leicht verflüchtigen können.

Würzpraxis
So variantenreich wie sein Name – Römischer Kümmel, Türkischer Kümmel, Spanischer Kümmel, Ägyptischer Kümmel, Polnischer oder Welscher Kümmel, Wanzenkümmel und Scharfer Kümmel –, so vielseitig ist auch sein kulinarisches Profil. Der spezielle aromatische Duft des Kreuzkümmels und der leicht scharfe, etwas bittere Geschmack profilieren ihn zu den am weitesten verbreiteten Gewürzen, dessen Aroma in Nordafrika, Arabien, Indien, Indonesien, Thailand, Malaysia, Mexiko, dem Süden der USA, der Türkei, Spanien und Portugal außerordentlich geschätzt wird.

Würzkunst
Geschmacklich ergänzt sich Kreuzkümmel hervorragend mit Chili, Gewürznelke, Ingwer, Kardamom, Knoblauch, Muskatnuss und Zimt. Er ist unentbehrlich für das indische *garam masala* (siehe Seite 280), das bengalische *panch phoron* (siehe Seite 281) oder das nordafrikanische *ras el-hanout* (siehe Seite 161).

Kümmel
Carum carvi

Wenn es ein typisch deutsches Charaktergewürz gibt, so ist es wohl der Kümmel. Nationale Spezialitäten wie Sauerteigbrot, Zwiebelkuchen, Bratkartoffeln, Sauerkraut, Krautsalat, Harzer Käse und Schweinebraten sind ohne die deftige Kümmelwürze undenkbar – wohl auch mit gesundheitlichem Hintergrund, macht Kümmel doch schwere Speisen seit jeher bekömmlicher.

Kümmel besitzt in unseren Landen zweifellos eine lange Tradition. Archäobotanische Kümmelfunde aus frühen Siedlungen in der Eifel sowie am Dürrnberg bei Hallein dokumentieren, dass die Würzpflanze bereits in der Stein- und Eisenzeit Verwendung fand. Vielleicht brachte Kümmel ja bereits damals herzhaften Geschmack an die sicher noch sehr eintönige Nahrung unserer Vorfahren. Zwar liegt der Ursprung der Kümmelpflanze in den gemäßigten Zonen Asiens, doch hatte sie wohl schon sehr früh ihren Eingang nach Nord- und Mitteleuropa gefunden und konnte hier auch ohne Probleme wachsen und gedeihen. Ab dem 16. Jahrhundert wurde der Kümmel dann auch flächenmäßig kultiviert und es entstanden regelrechte »Kümmelregionen« wie etwa in Thüringen. Dort rankten sich schon bald Legenden rund um das beliebte Gewürz, wie die Sage von den verhexten »Berg- oder Holzweibeln«: Um zu verhindern, dass die übernatürlichen Wesen ihr Brot stahlen, mischten die Vogtländer Kümmel in den Teig, den die Zwerge nicht essen konnten. So wirkte das Gewürz als Schutz vor den boshaften Gnomen und wehrte bösen Zauber ab.

Gewürzporträt

Kümmel, auch Wiesen- oder Feldkümmel, ist eine zwei- bis mehrjährige Pflanze, die eine Höhe von 30-100 cm erreichen kann und besonders gut auf feuchten Böden und in windgeschützten Lagen gedeiht. Benötigen andere Würzpflanzen Wärme und Sonnenkraft zur Ausbildung ihrer Aromen, so entwickelt sich erstklassige Kümmelqualität eher in nördlichen Zonen mit maritimem Klima, etwa in den Ländern an Nord- und Ostsee. Die Hauptachse sowie die Seitenäste der Kümmelpflanze, mit filigranen Fiederblättern ausgestattet, enden jeweils in einer Dolde. Von Mai bis Juli trägt diese weiße bis rosafarbene Blüten, aus denen sich zweiteilige, sichelförmige Spaltfrüchte entwickeln. Sobald diese sich braun färben, beginnt die Ernte mit Mähmaschinen. Anschließend werden die Kümmelfrüchte unter Wenden getrocknet. Hierbei erfolgt die Nachreife, bei der das Gewürz erst sein vollständiges Aromaspektrum entwickelt.

Würzprodukt

Zum Würzen werden die getrockneten braunen Spaltfrüchte ganz, geschrotet oder gemahlen verwendet. Es empfiehlt sich jedoch, die Kümmelfrüchte vor dem Kochen im Mörser leicht anzustoßen, damit sich ihr intensives Aroma besser entfalten kann. Ohne Probleme können sie dann mitgekocht oder mitgebraten (etwa bei Bratkartoffeln) werden. Kümmelpulver hingegen sollte nur dem nuancierten Abschmecken am Ende der Kochzeit dienen und lediglich kurz mitgaren.

Gewürzkultur

Auf den ersten Blick scheint der wenig politisch korrekte Begriff »Kümmeltürke« mit dem in der orientalischen und türkischen Esskultur beliebten Kreuzkümmel in Verbindung zu stehen. Aber der Schein trügt: Das Schimpfwort war in der Studentenszene des 18. Jahrhunderts geläufig und kennzeichnete Hochschüler, die aus ländlichen, eher trostlosen Gebieten stammten. Ursprünglich bezeichnete es insbesondere Studenten der Universität Halle, die aus der sogenannten »Kümmeltürkei« kamen, einem Landstrich, in dem viel Kümmel angebaut wurde.

Die Qualität des Kümmels definiert sich über dessen Herkunft: Kümmelpflanzen holländischer oder nordeuropäischer Provenienz besitzen größere Früchte als die aus Osteuropa.

Würzige Verwandtschaft

Kümmel wird wie Anis, Dill, Fenchel und Koriander der Familie der Doldenblütler zugeordnet. Der ebenfalls zur Familie gehörige Kreuzkümmel weist zwar eine ähnliche Morphologie auf, unterscheidet sich im Würzaroma aber deutlich.

Der Bergkümmel (*Laserpitium siler*), wild in Mittel- und Südeuropa verbreitet, kann es in Sachen Beliebtheit nicht mit seinem würzigen Bruder, dem Kümmel, aufnehmen. Vielleicht liegt es an seiner scharfen und bitteren Note, die von einem kreuzkümmelähnlichen Aroma begleitet wird. Die türkische Küche hingegen findet an diesem Gewürz durchaus Gefallen und würzt damit Eintöpfe oder auch Milchprodukte wie Käse und Joghurt.

Würzpraxis

Kümmel definiert sich durch ein intensiv herzhaftes Aroma, für das sein ätherisches Öl verantwortlich ist. Dessen charakteristischer Aromastoff Carvon steht für die typische »Kümmelnote«, weitere Komponenten fügen ein süß-balsamisches Aroma, eine feine Zitrusnote sowie ein zartes Minzebukett hinzu. Nicht nur in der nationalen, insbesondere der süddeutschen, und der österreichischen Kochkunst hat sich der Kümmel als echter Gewürzklassiker etabliert. Auch in anderen Küchen der Welt, in Asien, Arabien, Ägypten, Skandinavien und der GUS, wird er als Würze hoch geschätzt. Vorrangig wird Kümmel für Brot- und Wurstwaren, Gemüsegerichte und deftige Fleischspeisen wie Kümmelbraten oder Gulasch verwendet. Vor Licht geschützt und luftdicht verpackt, sind ganze Kümmelfrüchte 24 Monate haltbar. Sinnvoll ist es, die Früchte erst kurz vor der Verwendung im Mörser zu zerstoßen oder zu mahlen, damit sich nicht allzu viel vom ätherischen Öl, das für das herzhafte, tiefe Aroma des Kümmels verantwortlich ist, im Vorfeld verflüchtigt.

Würzkunst

Durch seine kräftige, vollmundige Würze überlagert Kümmel leicht andere aromatische Partner. Deshalb sollte er mit Gewürzen kombiniert werden, die selbst ein intensives Aromaprofil besitzen, wie Knoblauch, Koriander, Lorbeerblätter, Wacholderbeeren und Zwiebeln. Wird Kümmel in der Pfanne trocken angeröstet, mildert sich sein intensiver Eigengeschmack, sodass er sich universeller kombinieren lässt.

Phytotherapie

Kümmel gilt in der Heilkunde als echter »Magenfreund«, denn seine Wirkstoffe, allen voran das ätherische Öl, besitzen eine appetitanregende, blähwidrige und magenwirksame Funktion und verbessern die Bekömmlichkeit schwer verdaulicher oder fetter Speisen. Traditionell werden Kümmelfrüchte mit Anis und Fenchel zu Verdauungstees gemischt. Teeaufgüsse mit Kamillenblüte und/oder Süßholzwurzel sollen bei entzündlichen Magen-Darm-Erkrankungen hilfreich sein.

Da Kümmel ein gewisses allergisches Potential besitzt, ist bei der Verwendung für jene Vorsicht angeraten, die allgemein auf Doldenblütler wie etwa Fenchel, Dill oder Liebstöckel reagieren.

Gewürzkultur

Nicht nur vor Völlegefühl soll Kümmel wirksam schützen. Früher wurde von Albträumen geplagten Kindern eine Schüssel mit Kümmel zur Abwehr böser Nachtgeister unters Bett gestellt. Heute spricht die Aromatherapie dem ätherischen Kümmelöl eine beruhigende Wirkung zu, die einen friedlichen Schlaf beschert.

Kurkuma
Curcuma longa

Er ist ein bis heute verkanntes Ausnahmetalent unter den Gewürzen: der Wurzelstock Kurkuma. Seine herb-bittere Note verleiht den Speisen das gewisse Etwas, ihr besonderes Markenzeichen aber ist die Farbe: sattes Gelb mit goldenen Facetten.

So war es auch ihre hohe Färbekraft, die sie in ihrer Heimat Asien zur heiligen Pflanze erhob. Noch heute hat Kurkuma in den fernöstlichen Kulturen einen sehr hohen Stellenwert und ist dennoch als Gewürz alltäglich. Es gibt kaum eine Würzmischung, bei der die Gelbwurzel nicht untergemengt wird, kaum ein Currygericht, das ohne Kurkuma auskommt. Ursprünglich in den Bergen des indischen Bundesstaates Bihar zu Hause, verbreitete sich Kurkuma im Laufe der Zeit auch in andere asiatische Regionen. Indien ist nach wie vor größter Produzent des Gewürzes, rund 80 % der Ernteerträge bleiben für den Eigenbedarf im Land.

Gewürzporträt
Für optimales Wachstum benötigt die tropische, schilfähnliche Staudenpflanze fruchtbare Böden, warme Temperaturen und ausreichend Niederschläge. Der wahre Schatz der Rhizomstaude verbirgt sich unter der Erde: der Wurzelstock. Dieser wird bei Reife ausgegraben und gereinigt. Dann wird er mit heißem Wasser behandelt. Dieser Vorgang öffnet die Zellen, und die Farbstoffe, die Curcuminoide, durchdringen die Pflanzenfasern. So färbt sich das ganze Fruchtfleisch der Kurkuma intensiv orange-gelb. Anschließend werden die Wurzelstücke auf Matten ausgebreitet an der Sonne getrocknet. Im Anbaugebiet wird die Gelbwurzel auch gerne frisch verwendet, in den Rest der Welt exportiert wird sie meist als Pulver, fein gemahlen.

Würzprodukt
Die getrockneten Rhizomstücke der Kurkumapflanze werden meist zu Pulver vermahlen zum Würzen verwendet. Dieses sollte luft- und lichtgeschützt aufbewahrt werden.

Würzpraxis
Kurkuma weist eine feine Bitternote mit holzigem Unterton, leichter Pfeffrigkeit und einem erdigen, ingwerähnlichen Bukett auf. Das ist kein Wunder, denn wie Ingwer und Galgant gehört die Pflanze zur Familie der Ingwergewächse. Zur Entfaltung ihres exotischen Aromas und ihrer intensiven Farbigkeit braucht Kurkuma verlässliche Begleiter: Butter oder Speiseöl. Da die Farbstoffe fettlöslich sind, sollte Kurkuma stets in etwas pflanzlichem oder tierischem Fett angeschwitzt werden, bevor die restlichen Zutaten in den Topf kommen.
Kurkuma ist eines der Hauptgewürze der vielfältigen Currymischungen und -würzpasten. Sie ist es, die den Kompositionen die kräftig gelbe Farbe verleiht. Die asiatische Küche liebt das Gewürz und verwendet es bei Currys, Chutneys und Reisgerichten.
Zu Unrecht steht Kurkuma im heimischen Gewürzregal eher in der hinteren Reihe. Mit ihrer goldgelben Tönung verleiht sie hellen Saucen, Kartoffelpüree, blanchiertem Blumenkohl, selbstgemachtem Nudel- oder Pastetenteig eine tolle, appetitliche Farbe.

Würzkunst
Die fein-herbe, bittere Anmutung der Kurkuma, die von einer würzigen Schärfe begleitet wird, harmoniert perfekt mit Chili, Knoblauch und Zwiebeln. In Kombination mit Zitronengras wird ihre zitronige Sequenz noch betont.

Phytotherapie
Seit Jahrtausenden schätzt die ayurvedische Lehre Kurkuma als Heilpflanze. Mittlerweile hat auch die westliche Medizin ihre Wirkkraft für sich entdeckt: Studien belegen eine antioxidative sowie zellschützende Wirkung, die sich unter Zugabe von Piperin, dem Scharfstoff des schwarzen Pfeffers, noch potenziert.

Muskatnuss & Macis
Myristica fragrans

Muskatnuss und Macis/Muskatblüte waren zusammen mit den Gewürznelken einst Güter der weltweit längsten internationalen Handelskette. Nur auf den Molukkeninseln, einem Archipel, das heute zu Indonesien gehört, wuchsen diese begehrten Würzpflanzen. Sie waren der Inbegriff von Luxus, um sie wurde gekämpft und gesiegt und viele verloren für sie Freiheit und Leben.

Die Molukkeninseln, tropische Eilande im malaiischen Archipel, sind seit Tausenden von Jahren Nährboden eines ganz besonderen Schatzes: des Muskatnussbaums. Dieser liebt tropisches Klima, das ihm Kraft zum Wachstum bis auf 20 m Höhe verleiht. Die Bewohner der molukkischen Banda-Inseln, auf denen der Baum heimisch ist, versorgten schon früh das chinesische Reich und andere asiatische Regionen mit den begehrten Muskatgewürzen. Doch bereits im 9. Jahrhundert hatten die *nuces moschatae,* die nach Moschus duftenden Nüsse, durch arabische Händler ihren Weg auch ins Abendland gefunden.

Vor allem der Handel mit exotischen Spezereien wie Muskatnuss und Gewürznelke brachte den Fernkaufleuten des Mittelalters Reichtum und Macht, wie ein altes Spottlied auf die Gewürzgroßhändler unterhaltsam schildert:

> »Sein Siegel macht ihn groß und schwere
> Mit einem herrlichen Schein.
> Der Adel kommt ihm here
> Aus India über Meere
> Von Muskaten und Nägelein.«

Angespornt durch die hohen Gewinne stiegen zu Beginn der Neuzeit auch europäische Seefahrernationen in den Wettlauf um die Vorherrschaft in den weit entfernten Gewürzanbaugebiete ein und erschlossen den Direkthandel zur See. »Musketen und Muskatnuss«, lautete fortan deren Devise. Der Portugiese Antonio de Abreu erreichte als erster per Schiff die sagenumwobenen Gewürzinseln, und fast ein ganzes Jahrhundert hielt das Königreich Portugal die Vormachtstellung im Handel mit Muskatnuss und Macis. 1621 eroberte die niederländische Vereinigte Ostindische Kompanie (VOC) die Banda-Inseln und errichtete ein striktes, mit harter Hand durchgesetztes Handelsmonopol. Wild wachsende Muskatnussbäume wurden auf allen indonesischen Nachbarinseln gerodet, das Schmuggeln von Setzlingen unter Todesstrafe gestellt, die ortsansässigen Bauern versklavt oder getötet. Künftig diktierten die Niederländer allein die Weltmarktpreise für Muskatnuss und Macis, sehr zum Ärger anderer gewürzliebender Nationen. Zu guter Letzt war es jedoch Frankreich, das den Kampf um die Muskatnuss für sich entscheiden konnte. Es schickte den Abenteurer und Botaniker Pierre Poivre (zu Deutsch: »Peter Pfeffer«) los, um Muskatnusssetzlinge zu ergattern und diese in französische Überseebesitzungen zu bringen – zunächst nach Mauritius, dann auf die Île de Bourbon (heute Réunion) und schließlich auf die westindische Insel La Grenade. Der Coup gelang, ab 1770 wuchsen die begehrten Muskatgewürze auch jenseits der Molukken. Das Monopol war damit endgültig gefallen.

Heute stammt die beste Qualität an Muskatgewürzen von Grenada, einer Insel der Kleinen Antillen. Grenada liefert rund 40 % des Weltbedarfs an Muskat, doch karibische Stürme wie der Hurrikan Emily 2005 gefährden zunehmend die Existenz der Muskatbaumplantagen durch die Zerstörung alter Baumbestände. In der Folge stieg der Preis für Muskatnuss und Macis in den letzten Jahren extrem, weil erst acht bis zehn Jahre nach einer Neuanpflanzung geerntet werden kann. Andererseits kann ein Muskatbaum durchaus ein Alter von bis zu 100 Jahren erreichen.

Gewürzporträt

Der immergrüne, meist zweihäusige Muskatbaum aus der Familie der Muskatnussgewächse (*Myristicaceae*) trägt ledrige, eiförmige, ganzrandige Laubblätter. Er bildet gelblich-weiße Blüten aus. Aus den Fruchtknoten der weiblichen Blüte entwickelt sich nach etwa neun Monaten eine hellgelbe, pfirsichähnliche, fleischige Frucht. Diese trägt im Inneren einen von dem filigranen, kräftig roten Samenmantel und der harten, dunkelbraunen Samenschale umschlossenen Samenkern, die Muskatnuss. Der rote, geschlitzte, eng anliegende Samenmantel (auch Arillus) ist das Gewürz Macis, auch als Muskatblüte bezeichnet. Diese Namensgebung allerdings basiert auf dem Fehler eines mittelalterlichen Gelehrten. Der Dominikaner Albertus Magnus beschrieb Macis im 13. Jahrhundert in seinem Werk *De vegetabilibus libri* irrtümlicherweise als Blüte des Muskatnussbaums. Die falsche Bezeichnung blieb dann über die Jahrhunderte hinweg bis heute erhalten. Auch der Begriff Muskatnuss ist botanisch nicht korrekt, da es sich hier um einen Samen handelt.

Wenn sich zur Reifezeit die Muskatfrucht öffnet und der vom roten Arillus umhüllte Steinkern zum Vorschein kommt, werden mittels langer Bambusstangen mit Körbchen an den Spitzen die Muskatfrüchte vom Baum gepflückt. Das herbe, kräftig gelbe Fruchtfleisch wird entfernt und in den Anbaugebieten zur Herstellung von Gelees, Konfitüren, Chutneys, Süßigkeiten oder Sirup weiterverwertet.

Der rote Samenmantel wird vorsichtig abgelöst und getrocknet. Der ganze Samen wird in einem Darrhaus über mehrere Wochen langsam getrocknet. Wenn der Samen in der Schale »klappert«, wird er mithilfe von Holzstampfern und Reibsteinen aus der Samenschale befreit. Die Samen werden dann durch Siebe nach Größe sortiert. Große, glatte und unbeschädigte Muskatnüsse gelten als hochwertig in der Qualität.

Würzprodukt

Als Gewürze sind im Handel Muskatnüsse ost- oder westindischer Provenienz ganz oder gemahlen sowie Macis/Muskatblüte ganz, zerstoßen oder gemahlen verfügbar. Aufgrund eines hohen Anteils an ätherischem Öl, dem Hauptaromageber, gilt die Ware aus Grenada als besonders qualitätvoll. In einigen Anbauregionen werden Muskatnüsse noch gekalkt. Damit soll Insektenbefall, aber auch eine Keimung verhindert werden. Es gibt jedoch mittlerweile schonende und moderne Reinigungs- sowie Entkeimungsverfahren, sodass die Behandlung mit Kalkmilch nicht mehr notwendig ist.

Würzpraxis

Ist Pfeffer der König der Gewürze, so zählt die Muskatnuss zweifellos zum Hochadel. Kaum ein anderes Gewürz wurde über die Jahrhunderte hinweg in der Kochkunst so geschätzt. Auch heute gehört Muskatnuss zur würzigen Grundausstattung jeder Küche. Ihr großes Geheimnis liegt in der richtigen Dosierung – weniger ist mehr! Das wussten von jeher auch die Profis: Wenn ein Kochlehrling seine Ausbildung begann, wurde ihm eine Muskatnuss in die Hand gedrückt. Die war so sparsam zu verwenden, dass am Ende der dreijährigen Lehrzeit noch etwas davon übrig war.

Gewürzkunde

Muskatnuss enthält nicht nur ätherisches, sondern außerdem 30–40 % fettes Öl. Dieses als Muskatbutter oder Muskatbalsam bezeichnete orangerote, butterartige Fett (*Myristicae oleum*) wird durch Auspressen der erwärmten Samen gewonnen und in der Parfüm- und Kosmetikindustrie verarbeitet.

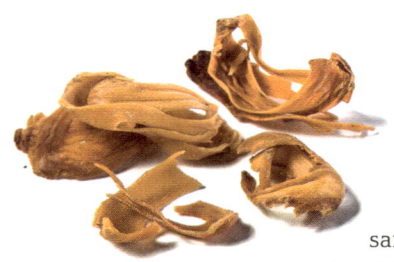

Es ist ihr volles und reiches Aroma, das die Muskatnuss zu den Würzfavoriten der europäischen Esskultur erhebt: würzig und warm im Geschmack mit balsamischem Bukett, holzigen und harzigen Noten sowie fruchtigen, zitronigen und floralen Anklängen. Die Macis steht dem in nichts nach, ihr Aroma erscheint jedoch subtiler und der florale und zitronige Charakter tritt bei ihr etwas ausgeprägter in Erscheinung.

Muskatnuss sollte im Ganzen gekauft, bei Bedarf stets frisch gerieben und erst zum Ende des Garvorgangs den Speisen zugefügt werden. Sie gilt als Universalgewürz für pikante Gerichte und wird traditionell zum Würzen von Spinat, Kartoffelpüree oder -gratin und Kohlgemüsen eingesetzt. Doch auch Fleisch, Fisch, Wurst, Käse, Reis, Eierspeisen, Aufläufe, Suppen, Eintöpfe, Fleischbrühen, Gemüsesäfte und Saucen profitieren von diesem hocharomatischen Allrounder.

Für Süßspeisen und Backwaren empfiehlt sich eher die dezentere Macis, die gemahlen Fruchtdesserts, Puddings, Konfitüren, Früchte- und Honigkuchen, Kirsch- oder Apfelkuchen, heißen Milchgetränken oder Trinkschokolade, alkoholischen Getränken wie Glühwein, Fruchtpunsch oder Likören das gewisse Etwas verleiht.

Würzkunst

Das reiche Aromaspektrum von Muskatnuss und Macis macht beide zu idealen Partnern anderer geschmacksstarker Würzprofis. So harmonieren die Muskatgewürze wunderbar mit Gewürznelke, Anis, Dill, Koriander und Koriandergrün, Kümmel, Kardamom, Kubebenpfeffer, Lorbeer, Ingwer, Kurkuma, Pfeffer sowie Zimt.

Wer die dezente Zitrusnote von Muskatnuss und Macis unterstreichen möchte, kombiniert die Muskatgewürze mit geriebener Zitronen- oder Limettenschale.

Phytotherapie

Muskatnuss zählt wie Safran zu den Gewürzen, die ein gewisses toxisches Potenzial besitzen und eher vorsichtig zu dosieren sind. So ist zwar eine positive Wirkung der Muskatnuss bei Verdauungsbeschwerden, Magenkrämpfen und Durchfallerkrankungen bekannt, doch können ab einer Dosis von etwa 5 g Pulver (entspricht ungefähr einer ganzen geriebenen Muskatnuss) Vergiftungserscheinungen wie Übelkeit, Erbrechen, Schwindelattacken bis hin zum Kollaps und Delirium auftreten.

Muskatnuss wird aufgrund ihrer psychoaktiven Wirkung auch als Rauschmittel missbraucht, sie kann Bewusstseinsstörungen, Halluzinationen und Orientierungslosigkeit hervorrufen. Auslöser für den Rauschzustand sind wohl der psychotrope Wirkstoff Myristicin sowie Elemicin und Safrol, alles Bestandteile des ätherischen Öls von Muskatnuss und Macis. Bereits der mittelalterlichen Äbtissin Hildegard war die besondere Kraft der Muskatnuss bekannt, die sie sogar als Energiegewürz lobte – eventuelle Nebenwirkungen vermerkt sie allerdings nicht:

»*Und wenn der Mensch die Muskatnuss isst, öffnet sie sein Herz und reinigt seinen Sinn und bringt ihm einen guten Verstand. Nimm [...] Muskatnuss und im gleichen Gewicht Zimt und etwas Nelken und pulverisiere das. Und mach mit diesem Pulver und mit Semmelmehl und etwas Wasser Törtchen, und iss diese oft, und es dämpft die Bitterkeit des Herzens und deines Sinnes und es öffnet dein Herz und deine stumpfen Sinne, und es macht deinen Geist fröhlich und reinigt deine Sinne, und es mindert alle schädlichen Säfte in dir und es verleiht deinem Blut einen guten Saft und macht dich stark.*«

(Hildegard von Bingen, *Heilmittel*, 1,21).

Pfeffer
Piper nigrum

Unscheinbar im Aussehen, ist er doch der König unter allen Gewürzen: der Pfeffer. Um ihn ranken sich abenteuerliche Geschichten und fabelhafte Legenden. Sein Ruhm eilte ihm vom fernen Orient nach Europa voraus und war Anlass für große Entdeckungsfahrten und Eroberungszüge.

Beheimatet ist der Pfefferstrauch in den Wäldern der südwestindischen Malabarküste, dem heutigen Bundesstaat Kerala, und wohl auch in den Vorbergen des Himalajas. Schon vor Jahrtausenden wurde das Gewürz an der indischen »Pfefferküste« kultiviert und begann seinen Siegeszug über die ganze Welt: als Scharfmacher, Arznei, Aphrodisiakum oder Zahlungsmittel. Wie kein anderes Gewürz regiert der Pfeffer die Welt und dominierte über Epochen den globalen Handel. Dies begann bereits nach der Öffnung Asiens zum Westen hin durch den Feldzug Alexanders des Großen. Nach dem Niedergang des römischen Direkthandels mit Indien versorgten arabische Zwischenhändler Europa mit dem beliebten und teuren Gewürz. Im Mittelalter stieg die Wertschätzung des Pfeffers vor allem während und nach der Zeit der Kreuzzüge weiter an. Venedig und Genua übernahmen den Orienthandel mit Gewürzen. Die Gier nach Pfeffer gehörte zu den Motivationen zahlreicher Entdeckungsreisen des ausgehenden 15. Jahrhunderts – selbst Christoph Kolumbus führte ein Mustersäckchen Pfeffer an Bord mit, als er sich aufmachte, um den westlichen Seeweg nach Indien zu entdecken. Die vorderindische Westküste und damit den direkten Zugang ins gelobte Pfefferland erreichten jedoch zuerst die Portugiesen. So versorgte Lissabon das Abendland mit asiatischen Gewürzen, bis im 16. Jahrhundert die Holländer und später die Engländer nach ihren Eroberungen in Asien Amsterdam und London zu internationalen Gewürzhandelsplätzen machten. Mittlerweile hatte sich der Pfefferanbau über die Malabarküste hinaus auch in andere Regionen Asiens verbreitet, in den 1930er-Jahren kamen noch große Anbauflächen in Brasilien hinzu. Heute sind außerdem Vietnam, Indonesien, Indien, Malaysia, China, Madagaskar, Sri Lanka und Thailand die Hauptlieferanten des würzigen »Global Players«.

Gewürzporträt

Pfeffer ist die Frucht des bis zu 15 m hohen immergrünen Kletterstrauchs *Piper nigrum*. Diese tropische Schlingpflanze liebt hohe Luftfeuchtigkeit und ein warmes Klima. Mithilfe von Haftwurzeln rankt sie sich an Bäumen oder Kletterhilfen empor. Die Pfefferpflanze hat grüne, herzförmige Laubblätter. Am Stamm entwickeln sich an einem langen Stiel Blütenähren von 10-15 cm Länge, die dann – meist nach Selbstbestäubung – jeweils 50 oder mehr Früchte tragen.
Zur Erntezeit werden die Fruchtähren abgeschnitten oder mit den Fingern abgezwickt, auch abgefallene, reife Früchte werden aufgelesen. Durch den relativ hohen manuellen Arbeitsaufwand beim Verschneiden, der Bodenpflege sowie der Ernte wird Pfeffer in Asien oftmals noch als Intensivkultur in »Pfeffergärten« angebaut. In Brasilien hingegen werden auf Großflächen Pfefferpflanzen kultiviert, die maschinell bearbeitet werden können.
Eine interessante Übersicht zur Lieferkette des Pfeffers finden Sie auf S. 310/311.
Die Pfeffervarianten schwarz, weiß und grün stammen allesamt von der gleichen Kletterpflanze *Piper nigrum*. Entscheidend ist, zu welchem Zeitpunkt geerntet und mit welcher Methode der Pfeffer weiter verarbeitet wird.

Gewürzkultur

Redewendungen wie: »Da liegt der Hase im Pfeffer« oder: »Das sind gepfefferte Preise« belegen, dass der Pfeffer sich schon lange einen festen Platz in unserer Kultur erobert hat. In Deutschland ist er seit rund 2.000 Jahren bekannt, als römische Legionen ihn mit nach Germanien brachten.

Schwarzer Pfeffer: Kurz vor der Reife werden die Fruchtähren gepflückt, für einige Minuten in kochend heißes Wasser getaucht und anschließend in der Sonne oder auf geheizten Darren getrocknet. Dabei läuft ein biochemischer Prozess der Fermentation ab, bei dem sich die äußere Hülle schwarz färbt und schrumpelig wird. Nach der Trocknung werden die Früchte von der Fruchtspindel abgetrennt, gesiebt und verpackt. Aus rund 100 kg frisch gepflückten Pfefferfrüchten bleiben nach diesem Vorgang nur noch etwa 35 kg Gewürz übrig. Weltweit werden etwa 75 % aller angebauten Pfefferfrüchte als schwarzer Pfeffer veredelt.

Weißer Pfeffer: Von den reifen orangeroten Beeren wird die äußere Fruchthülle gelöst. Hierzu werden die frisch geernteten Früchte in Säcke verpackt und für einige Tage in (am besten fließendem) Wasser eingeweicht. Anschließend wird das Fruchtfleisch mechanisch abgelöst und abgewaschen. Übrig bleibt die mittlere hellbeige Fruchthülle mit Samen, die noch getrocknet wird. Die zusätzlichen Arbeitsschritte sowie der geringere Reinerlös – aus 100 kg Pfefferfrüchten werden nur 25 kg weißer Pfeffer gewonnen – verteuern hier die Herstellungskosten.

Grüner Pfeffer: Die unreif geernteten, von der Fruchtspindel getrennten Früchte werden gereinigt, sortiert und in eine Salz- oder Essiglösung eingelegt. Auch bei hohen Temperaturen getrocknete oder gefriergetrocknete Früchte werden angeboten. Durch diese Prozesse bleibt die grüne Farbe besser erhalten.

Roter Pfeffer: An der Westküste Indiens, im traditionellen Pfefferanbaugebiet, liegt die Stadt Pondicherry. Hier wird der rote Pondicherry-Pfeffer hergestellt. Bei seinem Anbau bleiben die Früchte der Pfefferpflanze bis zur Reife hängen. Oft werden sie dann in eine Essiglake eingelegt, denn der Trocknungsvorhang ist sehr komplex. Werden die Früchte im Schatten getrocknet, faulen sie leicht, in der Sonne hingegen kann sich beim Trocknen die Farbe verändern. Das ist sicher einer der Gründe dafür, warum Pondicherry-Pfeffer nicht in großen Mengen produziert wird. Wer diesen Pfeffer allerdings einmal probiert hat, schätzt seinen reifen und vollmundigen Geschmack mit ausgeprägter Schärfe und fruchtiger Beerennote.

Gewürzkunde

Schwarzer Pfeffer ist nicht gleich schwarzer Pfeffer. Unterschieden wird heutzutage nach der Herkunft: Beim Malabar-Pfeffer aus der großen Anbauregion Kerala, der als besonders hochwertig gilt, wird noch differenziert zwischen Aleppi- oder Goa-Pfeffer. Auch Tellicherry-Pfeffer kommt aus dieser Gegend. Als sehr gute Ware gelten zudem der besonders scharfe Lampong-Pfeffer aus dem Südosten Sumatras sowie der eher milde, fruchtige Sarawak-Pfeffer von der Insel Borneo. Weitere Handelssorten sind Vietnam-Pfeffer oder Belém-Pfeffer, benannt nach dem Ausfuhrhafen in Brasilien.

Auch beim weißen Pfeffer wird nach Anbaugebieten differenziert: Hier stehen der fein ausgeprägte Muntok-Pfeffer von der indonesischen Insel Bangka, der mild-fruchtige Sarawak-Pfeffer aus Nordwest-Borneo, der indonesische Batavia-Pfeffer, brasilianischer Belém-Pfeffer oder Vietnam-Pfeffer zur Auswahl.

Würzpraxis

Für die eloquente, adstringierende Pfefferschärfe hauptverantwortlich ist Piperin. Das ätherische Pfefferöl hingegen, das sich bei Wärme leicht verflüchtigt, sorgt für das holzige, süßliche und leicht zitrusartige Bukett. Wer also das volle Geschmacksprofil erleben möchte, der mahlt Pfeffer kurz vor der Verwendung und gibt ihn als Würze erst zum Ende des Garvorgangs an die Speisen. Bei Schmorgerichten, Eintöpfen, Saucen und Suppen kann er auch im Ganzen mitgekocht werden, mit dem gemahlenen Produkt wird dann nachgewürzt. Galt früher einmal: »Schwarzer Pfeffer für dunkles Fleisch, weißer Pfeffer für helles«, gibt es heute beim Würzen mit Pfeffer keine Einschränkung mehr. Kräftiger im Aroma ist der schwarze Pfeffer. Durch den Veredelungsprozess geht beim weißen Pfeffer das reife Fruchtfleisch verloren, das neben dem Scharfstoff Piperin auch andere Aromastoffe enthält. So zeigt der weiße Pfeffer ein weniger ausgeprägtes Spektrum. Gerade beim weißen Pfeffer gilt es, auf Qualität zu achten, da einige Sorten ein unappetitlich muffiges Fehlaroma aufweisen können.

Würzkunst

Seine universelle Würzkraft macht den Pfeffer zum idealen Partner für die meisten Gewürze. Ausnahmen sind nur die feurigen Sorten des Chilis: Hier würde sich die Schärfe überlagern, die holzig-warmen Noten des Pfeffers würden untergehen.
Mit Basilikum, Kardamom, Kümmel, Muskatnuss, Oregano, Rosmarin, Thymian oder Zimt harmoniert Pfeffer grandios, als besonders raffiniert erweist sich seine Kombination mit fein geriebener getrockneter Zitronen- oder Orangenschale.

Phytotherapie

Der schwarze Pfeffer wurde als Gewürzdroge ins *Deutsche Arzneibuch* (DAB 6) aufgenommen. Scharfstoffe und Aroma erhöhen die Sekretion von Speichel, Magensaft, Verdauungsenzymen und Gallenflüssigkeit. So wirkt Pfeffer appetitanregend und verdauungsfördernd.

Würzige Verwandtschaft

Heute führt der schwarze Pfeffer die Top Ten der weltweit beliebtesten Gewürze an. Doch der würzige Dauerbrenner bekommt zunehmend Konkurrenz, nicht nur aus der eigenen Familie, sondern auch durch andere Spezies. Die Bezeichnung nicht verwandter Würzpflanzen als »Pfeffer« liegt übrigens in der hohen Wertschätzung des echten Pfeffers in früheren Zeiten begründet. Alle Scharfmacher, die neu entdeckt wurden, erhielten gleichsam das Prädikat »Pfeffer«, etwa der Chili, der als »spanischer Pfeffer« Europa eroberte, Piment (siehe Seite 55), der als »süßer Pfeffer« rasch Freunde fand, oder der afrikanische Melegueta-Pfeffer, dessen scharfe Samen (»Paradieskörner«) preisgünstiger Pfefferersatz waren.

Kubebenpfeffer (Piper cubeba): Der Kubebenpfeffer, ein echtes Pfeffergewächs, erlebt gerade eine Renaissance. Im 16. und 17. Jahrhundert als scharfer Ersatzstoff in Europa hoch geschätzt, geriet er danach ziemlich in Vergessenheit.
Heute faszinieren seine prickelnde Schärfe und sein nuanciertes Aroma: warm, harzig und holzig mit einem Hauch von Menthol. Kubebenpfeffer besitzt einen geringeren Anteil an Piperin, dafür diverse ätherische Öle, die sich beim Zerstoßen im Mörser optimal entfalten. Seine frische Schärfe und das warme balsamische Bukett passen wunderbar zu dunklem Fleisch, Wild und Rotkohl, aber auch zu Desserts aus dunkler Schokolade.

Tipp

Tellicherry-Pfeffer wird erst kurz vor der Reife gepflückt und nur die großen Früchte werden weiterverarbeitet. Dieser auch als Spätlese-Pfeffer bezeichnete Scharfmacher toppt noch das Aroma von schwarzem Pfeffer.

Langer Pfeffer (Piper longum): Der Lange Pfeffer ist zwar mit *Piper nigrum* verwandt, sieht aber ganz anders aus: Die kolbenartige Frucht, deren Form an Birkenkätzchen erinnert, brachte ihm auch den Beinamen »Stangenpfeffer« ein. Der Lange Pfeffer war in Europa bereits als Würz- und Heilmittel in Gebrauch, bevor der schwarze Pfeffer Einzug hielt. Sein Name wurde zum Synonym für alle Pfeffersorten: *Pippali,* das indische Sanskrit-Wort für Pfeffer, fand im persischen *pippari,* im altgriechischen *peperi,* im lateinischen *piper* sowie später im deutschen *Pfeffer* seine Adaption. Langer Pfeffer besitzt wie alle echten Pfeffergewächse den Scharfstoff Piperin, der sein Aroma dominiert. Zusätzlich zeigen sich jedoch auch anmutige Töne von Süßholz und Ingwer. Ein Hauch von dunkler Schokolade rundet das Bukett des Langen Pfeffers ab. So ist er, am besten frisch im Mörser zerstoßen oder auf einer Muskatreibe gerieben, der ideale Würzpartner für Rindfleisch, Wildbret, Wildgeflügel sowie asiatische Currygerichte. Ein Hauch von Langem Pfeffer über gegrillte Melone oder Ananas gestreut, erhebt diese zu einer unwiderstehlichen Köstlichkeit.

Pfeffrige Konkurrenz

Szechuanpfeffer (Zanthoxylum piperitum): Als neuer Star unter den Scharfmachern etabliert sich derzeit auch der Szechuanpfeffer. Aus China stammend, gehört dieser nicht zur Pfefferspezies, sondern zu den Rautengewächsen. Sein Beiname »Anispfeffer« verrät bereits sein Geschmackspotenzial: anisähnlich, süßlich, blumig, balsamisch, jedoch mit prickelnder Wirkung. Szechuanpfeffer kitzelt den Gaumen mit seiner speziellen Schärfe und betäubt zugleich. Die zart knuspernden, rötlich-braunen Früchte verleihen, am besten frisch gemörsert, Geflügel, Fleisch, Bohnen, Pilzen und Auberginen eine extravagante, vielschichtige Note. Besonders profitieren davon auch Gerichte der Asiaküche.

Tasmanischer Pfeffer (Tasmannia aromatica): Als scharfes Juwel erobert der Tasmanische Pfeffer zurzeit die internationale Küche. Er tritt eine lange Reise aus Down Under an, um mit seiner sehr intensiven Schärfe Fleisch-, Wild-, Fisch- oder Gemüsegerichte aufzupeppen. Neben seiner anmutigen violetten Farbe bietet der »Bergpfeffer« eine süße Note, die dann in eine massive Schärfe übergeht. Die Würzkraft des Tasmanischen Pfeffers ist so hoch, dass verglichen mit dem schwarzen Pfeffer ein Bruchteil der Menge genügt. Weniger ist hier also auf jeden Fall mehr!

Melegueta-Pfeffer (Aframomum melegueta): Auch der afrikanische Kontinent hat ein pfefferscharfes Gewürz zu bieten. Der Melegueta-Pfeffer, auch als »Paradieskörner« bekannt, ist ein Ingwergewächs, das in Westafrika zu Hause ist. Dabei handelt es sich um getrocknete rotbraune Minisamen, die voller pikantem Aroma stecken. Die dezente Schärfe sowie die raffinierte Ingwernote harmonieren ganz wunderbar mit Schmorgerichten aus Fleisch, Fisch oder Gemüse. Sein vielschichtiges Bukett war es auch, das diesem Pfefferersatz im Mittelalter den Beinamen »Paradieskörner« bescherte: Ein Gewürz, das so duftete, musste doch geradewegs aus dem Paradies kommen.

Piment
Pimenta dioica

Ein Hauch von Muskatnuss, eine Spur von Zimt, ein Anklang von Gewürznelke und ein Anflug von Pfefferschärfe in einem, einzigen Gewürz? Das gibt es, und es heißt Piment.

Es ist bedauerlich, dass dieser würzige Allrounder zurzeit keine rechte Anerkennung findet. Dies war im 18. Jahrhundert noch anders, als der unter dem Namen »Nelkenpfeffer« bekannte Piment in der deutschen Esskultur hoch im Kurs stand.
Wie Chili und Vanille hat der Piment seine Heimat in der Neuen Welt. Er stammt ursprünglich aus Mexiko, Jamaika, Kuba und Haiti. Auf seiner zweiten Reise zu den westindischen Inseln stieß Christoph Kolumbus – immer noch in dem Irrglauben, auf dem westlichen Seeweg Indien erreicht zu haben – auf den Piment. In diesem Kontext lag es nahe, an die Entdeckung einer weiteren Pfefferart zu glauben und den Piment als »süßen Pfeffer« zu Hause zu präsentieren. So leitet sich der Begriff Piment denn auch vom spanischen *pimienta* ab, was nichts anderes als »Pfeffer« heißt.
Als die Engländer 1655 Jamaika eroberten, fanden sie dort bereits stattliche Plantagen vor, denn für die Einheimischen war Piment Küchen- und Kultgewürz zugleich. Noch heute liefert das Ursprungsgebiet Jamaika die beste Qualität.
Von der Karibik aus kam der Piment dann in größeren Mengen nach England, und bis heute schätzen sowohl die englische als auch die nordamerikanische Küche Piment als *allspice*, als »Allgewürz«. Über den Geschmack hinaus trug seine konservierende Eigenschaft, die die Seefahrer zur Haltbarmachung von mitgeführtem Fisch und Fleisch nutzten, zur Verbreitung des Fruchtgewürzes bei.

Gewürzporträt
Der Pimentbaum gehört, wie auch die Gewürznelke, zur Pflanzenfamilie der Myrtengewächse (*Myrtaceae*). Der immergrüne Tropenbaum, der eine Höhe von 6–13 m erreichen kann, liebt tiefgründige Böden, tropische Temperaturen und Feuchtigkeit.
Aus seinen kleinen, weißen Blüten, die in Rispen zusammenstehen, entwickeln sich zweisamige purpurrote Beeren mit süßem Fruchtmus. Zur Verwendung als Gewürz wird die Pimentfrucht unreif, also noch grün geerntet, denn mit zunehmendem Reifegrad sinkt der Gehalt an ätherischem Öl und das Aroma lässt nach.

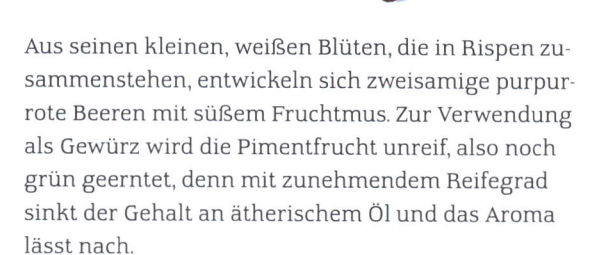

Würzprodukt
Als Gewürz werden die unreifen, getrockneten Früchte ganz, zerstoßen oder gemahlen verwendet. Damit sie ihr Aroma entwickeln, müssen sie nach der Ernte noch einen biochemischen Prozess durchlaufen: die Fermentation. Hierzu werden die Pflanzenteile für einige Tage zum »Schwitzen« in Säcke gepackt. Anschließend erfolgt die Trocknung, bei der die Pimentfrüchte ihre satte dunkelbraune Farbe erhalten.

Würzpraxis
Sein im englischen Sprachraum gebräuchlicher Name *allspice*, »Allgewürz« charakterisiert perfekt das Gewürz Piment, denn es vereint die Aromen von Gewürznelken, Muskatnuss, Pfeffer und Zimt in sich. Das ätherische Öl mit einem hohen Anteil an Eugenol (gewürznelken- und zimtartig) sowie Myrcen (pfeffrig, balsamisch) ist verantwortlich für das komplexe Aromaspektrum.
Diese Vielschichtigkeit macht Piment zum routinierten Würzpartner von süßen und pikanten Speisen gleichermaßen. Die Skandinavier, ehemals selbst weitgereiste Seefahrer, schätzen ihn besonders als Gewürz für eingelegten Hering. Die große Leidenschaft für Piment teilen sie mit den Engländern, die damit ihre traditionsreichen Plumpuddings, aber auch Mixed Pickles verfeinern.
Als ganze Frucht oder auch frisch in einer Pfeffermühle gemahlen, bringt Piment ein hocharomati-

sches Bukett an Suppen, Saucen, Schmorgerichte, Rindfleisch, Leber, Schinken, Wild, Geflügel, Fisch, Meeresfrüchte, Marinaden, Reis, Pasteten, Chutneys, Relishes, Sauerkraut sowie Rote Bete. Auch für süße Gerichte, Desserts oder Backwaren sowie für Glühwein oder Tee ist der universelle Piment ein ideales Gewürz.

Getrocknete Pimentfrüchte lassen sich prima in eine Gewürzmühle einfüllen: Bei Bedarf ist so frisch gemahlenes Pulver zur Hand. Luft- und lichtdicht aufbewahrt, ist Piment im Ganzen bis zu zwölf Monate haltbar, während das gemahlene Pulver schneller an Aromaqualität verliert.

Beim Kochen kann ganzer Piment bereits von Anfang an zugefügt werden. Möchte man hingegen seinen opulenten Gewürzcharakter mehr in den Vordergrund stellen, so gibt man ihn erst zehn Minuten vor Ende der Garzeit frisch im Mörser zerstoßen oder gemahlen dazu.

Würzkunst

Piment selbst ist als Gewürz schon sehr facettenreich. Wenn man seine individuellen Gewürznoten noch verstärken möchte, kann er mit Muskatnuss, Pfeffer, Nelke und/oder Zimt kombiniert werden. Er passt vom Aromaprofil aber ebenso gut zu Anis, Basilikum, Dill, Fenchel, Ingwer, Lorbeer, Minze und Salbei. Besonders profiliert sich Piment im Geschmack, wenn er mit der fruchtigen Süße von Orangenschalen kombiniert wird.

Tipp

Eine raffinierte Pfeffermischung lässt sich leicht selbst herstellen. Hierzu die Pfeffermühle zu einem Drittel mit Piment und zu zwei Dritteln mit Tellicherry-Pfeffer füllen. Die eloquente Schärfe des schwarzen Spätlesepfeffers korrespondiert nämlich wunderbar mit den duftigen Noten des Allgewürzes.

Phytotherapie

Für die präkolumbianischen Kulturen war Piment ein echtes Kultgewürz. Sie würzten damit nicht nur das bittere Kakaogetränk *xocolatl*, einen anregenden Trunk, der ausschließlich der Oberschicht vorbehalten war, sondern nutzten ihn auch zur Einbalsamierung der Toten.

In der abendländischen Heilkunde spielte der Piment hingegen keine wichtige Rolle. Heute wird ihm nach Analyse seiner Wirkstoffe eine appetitanregende wie auch verdauungsfördernde Wirkung zugesprochen.

Gewürzkunde

Natürlich spielt Piment in der Karibikküche eine große Rolle. Die jamaikanische Würzpaste *jerk* ist ein aromatisches Potpourri aus Piment, Chili, Zwiebeln, Nelken, Knoblauch, Ingwer, Thymian, Pfeffer, Zimt, Muskat, braunem Zucker, Salz und Essig, mit dem Schweinefleisch und Geflügel sowie Garnelen vor dem Grillen mariniert werden.

Rosa Beeren
Schinus terebinthifolius & Schinus molle

Sie sind der rote Farbtupfer in den bunten Pfeffermischungen und doch weit mehr als nur ein Hingucker: Auch solo sorgen Rosa Beeren als Gewürz für überraschende Geschmacksmomente.

Auch wenn die Beeren des brasilianischen und peruanischen Pfefferbaums eine perfekte Liaison mit dem echten Pfeffer *(Piper nigrum)* eingehen, gehören beide nicht zur gleichen Pflanzenfamilie. Vielmehr handelt es sich um die Früchte von in Mittel- und Südamerika beheimateten Sumachgewächsen. Im Laufe der Zeit haben sich die Bäume auch in andere sonnenverwöhnte Regionen der Erde ausgebreitet, und so liefern mittlerweile die Insel Réunion, Spanien, Kalifornien oder Florida Handelsware bester Qualität.

Gewürzporträt
Die immergrünen brasilianischen und peruanischen Pfefferbäume tragen längliche Blätter und helle, in Rispen angeordnete Blüten. Aus diesen entwickeln sich kugelige, rote Steinfrüchte, die Rosa Beeren. Bei Reife werden sie geerntet und gereinigt, in Lake eingelegt oder getrocknet, oft auch aufwendig gefriergetrocknet. Hierbei werden die Gewürze tiefgefroren und bei extremem Unterdruck getrocknet. Der Vorteil der Gefriertrocknung zeigt sich auch bei diesem Gewürz in Farbe und Geschmack: Die kräftig rote Kolorierung bleibt ebenso erhalten wie der authentische, charaktervolle Geschmack.

Würzprodukt
Rosa Beeren sind die ganzen, getrockneten Früchte des brasilianischen (*Schinus terebinthifolius*) und peruanischen Pfefferbaums (*Schinus molle*).

Würzpraxis
Rosa Beeren überraschen den Gaumen mit einem süßlich floralen Aroma und einem zartbitteren Bukett, das durch harzig holzige Noten auch an Wacholderbeeren erinnert.
Gerne werden die dunkelrosa Beeren zum Garnieren verwendet oder den bunten Pfeffermischungen als farbige Tupfer beigefügt. Zum Würzen werden sie am besten grob im Mörser zerstoßen. Sie sollten am Ende des Garvorgangs, noch besser erst vor dem Servieren, an die Speisen gegeben werden, da hierdurch das gehaltvolle Spektrum ebenso wie die kräftige, dekorative Farbe erhalten bleiben.

Würzkunst
Rosa Beeren sind ganz besondere Freunde des Pfeffers, den sie nicht nur optisch bereichern. Sie bringen eine appetitliche Note in die Pfefferkompositionen und nehmen durch ihre süße Ausprägung auch der Pfefferschärfe die Spitze. Wer allerdings Pfefferaroma pur wünscht, sollte in Mischungen auf die rosafarbenen Früchte verzichten.
Auch als Monogewürz bereichern Rosa Beeren die Küche, ob in mediterranen Speisen, bei Wildgeflügel, Wildbret oder Rindfleisch. Mit ihrer zarten Bitternote sind sie adäquater Ersatz für Wacholderbeeren. Spektakulär ist auch die Kombination von Rosa Beeren mit dunkler Schokolade, etwa in Schokomousse oder Schokoküchlein mit flüssigem Kern.

Phytotherapie
Viele Gewürze enthalten im ätherischen Öl Naturstoffe, die die Gesundheit unterstützen. So auch die Rosa Beeren. Sie gelten als appetitanregend und verdauungsfördernd. Doch auch hier heißt es maßhalten: empfindliche Personen können beim Genuss zu vieler Rosa Beeren mit Durchfall oder Erbrechen reagieren.

Safran
Crocus sativus

Er gilt als das edelste und teuerste Gewürz aller Zeiten und Epochen: der Safran. Doch es sind recht unscheinbare, zarte Fäden, die den Hauch von Luxus auf den Teller bringen.

Der Ursprung des Safrans ist bis heute nicht gesichert. Fresken aus minoischer Zeit im Palast von Knossos auf der Insel Kreta geben Hinweise darauf, dass an den kretischen Gebirgshängen bereits vor rund 3.500 Jahren Safran angebaut wurde. Auch Kaschmir im Himalaya ist als Heimat dieser Krokusart im Gespräch. Hinweise auf eine frühe Kultivierung des wild wachsenden Safrankrokus liegen aber auch aus dem vorderasiatischen Zweistromland vor. Sicher ist, dass Safran in kühleren Zonen gut gedeiht, zum optimalen Wachstum aber Sonne sowie trockene, durchlässige, magere und sandige Böden benötigt, ähnlich dem Wein.

Große Safranfelder liegen heute im Iran, der auch den Großteil des Gewürzes produziert. Das bedeutendste Safrananbaugebiet Europas findet sich in Spanien, in Kastilien-La Mancha. Außerdem wird Safran in Marokko, Algerien, Griechenland sowie der Türkei kultiviert. Zusätzlich liefern kleine und feine europäische Anbaugebiete Safran in hocharomatischer Qualität: Mund im Schweizer Kanton Wallis, Aquila in den italienischen Abruzzen, Boynes im Loire-Tal Frankreichs, Dürnstein in der österreichischen Wachau und Ilbesheim in der Pfalz.

Doch in allen Regionen sind Anbau, Gewinnung sowie Veredelung von Safran noch reine Handarbeit, was der Hauptgrund für seinen hohen Preis ist. Die jungen Safranzwiebeln werden per Hand gesetzt. Nach den Monaten des Wachstums blüht der Safrankrokus im Spätherbst, kurz vor Wintereintritt, und öffnet seine sechszipfeligen Blütenblätter einmalig. Dann müssen die Blüten mühsam eingesammelt werden, um noch am gleichen Tag per Hand die drei Narbenschenkel, den weiblichen Teil der Blüte, abzupfen zu können. In manchen Anbaugebieten bleibt die Safranblüte stehen und die Fäden werden direkt auf dem Feld entnommen. Danach werden die fragilen Safranfäden getrocknet, auf einem Sieb über dem Holzkohlefeuer, an der Luft oder im Elektroofen. Erst durch den Trocknungsprozess entfaltet das Gewürz seine spektakuläre Farbe sowie sein charismatisches Aroma: erdig und bittersüß, mit einem Hauch von Rose und Honig.

Um 1 kg des kostbaren Gewürzes zu gewinnen, werden etwa 200 Arbeitsstunden sowie die unglaubliche Menge von rund 200.000 Blüten benötigt. Wen wundert es also, dass Safran den Beinamen »rotes Gold« trägt und das am häufigsten verfälschte Gewürz ist. Aber schon in der Vergangenheit wurde die Fälschung von Safran nicht als Kavaliersdelikt betrachtet sondern, wie im mittelalterlichen Nürnberg, sogar unter Todesstrafe gestellt. Auch heute wird in den Gewürzbasaren Arabiens oder in den Souks Nordafrikas »Safran« zu unglaublich günstigen Preisen offeriert. Bei diesen Fälschungen handelt es sich meist um Ringelblumen-, Färberdistel/Saflor- oder Löwenzahnblüten, aber auch um Rindfleischfasern, Sandelholzsplitter oder rote Plastikfasern. Safranpulver wird gern mit anderen färbenden Pflanzenpulvern gestreckt oder durch Kurkuma ersetzt, einem Rhizomgewürz aus der Familie der Ingwergewächse, das ebenfalls eine enorme Färbekraft besitzt.

Tipp

Ein kleiner Trick hilft, echten Safran von Fälschungen zu unterscheiden. Dazu braucht man die Safranfäden nur in etwas warmem Wasser einzulegen. Da der Safranfarbstoff Crocin wasserlöslich ist, färbt sich die Flüssigkeit rotgold ein und ein herrlich aromatischer Duft entfaltet sich.

Gewürzporträt

Das Gewürz Safran besteht aus den kräftig roten Narbenschenkeln des *Crocus sativus* L. Diese Krokuspflanze aus der Familie der Schwertliliengewächse trägt im Inneren der zarten, violetten Blüte einen Griffel, von dem die drei Narbenschenkel abgehen. Wenn nur diese feinen, dunkelroten Fäden verwendet werden, spricht man von elegiertem Safran, während natureller Safran einen 10%igen Anteil von Griffelstücken enthält.

Würzprodukt

Als Gewürz werden die getrockneten Narbenschenkel des Safrankrokus verwendet. Diese werden als ganze Fäden oder auch gemahlen angeboten. Safran ist sehr empfindlich und sollte unbedingt geschützt vor Feuchtigkeit und Licht gelagert werden. Dann sind die Fäden auch gut ein Jahr haltbar.

Würzpraxis

Ein paar zarte Safranfäden genügen, um einem italienischen Risotto milanese, einer französischen Bouillabaisse (siehe Seite 204), einer spanischen Paella (siehe Seite 201) oder einem arabischen *pilaw* ihr spektakuläres Aroma und ihr typisches goldenes Kolorit zu verleihen. Ebenso profitieren cremige Spargel- oder Blumenkohlsuppen, edler Fisch und Meeresfrüchte sowie helle Saucen von der Farbe. Nach alter Tradition wird Safran auch für Süßspeisen und Backwaren verwendet. Neben der Tönung entfaltet sich das fantastische Würzbukett perfekt in Milchreis, Grießflammeri, süßem Soufflé oder Crème brulée, ebenso wie in Rührkuchen, Biskuit und Gugelhopf. Nicht ohne Grund heißt es im Kinderlied: »Safran macht den Kuchen gel(b).« Neben dem wasserlöslichen Farbstoff Crocin und dem Bitterstoff Picrocrocin finden sich im Safran weitere 60 Duftstoffe wie Safranal, das ein erdiges, moschusartiges Bukett besitzt. Zur vollen Entfaltung von Duft und Farbe sollten die Safranfäden zwischen den Fingern etwas zerrieben und dann zehn Minuten in wenig lauwarmes Wasser eingelegt werden, bevor sie an die Speise oder den Teig gegeben werden.

Würzkunst

Das zartbittere, erdige Aroma des Safran korrespondiert ausgezeichnet mit der süßen Anmutung von Vanille oder Zimt, aber auch mit frisch-spritzigen Zitrusnoten von Orangen-, Limetten- und Zitronenschalen. In der Orientküche ist auch die Kombination von Safran mit Rosenblütenwasser sehr beliebt. Eine besonders exquisite Liaison gehen Fleur de Sel und Safran ein: Hierfür das edle Meersalz mit einigen zerstoßenen Safranfäden mischen, im Mörser fein zerstoßen und Jakobsmuscheln oder honiggratinierten Ziegenfrischkäse mit der Mischung bestreuen.

Phytotherapie

Bereits in einer heilkundlichen Schrift des alten Ägypten, dem *Papyrus Ebers*, ist der Safran als pflanzliches Heilmittel aufgeführt. Im antiken Rom wurde er im Bereich der Augenheilkunde und Gynäkologie eingesetzt, während er im Mittelalter laut dem *Lorscher Arzneibuch* als wahres Universalheilmittel galt. Die moderne Phytotherapie setzt ihn als schmerzlinderndes, harn- und schweißtreibendes, appetitanregendes, verdauungsförderndes, antidepressives und hustenstillendes Mittel ein. Bei der Dosierung gibt es allerdings eine Höchstmenge zu beachten: Ab 5 g können unerwünschte Nebenwirkungen auftreten, eine höhere Dosis kann sogar tödlich sein.

Gewürzkultur

Als die Araber die Iberische Halbinsel eroberten, brachten sie das Gewürz *zaafaran* (Arabisch für »gelb sein«) nach Europa mit. Seit dem 9. Jahrhundert ist die Würzpflanze deshalb in Spanien bekannt. Im mittelalterlichen Abendland weckte das Luxusgewürz schnell Begehrlichkeiten bei Klerus und Adel. Karriere machte der Safran jedoch zunächst als Färbemittel, denn die orientalische Sitte, Speisen einzufärben, fand nun auch im abendländischen Kulturkreis großen Anklang.

Sternanis
Illicium verum

China, Heimat dieses achtzackigen Würzsterns, begeistert sich in seiner Küche schon lange für dieses Gewürz. Der Sternanis ist neben Szechuanpfeffer, Fenchelfrüchten, Gewürznelken und Kassiazimt sogar Teil der berühmten chinesischen Fünf-Gewürze-Mischung (siehe Seite 282).

Als aromatisches Exportgut fand der Sternanis von Asien aus als *badian* seinen Weg in den Orient. 1588 brachte dann wohl der englische Freibeuter Sir Thomas Cavendish den Sternanis von den Philippinen mit. Im 17. Jahrhundert erreichte das Gewürz Russland und kam von dort Anfang des 18. Jahrhunderts auch nach Deutschland, wo sich der »chinesische Anis« als Gewürz für Pflaumenmus und -kompott sowie Weihnachtsgebäck etablierte. Vollends durchsetzen konnte sich der exotische Würzstar in der deutschen Küche aber nicht. Sein Geschmack ist dem des Doldenblütlers Anis einfach zu ähnlich, der seit langer Zeit bei uns heimisch ist und daher kostengünstiger verfügbar war.

Gewürzporträt
Der Sternanis, der Familie der Sternanisgewächse (*Illiciaceae*) zugehörig, ist ein immergrüner, tropischer Baum mit birkenähnlicher Rinde und ledrigen Blättern, der durchaus 100 Jahre alt werden kann. Seine kugeligen Blüten mit zahlreichen Blütenblättern sind gelblich oder rötlich-weiß. Nach der Befruchtung bilden sich rotbraune, korkig holzige Sammelbalgfrüchte aus, die sternförmig an einer Mittelachse angeordnet sind und in der Mitte je einen glänzend braunen Samen tragen. Dreimal pro Jahr werden die Früchte kurz vor der Reife per Hand geerntet und anschließend getrocknet, wodurch sie nicht nur ihre dunkle Tönung, sondern auch ihr sensationelles Aroma erhalten.

Würzige Verwandtschaft
Trotz der gemeinsamen Aromakomponente Anethol im ätherischen Öl von Anis und Sternanis und dem dadurch ähnlichen Geschmack sind diese beiden Fruchtgewürze botanisch nicht miteinander verwandt. Zählt Anis zu den Doldenblütlern, wird der Sternanis den Sternanisgewächsen zugeordnet.

Würzprodukt
Die getrockneten, charakteristisch geformten, meist achtzackigen, aufgesprungenen, reifen Balgfrüchte mit rotbraunen Samen werden im Ganzen, gemahlen oder geschrotet als Gewürz verwendet.

Würzpraxis
Hauptaromaträger des Sternanis ist sein ätherisches Öl, das ebenso wie der Anis die Komponente trans-Anethol enthält. Daher weist beider Aromenspektrum die typische, süßlich-würzige Anisnote auf. Beim Sternanis gesellt sich noch ein leicht betäubender Geschmack hinzu, sodass er im Profil schärfer und auch tiefgründiger erscheint.
Der größte Anteil an ätherischem Öl findet sich bei Sternanis in der holzigen Fruchtwand, nicht in den Samen. So sollte zum Würzen auch die ganze Frucht verwendet werden. Diese wird idealerweise vor der weiteren Verwendung noch im Mörser zerstoßen oder auch in einer Mühle gemahlen. Speisen mit langer Garzeit wird Sternanis bereits zu Beginn des Kochvorgangs zugefügt.
Trocken, lichtgeschützt und am besten bei normaler Raumtemperatur lassen sich die ganzen, getrockneten Sternanisfrüchte in einem geschlossenen Gefäß gut 24 Monate aufbewahren, ohne dass sie an Würzkraft verlieren.

Würzkunst
Das süße und intensive Bukett des Sternanis lässt sich hervorragend mit anderen Würzfavoriten Asiens kombinieren, die ein ebenso hohes Aromapotenzial besitzen wie Gewürznelke, Ingwer, Pfeffer, Szechuanpfeffer und Zimt.

Tamarinde
Tamarindus indica

Schon die alten vedischen Schriften berichten über diese heute in der indischen Küche überaus beliebte Würzzutat. Ihr Name ist allerdings arabischen Ursprungs und bedeutet »indische Dattel«.

Gewürzporträt
Der immergrüne Tamarindenbaum erreicht eine stattliche Höhe von bis zu 30 m. Seine gestielten, gefiederten Laubblätter sind 5-12 cm lang. Die duftenden, hellgelben, rot geäderten Blüten bilden traubige Blütenstände. Nach der Bestäubung entwickeln sich daraus braune, fleischige, bohnenähnliche Hülsenfrüchte mit einem musartigen, stark säuerlich schmeckenden Fruchtmark und glänzend braunen Samen.
Der wild wachsende Tamarindenbaum stammt ursprünglich wohl aus Ostafrika, gelangte aber schon in frühester Zeit nach Indien. Heute wird er in vielen tropischen und subtropischen Ländern wie Indien, Pakistan, Myanmar, China, den Philippinen und den Westindischen Inseln in Plantagen kultiviert.
Das Tamarindenmus wird nach der Ernte der vollreifen Hülsen gewonnen, indem die äußere Schale entfernt und das schwarzbraune Fruchtfleisch sowie die Samen zu einer homogenen Masse verknetet werden. Diese wird dann mit heißem Zuckersirup übergossen und in Flaschen abgefüllt.

Würzprodukt
Die getrockneten Tamarindenfrüchte, auch in Scheiben geschnitten oder zu Blöcken gepresst, sowie das Tamarindenmus können zum Würzen genutzt werden. Bis zur Verwendung werden sie kühl gelagert, vor der Verwendung löst man dann Blöcke oder Mus in heißem Wasser auf und gibt sie zu den Speisen.

Würzpraxis
Tamarinde besitzt einen ganzen Komplex an Fruchtsäuren wie Wein-, Zitronen-, Apfel-, Milch- und Essigsäure. Der Duft ist süßsäuerlich, nahezu pflaumenmusähnlich, der Geschmack durchdringend sauer mit holzigen und karamelligen Anklängen. Tamarinde wird von der indischen Küche sehr geschätzt zum Aromatisieren von Chutneys, Fisch, Linsen- und Gemüsegerichten sowie Erfrischungsgetränken. Außerdem ist die Frucht säuerliche Komponente der zahlreichen indischen Würzmischungen. Die Karibikküche bereitet damit Reis- und Eintopfgerichte, aber auch Süßspeisen zu.
Tamarinde zaubert ein erfrischend säuerliches Bukett an Marmeladen, Gelees Relishes, Parfaits, Sirups und sommerliche Fruchtgetränke. Aber auch pikante Speisen mit Meeresfrüchten, Fleisch, Geflügel oder Linsen profitieren von dem Würzstoff.

Würzkunst
Die säuerliche Note der Tamarinde verträgt sich erstklassig mit Ingwer, Galgant und Kurkuma und mildert auch temperamentvolle Chilischärfe.

Phytotherapie
Von der Erfahrungsheilkunde wird die Tamarinde als wirkungsvolles Abführ- und Wurmmittel empfohlen.

Gewürzkultur
Die englischen Kolonialherren schätzten die Aromen der indischen Küche und brachten geschmackliche Inspirationen mit in ihre Heimat zurück. Hierzu gehört auch die berühmte Worcestershiresauce/Worcestersauce, die in England noch heute nach alter Tradition und geheimer Rezeptur aus Essig, Melasse, Zucker, Salz, Sardellen, Tamarindenextrakt, Zwiebeln und Knoblauch hergestellt wird. Diese Zutaten werden vermischt und reifen dann über Jahre in geschlossenen Behältern, oftmals Holzfässern. Dabei entwickelt sich ein dunkelbrauner und hocharomatisch würziger Extrakt mit typischem *umami*-Geschmack – ideal für Salatdressings (Caesar's Salad) oder Ragout fin.

Tonkabohne
Dipteryx odorata

Die Tonkabohne ist der Newcomer unter den Würzdiven und macht etablierten Aromakünstlern wie der Vanille bereits ernsthafte Konkurrenz.

> **Tipp**
>
> Zur Herstellung eines Flüssigaromas wird eine Tonkabohne in einem Glasgefäß in 2 EL Rum eingelegt. Das Glas gut verschließen und die Mischung ein paar Tage ziehen lassen. Anschließend tropfenweise zum Würzen von Speisen und Getränken verwenden.

Schon die Herkunft der Tonkabohne klingt geheimnisvoll und abenteuerlich. Beheimatet im nordöstlichen Südamerika, fand der duftige Samen erst relativ spät aus den Tiefen des Dschungels, den tropischen Regenwäldern rund um Amazonas und Orinoco, seinen Weg nach Europa. So reiht sich die Tonkabohne in die Garde der wenigen Gewürze aus der Neuen Welt wie Chili, Piment und Vanille ein. Verglichen mit diesen Würzpflanzen wurde die Tonkabohne in Europa jedoch reichlich spät bekannt. Erst 1775 veröffentliche der französische Botaniker und Apotheker Jean Baptiste Christophe Fusée Aublet, von einer Forschungsreise aus Französisch-Guayana zurückgekehrt, die ersten Informationen über das wohlriechende Schmetterlingsblütengewächs.

Gewürzkultur

In ihrer Heimat Südamerika gilt die Tonkabohne als Glücksbringer. Im Geldbeutel getragen, soll sie zu Wohlstand verhelfen, als Amulett vor dem Bösen schützen.
Der Tonkabohne wird außerdem eine hypnotisierende Wirkung nachgesagt. Das mag einer der Gründe dafür sein, warum Extrakte dieses sinnlichen Gewürzes in diversen Herrendüften zu finden sind.

Bis in unsere Zeit brauchte die Tonkabohne, um sich als wundersam duftiges Gewürz ihren Weg in die europäische Kochkunst zu bahnen. Ihre Inhaltsstoffe sind verantwortlich für ihr spektakuläres Aroma. Diese jedoch, allen voran das Cumarin, können bei Verzehr in zu großer Mengen die Gesundheit schädigen. Aus diesem Grund steht die Tonkabohne in den USA nach wie vor auf dem Index verbotener Lebensmittelaromastoffe. In Deutschland gibt eine gesetzliche Aromenverordnung vor, welche Höchstmenge an Cumarin zulässig ist: Bei Dessertspeisen sind 5 mg Cumarin pro kg erlaubt, bei traditionellen oder saisonalen Backwaren wie Weihnachtsplätzchen 50 mg Cumarin pro kg.
Mit Fingerspitzengefühl dosiert, kann Tonkabohne jedoch eine große geschmackliche Bereicherung sein, denn sie schafft einen aromatischen Zauber, der seinesgleichen sucht: ein süßes, tiefes Vanillebukett mit einem Hauch von frischem Heu, Bittermandel und Waldmeister.

Gewürzporträt

Die eiförmige Frucht des hohen, meist wild wachsenden Tonkabohnenbaums trägt im Inneren einen Samen, der wegen seiner Form als »Bohne« bezeichnet wird. Zur Erntezeit werden die reifen Früchte eingesammelt, geöffnet und der Samen entnommen. Dieser wird dann erst einmal für 24 Stunden in Rum eingelegt. Das setzt einen biochemischen Prozess in Gang, der für das komplexe Aroma notwendig ist, weil erst dadurch der Hauptaromastoff, das Cumarin, freigesetzt wird.

Würzprodukt

Die getrockneten dunkelbraunen Samen des Tonkabohnenbaums werden im Ganzen als Gewürz verwendet und mithilfe einer Muskatreibe bei Bedarf fein abgerieben.

Würzpraxis

Das Würzen mit Tonkabohne erfordert große Sensibilität, denn ein Zuviel dominiert die Speisen. Ganze Tonkabohnen lassen sich, trocken und kühl gelagert, problemlos zwölf Monate aufbewahren.
Um an Süßspeisen wie Puddings, süße Saucen und Cremes – ganz fantastisch in Crème brulée oder Pannacotta – eine dezente Tonkanote zu bringen, sollte der ganze Samen, ähnlich der Vanilleschote, in der heißen Milch/Sahne einmal aufkochen, dann zehn Minuten mitziehen und anschließend wieder entnommen werden. Milchfett löst nämlich das Aroma aus der Tonkabohne. Gesäubert und getrocknet kann die Tonkabohne dann auch mehrmals verwendet und mitgekocht werden.
Für die Zubereitung von kalten Desserts, Obstsalaten, Pralinenfüllungen oder Backwaren wird eine kleine Menge Tonkabohne fein abgerieben. Dann wird mit ein bis zwei Prisen davon gewürzt.
Versierte Profiköche kombinieren das vollmundige Aroma der Tonkabohne mittlerweile auch mit pikanten Zutaten und würzen damit Tomatensaucen und -suppen, aber auch Schmorgerichte mit Rindfleisch oder Wild.

Würzkunst

Tonkabohne wird gern als Vanilleersatz empfohlen, wobei man ihrem fantastischem Eigenaroma damit wirklich nicht gerecht wird. Als Würzstoff steht die Tonkabohne gut für sich allein und benötigt kaum aromatische Partner. Überall, wo eine vanilleartige und waldmeisterähnliche Note gewünscht ist, kann Tonkabohne eingesetzt werden. Geschmacklich harmoniert der aromatische Samen besonders gut mit Nüssen, Mohn, Kokosflocken und -milch, Karamell und mit dunkler Schokolade.

Phytotherapie

Als Räuchermittel verwendet, soll Tonkabohne eine harmonisierende und ausgleichende Wirkung besitzen.

Gewürzkultur

Tonkabohne wurde früher gerne zum Aromatisieren von Pfeifentabak verwendet. Seitdem das Pfeiferauchen nicht mehr so in Mode ist, hat diese Nutzung deutlich abgenommen. Stattdessen werden weltweit noch gerne mit anderen würzigen Zutaten parfümierte Zigaretten geraucht: mit Vanille-, Gewürznelken- oder Minzearoma.

Vanille
Vanilla planifolia

In ihren Ursprungsgebieten, den tropischen Regenwäldern Mexikos und Mittelamerikas, hatte die Vanille schon früh echten Kultstatus: Azteken, Mayas und andere indigene Völker nutzten die Orchideenfrucht als balsamische Würze für das bittere Kakaogetränk xocolatl, als Medizin und Gegengift, als Zahlungsmittel und sogar als liebesfördernde Zauberpflanze.

Nach der Entdeckung Amerikas durch die Spanier eroberte die Vanille, deren Name schlicht »kleine Hülse« bedeutet, zusammen mit dem Kakao im 16. Jahrhundert die Gaumen der Europäer. Ab dem 17. Jahrhundert war das luxuriöse Orchideengewächs an den westlichen Königs- und Fürstenhöfen en vogue, sodass von verschiedenen europäischen Kolonialmächten Versuche in Übersee unternommen wurden, die Vanille auch außerhalb ihres Herkunftsgebietes anzubauen – schließlich hatten die Spanier in Mexiko immer noch das Monopol inne. Es gelang zwar, anderorts Stecklinge zu ziehen, doch trugen diese nie Früchte. Das lag daran, dass dort die für die Bestäubung zuständigen Kolibris und Insekten Mexikos fehlten. Sowohl der belgische Botaniker Charles Morren als auch der Sklavenjunge Edmond Albius fanden 1841 eine Lösung: die künstliche Bestäubung. Daraufhin legte Frankreich in seinen tropischen Kolonien Madagaskar, den Seychellen, Komoren und auf der Île de Bourbon, dem heutigen La Réunion, erfolgreich ausgedehnte Vanillekulturen an. Noch heute gilt die Bezeichnung Bourbon-Vanille als Gütesiegel.

Tipp

Die Aromastoffe der Vanille sitzen in der Zellulose der Stangen. Wer also einen wohlschmeckenden Vanillezucker selbst herstellen möchte, der vermahlt Zucker mit einer ganzen, ausgekratzten Vanilleschote in einer elektrischen Mühle extra fein. Auf Vorrat in ein Schraubglas gefüllt, ist so duftiger Vanillezucker stets zur Hand.

Gewürzporträt

Die Vanille gehört zur großen Familie der rund 30.000 Orchideenarten (*Orchidaceae*). Unter diesen ist sie die einzige Nutz- und Würzpflanze.
Vanilla planifolia ist eine tropische Kletterpflanze mit kräftigen Stängeln, die mithilfe von Luftwurzeln an Stützbäumen in eine Höhe von bis zu 20 m oder in Kulturen auch an Holzpfählen emporrankt. Sie trägt eiförmige, bis zu 25 cm lange, intensiv grüne Blätter, und während der Blütezeit entfalten sich hübsche gelblich-grüne, sechsblättrige Blüten – bis zu 200 Stück pro Pflanze. In der Zwitterblüte ist die Narbe von den Staubgefäßen getrennt, sodass sich die Pflanze nicht selbst bestäuben kann. Nach erfolgter Fremdbestäubung entwickeln sich längliche Kapselfrüchte, in denen bis zu 90.000 der kostbaren Samen stecken. Dass Vanille heute nach Safran das zweitteuerste Gewürz der Welt ist, hat seine Gründe: Die Prozesse des Anbaus, der Ernte sowie der Veredelung sind ungeheuer aufwendig. Nur wenige Monate im Jahr trägt die Vanilleorchidee zeitversetzt Blüten, die einzeln per Hand bestäubt werden müssen. Pro Tag und Arbeiter werden auf den Plantagen mithilfe eines Bambusstäbchens oder Kakteenstachels 1.000 bis 1.500 Blüten bestäubt. Hierzu werden die äußeren Blütenorgane durchstoßen und der Blütenstaub vorsichtig auf den Stempel aufgebracht.
Aus dem Fruchtansatz entwickelt sich nach vier bis sechs Wochen eine längliche Frucht. Ungefähr nach acht Monaten wechselt die Farbe der Kapselfrucht vom Grünlichen ins Gelbliche und zeigt somit deren Reife an. Noch vor dem Aufplatzen der Schote muss diese jetzt per Hand geerntet werden.
Die zu diesem Zeitpunkt noch völlig geschmacksneutrale Frucht wird anschließend dem nächsten Bear-

beitungsschritt unterzogen, durch den sich erst das typische Vanillebukett ausbildet: Die Schoten werden in Wasserdampf oder heißem Wasser mit Hitze behandelt. Danach werden sie getrocknet und »schwitzen« in gut verschlossenen, mit Jutesäcken ausgekleideten Holzkisten. Diese beiden Vorgänge, das Trocknen und das Schwitzen, die den biochemischen Prozess der Fermentation in Gang bringen, werden mehrmals wiederholt. Dabei schrumpfen die Kapselfrüchte und erhalten ihre dunkelbraune Farbe sowie ihr charakteristisches Vanillearoma. Dann reifen die Vanilleschoten noch mehrere Wochen nach. Nach Form, Farbe und Länge sortiert, gebündelt und in Blech- oder ausgekleidete Holzkisten verpackt, treten die kostbaren Schoten dann als Luftfracht ihre Reise aus den Anbaugebieten in die Küchen dieser Welt an.

Würzprodukt

Vanille ist die reife Kapselfrucht einer Orchideenart. Diese wird einem Veredelungsprozess unterzogen und anschließend getrocknet. Als Gewürz werden die ganzen Kapselfrüchte, auch als »Schoten« bezeichnet, verwendet, im Ganzen oder vermahlen. Werden die Vanilleschoten vor Licht und Luft geschützt gelagert, sind sie gut 48 Monate lang haltbar. Gute Qualität zeigt sich bei Vanilleschoten an der geschmeidigen, leicht öligen, braun-schwarz glänzenden und fleckenlosen Oberfläche. Oft treten feine weiße Ablagerungen auf der Außenseite auf. Das ist nichts anderes als kristallisiertes natürliches Vanillin, das sich während des Reifeprozesses bildet. In der Fachsprache spricht man davon, dass die Vanille »givriert«, abgeleitet von *givre*, dem französischen Wort für »Raureif«.
Fertige Qualitätsprodukte mit echter Vanille wie Vanillezucker lassen sich gut an den unzähligen kleinen schwarzen Samen erkennen.

Würzige Verwandtschaft

Bourbon-Vanille ist heute die bekannteste und als »extra fein« nominierte Sorte. Etwas süßer und dunkler im Geschmack, jedoch zarter im Gesamtcharakter und deshalb als »superior« eingestuft, zeigt sich die Mexiko-Vanille, angebaut in Mittelamerika und Mexiko, die jedoch überwiegend in die USA exportiert wird.
Tahiti-Vanille (*Vanilla tahitiensis*), eine Vanilleart, die heute auch in Indien und Indonesien wächst, weist einen geringen Vanillinanteil, dafür aber Piperon auf, und wird deshalb als minderwertig betrachtet – eigentlich zu Unrecht, denn diese Vanillesorte überzeugt mit einem sensationellen Bukett, in dem sich Töne süßer Früchte mit denen herber Tabake und kapriziöser Blüten mischen.

Würzpraxis

Das betörende, cremige und balsamische Bukett sowie der süße, charmante Geschmack der Vanille küren sie zum Liebling der Patissiers und Bäcker. Doch nicht nur Pralinen, Schokolade und Törtchen profitieren von dem luxuriösen Aroma. Die moderne Küche interpretiert Vanille seit einiger Zeit auch delikat als balsamische Würze für Gemüse wie Spargel, Rhabarber oder Karotten, Edelfisch und

Gewürzkultur

Die französische Aristokratie liebte Vanille – nicht nur in der Trinkschokolade, sondern als wahrhaft betörenden Duftstoff. Madame Pompadour, Mätresse König Ludwigs XIV., schwelgte im Vanillebukett und parfümierte damit auch ihre Wäsche. Sie setzte ganz auf die verführerische, aphrodisierende Wirkung der süßen Schote. Heute hat die Wissenschaft auch eine Erklärung hierfür gefunden: Vanillin, der charakteristische Aromaträger, besitzt Duftmoleküle, die den Pheromonen, den menschlichen Sexualduftstoffen, ähneln. So hebt Vanille die Laune und macht Lust auf …

Schalentiere, zartes Kalb- sowie Geflügelfleisch. Bei Kohlgemüsen wie Brokkoli oder Blumenkohl überspielt die Vanille den dominanten Eigengeruch und sollte deshalb bereits dem Kochwasser beigefügt werden.

Früchten wie Brombeeren nimmt Vanille die stark säuerliche Note. Traditionell wird sie bevorzugt bei der Zubereitung von Obstsalaten, warmen und kalten Süßspeisen, Puddings, süßen Saucen, Eiscremes und Quarkspeisen verwendet, ebenso wie zur Aromatisierung von Getränken wie Kaffee, Tee, Trinkschokolade oder Punsch.

Die Aromen der Vanille sind fettlöslich. Daher kommt auch die traditionelle Methode, eine aufgeschlitzte Schote bei der Zubereitung von Puddings oder Cremes in heißer Milch oder Sahne mitzukochen. Danach wird die Vanillestange entnommen, kurz abgespült und getrocknet und ist so auch mehrmals verwendbar.

Für andere Speisen oder Backwaren wird vorrangig Vanillemark eingesetzt. Hierzu wird die Schote mit einem scharfen Messer der Länge nach aufgeschlitzt. Mit der breiten Seite des Messers schabt man dann die Samen vorsichtig heraus.

Gewürzkunde

Die Sorte Bourbon-Vanille besitzt das Prädikat besonders wertvoll. Doch schon lange genügen die großen Anbaugebiete, die heute auf Madagaskar, Réunion (ehemals Île de Bourbon), den Seychellen und Komoren liegen, nicht mehr, um den weltweiten Vanillehype zu stillen. Deshalb musste ein Ersatz für das begehrte Gewürz gefunden werden. Dies gelang einem deutschen Chemiker 1874 erstmals mittels der Vanillinsynthese. Aus einer natürlichen Substanz von Nadelbäumen entwickelte Wilhelm Haarmann das Vanillin und somit eine preiswerte Alternative zur Aromatisierung von Lebensmitteln. Von der 1875 gegründeten Haarmann's Vanillinfabrik zu Holzminden an der Weser profitierte zunächst vor allem die aufstrebende Schokoladenindustrie. Vanillin lässt sich heute einfach und preiswert aus Eugenol, einem sekundären Pflanzenstoff, der auch in Gewürznelke und Zimt vorkommt, gewinnen. Der Vanille-Ersatzstoff duftet zwar erkennbar ähnlich, doch fehlt ihm der vielschichtige, liebliche Geschmack echter Vanille. Vanillin ist ein beliebter Zusatzstoff in Lebensmitteln. Die Industrie setzt es aus Kostengründen gern bei der Herstellung von Süßigkeiten, Schokolade, Backwaren, Süßspeisen, Joghurts, Speiseeis, Softdrinks oder Likören ein.

Der Hauptaromastoff der echten Vanille, das natürliche Aldehyd Vanillin, ist in der fermentierten Schote zwar ebenfalls mit 1,5 bis 4 % enthalten, jedoch definieren weitere 100 Substanzen das einzigartige Vanillebukett.

Würzkunst

Vanille, für sich allein schon eine wahre Gaumenfreude, harmoniert mit der feurigen Schärfe von Chili ebenso gut wie mit dem charismatischen Aroma von Zimt, Kardamom und Gewürznelken. Auch Vanille und schwarzer Pfeffer sind eine aufregende Würzkombination, wobei der Lange Pfeffer hier noch mehr würzige Spannung bringt.

Phytotherapie

Bei der Vanille wird weniger die pharmakologische Seite als vielmehr deren aromatherapeutischer Einsatz geschätzt. Sie gilt als ausgleichend und entspannend und fördert gleichzeitig die geistige Stärkung.

Wacholder
Juniperus communis

Der Wacholder war den Germanen Totembaum und magisches Zauberholz. Als Symbol des ewigen Lebens war er fester Bestandteil der germanischen Mythologie. Rinde und Früchte dienten bereits vor der Zeitenwende als Opfer- oder Grabbeigaben. Noch heute wächst die »Zypresse des Nordens« in unseren Breiten vielerorts, ob in der Lüneburger Heide, dem Teutoburger Wald oder der Schwäbischen Alb, denn überall, wo der Wacholder auf sandigen, durchlässigen Boden trifft, gedeiht er selbst bei rauem Klima gut.

Eine hohe Wertschätzung brachten dem Wacholder nicht nur die germanischen Völker entgegen. Er entwickelte sich als einziges deutsches Gewürz zum echten Exportschlager und wurde von Thüringen oder Württemberg aus sogar bis nach Ostindien geliefert. Beheimatet in Europa, Nordafrika, Nord-, Mittel- und Westasien war der Wacholder auch den alten Hochkulturen bekannt. Der Fund der schwarzblauen Beeren als Beigabe in einem Grab in Theben belegt seine Bedeutung im alten Ägypten.

Im Mittelalter, der Zeit der großen Seuchen, stand der Wacholder in dem Ruf, ein »Geheimmittel wider die Pest« zu sein. Gekaut sollten die Beeren vor der Ansteckung mit dem Schwarzen Tod schützen: *»Esst Kranawett* [Wacholder] *und Bibernell, dann sterbt ihr nicht so schnell.«* Wacholderreisig und -holz wurden verbrannt, um die Luft zu desinfizieren, aber auch um Dämonen und böse Geister fernzuhalten. Diese kultischen Räucherungen verhalfen dem Wacholder auch zu dem Beinamen »Räucherbaum«.

Gewürzporträt

Der immergrüne Wacholderbaum, Familienmitglied der Zypressengewächse (*Cupressaceae*), erreicht eine Höhe bis zu 12 m. Seine Äste sind vom Boden an verzweigt. Die Laubblätter erscheinen nadelförmig, sind stachelig und auf der Oberseite mit einem blauweißen Wachsstreifen versehen. Aus den gelblichen Blüten – der zweihäusige Baum trägt weibliche und männliche zugleich – entwickeln sich kugelige blauschwarze Beerenzapfen, die Wacholderbeeren. Diese benötigen für ihre Entwicklung von der bestäubten Blüte bis hin zur vollreifen, kugeligen Scheinbeere im Durchschnitt drei Jahre. Im Spätsommer werden dann die Früchte, die heute meist aus Wildvorkommen stammen, gesammelt und bei Raumtemperatur getrocknet. Mit Sieben werden die Beeren von Blättern und Stielen getrennt.

Würzprodukt

Wacholderbeeren sind die reifen, getrockneten, kugeligen Beerenzapfen eines Ziergehölzes. Diese können frisch oder auch getrocknet als Gewürz verwendet werden. Wacholderbeeren werden am besten ganz verwendet, idealerweise im Mörser leicht angestoßen oder mit einem Löffel leicht gequetscht – dadurch werden die Aromastoffe beim Kochen besser freigesetzt, der Geschmack wird intensiver. Bei der Dosierung ist eher Zurückhaltung gefragt: Im Normalfall genügen schon drei bis vier Wacholderbeeren pro Gericht. Luftdicht und lichtgeschützt aufbewahrt, behalten Wacholderbeeren rund zwölf Monate ihr kräftiges Aroma.

Würzpraxis

Wacholderbeeren zeichnen sich durch einen nadelbaumartigen Duft sowie einen prägnanten Geschmack aus. Eine harzige, herbe Note vereint sich mit süß-

Gewürzkunde

Auch die »geistige« Seite des Wacholders hat viele Liebhaber. Destilliert sorgen die Beeren in Spirituosen wie Genever, Gin, Machandel, Kranewitter oder Steinhäger für ein charaktervolles Bukett. Als hippes In-Getränk erobert Wacholderschnaps aktuell wieder die Bars dieser Welt – erfunden haben ihn einst die Niederländer.

> **Tipp**
>
> Wacholder trägt in sich die Düfte des Waldes. So liegt es nahe, ihn zum Würzen und Beizen für Hasenkeule, Rehrücken oder Hirschragouts zu verwenden. Eine aromatische Rotweinbeize für Wildbret lässt sich selbst einfach herstellen (siehe Seite 220).

warmen Nuancen und einem Hauch von Zitrusfrüchten. Wegen ihres würzigen Aromas werden sie besonders von der nord- und westeuropäischen Küche geschätzt. Wacholderbeeren eignen sich als kräftiges Gewürz für Schmorbraten wie Sauer- und Rinderbraten, Geflügelgerichte, Innereien, Eintöpfe und Pasteten, gehören traditionell in Sauerkraut und Rotkohl, werden aber auch für die Zubereitung von Marinaden, Fischsud, Beizen oder Saucen und als Einlegegewürz für Gurken, Perlzwiebeln und Kürbis gern verwendet

Würzkunst

Kraftvoll im Geschmack, vertragen Wacholderbeeren auch ein aromastarkes Pendant. Hier kommen Würzcharaktere wie Zimt, Majoran, Lorbeerblatt, Gewürznelke, Thymian, Rosmarin, Piment, Pfeffer oder Beifuß zu Ehren.

Phytotherapie

In der Volksheilkunde schon lange als wertvolle Heilpflanze bei Gicht und Rheuma geschätzt, ordnet die moderne Medizin Wacholderbeeren als Aquartikum, als wassertreibendes Mittel ein, das die Bildung und Ausscheidung von Harn fördert, ohne dabei allzu viele der wichtigen Mineralien mit auszuschwemmen. So eignen sich die Beeren auch zur Durchspülungstherapie bei Harnwegsinfekten. Außerdem besitzt Wacholder eine appetitanregende, krampflösende, magenstärkende und verdauungsfördernde Wirkung, was ihn gerade für schwerverdauliche Speisen wie Kohlgerichte so wertvoll macht.

Gesunder Genuss: Pfarrer Kneipps Wacholderkur

»*Solche, die an schwachem Magen leiden, mögen das folgende Verfahren einhalten, gleichsam eine kleine, erprobte Kur mit Wacholderbeeren machen: Den ersten Tag sollen sie mit 4 Beeren beginnen, den zweiten Tag mit 5 Beeren fortfahren, den dritten Tag sollen sie 6, den vierten 7 Beeren kauen und so mit Tagen und Beeren bis auf 12 (Tage) und 15 (Beeren) aufund dann wieder auf 5 Beeren heruntersteigen, beim Absteigen jeden Tag eine Beere auslassend. Viele kenne ich, deren gasgefüllter und infolgedessen geschwächter Magen durch diese einfache Beerenkur gelüftet und gestärkt wurde.*«

Zimt
Cinnamomum aromaticum & *Cinnamomum ceylanicum*

Seinem verführerischen, süß holzigen Duft, basierend auf dem hohen Anteil an ätherischem Öl, kann wohl kaum einer widerstehen. Diesem herrlichen Wohlgeruch verdankt der Zimt seine große Beliebtheit seit Tausenden von Jahren.

In den Tempeln des alten Rom wurden Kassiastangen verbrannt, um durch den aufsteigenden Rauch eine direkte Verbindung zum Himmel der Götter zu schaffen. *Per fumum*, durch den Rauch, sandten die Römer ihre Botschaften zum Himmel. Doch das sinnliche Aroma sollte auch die Besucher der Tempel erfreuen. Schließlich kann Zimtduft die Stimmung verbessern, den Geist anregen und das Wohlbefinden steigern. Geruchsmoleküle steigen in die Nase und erreichen von dort das limbische System. Dieses ist zuständig für Gefühle und Erinnerungen. Wird es aktiviert, schüttet das Gehirn Botenstoffe aus, die emotionale oder körperliche Reaktionen auslösen. Das geht von Ekel bei etwas, das wir »nicht riechen können«, bis hin zum Wohlgefühl, das der Zimt meist hervorruft.

Seine Erfolgsgeschichte begann der Zimt also weniger als Speisegewürz als vielmehr als Duftstoff und Heilpflanze. Er ist Teil kultischer Zeremonien, im heiligen Salböl des jüdischen Volkes ebenso enthalten wie in den Substanzen zur Balsamierung ägyptischer Pharaonen. So gibt es aus weit vorchristlicher Zeit schriftliche Zeugnisse von der würzigen Rinde aus dem alten China wie dem antiken Ägypten. Derart beliebt, kam Kassia aus China auf einem uralten Handelsweg, der später den Namen »Zimtroute« erhielt, schon früh nach Europa, wo nach dem Untergang des römischen Imperiums auch das Mittelalter in Zimt schwelgte.

Die Entdeckungsreisen der Portugiesen und deren Übernahme der Schutzherrschaft über Ceylon im Jahre 1505 brachte dann vermehrt den Ceylonzimt ins Abendland und dem portugiesischen König das Handelsmonopol. Später errang die Niederländische Ostindien-Kompanie (VOC) die Kontrolle über den Zimthandel und führte den kommerziellen Anbau von Zimt auf Plantagen in Ceylon ein. 1795/96 übernahm schließlich Großbritannien mit der Herrschaft über Ceylon auch das Zimtmonopol, das erst 1859 fiel.

Gewürzporträt

Ceylon- (Abbildung nächste Seite) wie auch Kassiazimt (oben) werden der Familie der Lorbeergewächse (*Lauraceae*) und der Gattung *Cinnamomum* zugeordnet. Der Kassiazimt stammt ursprünglich aus dem Südosten Chinas, aus Burma (Union Myanmar), Laos sowie Vietnam und wird mittlerweile auch auf Sumatra und Java sowie in Japan und Zentralamerika kultiviert. Der Ceylonzimt hingegen war ausschließlich auf Sri Lanka wild wachsend anzutreffen. Die niederländischen Kolonialherren kultivierten die Gewürzbäume dann in speziellen Zimtgärten. Noch heute ist Sri Lanka wichtiges Anbaugebiet für Ceylonzimt, mittlerweile wächst dieser aber ebenso in Indien, China, Indonesien, auf den Seychellen, Madagaskar, Martinique, Jamaika, Französisch-Guayana sowie in Brasilien.

Der Ceylonzimtbaum, der 6-12 m hoch wird, trägt glänzende, dunkelgrüne, lorbeerähnliche Laubblätter, weißgelbe Blüten und schwarzblaue, beerenartige Früchte. Fünf bis sechs Jahre nach Anpflanzung werden erstmals Zweige geschnitten, diese von Blättern sowie Seitenzweigen befreit und sortiert. Anschließend werden diese Ruten mit Holzscheiten geklopft oder mit Messingstäben gewalkt, damit sich die Rinde besser lösen lässt. Mit kurzen Kupfermessern wird die Rinde dann jeweils in einem Stück vom Holz gelöst. Sie wird in Matten gerollt und einem gärungsähnlichen Prozess ausgesetzt. Danach werden die äußere dünne Korkrinde und die inneren Reste sorgfältig abgeschabt. Die Rindenstücke werden zunächst im Schatten, später auch zum gleichzeitigen Bleichen in der Sonne getrocknet. Beim Trocknen rollen sie sich ein. Der Kassiabaum ist etwas größer, seine Rinde dicker und korkreicher. Auch hier werden die Zweige entrindet, meist aber nur oberflächlich vom Korkmantel befreit und dann getrocknet. Nach Farbe und Stärke sortiert, wird der Zimt in Rollen zusammengesteckt.

WARENKUNDE

Würzprodukt

Ceylonzimt ist die getrocknete Innenrinde von Zweigen des Baumes *Cinnamomum ceylanicum*. Dieser besteht aus feinen, mehrlagig ineinander gesteckten, getrockneten und beidseitig gerollten Rindenstücken. Gebräuchlicher ist jedoch der Kassiazimt, auch chinesischer Zimt genannt, der aus den getrockneten Innenrinden von Ästen des *Cinnamomum aromaticum* hergestellt wird. Hierbei handelt es sich um ein einziges, 1-3 mm starkes Rindenstück, das sich nur einseitig zylindrisch einrollt.

Die Qualität von Zimt wird stark von seiner Herkunft, den Bodenverhältnissen sowie dem Klima bestimmt. Als besonders hochwertig gelten feine, helle Rinden, gerollt zu dünnen Stangen.

Würzige Verwandtschaft

Neben der Rinde liefern Zimtbäume noch ein weiteres hocharomatisches Gewürz: die Zimtblüten. Dabei handelt es sich um die gerade befruchteten Blüten des Zimtbaums. Sie werden vorsichtig gepflückt und an der Luft getrocknet. Die Zimtblüten, im Geschmack feiner und nuancierter als die Rinden, werden am besten im Mörser fein zerkleinert. Dadurch setzen sie ein wunderbares, in der Anmutung dezenteres Zimtaroma frei.

Würzpraxis

Den süß-warmen Charakter des Zimts dominiert vor allem ein Bestandteil seines ätherischen Öls: Zimtaldehyd. Gemeinsam mit dem Eugenol, das auch in Gewürznelken vorkommt, bildet dieser Stoff das Basisaroma von Ceylon- und Kassiazimt. Beim Kassiazimt fügt der sekundäre Pflanzenstoff Cumarin noch eine herbe, heuartige Note hinzu.

Cumarin, ein natürlicher Bestandteil des Zimts, gerät immer wieder in die Kritik. Häufig wird vor einem gesundheitlichen Risiko, speziell der Schädigung von Leber und Niere gewarnt. Cumarin ist ein natürlich vorkommender Aroma- und Duftstoff, der im Kassiazimt in höheren Mengen vorliegt als im Ceylonzimt. Zum Mitkochen eignen sich am besten ganze Rindenstücke. Kassiazimt kann, ohne zu splittern, auch gut in kleinere Stücke gebrochen werden. Diese empfehlen sich für heiße Getränke wie Punsch, aber auch bei der Zubereitung von Kompotten und Konfitüren. Ganze Zimtstangen geben auch Saucen, Eintöpfen, Schmorgerichten, Wildbeizen, Rotkohl sowie asiatischen Currys ein wundervoll dunkles Aroma.

Für zimtigen Geschmack in Backwaren, süßen Aufläufen, Süßspeisen, Desserts oder Eis darf Zimtpulver ruhig großzügiger eingesetzt werden (bis zu 1 TL). Gemahlener Zimt sollte nicht zu lange mitgekocht werden, da sich ein leicht bitterer Geschmack bilden kann.

Würzkunst

Zimt ist nicht nur der süße Begleiter von Gewürznelke, Kardamom oder Vanille. Er kann durchaus auch mit Piment, Pfeffer, Chili, Lorbeerblättern, Wacholder und Muskatnuss kombiniert werden.

Aufgrund seiner großen Beliebtheit und Kombinierbarkeit erstaunt es nicht, dass Zimt auch Bestandteil vieler internationaler Würzkompositionen ist. Die würzige Rinde ist in indischen *masalas* genauso zu finden wie in der chinesischen Fünf-Gewürze-Mischung (siehe Seite 280), im nordafrikanischen *ras el-hanout* (siehe Seite 161) oder im deutschen Lebkuchengewürz (siehe Seite 221).

Phytotherapie

Die ayurvedische Lehre und die traditionelle chinesischen Medizin (TCM) nutzen den Zimt schon lange als Heilmittel. Seit einigen Jahren findet er auch in der westlichen Medizin in der Behandlung von Diabetes II Beachtung, da er den Blutzuckerspiegel positiv beeinflussen soll. Beide Sorten gelten auch als verdauungsfördernd, appetitanregend und magenwirksam.

… GEWÜRZE 71

Zitronengras/Lemongras
Cymbopogon citratus

Erst seit einigen Jahren erobert das exotische Zitronengras mit spritzig frischem Charme die deutschen Gaumen. Inzwischen ist das tropische Gewürz fast überall erhältlich, auf jeden Fall im Asialaden. So sind es auch meist Rezepte für südostasiatische Speisen, die Zitronengras als essenzielle Würze empfehlen.

Die Urform dieser Gräsersorte wuchs wohl wild in Ostindien oder Indonesien. Heute wird Zitronengras ausschließlich in Kulturen angebaut: in Indien, Sri Lanka, Indochina, China, Afrika, Zentral- sowie Südamerika. Zum Kochen wird das westindische Zitronengras bevorzugt, wobei sich der Name nicht auf die Anbauregion, sondern die Sorte bezieht.

Gewürzporträt

Zitronengras wird der Familie der Süßgräser (*Poaceae* oder *Gramineae*) zugeordnet. Es handelt sich um ein in dichten Bündeln wachsendes, schilfartiges, kräftiges Gras mit knolliger Verdickung an der Basis und spitzen Blättern, das eine Höhe von bis zu 2 m erreicht. In den Blättern befinden sich Zellen mit ätherischem Öl, das für das zitronige Aroma sorgt. Zitronengras bevorzugt tropisches Klima sowie trockene und sandige Böden. Über die Teilung des Wurzelstockes wird die Pflanze vermehrt, bereits vier bis sechs Wochen danach kann die erste Ernte erfolgen.

Würzprodukt

Als würzige Speisezutat werden der saftige Stiel sowie die Basis der Blätter genutzt. Zitronengras wird sowohl frisch als auch getrocknet und geschnitten oder gemahlen angeboten. Das Pulver ist auch unter der Bezeichnung *sereh* in Geschäften zu finden. Frisches Zitronengras lässt sich gekühlt gut aufbewahren. In ein Stück Küchenpapier eingewickelt, hält es sich im Gemüsefach des Kühlschranks einige Wochen, kann aber auch im Ganzen oder in Scheiben geschnitten eingefroren werden.

Würzpraxis

Charakteristisch für dieses Gewürz ist der zitronige, erfrischende Geschmack mit einer zusätzlichen Nuance von Rose und Eisenkraut. Zitronengras verdankt sein Aroma dem flüchtigen ätherischen Öl, das von dem zitruslastigen Geranial und Neral dominiert wird. Damit sich diese Aromen voll entfalten können, müssen auch hier die Pflanzenzellen durch das Schneiden geöffnet werden. Zunächst werden die äußeren Halme entfernt. Die Bulben (verdickte Basis der Blätter) und das Innere des Fruchtfleischs können dann in feine Ringe geschnitten werden. Geschnittenes Zitronengras kann für ein tiefgründiges Aroma bereits während des Garvorgangs zugegeben werden.
In der vietnamesischen und indonesischen Küche ist Zitronengras praktisch ein Alltagsgewürz. Es rundet pikante Eintöpfe, Schmor- und Wokgerichte, Suppen, Saucen und Marinaden, aber auch Salate mit seiner frischen, herben Note perfekt ab. Zitronengras verträgt sich wunderbar mit Koriandergrün, Chili, Gewürzpaprika, Ingwer, Knoblauch und Schalotten. Kräftige Currymischungen profitieren von der frischen Note, die Zitronengras ins Spiel bringt.

Tipp

Stechmücken meiden den intensiven Duft von Zitronengras. Deshalb enthalten auch Insekten abweisende Repellents dessen ätherisches Öl. Ein paar Tropfen des Öls unter die Körperlotion gemischt oder im Duftstövchen leisten gute Dienste bei der Mückenabwehr.

WARENKUNDE

Zwiebel
Allium cepa

Die Zwiebel, international eine der beliebtesten Würzpflanzen, fand aufgrund ihrer beißenden, tränentreibenden Schärfe sogar Eingang in die deutsche Dichtkunst: »Auf das Unrecht, da folgt das Übel, wie die Thrän auf den herben Zwiebel«, schreibt Friedrich von Schiller in seiner Dramen-Trilogie Wallenstein.

Von der Zwiebel gibt es zahlreiche essbare Varietäten. Die gebräuchlichste ist die Speise- oder Küchenzwiebel. Diese ist schon lange nur als Kulturpflanze bekannt, der Ursprung ihrer Wildform liegt vermutlich in Mittelasien. Schon früh wurde die Zwiebel in China, Indien und im Zweistromland kultiviert. Ob in Ägypten, Griechenland oder dem Römischen Reich, das Gewürz war bereits in der Antike in zahlreichen Sorten weit verbreitet und hoch geschätzt. Selbst Pharaonen wie Tutanchamun wurden auf ihre Reise ins Jenseits Zwiebelbündel mit in die Grabkammer gegeben. Mit den Römern kam die Zwiebel auch in die nördlichen Provinzen des Römerreichs, und so wurden auch in Deutschland Felder angelegt. Üblicherweise profitierten die Abendländer von den Gewürzexporten aus fernen Ländern. Die Speisezwiebel jedoch trat als eine von wenigen würzenden Ausnahmen den entgegengesetzten Weg an: Erst die Spanier führten sie in Amerika ein.

Gewürzporträt
Die Küchenzwiebel ist eine ausdauernde Gewürzpflanze, die wie der Knoblauch zur Familie der Lauchgewächse (Alliacea) zählt. Sie trägt über der Erde röhrige, kahle Laubblätter sowie einen hoch aufragenden Stängel, auf dessen Spitze eine kugelige Scheindolde mit weiß-violetten Blüten sitzt. Bisweilen befinden sich zwischen den Blüten auch Brutzwiebeln.
Unter der Erde entwickelt sich als Speichersprosse die Zwiebel, deren Größe, Farbe, Form und Geschmack von der jeweiligen Kultursorte sowie den Wachstumsbedingungen wie Trockenheit oder Bodenqualität abhängen. Die Küchenzwiebel ist meist rundlich und birnenförmig. Von äußeren trockenen Zwiebelhäuten sind zahlreiche saftige Zwiebelschuppen umhüllt, die auf einem scheibenförmigen Zwiebelkuchen sitzen.

Würzige Verwandtschaft
Gebräuchliche Zwiebelarten sind neben der Küchenzwiebel die Winterzwiebel, außerdem die Schalotte und die kleine, kugelige Perlzwiebel, die beide vermutlich Kulturformen des Knoblauchs sind.

Tipp
Wer beim Zwiebelschneiden den Durchblick behalten möchte, sollte einen Schluck Wasser in den Mund nehmen und diesen auch während des Schneidens im Mund behalten. Besonders wichtig ist aber ein wirklich scharfes Messer.

Würzprodukt

Von der Speisezwiebel gibt es mittlerweile hunderte Züchtungsarten. Hierzu gehören die gelb- bis braunschaligen Sommerzwiebeln (wie Alamo, Lagergold, Elsa, Stuttgarter Riesen) mit prägnanter Schärfe, die rotschaligen Sommerzwiebeln (wie Red Baron, Tango, Braunschweiger dunkelrote) mit charaktervollem Aroma und die weißschaligen Sommerzwiebeln (wie Albion) mit angenehmer Milde.
Als Gewürz wird die Speisezwiebel in vielfältiger Form verwendet: frisch, getrocknet, gefriergetrocknet, geröstet und in Scheiben, Stücken, Ringen, Flocken, als Granulat oder Pulver.
Den kennzeichnenden Charakter entwickelt die frische Zwiebel erst beim Schneiden oder Hacken durch Öffnen der Pflanzenzellen. Dabei bildet sich auch das typische, brennend stechende Reizgas – »*Hat sieben Häut', beißt alle Leut'*«, heißt es zu Recht. Durch die Zerstörung des Pflanzengewebes tritt das schwefelige Element Isoalliin aus, das sich durch Kontakt mit einem Enzym in den tränenreizenden Stoff umwandelt.

Würzpraxis

Die Küchenzwiebel, die eine Zwischenstellung zwischen Gewürz und Gemüse einnimmt, erfreut sich sehr großer Beliebtheit. Jeder Deutsche verzehrt pro Jahr im Durchschnitt rund 13 kg. Das liegt wohl auch an dem besonders pikanten Geschmack der Zwiebel, der von einer lauchartigen Note mit feiner Süße sowie einer individuellen Schärfe geprägt ist. Weltweit ist die Speisezwiebel ein Basisgewürz für salzige und delikate Speisen wie Brühen, Suppen, Saucen, Marinaden, Eintöpfe, Salate, Hackfleisch-, Fleisch-, Gemüse-, Pilz- oder Fischgerichte. Typische Gerichte sind Zwiebelkuchen, Zwiebelbrot oder die französische Zwiebelsuppe.

Würzkunst

Die Speisezwiebel ist als Gewürz sehr universell und kann so mit nahezu allen Gewürzen kombiniert werden. Besonders harmoniert Zwiebel mit dem Aroma von Ingwer, Knoblauch, Paprika und Pfeffer. Doch auch Gewürzkräuter wie Estragon, Rosmarin, Thymian, Majoran, Oregano und Basilikum profitieren von der charaktervollen Zwiebelnote.

Phytotherapie

Die Zwiebel ist schon seit der Antike nicht nur als Speisewürze beliebt. Sie wird auch von jeher wegen ihrer vielseitigen Heilwirkungen gerühmt. Der Militärarzt Dioskurides empfiehlt sie bereits im alten Rom als Appetitanreger und Magenmittel. Auch die abendländische Klostermedizin wusste um die Wirksamkeit des Gewürzes, und so wird im *Macer floridus*, einem mittelalterlichen Standardwerk zur Kräuterheilkunde, Zwiebel bei Schnupfen und Ohrenschmerzen empfohlen. Noch heute gelten Zwiebelumschläge als wirksames Hausmittel bei Mittelohrentzündungen. Ein selbst angesetzter Zwiebelsirup (siehe unten) kann bei leichten Erkältungssymptomen Linderung verschaffen, denn darin kommen die antibiotischen und desinfizierenden Wirkstoffe der Zwiebel zum Einsatz.

Gesunder Genuss: Zwiebelsirup

1 große Speisezwiebel schälen und fein hacken. Mit 100 ml Wasser und 100 g braunem Kandiszucker bei schwacher Hitze einkochen. Durch ein Sieb abseihen und in ein Schraubglas füllen. Bei Husten und Schnupfen mehrmals täglich 1 EL (Kinder je 1 TL) davon einnehmen.

Gewürz- und Küchenkräuter

Bärlauch
Allium ursinum

Bereits in der Jungsteinzeit, vor Tausenden von Jahren, wurde der Bärlauch als Speisezutat genutzt. Darauf weisen archäobotanische Funde von Bärlauchsamen in neolithischen Pfahlbauten hin. Auch später liebten Germanen, Römer und Gallier die Würze des knoblauchduftigen Wildkrauts.

Im Mittelalter war der »Waldknofel« nördlich der Alpen vorrangig in Klostergärten oder der Umgebung von Burgen anzutreffen – daraus entwickelten sich auch die heutigen Wildbestände. In den folgenden Jahrhunderten wurde der Bärlauch dann wegen seines derben, als aufdringlich empfundenen Aromas aus deutschen Küchen verbannt, wie es Hieronymus Bock in seinem Kräuterbuch aus der Mitte des 16. Jahrhunderts beschreibt: »*Solcher Waldtknoblauch ist uberauß inn seiner gantzen substanz eins ubelen starcken geruchs unnd bösen geschmacks.*«

Erst in den 1970er-Jahren holte ein Meisterkoch den »wilden Knoblauch« aus seinem Exil zurück in die Küche: Eckart Witzigmann, Vorreiter der Nouvelle Cuisine in Deutschland, entdeckte bei einem Spaziergang im Englischen Garten in München das stark duftende Kraut, ließ es analysieren und verhalf ihm im Anschluss zu einer neuen kulinarischen Karriere.

Gewürzporträt
Als Heimat des Bärlauchs gilt Asien. Mittlerweile hat sich die ausdauernde Pflanze aber fast flächendeckend in Nord- und Mitteleuropa sowie Nordasien verbreitet. In Deutschland wächst das Mitglied der Lauchgewächse (*Alliaceae*) von der Ostsee bis ins Voralpenland, ist jedoch in einigen Regionen wie Brandenburg oder Schleswig-Holstein geschützt. Gute Wachstumsbedingungen für Bärlauch liefern feuchte, humusreiche, kalkhaltige Böden und halbschattige Standorte in Laubwäldern, Schluchten, Auen oder an Quellen. Die ideale Erntezeit für die gestielten, lanzettförmigen Blätter ist vor Beginn der Blüte von April bis Mai.

Würzige Verwandtschaft
Wie Knoblauch, Lauch, Speisezwiebeln und Schnittlauch gehört der Bärlauch zur Gattung der Lauchgewächse, deren schwefelige Aromastoffe für den typischen Geschmack sorgen.

Würzprodukt
Beim Bärlauch sind alle Teile, selbst die Blüten und jungen Samen, essbar. Zum Würzen werden jedoch meist die frischen Blätter und Zwiebeln verwendet.

Würzpraxis
Bärlauch duftet knoblauchartig, auch sein Geschmack erinnert an Knoblauch mit leichter Schärfe. Wie bei Knoblauch und Speisezwiebel entsteht das typische Aroma erst bei der Zerstörung der Pflanzenzellen durch das Schneiden oder Hacken der Blätter. Das geruchsneutrale Alliin wird hierbei in das aromatische Allicin umgewandelt.

Frische, junge Blätter oder Zwiebeln werden gerne zum Würzen von Salaten, Quark, Frischkäse oder Kräuterbutter verwendet, genauso wie zur Zubereitung von Saucen, Suppen, Omeletts und Gemüse- oder Fleischgerichten. Schmackhaft sind auch Bärlauch-Gnocchi, -nudeln oder -risotto.

> **Achtung Verwechslungsgefahr**
>
> Beim Sammeln von wild wachsendem Bärlauch besteht die Gefahr einer Verwechslung mit den ähnlich aussehenden, aber hochgiftigen Blättern der Herbstzeitlosen oder des Maiglöckchens. Ein wichtiges Unterscheidungsmerkmal ist neben dem Duft, dass Bärlauch gestielte Blätter hat, die Blätter von Maiglöckchen und Herbstzeitloser stiellos sind.

Basilikum
Ocimum basilicum

Wer ahnt heute noch, dass Basilikum, die Verkörperung des typischen Gusto Italiens, ursprünglich eine asiatische Würzpflanze ist? Bereits seit rund 3.000 Jahren wird Basilikum in Indien kultiviert. Über den Feldzug Alexanders des Großen gelangte das Würzkraut dann wohl nach Europa. Dort gaben ihm die antiken Griechen den Namen »Königskraut«, der Begriff »Basilikum« leitet sich vom griechischen Wort für König, basileus, ab.

In der Folgezeit rankten sich viele Schauergeschichten um das Kraut, darunter die, dass es Skorpione hervorbringe, sodass das Basilikum erst gegen Ende des Mittelalters als Küchenwürze wirklich populär wurde. Später wurden verschiedene Sorten in Europa eingeführt: das Schiffsbasilikum aus Indien, dessen Blätter als kleine Schiffchen beschrieben wurden, oder auch das ägyptische Basilien mit purpurfarbenen Stängeln.

Dass Basilikum eine Vielzahl von Varietäten umfasst, ist mittlerweile auch durch die Asiaküche bei uns bekannt geworden: Anis-, Zitronen- oder Zimtbasilikum sind Sorten, die sich besonders für asiatische Gerichte eignen. Das indische Basilikum (*Ocimum sanctum*) wird sogar als heiliges Kraut verehrt und spielt als *tulsi* bei den Hindus in religiösen Zeremonien und im Totenkult eine wichtige Rolle: Es verheißt göttlichen Schutz, dient als Opfergabe und begleitet die Verstorbenen auf ihrem letzten Weg.

Gewürzporträt

Basilikum, ein einjähriges, bis zu 60 cm hoch wachsendes Kraut mit eiförmig länglichen, weichen, sattgrünen Blättern, gehört zur Familie der Lippenblütler (*Labiateae*). Zur Blütezeit trägt es weiße bis leicht rötliche, lippenartige Blüten, die im oberen Bereich der vierkantigen Stängel sitzen.

In den Hauptanbaugebieten Ägypten, Frankreich, Italien, Ungarn, Holland, Marokko und den Balkanländern findet diese Gewürzpflanze optimale Wuchsbedingungen vor: humusreiche, sandige Böden und warme, sonnige Standorte. Die Aussaat erfolgt in warmen Regionen direkt im Freiland, sonst im Gewächshaus mit anschließender Auspflanzung.

Basilikum ist sehr frostempfindlich und verträgt weder Nässe noch Kälte wirklich gut. Beim industriellen Anbau wird es zu Blühbeginn und als zweiter Schnitt im September mit Schneidladern geerntet. Danach wird das Gewürzkraut entweder frisch weiterverarbeitet oder getrocknet und gerebelt.

Wer Basilikum im Garten ziehen möchte, sollte es erst ab Ende Mai, nach Ende der Nachtfröste, an einem sonnigen und geschützten Plätzchen ins Freie setzen. Für gutes Gedeihen wird nährstoffreiche Erde empfohlen. Regelmäßiges Ernten der Blätter führt zu neuem Wachstum und verhindert Blütenbildung. Werden die längeren Stängel abgepflückt, fördert dies einen buschigen Wuchs. Im Kräutergarten ist Basilikum ein sinnvoller Nachbar für andere Nutzpflanzen, denn es hält Blattläuse und Milben fern, lockt aber in Scharen Bienen und Schmetterlinge an.

Würzprodukt

Verwendet zum Würzen werden die frischen Blätter, das getrocknete, gerebelte Kraut wie auch frische, zerkleinerte Blätter, in Öl eingelegt. Die frischen Stängel, fein gehackt, können ebenso an die Speisen gegeben werden.

Tipp

Frische Basilikumblätter lassen sich gut einfrieren. Hierfür vorab die einzelnen Blättchen mit etwas Speiseöl einreiben.
Ein oder zwei Basilikumtöpfchen auf der Fensterbank halten Fliegen fern.

Würzpraxis

Das Aromaspektrum der Basilikumfamilie zeigt sich sehr vielseitig, da die einzelnen Sorten unterschiedliche Profile besitzen. Basisnoten sind eine kühle Frische, eine anisartige Süße und grasige Frische neben einer nelkenähnlichen Tönung sowie einer dezenten Schärfe. Dazu kommen dann noch individuelle Nuancen, die nach Zitrone, Kampfer oder Zimt duften.

In der mediterranen Küche ist das Genoveser Basilikum eines der wichtigsten Gewürzkräuter. Frische Blätter oder getrocknetes, gerebeltes Kraut prägen Salate, Würzsaucen wie italienisches Pesto oder französisches *pistou*, Suppen, Käse (Mozzarella, Ziegenkäse), Quark, Frischkäse, Meeresfrüchte, Eierspeisen, Fleisch, Pasta, Hülsenfrüchte und Gemüse. Natürlich darf Basilikum auch in den großen Klassikern der italienischen Esskultur nicht fehlen: Pizza, Pasta und Insalata Caprese. Bei diesen Gerichten kommt ein besonderer Vorzug des Basilikums zum Tragen: Es unterstreicht apart den Eigengeschmack von Tomaten.

Frische Basilikumblätter werden nur vorsichtig gewaschen, mit Küchenpapier sorgfältig getrocknet und dann gehackt oder geschnitten kurz vor oder nach Ende der Garzeit an die Speisen gegeben. Bei allzu langer Kochdauer gehen die wertvollen Aromen verloren.

Auch getrocknetes Basilikum sollte erst zum Ende des Garvorgangs zugefügt werden, um dem Gericht zusätzlich eine kühle, dezent scharfe Note zu verleihen. Getrocknet ist Basilikum, licht- und luftdicht aufbewahrt, rund zwölf Monate haltbar.

Da die Aromastoffe des Basilikums fettlöslich sind, ist Speiseöl das perfekte Medium, um dessen mediterrane Würzkraft zu konservieren.

Würzkunst

Das klassische Genoveser Basilikum ist wunderbar kombinierbar mit anderen mediterranen Gewürzkräutern wie Estragon, Rosmarin, Oregano, Thymian und Salbei und natürlich auch mit edelsüßem Paprika, Pfeffer, Knoblauch und Zwiebeln. Die asiatischen Varietäten, deutlich süßer in der Ausprägung, finden in Chili ein perfektes Pendant. Alle Basilikumsorten profitieren außerdem von einer frischen Zitrus- oder Limettennote.

Phytotherapie

Besonders das ätherische Öl des Basilikums zeigt appetitanregende, verdauungsfördernde sowie harntreibende Wirkkraft. Darüber hinaus wird ihm eine desinfizierende, antibiotische Wirkung zugeordnet. Basilikum ist reich an Vitamin A und C sowie an Kalzium und ist durch einen besonders hohen Anteil an Eisen eine der besten pflanzlichen Quellen dieses Spurenelements. In der ayurvedischen Lehre wird vor allem die innerlich reinigende Kraft des indischen Basilikums (*tulsi*) geschätzt.

Kleiner Aromasteckbrief »Basilikum«

Genoveser Basilikum (siehe Seite 75): würzig, leicht scharf
Verwendung: mediterrane Küche, vor allem Gerichte mit Tomaten

Rotes Basilikum: würzig, pfeffrig
Verwendung: mediterrane Speisen, Salate, Pasta, Antipasti

Buschbasilikum: kräftig, würzig
Verwendung: Gerichte der Mittelmeerküche, Salate

Indisches Basilikum/*tulsi*: herber, nelkenähnlich
Verwendung: asiatische Wok- und Schmorgerichte

Thai-Basilikum (siehe oben, links): kräftig, pfeffrig anisartig
Verwendung: asiatische Küche, Currygerichte und Suppen

Anisbasilikum: süß, anisartig
Verwendung: im Iran, in Thailand und Vietnam auch für Süßspeisen und Tees

Zimtbasilikum/Mexikanisches Gewürzbasilikum: warm, zimtig
Verwendung: Desserts, Tees, Cocktails

Zitronenbasilikum (siehe oben, rechts): frisch, melisseähnlich
Verwendung: Fisch, Meeresfrüchte, Hähnchen, Süßspeisen, Eis, Sommerdrinks

Beifuß
Artemisia vulgaris

Das Synonym »Gänsekraut« hat der Beifuss seiner populärsten Verwendung zu verdanken: als traditionelle Würze des Gänsebratens. Den aromatischen Korbblütler darauf zu reduzieren, wäre allerdings schade. Er verleiht ebenso Schweinebraten oder Aalsuppe eine delikate Note und macht schwere Speisen bekömmlicher, mobilisiert er doch die Fettverdauung.

Tipp
Selbstgemachtes Gänseschmalz mit Beifuß zu würzen, bringt neben herzhaftem Geschmack auch noch eine deutlich bessere Verträglichkeit!

Obwohl in Asien beheimatet, war der Beifuß bereits in der Jungsteinzeit in Europa verbreitet, wie archäobotanische Bodenfunde belegen. Im Mittelalter wurden dem Kraut magische Kräfte zugeschrieben. So sollte ein aus Beifuß geflochtener Gürtel, zur Sonnwendfeier getragen, vor Leibschmerzen ebenso wie vor bösen Mächten schützen. Bis ins 18. Jahrhundert wurde Beifuß in der Küche gern als Alltagswürze genutzt.

Gewürzporträt
Beifuß ist eine bis zu 2 m hoch wachsende, ausdauernde, krautige Staude mit tief in die Erde reichenden Wurzeln, aufrechten, verzweigten Stängeln sowie bis zu 10 cm langen Fiederblättern und unscheinbaren gelblich- bis rötlich-braunen Blüten, die zwischen Juli und September blühen. Der Beifuß stellt beim Anbau keine speziellen Ansprüche an den Boden, allerdings sind sonnige und trockene Standorte von Vorteil. Beifuß kann auch gut im Garten oder auf dem Balkon gezogen werden. Er benötigt normale Pflanzerde, verträgt gut Trockenheit und bevorzugt ein sonniges Plätzchen im Beet oder Kübel.

Würzige Verwandtschaft
Beifuß gehört, ebenso wie Estragon, zur Familie der Korbblütengewächse (*Asteraceae*), deren typisches Merkmal körbchenförmige Blütenstände sind.

Würzprodukt
Zum Würzen kann das frische ebenso wie das getrocknete Beifußkraut verwendet werden. Hier gibt es geschmacklich kaum merkliche Unterschiede. Der Vorteil des getrockneten Krauts ist seine längere Haltbarkeit: Licht- und luftdicht aufbewahrt, hält es sich rund zwölf Monate.

Würzpraxis
Beifuß duftet kräftig aromatisch und schmeckt herb-würzig, mit deutlich bitterem Anklang. Neben dem ätherischen Öl sind seine Bitterstoffe geschmacksprägend. Beim Würzen mit Beifuß ist daher Fingerspitzengefühl gefragt, damit die bittere Note nicht überwiegt.
Zur Entfaltung des vollen Aromas wird Beifuß am besten bereits zu Beginn des Garens zugefügt. Das Würzkraut wird bevorzugt an fetthaltige Gerichte wie Gänse-, Enten- oder Schweinebraten und Aalsuppe sowie an blähende Speisen aus Kohl, Hülsenfrüchten oder Zwiebeln, zum Beispiel Zwiebelsuppe, gegeben, schmeckt aber auch zu Lamm oder Pute.

Würzkunst
Wegen seines intensiven, bitter-würzigen Aromas braucht der Beifuß auch geschmackskräftige Gegenspieler wie Zwiebeln, Knoblauch oder Pfeffer.

Gesunder Genuss: Beifußtee
Zur Anregung des Appetits und bei Verdauungsproblemen 1 TL getrocknetes Beifußkraut mit 200 ml kochendem Wasser übergießen. Den Aufguss 10 Minuten ziehen lassen, dann abseihen und vor den Mahlzeiten je eine Tasse trinken.

Bohnenkraut
Satureja hortensis

Den Beinamen »Pfefferkraut« trägt das Bohnenkraut nicht nur hierzulande. Die Bezeichnung bezieht sich wohl auf die traditionelle Verwendung des Krautes als Pfefferersatz. Gerade während des Zweiten Weltkriegs griffen deutsche Hausfrauen auf die preiswerte heimische Alternative zurück.

Das Bohnenkraut hat seinen Ursprung wohl im östlichen Mittelmeergebiet bis zum Westiran und dem Kaukasus. Doch bereits im alten Rom wurde das unter dem Namen *saturei* bekannte Würzkraut kultiviert und gern zum Würzen fettreicher Speisen verwendet. Über die Alpen bis an den Rhein wurde *saturei* dann von den römischen Legionären gebracht. Von dort wilderte die Gewürzpflanze aus und war fortan in Mitteleuropa heimisch.

Gewürzporträt
Die einjährige Pflanze wird bis zu 30 cm hoch, trägt aufrechte, buschig verzweigte Stängel mit lanzettförmigen Blättern und zarte hellviolette bis weiße, zweilippige Blüten.
Bohnenkraut wächst bevorzugt auf lockeren, humushaltigen Böden in sonniger Lage. Er wird in Polen, Ungarn, Deutschland, Tschechien, der Slowakei und Bulgarien im Freiland angebaut. Zu Beginn der Blütezeit wird das Bohnenkraut geerntet, getrocknet und maschinell gerebelt oder gemahlen.
Im Garten wird Bohnenkraut im Frühjahr an einem sonnigen Standort ausgesät. Nach wenigen Wochen bereits, bevor die Blüten sich öffnen, kann das Kraut geschnitten werden. Es wird dann gebündelt und kopfüber zum Trocknen aufgehängt.

Würzige Verwandtschaft
Neben dem Bohnenkraut (*Satureja hortensis*), das auch als Sommerbohnenkraut bezeichnet wird, gibt es noch eine weitere Varietät: das Winter- oder Bergbohnenkraut (*Satureja montana*). Dieses kommt in mehreren Unterarten vor und ist ein mehrjähriger, winterharter Zwergstrauch. Es kann in der Küche wie Sommerbohnenkraut genutzt werden, hat aber eine geringere Würzkraft.

Würzprodukt
Alle überirdischen Pflanzenteile des Bohnenkrauts können als Gewürz verwendet werden, das frische wie auch das getrocknete Kraut, gerebelt oder gemahlen. Getrocknet hat Bohnenkraut eine längere Haltbarkeit von bis zu zwölf Monaten, während das frische Kraut im Gemüsefach des Kühlschranks nur einige Tage aufbewahrt werden sollte. Frisches Bohnenkraut kann aber auch problemlos eingefroren werden.

Würzpraxis
Bohnenkraut duftet kräftig würzig, dem Thymian ähnlich, und besitzt ein prägnantes herbales Geschmacksprofil mit rauchigen Tönen, bitterem Anklang und dezenter Schärfe. Aufgrund des tiefgründigen Aromas ist beim Würzen Zurückhaltung angesagt, weniger ist hier mehr! Auch getrocknetes Bohnenkraut sollte erst zum Ende des Kochvorgangs an die Speisen gegeben werden, damit die Bitternote nicht zu sehr dominiert. Bohnenkraut ist nicht nur ein beliebtes Gewürz für Bohnen aller Art, sondern passt ebenso zu Erbsensuppe und Linseneintopf, Bratkartoffeln, Wurzelgemüse, Zucchini, Pilzen, Salaten, Schmorbraten, Saucen sowie Marinaden.

Würzkunst
Mit anderen Mitgliedern der Lippenblütlerfamilie wie Thymian, Rosmarin, Basilikum, Majoran und Oregano verbindet Bohnenkraut die kräftigen, herbfrischen Aromen. Außerdem harmoniert das Gewürzkraut wunderbar mit Fenchel, Knoblauch, Lorbeer, Petersilie und Zwiebeln.

Borretsch
Borago officinalis

Es waren wohl zunächst die Araber, die nach der Eroberung der Iberischen Halbinsel als erste die Borretschpflanze als würzende Speisezutat kennen- und schätzen lernten. Von Spanien aus verbreitete sich der Borretsch nach Frankreich und von dort auch in die Bauern- und Kräutergärten Deutschlands.

Gerne wurden junge Borretschblätter früher auch als Gemüse wie Spinat zubereitet. Die Blüten kamen zusätzlich als Färbemittel für erlesene Speisen zum Einsatz und sind heute beliebte Dekoelemente für sommerliche Salate.

Gewürzporträt
Das einjährige Kraut mit fleischigen Stängeln besitzt raue, dunkelgrüne Blätter und hübsche blauviolette, sternförmige Blüten, die von Mai bis August blühen. Stängel und Blätter sind mit einem borstigen Haarflaum überzogen.
Im Mittelmeergebiet zu Hause, hat sich der Borretsch, der Familie der Raublattgewächse (*Boraginaceae*) zugehörig, ebenso nach West-, Mittel und Osteuropa sowie nach Asien und Nordamerika ausgebreitet und wird auf Kleinflächen und/oder in Gärten kultiviert. Er bevorzugt nahrhafte, leicht feuchte und durchlässige Böden sowie einen sonnigen Standort und sollte vor Frost geschützt werden.

Würzprodukt
Gewürzt wird mit den jungen, frisch geernteten und gehackten Blättern oder Blüten. Auch getrocknete Blätter können zum Aromatisieren verwendet werden. Diese sollten dann licht- und luftgeschützt gelagert werden, wobei auch hier zum raschen Verbrauch geraten wird, da sich die Würzkraft relativ schnell verflüchtigt.

Würzpraxis
Seinem gurkenfrischen Aroma verdankt der Borretsch auch die Beinamen »Gurkenkraut« und »Gurkenkönig«. Die frischen Blätter werden fein gehackt und sollten keinesfalls mitgekocht, sondern erst kurz vor dem Servieren den Speisen hinzugefügt werden. Sie sind köstliches Beiwerk zu Salaten wie Gurken-, Tomaten-, Kartoffel- oder Blattsalaten, würzen Dips, Quark, Frischkäse und Risotto und sind köstlicher Brotbelag. Natürlich freuen sich auch eingelegte Gurken auf die aromatische Unterstützung durch den Borretsch. Die sternförmigen, farbkräftigen Blüten dekorieren und verfeinern Salate ebenso wie kalte Suppenschalen oder sommerliche Kaltgetränke. Kommen die Blüten allerdings mit sauren Komponenten von Essig oder Zitrone in Kontakt, verändert sich die Farbe von Blauviolett hin zu Rot.

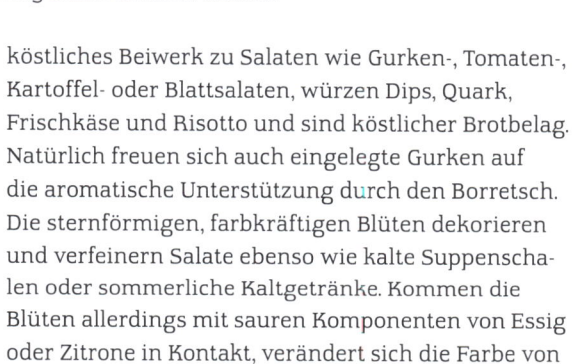

Würzkunst
Die Doldenblütler Anis, Kerbel, Fenchel und Dill sind würzige Favoriten des Borretschs, doch harmoniert er ebenso mit Minze und Knoblauch.

Phytotherapie
»Heute tun die Menschen die Blüten in den Salat, um sich fröhlich zu stimmen und die Laune zu verbessern. Vieles kann man aus der Pflanze machen, was das Herz erleichtert, die Sorgen vertreibt und den Geist erhebt. Die Blätter des Borretsch, im Wein zu sich genommen, machen Männer und Frauen froh und glücklich, vertreiben Trauer, Langeweile und Melancholie«, berichtete der englische Botaniker John Gerard zum Ende des 16. Jahrhunderts.
Von der Erfahrungsheilkunde wird Borretsch gerne auch als hustenlinderndes und blutreinigendes Mittel empfohlen. Da sich beim Genuss von Borretsch in der Leber Stoffwechselprodukte bilden, die als toxisch eingestuft werden, sollte dieser nicht regelmäßig und in größeren Mengen eingesetzt werden.

Brunnenkresse
Nasturtium officinale

Sie liebt die Nähe des Wasser und gedeiht am besten in reinen, fließenden Gewässern oder auf sehr feuchten Böden: die Brunnenkresse. Dieser wild wachsende Kosmopolit ist weit verbreitet, wird aber erst seit der Mitte des 18. Jahrhunderts in künstlichen Fließgewässern in kleinflächigem Anbau kultiviert.

Gewürzporträt
Die echte Brunnenkresse, eine ausdauernde blattreiche Staude mit kriechenden Ausläufern, erreicht eine Höhe von bis zu 60 cm. Die Wasserpflanze ist an jedem Blattknoten bewurzelt, sodass sie im Wasser treiben und sich dennoch weiterentwickeln kann. Sie bildet ovale, glänzend grüne Blätter und von Juni bis September kleine weiße Blütentrauben aus. Brunnenkresse bevorzugt ein wasserreiches, schattiges, kühles Umfeld, idealerweise wächst sie im Uferbereich von sauberen Bächen oder kleinen Flüssen. Sie gedeiht auch im Garten, braucht dann aber sehr feuchte Böden, da es bei Wassermangel sofort zur Samenbildung kommt.

Würzige Verwandtschaft
Brunnenkresse gehört zur Familie der Kreuzblütler wie auch Gartenkresse, Meerrettich, Senf und Wasabi. Gartenkresse und Kapuzinerkresse sind ebenfalls essbare Aromapflanzen. Die hübschen gelben, orangen und roten Blüten der schnell wachsenden Kapuzinerkresse sind essbar. Die Blüten werden im Sommer frisch gepflückt und eignen sich als Salatgarnitur. Gartenkresse wird meist in Schalen gezogen und bei Bedarf geschnitten. Die zarten und hitzeempfindlichen Blättchen sollten nicht gekocht, sondern lediglich frisch über Speisen oder aufs Brot gestreut werden.

Würzprodukt
Die Triebspitzen der jungen Brunnenkressepflanzen werden nach Bedarf abgeschnitten und frisch verwendet. Werden sie in Wasser gestellt und kühl gelagert, können sie eine Woche aufbewahrt werden. Getrocknete Blätter sollten im Mörser zerstoßen werden.

Würzpraxis
Brunnenkresse zeigt einen scharf würzigen, senfartigen Geschmack und macht sich als dekorativer Hingucker in Blattsalaten wie Eichblatt- oder Römersalat gut. Die frischen Blättchen, grob gehackt, sind aparter Begleiter von Fisch, Fleisch, Kartoffel-, Gurken- oder Tomatensalat, Quark, Frisch- und Hüttenkäse und Eierspeisen. Besonders beliebt ist das Brunnenkressesüppchen, aber auch ein selbst gemachtes Pesto oder eine Kräuterbutter aus frischen Blättern verführen den Gaumen. Kurz blanchiert, können die frischen Triebspitzen der Brunnenkresse auch als pikante Beilage serviert werden.

Phytotherapie
Der Brunnenkresse wird durch ihre Senföle eine antioxidative, reinigende, verdauungsfördernde, harntreibende und schleimlösende Wirkkraft zugeschrieben. Sie enthält einen großen Anteil an Vitamin C (50-80 mg/100 g), außerdem Eisen, Jod und Kalzium. Ihre wichtigsten Einsatzgebiete in der Erfahrungsheilkunde sind Husten und Bronchitis, Ödeme, Gallenprobleme, rheumatische Beschwerden sowie Blutarmut.

Gewürzkultur
Ihre lateinische Bezeichnung *nasturtium* hat die Brunnenkresse angeblich ihrer die Schleimhäute reizenden Schärfe zu verdanken, denn dieser Name bedeutet nichts anderes als »Nasenqual«.

Currykraut
Helichrysum italicum

Der Name dieses würzigen Krauts verwirrt so manchen. Curry, das duftige, hocharomatische Würzpulver mit indischen Wurzeln, ist nämlich nicht das gemahlene Produkt dieser Pflanze, sondern ein würziges Potpourri variabler Würzzutaten wie Pfeffer, Zimt, Gewürznelke, Kurkuma, Bockshornkleesamen, Chili und vielen anderen.

Trotzdem sollte man das Currykraut als Würzpflanze nicht unterschätzen, denn sein vielschichtiges Bukett erinnert durchaus an die exotische Küche Indiens.

Gewürzporträt
Der immergrüne, niedrig und buschig wachsende Halbstrauch bildet auf graugrünen Stängeln, die im zweiten Jahr oftmals verholzen, schmale, silbriggrüne Blätter, die an Rosmarin erinnern. Im Spätsommer entfalten sich kleine senfgelbe »Strohblumen«, denen das Currykraut auch den Beinamen »Italienische Strohblume« verdankt.
Ein sonniger, frostgeschützter Platz im Kräutergarten und ein leichter, wasserdurchlässiger Boden lassen diese Pflanze gut gedeihen, kalte Winter verträgt sie allerdings schlecht. Zur Ernte werden die Zweige je nach Bedarf abgeschnitten. Die essbaren, jedoch eher bitteren Blütenknospen eignen sich auch als aparte Speisegarnitur.

Würzprodukt
Die ganzen Zweige sowie die frischen Blätter des Currykrauts besitzen ein delikates Curryaroma. Zarte Zweiglein können kurz vor Ende der Garzeit zugefügt und vor dem Servieren wieder entfernt werden. Ein zu langes Kochen verstärkt den Bittercharakter. Beim Trocknen verflüchtigen sich die Aromen, sodass sich das Einfrieren der frischen Blätter empfiehlt.

Würzige Verwandtschaft
Currykraut wird der Familie der Korbblütler zugeordnet. Hierzu gehören neben den Gewürzkräutern Beifuß und Estragon noch Löwenzahn und Kamille. Eines haben alle gemeinsam: Sie können bei empfindlichen Personen eine Allergie/Kreuzallergie auslösen.

Würzpraxis
Herrlich curryartig im Duft, besitzen die Blätter außerdem einen holzig-bitteren Akzent, der eher an mediterrane Würzkräuter erinnert. Überall, wo ein mildes Curryaroma gefragt ist, kann dieses Würzkraut zum Einsatz kommen: in Suppen, Saucen, Schmorgerichten, Geflügel, Eierspeisen, Reis sowie Gemüse wie Tomaten, Zucchini und Auberginen.

Würzkunst
Currykraut kann zwar eine echte Currywürzmischung nicht ersetzen, bringt aber dennoch einen exotischen Touch ins Essen. Durch seine würzig bittere, frische Note harmoniert das Gewürz perfekt mit Rosmarin und Salbei.

Phytotherapie
Die Erfahrungsheilkunde schätzt das Currykraut als Heilpflanze bei Husten. Sein kostbares ätherisches Öl, aus den Blüten gewonnen, wird bei der Behandlung von Prellungen eingesetzt.

Dill
Anethum graveolens

Der Dill stammt vermutlich aus Indien und/oder dem Orient, gehört aber zu den Gewürzpflanzen, die sich schon früh in andere Regionen verbreitet haben. Nachweisbar ist er bereits vor rund 3.000 Jahren im Zweistromland, ebenso wie in Schweizer Pfahlbausiedlungen der Jungsteinzeit.

Auch im alten Ägypten war der Doldenblütler bekannt und wird als Heilpflanze im *Papyrus Ebers* beschrieben, einer antiken medizinischen Schrift. Und sogar im Alten Testament finden sich im Buch Jesaja (28, 25 und 27) Hinweise auf die frühe Kultivierung des Gewürzkrauts: »*[W]enn er [der Bauer] die Äcker geebnet hat, streut er Kümmel und Dill aus. [...] Auch fährt man nicht mit dem Dreschschlitten über den Dill und mit den Wagenrädern über den Kümmel, sondern man klopft den Dill mit dem Stock aus und den Kümmel mit Stecken.*«

Anbaumethoden für Dill sind später auch in Schriften des alten Rom hinterlegt, wo er in der Küche zum Würzen, aber auch in der Heilkunde als Magenmittel geschätzt wurde. So kam der Dill dann schließlich mit den römischen Legionen bis an den Limes. Im frühen Mittelalter verordnete Kaiser Karl der Große den Anbau von Dill auf seinen Landgütern und in Klostergärten. Der berühmte St. Gallener Klosterplan, die früheste Darstellung einer klösterlichen Anlage aus dem 9. Jahrhundert, listet zahlreiche Würz- und Heilpflanzen auf, darunter auch Dill. Klimatisch recht robust, verbreitete sich der Doldenblütler bis in den Norden Europas und steht in der Küche Skandinaviens heute noch hoch im Kurs, besonders zum Würzen von Fischspezialitäten.

Gewürzkultur

Der volkstümliche Aberglaube ordnete dem Dill starke magische Kräfte zu, bei der Abwehr von Dämonen und Hexen, aber auch im Dienste der Fruchtbarkeit.

Gewürzporträt

Bis zu 150 cm hoch wächst die einjährige, aufrecht stehende Dillpflanze mit einem runden, verzweigten Stängel, der zarte, fedrige, blaugrüne Blätter und im Hochsommer reichstrahlige Blütendolden trägt. Aus den gelben, intensiv duftenden Blüten, die eine Vielzahl nützlicher Insekten anlocken, entwickeln sich nach der Bestäubung zweiteilige flache, ovale Spaltfrüchte, auch Dillsaat oder -samen genannt. Dill, der eine geschützte trockene und sonnige Lage mit lockerem, nährstoffreichem Boden bevorzugt, wird heute vorrangig in Deutschland, Holland, Ungarn und den Balkanländern kultiviert. Dort wird das Gewürzkraut an sonnigen Standorten im Frühjahr direkt im Freiland ausgesät. Die Blätter werden kurz vor der Blüte von Juli bis August geerntet.

Würzige Verwandtschaft

Dill gehört wie Ajowan, Anis, Fenchel, Kerbel, Koriander, Kreuzkümmel, Kümmel, Liebstöckel und Petersilie zur großen Familie der Doldengewächse (*Apiaceae*). Kennzeichnend für diese krautigen Pflanzen ist, dass die Blüten als vielstrahlige, schirmchenartige Dolden angeordnet sind. Der Name »Dill« leitet sich entsprechend vom Wort »Dolde« ab.

Würzprodukt

Als Gewürze werden die geschnittenen jungen Triebspitzen und Blätter der Dillpflanze, aber auch deren Früchte, die Dillsamen, verwendet, sowohl frisch als auch getrocknet. Getrocknete Dillspitzen und -früchte sind, vor

Licht und Luft geschützt, rund zwölf Monate haltbar. Frische Dilltriebe können im Gemüsefach des Kühlschranks, eingewickelt in Küchenpapier, zwei bis drei Tage aufbewahrt oder auch sehr gut portionsweise eingefroren werden.

Würzpraxis

Zeigt sich frischer Dill im Aroma eher minzig und grünkräuterig mit feiner Zitrusanmutung, erscheint das getrocknete Kraut dumpfer. Dillfrüchte profilieren sich dagegen mit süßem, anis- und kümmelähnlichem Geschmack, schließlich sind Kümmel und Anis ja enge Verwandte des Dills.

Die frischen, zarten Dillspitzen sollten auf keinen Fall mitgegart, sondern erst kurz vor dem Servieren über die Speisen gestreut werden. Die getrockneten Dillfrüchte hingegen vertragen auch Wärmeeinwirkung und entfalten so bereits während des Kochprozesses ihr süß-würziges Aroma.

Die Synonyme »Gurkenkraut« und »Gurkenkümmel« trägt der Dill sicher zu Recht, ist er doch seit jeher eine beliebte Zugabe beim Einlegen von Gewürzgurken. Besonders die nordische Küche schätzt den Dill als Speisewürze. Dillfrüchte eignen sich wunderbar zum Einlegen von Gemüse wie Gurken oder Roten Beten und zum Beizen und Einlegen von Fisch ebenso wie zum Würzen von Brot, Fleisch und Pilzen. Dillgrün bringt pikante Kräuterfrische an Eierspeisen, Schalentiere, Fisch (wie Graved Lachs), helle Saucen, Senfsaucen, Suppen, Fisch-, Gurken- und Kartoffelsalate, Salzkartoffeln, Kräuterbutter, Quark, Ziegenfrischkäse, Frisch- oder Hüttenkäse, Remouladen und Mayonnaisen.

Würzkunst

Zu Dill passen gut auch die deftigen Aromen von Knoblauch, Schnittlauch, Schalotten und Zwiebel. Dill harmoniert ebenso wunderbar mit Petersilie und Estragon sowie Piment. Idealerweise wird Dill mit säuerlichen Noten von Zitrone oder Essig kombiniert.

Phytotherapie

Das ätherische Öl des Dills fördert die Sekretion von Speichel sowie Magensaft, fördert den Appetit, unterstützt die Verdauung und lindert Magenkrämpfe und Blähungen. Dies weiß auch schon Odo Magdunensis zu berichten, der in seinem Lehrgedicht *Macer floridus* zum Ende des 11. Jahrhunderts über die Dillpflanze schreibt: »*... ferner vertreibt sie alle Magenleiden, wenn der Kranke von der Abkochung drei Becher lau trinkt.*« Auch lobt der Mönch die milchbildende Wirkung dieser Gewürzpflanze, die »*Muttermilch bis zum Überfluss spendet*«. Noch heute empfiehlt die Naturmedizin jungen Müttern in der Stillphase, Tee aus Dillfrüchten zu trinken, zumal dies zusätzlich die gefürchteten »Dreimonatskoliken« bei Säuglingen lindern kann.

Estragon
Artemisia dracunculus

Der Charme der feinen französischen Cuisine zeigt sich auch in ihrer delikaten Würze, und der Estragon gehört hier unbedingt dazu. Doch früher stand weniger das Aroma als vielmehr die sagenhafte Wirkung dieser als »Drachenkraut« bezeichneten Gewürzpflanze im Zentrum des Interesses.

In den Steppen Sibiriens und der Mongolei wild wachsend, kam Estragon wohl durch die Kreuzfahrer nach Europa. Seinen früheren Namen *drakonkraut*, Drachenkraut, verdankte Estragon der Ableitung vom arabischen Wort *tharchûn* (»kleiner Drache«). Dem Gewürzkraut wurden nämlich magische Kräfte zugesprochen, es sollte furchterregende Drachen abwehren und Schlangenbisse heilen.

Gewürzporträt

Die mehrjährige, buschige Estragonstaude wird bis zu 150 cm hoch. Sie trägt auf runden und verzweigten Stängeln schmale, lanzettförmige, bis zu 8 cm lange Laubblätter und gelbgrüne Blüten, die zwischen Juli und September blühen. Geerntet wird das Gewürzkraut kurz vor der Blüte vom Frühsommer bis in den Herbst. Der Estragon aus der Pflanzenfamilie der Korbblütler gedeiht optimal auf ausreichend feuchten Böden sowie an sonnigen Plätzen. Heute liefern vor allem Frankreich, Deutschland, Südeuropa und die GUS das Gewürzkraut, wobei zwischen einer französischen (siehe oben links) und einer russischen Sorte unterschieden wird. Beim winterharten russischen Estragon erfolgt die Direktsaat im Frühling, der französische hingegen wird über Stecklinge vermehrt.

Würzprodukt

Zum Würzen eignen sich sowohl die jungen Blätter als auch das Kraut der Estragonstaude, frisch oder getrocknet und ganz oder gerebelt. Estragonzweige können gut, an einem warmen und luftigen Platz kopfüber aufgehängt, getrocknet werden. Zum Würzen werden dann die getrockneten Blätter einfach abgestreift. Frischer Estragon hält sich im Kühlschrank zwei bis drei Tage und kann auch eingefroren werden.

Würzpraxis

Die Basisnote von Estragon ist süßlich-herb. Beide Sorten weisen jedoch noch unterschiedliche Nuancen im Aroma auf. Der französische Estragon besitzt eine anisähnliche, frische Anmutung, während der russische Estragon mehr harzig, würzig und bitter wirkt. Beim Reiben der Blätter zwischen den Fingerspitzen zeigt sich schnell der Unterschied: Französischer Estragon entfaltet dabei ein deutliches Anisprofil. Die französische Kochkunst setzt gern auf das Gewürzkraut und nutzt Estragon zur Herstellung von Essig, Senf oder Kräuterbutter wie auch zum Würzen von Jakobsmuscheln, Krebsen, Hummer, Estragonhuhn und zur Zubereitung berühmter Saucen wie Sauce béarnaise, Sauce tartare oder der Vinaigrette. Sehr geschätzt wird das aromatische Gewürz auch in der armenischen sowie in der nordamerikanischen Küche. Da sich das würzige Aroma des Estragons beim Kochen verstärkt, sollte dieser zunächst zurückhaltend dosiert werden. Die sauren Töne von Zitrone oder Essig intensivieren den Eigengeschmack des Estragons.

Würzkunst

Estragon harmoniert hervorragend mit den Gewürzen Kerbel, Petersilie und Schnittlauch. So ist es nicht verwunderlich, dass er zusammen mit diesen Gartenkräutern in der klassischen französischen Würzkomposition Fines herbes zu finden ist. Hierfür werden jeweils gleiche Anteile der vier frischen Kräuter fein gehackt und miteinander vermischt. Damit das wunderbar kräuterfrische Aroma auch erhalten bleibt, sollten die Fines herbes nur zur Garnierung über Omeletts, Salate, Geflügelgerichte oder Fisch gestreut und nicht mitgegart werden.

Kerbel
Anthriscus cerefolium

Die Wildform des Kerbels stammt vermutlich aus Westasien und Südosteuropa, doch schon im antiken Rom wurde er als Kulturpflanze gezogen. Darüber berichten Plinius der Ältere in seiner Enzyklopädie Naturalis historiae *wie auch Columella in seinem Werk über Landwirtschaft und Gartenbau* De re rustica.

Die Römer haben das Würzkraut später durch ihre Eroberungszüge auch innerhalb Europas weiter verbreitet. Im frühen Mittelalter dann verfügte Kaiser Karl der Große in seiner Verordnung *Capitulare de villis* die Anpflanzung von Kerbel auf seinen Landgütern.

Gewürzporträt
Die einjährige Kerbelpflanze aus der Familie der Doldengewächse (*Apiaceae*) besitzt dünne, bis zu 70 cm hohe Stängel, auf denen filigrane, gefiederte, hellgrüne Blätter sitzen. Die Hauptachse und die Seitenäste enden je in einer Doppeldolde mit kleinen weißen Blüten. Diese werden von Insekten bestäubt. Nach der Blüte von Mai bis August entwickeln sich daraus zweiteilige Spaltfrüchte.
Heutzutage wird Kerbel in Europa, Nordafrika, Ostasien sowie Nord- und Südamerika kultiviert. Besonders gut gedeiht die Pflanze an halbschattigen Standorten in lockerem, mäßig feuchtem Boden. Als Lichtkeimer wird Kerbel im Frühjahr ausgesät, bereits nach sechs bis acht Wochen kann die Ernte erfolgen.

Würzige Verwandtschaft
Ein Verwandter des Kerbels ist der wild wachsende Wiesenkerbel (*Anthriscus sylvestris*). Bei intensiver Düngernutzung in der Landwirtschaft verbreitet sich diese mehrjährige Pflanze weitflächig im Grünland. Als Gewürz eignet sich der Wiesenkerbel jedoch nicht.

Würzprodukt
Als Gewürz findet meist das frische Kraut des Kerbels Verwendung. Dieses wird am besten, eingewickelt in ein Stück Küchenpapier, im Kühlschrank aufbewahrt. Beim Trocknen büßt Kerbel einen Teil seiner pikanten, aber flüchtigen Aromen ein

Würzpraxis
Kerbel besitzt ein süßes und zugleich typisch würziges Aroma, das durchaus an Estragon erinnert. Damit die Würzkraft erhalten bleibt, sollte der frische Gartenkerbel keinesfalls mitgegart, sondern fein gehackt erst vor dem Servieren über die Speisen gestreut werden. Das frische Kraut lässt sich auch gut portionsweise einfrieren.
Besonders beliebt ist das auch als »französische Petersilie« bekannte Würzkraut in der niederländischen, englischen und französischen Küche. Meist wird das frische, gehackte Kraut zum Garnieren und Würzen von Suppen (wie Kerbelsuppe), Salaten, Karotten, Pilz-, Gemüse- und Fleischgerichten, Eierspeisen, Kräuterquark und -butter, Mayonnaisen oder für Saucen wie Sauce hollandaise, Sauce béarnaise, Béchamelsauce und Frankfurter Grüne Sauce verwendet.

Würzkunst
Besonders gut verträgt sich Kerbel mit Estragon oder Petersilie. In dieser Gesellschaft findet er sich auch in der französischen Komposition Fines herbes wieder. Kräftigere Würzcharaktere wie Majoran oder Thymian hingegen würden das Eigenaroma von Kerbel überlagern.

Phytotherapie
Die mittelalterliche Klosterheilkunde schätzte Kerbel als Heilkraut gegen »Leibschmerzen« und zur Blutreinigung. Heute wird er von der Erfahrungsheilkunde zur Unterstützung der Verdauung empfohlen.

Lavendel, echter
Lavendula angustifolia

Kein anderes Gewürzkraut wird so stark mit einer Landschaft assoziiert wie der Lavendel. Er taucht im Sommer die Provence in leuchtendes Violett und verströmt weithin seinen herrlich blumigen Duft.

Gewürzporträt
Der echte Lavendel, ein Halbstrauch aus der Familie der Lippenblütler (*Labiateae*), wird 30-80 cm hoch. Auf stark verästelten Zweigen sitzen grüngraue, schmale, längliche Blätter, die zu Anfang ein filziges Unterkleid tragen. Um der Hitze besser zu trotzen, entwickeln die Blätter eine nach unten eingerollte Form. Die kräftig violetten Blüten stehen in einem ährigen Blütenstand.

Ab Mitte Juni blüht der Lavendel in voller Pracht in der Hochprovence, in der Hochebene von Valensole und in Vaucluse, denn der Halbstrauch hat eine große Vorliebe für kräftigen Sonnenschein, trockene Böden und Höhenlagen. So wächst Lavendel auch in einer Höhe von 600-1.200 m noch in sehr guter Qualität. Auch in anderen warmen Regionen Südeuropas wie Spanien, Italien und der Türkei wird Lavendel kultiviert. Zwei Jahre benötigt die Pflanze, nachdem sie über Samen oder Stecklinge vermehrt wurde, um ihre volle Blüte zu entfalten. Die Lebensdauer einer Lavendelpflanze kann durchaus 15 Jahre betragen. Geerntet wird in den Sommermonaten Juli und August, oft noch per Hand mit Sicheln oder mit Heckenscheren. Im industriellen, großflächigen Anbau hingegen kommen Erntemaschinen zum Einsatz. Eines ist jedoch unabhängig von der Erntemethode wichtig: Lavendel sollte frühmorgens geschnitten werden, wenn sich die Blüten gerade öffnen, da dann seine Aromakraft am höchsten ist.

Tipp
Zu kräftigem Ziegenkäse, Gorgonzola oder Roquefort schmecken kandierte Lavendelblüten (siehe Seite 137) einfach himmlisch!

Würzprodukt
Vom Lavendelstrauch können sowohl die Blüten als auch die Blätter frisch oder getrocknet zum Würzen verwendet werden. Die Blätter sollten zur weiteren Verwendung fein gehackt oder in ein Gewürzsieb gegeben werden.

Würzpraxis
Der echte Lavendel fängt den Sommer der Provence ein mit seinem floralen, spektakulären Duft und seinem grünkräuterigen Bukett, untermalt von zarten Bitternoten.

Die jungen Triebe wie auch die Blätter des Lavendels sind in der mediterranen, speziell der südfranzösischen Küche eine beliebte Würze für Lamm, Hammel und Kaninchen, für Fisch und ebenso für den Gemüsetopf Ratatouille. Die getrockneten Blüten verleihen auch der modernen Landküche eine raffiniert aromatische Note. Hiervon profitieren nicht nur Lammlendchen und -koteletts oder Dorade vom Grill, Fischsuppen und Eintöpfe, Leberpasteten oder Zitronenhähnchen. In süßer Kombination veredeln Lavendelblüten dunkle Schokomousse, süße Früchte, Eis, Parfaits, Sorbets und Pralinen. Die violetten Lavendelblüten sind essbar und eignen sich so nicht nur zum Würzen, sondern auch als dekorative Elemente auf Salaten, Süßspeisen, Gebäck oder Mixgetränken.

Würzkunst
Lavendel fügt sich perfekt in die Reihe sonnenverwöhnter mediterraner Gewürzkräuter ein und vereint sich mit Oregano, Rosmarin, Salbei, Thymian, Bohnenkraut, Basilikum und Estragon zur südfranzösischen Würzkomposition Kräuter der Provence. Ebenso harmoniert Lavendel wunderbar mit der fruchtigen Frische von Zitrone oder Orange. Süße Noten von Honig und Zucker verstärken noch das blumige Eigenaroma.

Liebstöckel
Levisticum officinale

Wie viele andere Würzkräuter auch, kam der Liebstöckel einst mit den Benediktinern aus Italien über die Alpen nach Mitteleuropa. Auf Anordnung Kaiser Karls des Großen wurde seit dem 9. Jahrhundert Liebstöckel in Deutschland kultiviert.

Gewürzporträt

Liebstöckel ist eine bis zu 2 m hoch wachsende winterharte, ausdauernde, stattliche Staude aus der Familie der Doldenblütler (*Apiaceae*). Die Laubblätter sind kräftig grün, glänzend und mehrfach gefiedert. Nach der Blüte von Juli bis August bildet die Pflanze auch zweiteilige Spaltfrüchte aus.

Halbschattige Standorte sowie nährstoffreiche, feuchte Böden lassen den Liebstöckel gut gedeihen, vor allem in Deutschland (Thüringen), Polen, Holland und den Balkanstaaten. Die Pflanze wird durch die Saat oder durch Teilung der Wurzelstöcke vermehrt. Bereits im ersten Sommer nach der Anpflanzung kann das Kraut mit Balkenmähern, Schneidladern oder Grünguterntern geerntet werden. Im letzten Nutzungsjahr - eine Pflanze wird im Schnitt zehn bis fünfzehn Jahre alt - werden die Wurzeln durch Rodung geerntet. Sie werden gewaschen und in Stücke geschnitten.

Würzprodukt

Zum Würzen eignen sich die frischen und getrockneten Blätter der Liebstöckelpflanze, aber auch die jungen Stängel und die Wurzel können verwendet werden. Liebstöckelgrün lässt sich gut einfrieren. Getrocknet besitzt das Würzkraut, luft- und lichtdicht aufbewahrt, eine Haltbarkeit von rund zwölf Monaten.

Würzpraxis

Der Duft von Liebstöckel erinnert stark an aromatische Suppenwürze, der Geschmack ist leicht bitter, etwas scharf und süßlich. Für den typischen »Maggi-Geruch« des Liebstöckels sind die Alkylphthalide des ätherischen Öls verantwortlich, das in allen Teilen der Pflanze, insbesondere aber in den Blättern vorhanden ist. Die gleichen Aromakomponenten finden sich übrigens auch im Sellerie.

Das intensive Aroma des Liebstöckels eignet sich zum pikanten Würzen von Suppen - aus gutem Grund ist das Gewürz auch als »Suppenlob« bekannt -, Brühen, Eintöpfen, Reis-, Nudel-, Eier-, Fleisch- und Gemüsegerichten, Salaten, Kräutersaucen, Marinaden, Kräuterbutter und -quark. Auch die geschälten Wurzeln können prima als Suppenwürze verwendet werden. Liebstöckel sollte in der Küche allerdings mit Fingerspitzengefühl verwendet werden, da sein sellerieähnliches Aroma die Speisen sehr dominiert. Gezupfte Blätter oder gehackte Stängel können in Suppen oder Eintöpfen gut mitgekocht werden, ohne an Würzkraft zu verlieren.

Würzkunst

Liebstöckel benötigt aufgrund seines intensiven Aromas geschmackskräftige Gegenspieler wie Knoblauch und Zwiebeln. Ebenso gut ergänzt er sich mit Pfeffer, Koriander, Kümmel, Lorbeer und Wacholder.

Phytotherapie

Bereits in der Antike galt der Liebstöckel als verdauungsfördernd und diese Wirkung wird ihm auch heute noch zugesprochen, ist das Würzkraut doch häufig Ingredienz von Magenbittern und Verdauungsschnäpsen.

Gewürzkultur

Seit Beginn des 20. Jahrhunderts kennt man den Liebstöckel auch unter dem Namen »Maggikraut«. Außer dem kräftigen Aroma hat er mit der Maggi-Würze allerdings nichts gemein, in der berühmten Würzsauce ist kein Liebstöckel enthalten. Der Schweizer Unternehmer Julius Maggi hatte 1886 die flüssige Maggi-Würze als preiswerten Ersatz für Fleischextrakt aus Pflanzenproteinen von Weizen und Soja entwickelt.

Lorbeer
Laurus nobilis

Laurus nobilis, der »edle Lorbeer«, krönt wahre Genies. Apollon, der griechische Gott der Künste, wird mit einem Lorbeerkranz dargestellt, und so waren die Blätter des Lorbeerbaums in der Antike Insignie für besondere Leistungen. Herausragende Dichter wurden als *poeta laureatus* ausgezeichnet und mit der Krone aus Lorbeer bekränzt.

Auch die redensartliche Aufforderung, sich nicht »auf seinen Lorbeeren« auszuruhen, bezieht sich auf die im Lorbeerkranz symbolisierte Ehre, die immer wieder neu verdient werden musste. Noch heute verweisen akademische Titel wie Bachelor (von *baccalaureat*, »Lorbeerbekränzter«) auf diesen Bedeutungsrahmen.

Gewürzporträt
Bis zu 12 m hoch wird der dicht belaubte, immergrüne Lorbeerbaum, der mit seinen anderen Verwandten die Familie der Lorbeergewächse (Lauraceae) bildet. Er trägt auf kräftigen Stängeln ledrige, wechselständige, beidseitig zugespitzte, bis zu 10 cm lange, glänzend grüne Blätter. In den Blättern befinden sich große Ölzellen, die das aromagebende ätherische Öl speichern. Zwischen März und Mai entfalten sich kleine, zarte, gelblich-weiße Blüten, die in büscheligen Scheindolden stehen. Aus den weiblichen Blüten entwickeln sich dann blauschwarze, einsamige Steinfrüchte, die eigentlichen »Lorbeeren«.

Für ein optimales Wachstum benötigt der Lorbeerbaum windgeschützte, vollsonnige, frostfreie Standorte und durchlässige nährstoffreiche Böden. Mittelmeerländer wie die Türkei liefern heutzutage die größte Menge der Gewürzblätter. Für eine einfachere Ernte wird der Lorbeerbaum in Kulturen meist in einer Höhe von 1-2 m gehalten. Die Lorbeerblätter können dann das ganze Jahr über geerntet werden. Nach dem Trocknen werden die Blätter von den Zweigen abgestreift.

Würzige Verwandtschaft
Zur Familie der Lorbeergewächse gehören über 2.000 verschiedene Bäume oder Sträucher, darunter der dekorative immergrüne Kirschlorbeer. Auch die Zimtbäume werden der Familie der *Lauraceae* zugeordnet.

Würzprodukt
Lorbeerblätter werden sowohl frisch als auch getrocknet zum Würzen eingesetzt. Frische Lorbeerzweige können, kopfüber gehängt an einem trockenen, dunklen und luftigen Ort, gut selbst getrocknet werden. Die frischen Blätter sollten nach einigen Tagen der Lagerung im Kühlschrank zeitnah aufgebraucht werden.

Würzpraxis
Frische Lorbeerblätter duften würzig balsamisch, ihr Geschmack ist süß, außerdem etwas bitter. Beim Trocknen intensiviert sich das Aroma, jedoch verliert sich die Bitternote. Vor der Verwendung sollten ganze Lorbeerblätter stets grob zerkleinert oder zumindest ein- bis zweimal eingerissen werden, da sich so durch das Öffnen der Aromazellen die Würzkraft potenziert. Vor allem die mediterrane Küche setzt gerne Lorbeerblätter als Gewürz ein. Getrocknete oder frische Lorbeerblätter verleihen nicht nur Suppen, sondern auch Eintöpfen, Saucen, Marinaden, Beizen, Fleisch-, Fisch-, Reis-, Curry- und Gemüsegerichten oder eingelegtem Essiggemüse eine pikante Note. Auch im traditionellen deutschen Sauerkraut und Rotkohl darf das Gewürz nicht fehlen. Zur perfekten Entfaltung des Aromas können Lorbeerblätter bereits von Beginn an mitgekocht werden.

Würzkunst
Die vielfältige mediterrane Gewürzkräuterfamilie lässt sich ganz hervorragend mit Lorbeer kombinieren, Rosmarin, Thymian, Oregano, Majoran und Salbei ergänzen ihn perfekt. Doch auch mit Gewürznelken, Piment, Zimt und Wacholderbeeren geht Lorbeer eine wunderbare würzige Liaison ein.

GEWÜRZ- UND KÜCHENKRÄUTER

Majoran
Origanum majorana

Majoran zählt zu den alten Kulturpflanzen und wurde bereits lange vor der Zeitenwende in Ägypten kultiviert. In seiner De materia medica *beschreibt der römische Arzt Dioskurides 50 n. Chr. diesen als wirksame Naturmedizin bei Wassersucht, Harnbeschwerden, Leibschmerzen und Skorpionstichen.*

Doch auch als Speisearoma schätzte das antike Rom den Majoran, schon in der Kochrezeptsammlung des Feinschmeckers Apicius wird er als Gewürz aufgeführt. Von Benediktinermönchen in die mitteleuropäischen Klostergärten eingeführt, galt der Majoran zunächst mehr als Heil- denn als Würzkraut. Erst im 16. Jahrhundert startete seine Karriere in der Küche und speziell in der Metzgerei: Noch heute ist Majoran eine wichtige Zutat bei der Wurstherstellung, was ihm auch den Beinamen »Wurstkraut« einbrachte.

Gewürzporträt
Die halbstrauchige Majoranstaude aus der Familie der Lippenblütengewächse (*Labiateae*) besitzt aufrechte, bis zu 50 cm hoch wachsende Stängel mit kleinen, fein behaarten, eiförmigen, graugrünen Laubblättern. Von Juni bis September bilden sich weiße oder blassrosa Blüten aus. Den höchsten Gehalt an aromagebenden Substanzen, wie ätherisches Öl, Gerb- und Bitterstoffe, hat das Majorankraut kurz vor der Blütezeit, dann wird beim professionellen Anbau geerntet. Die Blätter werden anschließend gereinigt, schonend getrocknet, von den Stängeln abgerebelt und gesiebt. Der kälteempfindliche Majoran ist in Mitteleuropa einjährig, in wärmeren Regionen hingegen mehrjährig. Gut für die Pflanze sind durchlässige und humusreiche Böden sowie ausreichende Bewässerung.
Die Heimat des Majorans ist ursprünglich das östliche Mittelmeergebiet. Das Gewürz hat sich dann im gesamten mediterranen Raum verbreitet und heute liegen die wichtigsten Anbaugebiete in Ägypten, Marokko, Frankreich, Ungarn, Rumänien, Tschechien sowie Tunesien. Auch in Deutschland wird Majoran bereits seit etwa 1890 großflächig kultiviert. In Aschersleben in Sachsen-Anhalt liegt das derzeit größte zusammenhängende Anbaugebiet Europas.

Würzprodukt
Die frischen Triebspitzen und Blätter des Majorans wie das getrocknete, geschnittene oder gerebelte Kraut werden zum Würzen verwendet. Frischer Majoran wird im Kühlschrank für einige Tage gelagert oder noch besser eingefroren. Auch kann dieser gut selbst getrocknet werden. Das getrocknete Kraut hält sich rund zwölf Monate in einem verschlossenen Gefäß.

Würzpraxis
Gute Majoranqualität, gekennzeichnet durch einen hohen Anteil an ätherischem Öl, lässt sich am aromatischen Duft erkennen, der sich beim Reiben der Blätter entfaltet. Das Würzprofil des Majorans ist geprägt von einer grünen Kräuternote, untermalt von harzigen, kampferigen sowie holzigen Tönen und einer floral frischen Anmutung. Beim Trocknen rückt die blumige Komponente mehr in den Hintergrund und macht dem würzigen Bukett Platz.
Mit Majoran lassen sich deftige Speisen hervorragend würzen: Kohl- und Kartoffelsuppe, Bohnen- oder Linseneintöpfe, Schweine-, Wild- oder Gänsebraten, Eierspeisen sowie Bratkartoffeln. Das Gewürzkraut kommt erst kurz vor Ende der Garzeit an die Speisen, damit nichts an Aromakraft verloren geht.

Würzkunst
Majoran passt hervorragend zu Knoblauch und Zwiebeln, harmoniert aber ebenso mit den mediterranen Würzpflanzen Rosmarin, Salbei, Lorbeer und Thymian. Auch Pfeffer, Wacholderbeeren und Gewürzpaprika ergänzen perfekt die aromatisch würzige Seite des Majorans.

Minze
Mentha

Wie bereits Walafrid Strabo, der Abt des Klosters Reichenau, anschaulich berichtet, waren schon im frühen Mittelalter nahezu unzählige verschiedene Minzesorten bekannt: »Wenn ... einer die Kräfte und Arten der Minzen samt und sonders zu nennen vermöchte, so müsste er auch gleich wissen, wie viele Fische im Roten Meer wohl schwimmen.«

Heute sind die gebräuchlichsten Minzesorten aus der Familie der Lippenblütler die Grüne Minze (siehe oben, Mitte) und die Pfefferminze (siehe oben, rechts), doch gibt es rund 600 weitere Varietäten.

Gewürzporträt
Die Grüne Minze (*Mentha spicata*), auch als krause Minze oder Speerminze (Spearmint) bekannt, erreicht eine Höhe von rund 80 cm und besitzt länglich eiförmige, kräftig grüne Blätter. Von Juli bis September entwickeln sich blassviolette bis rosa Blüten, angeordnet in Scheinähren. Grüne Minze wird zur Blütezeit geschnitten.
Die Pfefferminze (*Mentha piperita*) wird bis zu 90 cm hoch, trägt an vierkantigen Stängeln gestielte, länglich eiförmige Blätter mit gesägtem Rand und rötlichviolette Blüten, die von Juli bis September blühen. Geerntet werden sollten die Blätter vor der Blütezeit.

Gesunder Genuss: Minztee

Zutaten:
50 g frische Pfefferminzblätter
1 l Wasser
Honig oder Zucker (nach Belieben)

Die frischen Minzeblätter waschen und trocken schütteln. Die Stängel entfernen und die Blätter grob hacken. In eine hitzebeständige Kanne geben und mit 1 l kochend heißem Wasser aufgießen. Zugedeckt 10 Minuten ziehen lassen. Nach dem Abseihen nach Belieben mit Honig oder Zucker süßen.

Würzprodukt
Zum Würzen werden vorzugsweise die frischen Blätter der Minzen verwendet. Im Kühlschrank, eingeschlagen in Küchenpapier, können diese für ein paar Tage ohne großen Aromaverlust aufbewahrt werden. Ebenso gut lassen sich die frischen Blätter einfrieren.

Würzpraxis
Typisch für die Minzen ist ihr mentholartiges Aroma, das als scharf und kühlend zugleich empfunden wird. Auf Menthol, einen Bestandteil des ätherischen Minzöls, reagieren die Schmerzrezeptoren der Zunge. Minze eignet sich durch ihre frische Note wunderbar zum Würzen von Fisch, Fleisch, Salaten, Gemüse und Kartoffeln. Die orientalische Küche liebt das Minzearoma in kalten Joghurtsaucen und in England ist Lamm mit Minzsauce eine Art Nationalgericht.

Würzkunst
Minze kann sehr gut mit mediterranen Kräutern wie Basilikum, Oregano oder Majoran kombiniert werden und passt ebenso wunderbar zu Aromen der Orientküche wie Kreuzkümmel und Ingwer.

Phytotherapie
Vor allem die Pfefferminze gilt seit Jahrhunderten als Phytopharmakum. In der Volksheilkunde wird sie, meist als Teeaufguss, bei Magen- und Darmbeschwerden, Gallenproblemen, Übelkeit, Erbrechen und Erkältung eingesetzt. In der äußeren Anwendung wird ätherisches Pfefferminzöl bei Spannungskopfschmerz zum Einreiben der Schläfenpartie empfohlen, da es durch seinen kühlenden Effekt die Schmerzweiterleitung blockiert und die Durchblutung steigert.

Oregano
Origanum vulgare

Die Griechen der Antike kannten Oregano als Fischgewürz, und auch in der altrömischen Rezeptsammlung des Feinschmeckers Apicius taucht origanum *als Würze für Fisch auf. Ob damit jedoch* Origanum vulgare *gemeint ist oder eine andere der zahlreichen Varietäten, lässt sich nicht genau sagen.*

In den folgenden Jahrhunderten spielte das Krautgewürz außer in den Küchen der mediterranen Herkunftsländer allerdings keine große Rolle mehr. Erst im 20. Jahrhundert sollte der Oregano dann doch die deutschen Gaumen erobern. Zusammen mit der Pizza verbreitete er sich von Italien aus über ganz Europa und schließlich bis in die USA. So erlangte der Oregano doch noch internationale Bekanntheit, mittlerweile gilt er als Würzklassiker für mediterrane Speisen.

Würzige Verwandtschaft
Die Gattung *Origanum* umfasst verschiedene Arten, die sich im Aussehen wie in den Inhaltsstoffen unterscheiden. Hierzu gehören Majoran (*Origanum majorana*), Wilder Majoran/Dost (*Origanum onites* L.) oder falscher Staudenmajoran (*Origanum heracleoticum* L.).

Gewürzporträt
Oregano ist ein Blatt- und Krautgewürz, das in zahlreichen Varietäten vorkommt. Verschiedene Arten von *Origanum* sind im Mittelmeerraum beheimatet und werden mittlerweile nicht nur in Mittel- und Südeuropa, sondern auch in Skandinavien, Schottland, der GUS, Asien, Nordamerika, Mexiko und Chile angebaut. Hauptlieferland ist heute die Türkei, denn am besten gedeiht die kleinwüchsige Würzstaude in sonnig warmen Gefilden. Sie trägt fein behaarte, eiförmige Laubblätter und weiße oder blassrosa Blüten. Zu Beginn der Blüte werden die ganzen oberen Teile der Staude geschnitten und getrocknet.

Würzprodukt
Vom Oregano wird als Gewürz das blühende Kraut, frisch oder getrocknet, meist gerebelt oder gemahlen verwendet. Auch nach dem Trocknen behält Oregano sein herb-würziges Bukett bei. Damit sich dieses auch in den Speisen optimal entfalten kann, sollte getrockneter Oregano bereits mitgegart werden, während der frische erst zum Ende der Kochzeit zugefügt wird.

Würzpraxis
Der Geschmack des Oregano ist kräftig würzig, etwas herb und pfefferig sowie leicht süß, sein aromatischer Duft erinnert an Thymian und Majoran zugleich. Das ist kein Wunder, sind doch im ätherischen Öl des Oreganos auch die Aromakomponenten Thymol (wie im Thymian) und Cymol (wie im Majoran) zu finden. Sein typisches Aroma ist jedoch vom Carvacrol geprägt, das gern mit »Pizzaduft« assoziiert wird. So ist Oregano ein Klassiker der italienischen Küche und passt perfekt zu den zahlreichen Tomatengerichten und -sugos. Pasta und Pizza profitieren vom Gusto des Oreganos genauso wie Auberginen, Zucchini, Bohnen, Fleisch- und Fischspeisen. Auch in der griechischen und türkischen Küche wird Oregano gerne verwendet, vor allem für Schafskäse, Hackgerichte oder Fleisch (Gyros, Kebab), und in der mexikanischen Küche ist ein Chili con Carne ohne Oregano nahezu undenkbar.

Würzkunst
Oregano ist ein bewährter Partner anderer mediterraner Kräuter wie Thymian, Rosmarin, Salbei oder Lavendel. Selbst Oregano und Majoran ergänzen sich im Eigenaroma wunderbar.

Phytotherapie
Als Teeaufguss zubereitet, kommt Oregano bei Husten, Erkältung und grippalen Infekten zum Einsatz. Inhalationen lindern die Atembeschwerden bei Asthma.

Petersilie

Petroselium crispum – krause Petersilie
Petroselium sativum – glatte Petersilie

In Deutschland ist die Petersilie heutzutage das am meisten verwendete Küchenkraut. Dies liegt wohl auch daran, dass sie in heimischen Gärten, im Balkonkasten oder sogar im Blumentopf auf der Fensterbank ohne Aufwand gezogen werden kann und das frische, würzige Grün somit stets zur Hand ist.

Der Doldenblütler ist im Mittelmeerraum bereits seit rund 5.000 Jahren bekannt, zunächst jedoch vorrangig als Arzneipflanze. Laut der *Naturgeschichte* des Plinius setzten aber schon die Römer die krausblättrige Petersilie gern in der Küche ein. Nach Mitteleuropa gelangte das Würzkraut schließlich mit den römischen Soldaten, worauf archäobotanische Funde im Legionslager Xanten schließen lassen.

In nördlicheren Breiten wurde der Peterling dann während des Mittelalters zusehends beliebter, allerdings wiederum eher als Heilpflanze. Bereits zu Beginn des 9. Jahrhunderts wurde dieser auf Weisung Kaiser Karls des Großen in Klostergärten angebaut. Im 16. Jahrhundert wurde Petersilie auch als Küchenkraut wieder populär, wie Herbarien aus dieser Zeit belegen. »*Es ist auch dieser gemeine [glatte] Peterlin ein recht Küchenkraut, denn Peterlin Kraut und sein Wurzel wird in allen Küchen zu der Speis' gebraucht*«, berichtet der Tübinger Botaniker Leonhard Fuchs in seinem *New Kreüterbuch* von 1543.

Petersilie gehört zu den heimischen Kräutern, um die sich früher so mancher Aberglaube rankte. Im Mittelalter galt sie sogar als Zaubergewächs, das Freude wie auch Unglück bringen konnte. Außerdem wurden der Petersilie als Potenzmittel sexuell anregende Kräfte zugeschrieben: »*Petersilie hilft dem Mann aufs Pferd, der Frau unter die Erd'.*« Die Würzpflanze wurde aber wohl auch verwendet, um Schwangerschaften abzubrechen. Darauf deutet beispielsweise der Text in einem alten Volkslied hin: »*Petersilie, Suppenkraut wächst in unserem Garten. Unser Ännchen ist die Braut, soll nicht länger warten.*«

Gewürzporträt

Petersilie, der Familie der Doldengewächse (*Apiaceae*) zugehörig, ist eine meist zweijährige, in warmen Gebieten auch mehrjährige Pflanze, die ohne Rückschnitt eine maximale Höhe von 120 cm erreichen kann. Sie besitzt eine rübenförmige Pfahlwurzel, der essbare Stängel entspringen. Diese tragen mit zahlreichen kleinen, weiß-gelblichen Blüten besetzte Blütenstände. Je nach Sorte sind die kräftig grünen Blätter glatt oder kraus.

Das Heimatgebiet der Petersilie reicht von Südwesteuropa bis nach Westasien. Ihre Verbreitung heute ist international, sie wird in allen Ländern Europas, vor allem Deutschland, Frankreich, der GUS und den Balkanländern, aber auch in Nord- und Ostafrika, Asien sowie Amerika kultiviert.

Wichtig für optimales Wachstum sind feuchte, nährstoffreiche, leicht alkalische Böden und sonnige bis halbschattige, frostgeschützte Plätze. Die Vermehrung erfolgt über die Samen. Wird im Frühjahr ausgesät, kann der erste Schnitt bereits im Juni erfolgen. Bis zum Herbst können die Blätter mithilfe von Mähladern oder Spinatvollerntern dann mehrmals geerntet werden. Im Oktober und November werden zudem die Petersilienwurzeln mit Siebketten- oder Raufrodern aus dem Boden geholt.

Würzprodukt

Sowohl die krause Gartenpetersilie als auch die glatte Petersilie werden zum Würzen verwendet. Die krause Petersilie wird frisch auch gern zum Garnieren von Speisen eingesetzt. Das frische Petersiliengrün kann im Kühlschrank gut für einige Tage aufbewahrt werden, dafür werden die Stängel am besten mit etwas Wasser besprengt, in ein Blatt Küchenpapier einge-

GEWÜRZ- UND KÜCHENKRÄUTER

wickelt und in das Gemüsefach gelegt. Getrocknete und gerebelte Petersilie kann in einem gut verschlossenen Gefäß rund sechs Monate ohne Aromaverlust gelagert werden. Kräftiger im Geschmack und authentischer in der Farbe ist gefriergetrocknete Petersilie.

Aber auch die gelb-weiße Wurzel der Petersilie besitzt aromatische Kraft. Als Würze kann sie frisch wie auch getrocknet genutzt werden. Ihr leicht süßlicher Geschmack sowie ihr aromatischer Duft sind denen der Blätter ähnlich, erinnern aber zugleich ein wenig an Pastinaken.

Würzpraxis

Petersilie duftet aromatisch frisch und schmeckt würzig mit einem Hauch von Muskat: Die kennzeichnende Aromakomponente Myristicin ist sowohl in der Muskatnuss wie auch in der Petersilie zu finden.

Die glattblättrigen Varianten der Petersilie besitzen einen höheren Anteil an ätherischem Öl und somit auch ein intensiveres Aroma als die krausblättrigen. Dadurch vertragen sie das Erhitzen besser, können also in Speisen mitziehen und vor dem Servieren wieder entnommen werden.

Petersilienblätter eignen sich zum Würzen und Garnieren zahlreicher Speisen: für helle Saucen, Brühen, Suppen, Eintöpfe, Fleisch-, Fisch-, Geflügel-, Gemüse-, Kartoffel-, Reis- und Nudelgerichte, Schalentiere, Pilze und Knödel, Salate, Frisch- und Hüttenkäse, Kräuterbutter, Hackfleisch, Aufläufe, Eierspeisen, Quark oder auch pur als Belag für Butterbrote.

Frittiert sind die Zweige der krausblättrigen Petersilie nicht nur sehr dekorativ, sondern schmecken auch fantastisch zu Fisch, Meeresfrüchten oder gegrilltem Fleisch.

Würzkunst

Petersilie ergänzt sich wunderbar mit Dill, Kerbel, Kresse, Schnittlauch, Knoblauch oder Zwiebel und natürlich mit der Muskatnuss. Auch Zitrusnoten harmonieren perfekt mit diesem Küchenkraut. Populäre Würzkompositionen mit Petersilie in der Hauptrolle sind die französische *persillade* (siehe Seite 194) sowie die lombardische *gremolata* (siehe Seite 194), in denen sich die frische Kräuternote mit einem kräftigen Knoblaucharoma verbindet.

Phytotherapie

Die Erfahrungsheilkunde empfiehlt Blätter wie auch Wurzeln der Petersilie, denn in diesen Pflanzenteilen befindet sich das hochwirksame ätherische Öl. Dieses verfügt über eine verdauungsfördernde wie auch harntreibende Kraft. In hohen Dosen ist es allerdings toxisch: Das darin enthaltene »Petersilien-Apiol« kann Uteruskrämpfe auslösen und zur Schädigung von Herz, Leber und Nieren führen. Deshalb sollten auch Zubereitungen aus Petersilie wie Teeaufgüsse aus Petersilienkraut und -wurzel nicht während der Schwangerschaft eingenommen werden.

Tipp

Frische Petersilie ist ein echter Jungbrunnen, enthält diese doch neben den Vitaminen A, C und E noch Kalzium sowie Eisen. Besonders für das Frühjahr ist dieses grüne Powerpaket zur Stimulierung des Organismus ein gesundes »Must have«.

Wer Knoblauch liebt, sollte stets Petersilie zur Hand haben, denn das Kauen von frischen Petersilienblättern vertreibt unerwünschten Knoblauchgeruch und erfrischt den Atem.

Rosmarin
Rosmarinus officinalis

Aus mediterranen Gefilden stammend, kam der Rosmarin wohl im Gepäck von Ordensleuten in die deutschen Klostergärten. Bereits Karl der Große ordnete in seinem Capitulare de villis vel curtis imperii *zu Beginn des 9. Jahrhunderts den Anbau der Gewürzpflanze in den Abteien an. Die Mönchsärzte nutzten die kurierende Wirkung des Rosmarins bei Herz-Kreislauf-Beschwerden. Auch der heilkundige Pfarrer Kneipp setzte Jahrhunderte später auf das Gewürzkraut zur Stärkung von Herz und Kreislauf.*

Seit Jahrhunderten ranken sich fantastische Legenden um den Rosmarin, darunter solche über seine positive Wirkung auf Jugend und Schönheit. Die bereits hoch betagte Königin Elisabeth von Ungarn soll im 14. Jahrhundert ihre altersbedingten Mängel mit einer Rosmarintinktur behandelt und durch die so zurückgewonnene Vitalität das Herz des deutlich jüngeren Herrschers von Polen erobert haben. Inzwischen hat die Wissenschaft bewiesen, dass Rosmarin antioxidativ wirkt und vor Hautalterung schützt. Als Küchengewürz fand der Rosmarin erst ab dem 15. Jahrhundert breiteren Zuspruch.

Gewürzporträt

Der immergrüne Rosmarinstrauch aus der Familie der Lippenblütengewächse (Labiateae), kann eine Höhe von 2 m erreichen. Die bis zu 4 cm langen Blätter sind schmal mit kurzer Spitze und eingerollter Unterseite. So wirken die blaugrünen Blättchen wie Nadeln. Zwischen Mai und Juli bilden sich vereinzelte zarte bläuliche, weiße oder rosafarbene Blüten aus. Rosmarin ist eine Sonnenpflanze und beheimatet in der warmen Mittelmeerregion. Teile der Rosmarinernte, besonders solche aus Spanien, kommen auch heute aus Wildsammlung. Sonst erfolgt die Kultivierung durch Aussaat. Die krautige Würzpflanze stellt wenig Anforderungen an die Bodenqualität, wächst jedoch besonders gut auf sandigen Böden in sonnigen Lagen. Mehrjähriger Anbau ist allerdings nur in warmen Gegenden wie Spanien, Frankreich, Marokko, Tunesien, Italien und der Türkei oder bei mildem, frostfreiem Winter möglich.

Geerntet wird gewöhnlich manuell kurz vor, während oder nach der Blütezeit. Die Triebe werden abgeschnitten, die Blätter per Hand oder nach dem Trocknen durch Dreschen vom Stängel entfernt. Nach der Ernte müssen die Blätter möglichst rasch getrocknet werden, da sonst ätherisches Öl und damit auch ein Teil der Würzkraft verlorengeht.

Beim Rosmarin wird zwischen aufrecht stehenden und niederliegenden Sorten unterschieden. Aufrecht wachsend sind unter anderen die Sorten Suffolk Blue, Majorca Pink, Albus, Miss Jessup's Upright. Zu den niederliegenden Sorten gehören Prostratus und Severn Sea.

Würzprodukt

Zum Würzen werden die ganzen Zweige, also die frischen oder getrockneten nadelförmigen Blätter zusammen mit den Blüten des Rosmarinstrauchs, genutzt. Frische Zweige, in Küchenpapier gewickelt, halten im Kühlschrank einige Tage. Getrocknete Blätter, auch geschnitten oder gemahlen, sollten in einem licht- und luftdichten Gefäß aufbewahrt werden, dann halten sie sich rund zwölf Monate. Sowohl frische, ganze Zweige als auch getrocknete Blätter des Rosmarins können gut mitgekocht oder -gebraten werden, ohne dass die Aromen sich verflüchtigen. Wer mag, entfernt die Zweige dann vor dem Servieren. Die frischen Blätter können auch in einem Gewürzei mitschmoren oder vorab fein gehackt werden.

GEWÜRZ- UND KÜCHENKRÄUTER

> **Tipp**
>
> Die kräftigen längeren Stängel des Rosmarin bringen als »Grillspieße« herrliches Aroma an Filetstücke vom Schwein. Hierzu die Blätter entfernen und für eine Marinade verwenden oder in die Grillglut werfen und die Fleischstücke auf die nackten Zweige stecken. Rosmarinextrakt (Rosmanol) eignet sich hervorragend zur Konservierung fettreicher Lebensmittel, speziell von Fleischprodukten, da dieser stark antioxidativ wirkt und damit die Haltbarkeit deutlich verlängert. Eine Grillmarinade mit Rosmarin ist also der ideale Begleiter für Steaks & Co.

Würzpraxis

Der Duft des Rosmarins ist durchdringend fichtennadel- und kampferartig, ein wenig an Weihrauch erinnernd, sein Geschmack eher herb und frisch. Beim Trocknen verstärkt sich seine herbe, bittere Note. In der klassischen Mittelmeerküche, ob in Spanien, Italien oder Frankreich, gilt Rosmarin als eines der Leadgewürze, sei es zu Geflügel oder Lamm, Tomatensauce oder Pizza. Auch die Küchen Englands, der USA, Mexikos sowie der Balkanländer nutzen die Würzkraft der Pflanze sehr gerne.

Rosmarin passt hervorragend zu Lamm, Wild, Geflügel, Schweine-, Kalb- und Rindfleisch, Fisch oder mediterranem Gemüse wie Tomaten, Auberginen und Zucchini. Er würzt Grillgerichte genauso wie Suppen, Saucen, Omeletts, Teigwaren oder Schafskäse. Auch Marmeladen und Gelees, speziell aus Aprikosen oder Äpfeln, sowie süßes und salziges Gebäck erhalten durch Rosmarin eine besondere Note. Kräuteressig und -öl lassen sich ganz wunderbar mit dem Gewürz aromatisieren.

Würzkunst

Dieses Krautgewürz harmoniert hervorragend mit anderen mediterranen Würzpflanzen wie Estragon, Lorbeer, Salbei, Oregano, Lavendel und Thymian. Vereint mit diesen aromatischen Partnern ist Rosmarin auch Teil der Kräuter der Provence. Genauso liebt Rosmarin die kräftig pikanten Aromen von Knoblauch und Zwiebel und die spritzige Frische von Zitrusfrüchten.

Phytotherapie

Seit die mittelalterliche Klostermedizin den Rosmarin für sich entdeckte, hat sich das Gewürzkraut zu einer der bekanntesten Heilpflanzen unseres Kulturkreises entwickelt. Rosmarin wurde bei Magenproblemen, Appetitlosigkeit, Blähungen, Asthma, Rheuma und auch zur Anregung und Stärkung verordnet – »*Und sie* [die Blätter] *haben Kraft zu stärken durch ihren Wohlgeruch.*« Auch Räucherungen mit Rosmarin wurden empfohlen gegen Fieber, Husten und Schnupfen. »*Rosmarin verbrannt und den Rauch in den Hals und in die Nase gezogen, ist gut für Husten und Schnupfen*«, schreibt der italienische Arzt Pietro Andrea Mattioli Mitte des 16. Jahrhunderts. Als Vorbeugung gegen die Pest wurde Rosmarin zusammen mit Thymian, Lavendel, Salbei und Wermut in Weinessig eingelegt. Von diesem »Pestessig« sollten zum Schutz vor Ansteckung täglich ein paar Löffel eingenommen werden. Auch Mundspülungen und Waschungen damit galten als wirkungsvoll gegen die Seuche. Heute finden Rosmarinblätter und das ätherische Rosmarinöl in der Naturheilkunde Anwendung bei Kreislaufbeschwerden, Erschöpfung und Nervosität oder äußerlich, als Badezusatz, auch bei rheumatischen Beschwerden.

> **Gesunder Genuss: Rosmarintee**
>
> Rosmarin ist ein Gewürz für alle Fälle! Als starker Teeaufguss (70 g Blätter/1 l Wasser) wirkt Rosmarin anregend, schwächer dosiert (30 g Blätter/1 l Wasser) beruhigend.

Salbei
Salvia officinalis

Der Salbei kam nicht nur als Küchen- und Heilgewürz bereits in der Antike zu Ehren, sondern auch als Sinnbild des »ewigen Lebens«. Vermutlich zuerst in Griechenland kultiviert, war diese Würzpflanze auch im alten Rom geläufig. Seit Beginn des 9. Jahrhunderts wurde Salbei in Mitteleuropa angebaut, wie es von Kaiser Karl dem Großen in seiner Landgüterverordnung Capitulare de villis *festgelegt worden war.*

Von dieser Zeit an etablierte sich Salbei zu einem äußerst populären Gewürzkraut in den Kloster- und Bauerngärten. Walahfrid Strabo, Abt des Klosters Reichenau am Bodensee, widmet in seinem Lehrgedicht über den Gartenbau, dem *Hortulus*, dem Salbei gleich das erste Kapitel: »Leuchtend blühet Salbei ganz vorn am Eingang des Gartens, süß von Geruch, voll wirkender Kräfte und heilsam zu trinken. Manche Gebresten [Gebrechen] der Menschen zu heilen, erwies sie sich nützlich, ewig in grünender Jugend zu stehen hat sie sich verdient. Aber sie trägt verderblichen Zwist in sich selbst: denn der Blumen Nachwuchs, hemmt man ihn nicht, vernichtet grausam den Stammestrieb, lässt gierigem Neid die alten Zweige ersterben.«

Gewürzporträt
Beim Salbei handelt es sich um einen wintergrünen, nach unten verholzenden Halbstrauch aus der Familie der Lippenblütengewächse (Labiatae), der verzweigt bis zu 1 m hoch wächst. Seine Stängel sind aufrecht und vierkantig, die graugrünen Blätter haben eine längliche Gestalt und ein filziges Haarkleid. Von Juni bis Oktober trägt die ausdauernde Pflanze meist hellviolette Blüten.

Gewürzkultur
Noch aus dem Mittelalter stammt der Küchenbrauch, frische Salbeiblätter von Teig umhüllt in Fett auszubacken. Diese Salbeimäuschen (siehe Seite 194) wurden besonders zur Kirchweih oder auch während der Fastenzeit zubereitet.

Salbei bevorzugt trockene Böden, frei von Staunässe, mäßige Temperaturen (die oberirdischen Teile erfrieren leicht bei Minusgraden) sowie warme und windgeschützte Standorte.
Die Direktsaat beziehungsweise das Anpflanzen von Stecklingen oder die Stockteilung erfolgt im Frühjahr. Geerntet werden kann, industriell mit Mähladern, bereits ab dem ersten Anbaujahr bis zum Blütebeginn. Das Kraut wird getrocknet, dann werden die Stängel entfernt. Große Teile der Ernte (auch aus Wildsammlung) kommen heute aus Dalmatien, Albanien, Bulgarien, Frankreich und der Türkei.

Würzige Verwandtschaft
Es gibt neben dem Gartensalbei (*Salvia officinalis*) noch rund 1.000 weitere Salvia-Arten, doch nicht alle finden als Gewürz Anwendung, wie Muskatellersalbei, Spanischer oder Griechischer Salbei. Dazu kommen noch dekorative Varietäten mit bunten Blättern wie Purpursalbei oder Goldsalbei.

Würzprodukt
Als Gewürz werden die frischen wie auch die getrockneten Blätter ganz oder gemahlen genutzt. Frische Salbeiblätter lassen sich auch gut selbst trocknen. Dazu die jungen Triebe noch vor der Blüte abschneiden und gebündelt an einem warmen und luftigen Plätzchen kopfüber gehängt trocknen lassen. Getrockneter Salbei, ob als Blatt oder Pulver, muss unbedingt in luft- und lichtdicht verschlossenen Gefäßen aufbewahrt werden, damit sich seine Würzkraft nicht verflüchtigt. Innerhalb von rund sechs Monaten sollte er verbraucht werden.

Würzpraxis

Der Geruch des Salbeis ist streng würzig, jedoch mit frischer, minziger Anmutung. Er schmeckt aromatisch herb, betont bitter und zeigt dezente Schärfe. Getrocknet ist das Aroma des Salbeis deutlich kräftiger sowie kampferig, sodass er eher zurückhaltend eingesetzt werden sollte, damit die Speisen nicht den typischen »Gesundgeruch« von Salbei annehmen. Frisch hingegen können fein gehackte Blättchen auch prima unter Blattsalate gemischt werden, ohne zu dominieren.

Vor allem in den südeuropäischen Küchen wird Salbei gern und großzügig zum Kochen verwendet. So würzt er natürlich auch die Klassiker italienischer Kochkunst wie Saltimbocca alla Romana, Ossobuco oder Involtini und ist, zusammen mit geschmelzter Butter, aromatischer Begleiter von Ravioli, Tortellini, Gnocchi und Polentaschnitten.

Frische gehackte oder ganze Blätter werden zum Würzen von Gans, Ente, Lamm, Schweine- und Kalbfleisch, Frikadellen, Beefsteaks, Nierchen, Leber und Fisch wie Aal eingesetzt. Aber auch Eintöpfe, Pilz-, Nudel-, Wild-, Tomaten- und Eiergerichte, Wurstwaren, Quark, Käse, Salate, Kräuter-, Braten- oder Sahnesaucen, Bratkartoffeln, Reis und Polenta lassen sich mit Salbei aromatisch verfeinern.

Würzkunst

Obwohl Salbei das Würzaroma stark dominiert und sich eher als aromatischer Solist positioniert, kann er gut mit anderen mediterranen Gewürzkräutern wie Lorbeer, Rosmarin oder Thymian kombiniert werden. Ebenso sind auch Knoblauch und Zwiebeln perfekte Würzpartner.

Gewürzkultur

Auch die Kosmetikindustrie setzt auf Salbei und nutzt dessen desodorierende, adstringierende und entzündungshemmende Eigenschaften bei der Herstellung von Deodorants, Badezusätzen, Zahnpasten, Mundspülungen oder Gurgellösungen.

Phytotherapie

Sein Name Salbei leitet sich ab vom lateinischen Wort *salvare*, »heilen«. Dies zeigt an, dass bereits im Rom der Antike die universelle Wirkkraft des Lippenblütlers bekannt war. So beschreibt der Militärarzt Dioskurides in seiner *Naturgeschichte* aus dem 1. Jahrhundert: »*Salbei treibt den Harn ... die Ästlein und Blätter in Wasser gesotten und getrunken, heilt die giftigen Stiche der Natter ... [Salbei] stillt das Blut, das aus den Wunden läuft, säubert die faule Geschwer* [Geschwüre]...«

Heute schätzt die Erfahrungsheilkunde die appetitanregende und verdauungsfördernde Wirkung des Salbeis, speziell bei fettem Fleisch und Fisch, aber auch dessen effiziente Kraft bei Katarrhen der Luftwege, Entzündungen des Mund- und Rachenraums sowie bei übermäßiger Schweißabsonderung.

Gesunder Genuss: Gurgellösung

Als Gurgellösung verschafft Salbei Erleichterung bei schmerzhaften Halsentzündungen. Hierfür 2 TL Salbeiblätter mit 250 ml kochend heißem Wasser übergießen. Aufguss 10 Minuten zugedeckt ziehen lassen und dann abseihen. Mehrmals am Tag mit der Flüssigkeit gurgeln.

Schnittlauch
Allium schoenoprasum

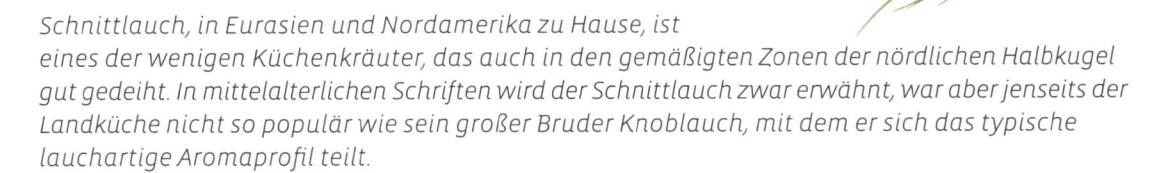

Schnittlauch, in Eurasien und Nordamerika zu Hause, ist eines der wenigen Küchenkräuter, das auch in den gemäßigten Zonen der nördlichen Halbkugel gut gedeiht. In mittelalterlichen Schriften wird der Schnittlauch zwar erwähnt, war aber jenseits der Landküche nicht so populär wie sein großer Bruder Knoblauch, mit dem er sich das typische lauchartige Aromaprofil teilt.

Dennoch hat sich auch Schnittlauch einen festen Platz in der deutschen Küche erobern können und verwöhnt so manchen Gaumen auf ganz simple Art und Weise: frisch gehackt auf dem Butterbrot.

Gewürzporträt
Die ausdauernde Schnittlauchpflanze, ein Lauchgewächs (*Alliaceae*), bildet unterirdisch dünne, längliche, kaum verdickte Zwiebeln. Daraus wachsen röhrige, biegsame, spitz zulaufende sattgrüne Laubblätter, als Schlotten bezeichnet. Der Blütenstand ist eine Scheindolde mit hübschen lila Blüten, die sich hervorragend als essbare Dekoration für Sommersalate eignen. Besonders gut gedeiht der mehrjährige winterharte Schnittlauch auf nährstoffreichen, feuchten sowie wasserdurchlässigen Böden und an sonnigen bis halbschattigen Standorten. Die Vermehrung erfolgt durch Stockteilung oder Samen. Industriell wird geschnitten, wenn die Laubblätter/Schlotten mindestens 15 cm lang sind.

Würzige Verwandtschaft
Eine raffinierte Kreuzung zwischen zwei Lauchgewächsen ist der Schnittknoblauch, auch als Chinesischer Lauch bekannt. Er besitzt ein knoblauchartiges Aroma, zeigt sich jedoch milder und dezenter als Knoblauch.

Tipp
Getrockneter Schnittlauch gewinnt an Aroma, wenn dieser vor der Verwendung mit etwas Zitronensaft beträufelt wird

Würzprodukt
Vom Schnittlauch werden die frischen oder getrockneten, auch gefriergetrockneten Schlotten als Gewürz genutzt. Frische Schlotten, klein geschnitten, lassen sich auf Vorrat bestens einfrieren. Generell sollte Schnittlauch mit einer Schere fein geschnitten und nicht gehackt werden.
Adrett und ebenso essbar sind die lilafarbenen Blüten des Schnittlauchs. Sie schmücken als schmackhafte Garnitur sommerliche Blatt- oder Kartoffelsalate.

Würzpraxis
Unverletzt ist der Schnittlauch fast geruchlos, nach dem Schneiden riecht er lauchartig. Sein Geschmack ist scharf würzig, erinnert an Zwiebeln und Knoblauch, jedoch weniger prägnant.
Beim Schnittlauch werden nur die oberirdisch wachsenden Pflanzenteile verwendet. Wem das Aroma der Zwiebel zu durchdringend ist, der setzt stattdessen Schnittlauch ein. Damit das volle Aroma erhalten bleibt, sollte man Schnittlauch nicht mitkochen, sondern erst kurz vor dem Servieren über die Speisen streuen. Besonders beliebt ist Schnittlauch im Frankfurter Raum. Dort gibt es auch heute noch beachtliche Kulturen, vielleicht auch, weil Schnittlauch ein Bestandteil der berühmten Frankfurter Grünen Sauce (»Grie Soß«, siehe Seite 224) ist, die zu gekochtem Rindfleisch oder am Gründonnerstag auch zu Pellkartoffeln und hart gekochtem Ei gereicht wird.

Würzkunst
Mit seinem dezenten lauchartigen Aroma passt Schnittlauch gut zu fragilen Küchenkräutern wie Kerbel, Petersilie und Estragon. Mit diesen bildet er auch ein würziges Quartett als Fines herbes.

GEWÜRZ- UND KÜCHENKRÄUTER

Thymian
Thymus vulgaris

Der Thymian galt im Mittelalter als Symbol für Tapferkeit. Ritter erhielten vor den Turnieren von ihren Damen ein Sträußchen dieser Gewürzpflanze, und mit Thymian geschmückt zogen auch die Kreuzritter zum Kampf gegen die Ungläubigen ins Gelobte Land.

Die medizinische Wirkkraft des Thymians ist bereits seit der Antike bekannt. Die Ägypter nutzten das antiseptische Krautgewürz sogar zur Einbalsamierung ihrer Toten. Auch die Hochkulturen in Griechenland und Rom schätzten Thymian als universelles Heilkraut. Diese Tradition setzte sich im Abendland in der Klostermedizin fort, und so verordnete im hohen Mittelalter die Äbtissin Hildegard von Bingen Thymian bei Atemnot, Asthma und Keuchhusten. Der breiten Bevölkerung erschloss sich das Wissen über die Heilkraft des Thymians, der sich in jedem Garten anbauen ließ, erst im 16. Jahrhundert mit der Veröffentlichung populärer Kräuterbücher für den Hausgebrauch.

Gewürzporträt
Thymian, ein Halbstrauch mit aufstrebenden, stark verholzenden Ästen, erreicht eine Höhe von bis zu 40 cm. Er trägt längliche, lanzettförmige, mattgrüne Laubblätter und zahlreiche rosa-violette Blüten. Mit dem Balkenmäher wird Thymian kurz vor der Blüte oder zur Blütezeit geschnitten, da hier der Gehalt an ätherischen Ölen am höchsten ist. Nach dem Trocknen wird das Gewürz maschinell gerebelt und gesiebt. Thymian ist ein Gewürz der Macchia und rund ums Mittelmeer beheimatet. Er liebt vollsonnige Standorte und leichte, trockene Böden. Gerade auf kargem Untergrund und unter Sommerdürre entwickelt er sein Eigenaroma am besten.
Heute liegen die Hauptanbaugebiete für Thymian in Spanien, Polen, Ungarn, Österreich, Marokko, Italien, Albanien, der GUS, Bulgarien, Rumänien, Portugal, Frankreich, England, Deutschland (Thüringen und Sachsen) sowie in Nordamerika. Frost verträgt der Thymian meist schlecht, sodass er in Deutschland häufig nur einjährig, sonst durchaus vier- bis sechsjährig angebaut werden kann

Würzige Verwandtschaft
Von rund 100 verschiedenen *Thymus*-Arten werden neben dem Echten Thymian (Gartenthymian) noch gerne der Zitronenthymian wie auch der deutsche, winterharte Feldthymian, der Quendel, als Würzkraut verwendet. Während der Zitronenthymian mit einer zitrusfruchtigen Anmutung überzeugt, besitzt der solide Feldthymian eine weniger ausgeprägte Würzkraft.

Würzprodukt
Als Gewürz werden die frischen sowie die getrockneten Laubblätter verwendet. Aus den mediterranen Regionen kommt der französische Thymian mit milderem Aroma, während der deutsche Thymian im Geschmack strenger auftritt.

Würzpraxis
Thymian zeigt ein anmutig würziges Bukett mit holzig-bitteren Nuancen.
Frische Thymianzweige lassen sich im Kühlschrank, in Küchenpapier eingewickelt, gut einige Tage aufbewahren. Auch das Trocknen ist ohne großen Aufwand möglich: Hierzu die Thymiantriebe kurz vor der Blüte abscheiden, bündeln und an einem luftigen, warmen Schattenplatz aufhängen. Danach lassen sich die Blättchen mit einer Gabel leicht von den Stängeln abstreifen. Die getrockneten Blätter sollte man in einem gut verschließbaren Gefäß, vor Luft und Licht geschützt, aufbewahren und innerhalb von zwölf Monaten aufbrauchen.
Frische, gehackte Thymianblätter besitzen mehr Aromakraft als die getrockneten, sollten also nicht übermäßig eingesetzt werden. Dann profitieren

vom vielschichtig würzigen Thymianbukett nicht nur mediterrane Speisen, besonders mit Tomate und Zucchini, sondern auch Ziegen- und Schafskäse, Gänse- und Entenbraten, Lamm, Wildbret, Hülsenfrüchte, Suppen und Eintöpfe, Leberknödel und Wurstwaren.

Junge Thymiantriebe können im Ganzen mitgegart werden, ebenso die getrockneten Blättchen. Mit den zarten frischen Blättchen, fein gehackt, wird hingegen erst zum Ende der Kochzeit hin gewürzt.

Würzkunst

Im französischen Kräutersträußchen Bouquet garni (siehe Seite 191) vereint sich Thymian mit Lorbeer und Petersilie zu einer würzigen Melange. Doch auch mit den mediterranen Gewürzkräutern Salbei, Rosmarin, Lavendel oder Majoran harmoniert er auf perfekte Weise.

Phytotherapie

Die medizinische Kraft des Thymians fußt vor allem auf dessen antiseptischem Wirkstoff Thymol. Auch wenn dieser erst 1719 »offiziell« entdeckt wurde, hatten zuvor bereits jahrhundertelang Heilkundige auf den Thymian als Allheilmittel vertraut, bei Asthma, Warzen, Hämorrhoiden genauso wie bei Keuchhusten oder Vergiftungen. Schon der römische Arzt Dioskurides hatte die auswurffördernde Wirkung des Thymians bei Husten und Bronchitis erkannt: »*Mit Honig vermischt und geleckt, säubert er die Brust und hilft, die dicken, zähen Feuchtigkeiten [den Schleim] leichter auszuwerfen.*« Dieses überlieferte Wissen, mittlerweile wissenschaftlich erforscht und bestätigt, lebt noch heute weiter in Hustensirups, Erkältungsmitteln oder Brustsalben auf Thymianbasis. 2006 wurde der Thymian sogar zur »Heilpflanze des Jahres« gekürt.

Gewürzkultur

Seinen Namen »Thymian« verdankt dieses Gewürzkraut dem altgriechischen Wort *thymos*. Dieses wird mit »Mut« und »Geist« gleichgesetzt, doch war die ursprüngliche Bedeutung »Rauch«. So wird davon ausgegangen, dass Thymian in der Antike als Räucherwerk diente und wohl in den Tempeln als Opfer dargebracht wurde. Oder der Name rührte vom dezenten rauchigen Unterton des Thymians her. Ganz geklärt sind diese Fakten wissenschaftlich bisher nicht.

… GEWÜRZ- UND KÜCHENKRÄUTER

Waldmeister
Asperula odorata

Als »Moschus« des Waldes wird das Waldmeisterkraut, das vor allem Buchenwälder als grüner Teppich ziert, bereits seit dem 9. Jahrhundert geschätzt. Zur Aromatisierung von Wein empfahl der Benediktinermönch Wandalbertus aus Prüm die Würzpflanze schon im Jahre 854. Daraus entstand die Tradition der Maibowle, die aus Waldmeister, Sekt und Weißwein gemischt wird.

Gewürzporträt
Waldmeister ist eine buschige, ausdauernde Staude mit vierkantigen, kahlen Stängeln, an denen kranzförmig längliche Laubblätter sitzen. Die zarten weißen Blüten blühen, geformt als verzweigte Trugdolde, von April bis Juni.
Beheimatet in den gemäßigten Zonen Eurasiens, wird Waldmeister in diesen Regionen heute auch in Gärten oder in Halbkultur in schattigen Wäldern kultiviert, ist aber auch wild wachsend in Laubwäldern anzutreffen. Geerntet wird das Kraut kurz vor der Blüte mit Sichel oder Gartenschere. Zum Trocknen werden die Stängel gebündelt und an einem luftigen, schattigen Ort kopfüber aufgehängt.

Würzprodukt
Zum Aromatisieren werden die welken, seltener die getrockneten Blätter der Waldmeisterpflanze eingesetzt. Die frischen Zweige lassen sich in Küchenpapier gewickelt gut für einige Tage im Gemüsefach des Kühlschranks aufbewahren. Waldmeister lässt sich aber auch gut einfrieren.

Würzpraxis
Frischer Waldmeister besitzt einen würzig bitteren, leicht adstringierenden Geschmack. Erst wenn die Blätter welken oder trocknen, entfalten sie außerdem noch ihr prägendes, vanilleduftiges wie heuartiges Bukett.
Mit den Zweigen lassen sich Bowlen (Maibowle), Fruchtsäfte, Limonaden, Sirup, Kompotte oder Gelees herrlich aromatisieren. Es genügt, etwa drei Gramm des frischen Krauts 10-15 Minuten in der Flüssigkeit mitziehen zu lassen und dann wieder zu entnehmen.

Würzkunst
Das tiefgründige Aroma von Waldmeisterblättern lässt sich gut kombinieren mit frischen Noten von Melisse, Estragon und Basilikum.

Phytotherapie
Im Waldmeister ist, wie auch in Tonkabohne und Kassiazimt, der sekundäre Pflanzenstoff Cumarin zu finden. Wird dieser regelmäßig in höherer Dosis verzehrt, kann er eine leberschädigende Wirkung haben.
Die Volksheilkunde schätzt das Waldmeisterkraut als gefäßerweiternde, krampflösende und entzündungshemmende Naturarznei.

Waldmeistersirup

2–3 Handvoll Waldmeister
2 l Wasser
3 kg Zucker
70 g Zitronensäure
4 Orangenscheiben
4 Zitronenscheiben

Zubereitung: Das Wasser mit dem Zucker einmal aufkochen. Alle weiteren Zutaten hinzufügen und für 2 Tage ziehen lassen, dabei mehrmals umrühren. Dann abseihen und in sauber ausgekochte, verschließbare Flaschen umfüllen.
Ideal für: Desserts, Cremes, Eis, Parfaits.

Alte Gewürze

Einige der Gewürze, die bereits im Altertum gebräuchlich waren, sind fast gänzlich aus dem Alltag verschwunden. Manche von ihnen, etwa das Süßholz, erleben eine Renaissance oder rücken wie die Berberitze durch die Ethnoküche wieder stärker ins Bewusstsein. So oder so versprechen diese »alten Gewürze« auch heute inspirierende Würzmomente.

Asant
Asa foetida/Ferula asa-foetida

Er war ein echter Würzstar des alten Rom, heute jedoch rümpft so mancher die Nase ob seines aufdringlichen Duftes, der ein wenig an faule Eier erinnert. Der Asant, aus diesem Grund auch unter dem Namen »Stinkasant« belegt, ist eines der alten Würz- und Heilmittel Indiens und kam wohl mit Alexander dem Großen nach Europa. Noch im 19. Jahrhundert war der »Teufelsdreck« in einigen Regionen Deutschlands, wie Hessen oder Schwaben, populäre Würze für Leber- und Blutwurst.

Gewürzkultur

Asant ist Bestandteil der berühmten Worcestershire-/Worcestersauce, die in England kreiert wurde, um für die heimkehrenden Kolonialherren die Aromen Indiens einzufangen.

Gewürzporträt

Asa foetida ist eine ausdauernde, krautige Staude, die bis zu 3 m hoch wächst und an aufrechten Stängeln lange, zweifach gefiederte Laubblätter und als Dolde angeordnete gelbgrüne Blüten trägt. Die zur Familie der Doldenblütler gehörige Pflanze bildet unter der Erde eine dicke Pfahlwurzel.

In den Wüstengebieten des Irans und Iraks, Afghanistans, Pakistans und Indiens ist die wild wachsende Staude zu Hause. Im Frühjahr wird die Wurzel ausgegraben, gereinigt und an der Oberfläche immer wieder angeritzt, sodass dickflüssiger Milchsaft austritt.

Würzprodukt

Als Speisewürze werden die »Tränen« (Körner) oder Klumpen aus dem kristallisierten, getrockneten Saft der *Asa foetida* verwendet. Vor Licht, Feuchtigkeit und Luft geschützt, können diese mehrere Jahre gelagert werden. Es gibt Asant auch in Pulverform, das allerdings nicht so lange haltbar ist.

Würzpraxis

Mit einer durchdringend schwefeligen, moschusähnlichen Note, begleitet von beißender Schärfe und einem bitteren Aroma, ist Asant in der europäischen Küche heute nicht sehr beliebt. Anders sieht es in Vorder-, Zentral- und Südasien und besonders in Indien aus, wo damit gerne vegetarische Gerichte aus Hülsenfrüchten oder Gemüse gewürzt werden. Im Iran und in Afghanistan hingegen ist Asant auch würzende Zutat zu Fleisch und Fisch.

Beim Kochen verliert sich ein Teil des stinkenden Odeurs und wandelt sich in ein eher zwiebelig-knoblauchartiges Aroma, sodass Asant Chutneys und Pickles durchaus einen interessanten Geschmack verleihen kann.

Würzkunst

Asant profitiert von frischen Zitrusnoten genauso wie von feuriger Schärfe durch Chili oder Senfsaat.

Phytotherapie

In der Volksheilkunde Asiens, aber auch in der mittelalterlichen europäischen Medizin wurde Asantpulver verwendet. Heute wird ihm eine positive Wirkung bei Blähungen, Reizdarm, Bronchitis, Keuchhusten und nervösen Beschwerden zugesprochen.

Berberitze
Berberis vulgaris

Im 16. Jahrhundert »Essigdorn« genannt und im 18. Jahrhundert in der Ökonomischen Enzyklopädie des Johann Georg Krünitz als »Sauerdorn« aufgeführt, gibt die Berberitze in diesen Namen bereits zwei charakteristische Merkmale preis: ihre stacheligen Dornen sowie das säuerliche Aroma ihrer Beeren.

Gewürzporträt
Berberis vulgaris ist ein sommergrüner, bedornter Strauch mit eiförmigen Blättern und gelben Blüten, die in hängenden Trauben stehen. Nach der Befruchtung bilden sich von August bis Oktober leuchtend rote, längliche, hagebuttenähnliche Beeren aus. Nur die ausgereiften Beeren sind essbar, alle anderen Teile des Strauchgewächses sind giftig, allen voran die Wurzel.

Würzprodukt
Frisch wie getrocknet bringen Berberitzen säuerliche Aromen an die Speisen. Sollten die frischen Beeren besser gleich verarbeitet werden, halten sich die getrockneten rund zwölf Monate.

Würzpraxis
Berberitzen zeigen eine feinsäuerliche, prickelnde Note, die an Apfel, Wein und Zitrone zugleich erinnert, sowie einen herben Unterton. Vom Aroma her den Preiselbeeren ähnlich, können die Beeren auch ähnlich verwendet werden. So passen sie prima zu Wildbret, Rindfleisch sowie Schmorgerichten, verfeinern süße Speisen aus Quark oder Grieß genauso wie Kompott oder Backwaren. Hier wie auch im Müsli sind sie ein schmackhafter und vor allem vitaminreicher Ersatz für Rosinen.

Die orientalische Küche setzt Berberitzen gerne zum Aromatisieren und Färben von Reisgerichten ein und kombiniert sie mit Fleisch und Fisch. Damit sich das Aroma nicht zu schnell verflüchtigt, sollten die Beeren jedoch erst kurz vor Ende der Garzeit zugegeben werden. Idealerweise werden sie vor der Verwendung in etwas Wasser eingeweicht und dann kurz in warmer Butter geschwenkt – so entfaltet sich ihr Eigenaroma am intensivsten.

Würzkunst
Die Beeren der Berberitze passen durch ihre säuerliche Note hervorragend zu den charaktervollen Gewürzen der Orientküche wie Zimt, Safran oder Kreuzkümmel und vertragen sich auch gut mit der komplexen Schärfe des Langen Pfeffers oder der fruchtigen Eleganz der Orange.

Phytotherapie
Es ist der hohe Gehalt an Vitamin C, der die Berberitze für die Volksheilkunde als Immunstimulanz seit jeher sehr interessant macht.

Mastix
Masthia

Das Harz der Mastix-Pinien gehört zu den Würzmitteln, die früher sehr begehrt, heute jedoch nur noch regional im Gebrauch sind. Bereits in der Bibel wird das würzige Harz als wertvolles Handelsgut erwähnt.

Gewürzporträt
Der Mastixstrauch, auch als »Wilde Pistazie« bezeichnet, gehört zur Familie der Sumachgewächse, ebenso wie die Rosa Beere. Der immergrüne Strauch wird 1-3 m hoch und entwickelt paarig gefiederte Blätter. Aus den zweihäusigen Blüten entstehen nach der Befruchtung kleine rote Früchte, die sich später schwarz färben.

Zur Gewinnung des würzigen Harzes wird die Rinde der Bäume eingeritzt, damit das klare Harz austreten kann. Schon früher, aber auch heute noch, ist die griechische Insel Chios der Hauptproduzent des aromatischen Harzes.

Würzprodukt
Die getrockneten Harztränen werden meist gemahlen als würzende Speisezutat verwendet.

Würzpraxis
Der harzig-süße Geschmack, geprägt von einer leichten Bitternote und einem floralen Bukett, wird in der Türkei gern für Süßigkeiten, wie das geleeartige *loukoumia*, genutzt. Auch süßes orientalisches Gebäck, mit Pistazien, Orangen- oder Rosenwasser verfeinert, profitiert vom blumigen Aroma des Mastix.

Würzkunst
Mastix lässt sich wunderbar mit den süßen Noten von Anis und Sternanis kombinieren, passt aber ebenso gut zu Gewürznelke und Kardamom.

Phytotherapie
Das Harz der wilden Pistazie gilt wegen seiner antibakteriellen und antiviralen Wirksamkeit als bewährtes Naturheilmittel bei Entzündungen des Zahnfleischs und der Haut sowie zur Behandlung von Wunden.

Gewürzkultur
Schon lange bevor der amerikanische *chewing gum* die Welt eroberte, war Mastix ein beliebtes Kaumittel. Die Osmanen kauten dieses Harz für einen frischen Atem. So gingen denn auch rund 125 t pro Jahr, also die Hälfte des gesamten Mastix-Ertrages, in der Mitte des 18. Jahrhunderts nach Konstantinopel, in den Serail der türkischen Herrscher.

Süßholz
Glycyrrhiza glabra

Die Süßholzwurzel stammt aus den trockenen Regionen des östlichen Mittelmeergebiets, des Nahen Ostens und Zentralasiens und war schon sehr früh ein beliebtes Süßungsmittel – neben Honig eines der wenigen damals überhaupt verfügbaren. Im Mittelalter kam die »skythische Wurzel« dann richtig in Mode und ihre Kulturen dehnten sich weit über das Mittelmeermeergebiet hinaus aus. Auch in Deutschland entstanden in Regionen mit mildem Klima und leichten Sandböden ansehnliche Süßholzanbaugebiete, wie etwa in Bamberg, die heute, wenn auch in kleinerem Maßstab, teilweise reaktiviert werden.

Gewürzporträt
Süßholz ist eine frostempfindliche, mehrjährige, krautige Staude aus der Familie der Schmetterlingsblütler (*Fabaceae*), oberwärts verzweigt mit gefiederten Blättern. Aus langen blauvioletten Blütentrauben, die im Spätsommer blühen, entwickeln sich Büschel von Hülsenfrüchten. Unter der Erde verbirgt die Pflanze ihren würzigen Schatz: eine verholzte Wurzel. Diese wird im Herbst geerntet.

Würzprodukt
Süßholzstangen, auf der Küchenreibe geraspelt oder gemahlen, werden als Würzzutat und Süßungsmittel verwendet. Stücke der holzigen Wurzel können auch mitgegart werden. Vom Pulver werden 1-2 TL pro Gericht verwendet.

Würzpraxis
Die Süßholzwurzel verfügt durch ihre Substanz Glycyrrhizin über eine starke Süßkraft. Diese ist gut fünfzigmal so hoch wie die des Rohrzuckers, hat aber fast keine Kalorien. Neben der grandiosen Süße zeigt die Wurzel außerdem eine Anmutung von Anis und Fenchel sowie ein feines Bitterbukett. Süßholzwurzel eignet sich besonders zum Aromatisieren von Süßspeisen, verleiht aber auch asiatischen Geflügel-, Fleisch- oder Fischgerichten in Kombination mit Szechuanpfeffer und Sternanis würzige Raffinesse.

Gewürzkunde
Süßholzwurzel ist die Basis für die beliebte Lakritze. Hierfür wird ein Extrakt hergestellt, dem Sirup, Mehl, Gelatine und weitere Geschmackszutaten wie Anis zugefügt werden.

Würzkunst
Die süße, anisartige Würzkraft von Süßholz korrespondiert hervorragend mit der Schärfe von Chili und Szechuanpfeffer sowie dem Aroma von Fenchel, Sternanis und Anis.

Phytotherapie
Als *Radix Liquiritiae* wurde die süße Wurzel bereits vor Jahrhunderten gegen Husten, Erkrankungen der oberen Atemwege, Krämpfe und Magenerkrankungen eingesetzt. Da ihre Wirkstoffe den Blutdruck erhöhen, sollte sie zurückhaltend konsumiert werden.

Gewürzkultur
Wer »Süßholz raspelt«, umschmeichelt sein Gegenüber mit Worten: *»Ach, unsere Dichter: wie ihnen die schönen Worte schmelzend von den Lippen fallen, wie fein sie das Süßholz zu raspeln verstehen, wie sich ihre Stimmen in betörenden Melodien heben und senken, wie sie die Augen bescheiden zur Erde wenden ...«*

Sumach
Rhus coriaria

In den Macchien der Mittelmeerregion zu Hause, war der Gewürzsumach bereits im antiken Griechenland als Leder- und Wollfarbstoff bekannt. Als Speisezutat war er dann auch im alten Rom in Gebrauch, wie der Feinschmecker Apicius in seiner Rezeptsammlung belegt.
Aus dem Orient, wo der Sumach ebenfalls sehr geschätzt wurde, kam er mit den arabischen Invasoren auf die Iberische Halbinsel und von dort aus nach Mitteleuropa, wurde dort aber zunächst vorrangig in Apotheken verkauft.

Gewürzporträt
Der Name Sumach bezeichnet eine ganze Pflanzengattung, von der allerdings viele Gewächse nur der Zierde dienen und manche Arten sogar giftig sind. Ausnahme ist der Gewürzsumach (Färberbaum), ein immergrüner Strauch mit behaarten Zweigen und eiförmigen Fiederblättern, der kugelige rote, behaarte Steinfrüchte bildet. Diese werden kurz vor ihrer Reife gepflückt und dann getrocknet.

Würzprodukt
Die getrockneten Sumachfrüchte werden ganz oder ohne Samenkerne grob gemahlen als Speisezutat verwendet, gerne auch als Tischwürze in Mischung mit Salz.

Würzpraxis
Mit einem säuerlich fruchtigen und zugleich adstringierenden Geschmack sind die Sumachfrüchte vor allem im Orient beliebtes Säuerungsmittel für Speisen, Getränke und Würzmischungen. Grob zerstoßen werden diese an Fisch, Fleisch (Kebab), Geflügel und Gemüse wie Aubergine gegeben. Sie eignen sich ebenso, um Marinaden, Dressings oder Dips eine säuerlich-fruchtige Note und eine appetitlich rote Kolorierung zu verleihen.

Würzkunst
Die mediterranen Gewürzkräuteraromen des Thymians, Majorans und Oreganos vereinen sich ebenso gut mit Sumach wie die kräuterige Frische von Minze und Petersilie.

Phytotherapie
Der Säureanteil der Sumachfrüchte kann zu einer Anregung des Appetits sowie zu einer Förderung der Verdauung beitragen.

Gewürzkunde
Sumach ist vielen bekannt als Streuwürze, die auf Wunsch als Topping auf den beliebten Döner-Kebab gegeben wird. Auf diese Weise erhält diese türkische Spezialität »made in Germany« noch eine echt orientalische Anmutung.

Ysop
Hyssopus officinalis

Als Heimat des Ysops gelten Süd- und Südosteuropa, Marokko, Algerien, das Kaukasusgebiet sowie der Iran. Bereits im Mittelalter wuchs Ysop auch in West- und Mitteleuropa.

Gewürzporträt
Ysop ist ein Halbstrauch aus der Familie der Lippenblütler. Er besitzt niederliegende oder aufsteigende Äste mit lanzettförmigen, ganzrandigen Laubblättern. Die Blüten, die sich zu Trugdolden vereinigen, sind violett. Blütezeit ist von Juni bis September.
Die Pflanze braucht trockene, sonnige Standorte. Bereits im ersten Jahr nach Blühbeginn und im zweiten Jahr im Juni und September kann geerntet werden. Nach dem Trocknen wird das Gewürzkraut meist gerebelt.

Würzprodukt
Als Gewürz wird das Kraut samt Blüten frisch oder getrocknet und auch gerebelt genutzt. Blätter und Triebspitzen können laufend frisch geerntet werden.

Würzpraxis
Ysop besitzt einen würzig minzigen, kampferartigen Duft sowie einen aromatischen Geschmack mit Bitternote und säuerlicher Anmutung. Die frischen gehackten Blätter und Blüten beleben sommerliche Salate im Geschmack, ebenso wie Lamm-, Wild- und Pilzgerichte. In Sirup eingelegte Triebspitzen verfeinern süße Desserts.

Würzkunst
Das herbale Aroma des Ysops vereint sich fantastisch mit dem mediterranen Bukett von Thymian, Rosmarin und Lorbeer.

Phytotherapie
Als Arzneidroge dient Ysop der Erfahrungsheilkunde zur Behandlung von Asthma, Atemwegserkrankungen sowie Verdauungsbeschwerden.

Gewürzkultur
Bereits im Mittelalter war Ysop im Abendland populär. Er wuchs in den Klostergärten benediktinischer Abteien, wo er als Heilpflanze gegen Kopfschmerzen geschätzt wurde. Auch in den Bauern- und Hausgärten breitete sich der Ysop weiter aus, da das »Josefszweiglein« nicht nur der Gesundheit, sondern auch dem Seelenheil diente. So wurde der duftende Ysop gerne ins Gebetbuch eingelegt oder als Sträußchen zum Kirchgang mitgenommen.

Samen mit Geschmack

Als Pflanzenteile fallen Samen zwar auch unter den großen Begriff »Gewürze«, einige haben sich aber eine genauere Betrachtung verdient: Bockshornkleesamen, Schwarzkümmel oder Sesam sind vielseitig verwendbar und leicht angeröstet tolle Geschmacksbringer.

Bockshornkleesamen
Trigonella foenum-graecum

»Ins Bockshorn gejagt« zu werden, ist bekanntlich nichts Angenehmes, und tatsächlich verströmen größere Mengen Bockshornklee einen aufdringlichen Geruch. Vielleicht ist das der Grund, warum er sich in der deutschen Küche als Gewürz bis heute nicht wirklich durchsetzen konnte.

Der ursprünglich in Asien beheimatete Bockshornklee gehört zu den ältesten bekannten Arznei- und Kulturpflanzen. Seit Jahrtausenden wird er in Indien, Vorderasien und Ägypten kultiviert.

In den nördlichen Provinzen bauten die römischen Legionen später Bockshornklee als Tierfutter an und im frühen Mittelalter verfügte Karl der Große dessen Kultivierung als Heilpflanze. Im 19. Jahrhundert verhalf Pfarrer Sebastian Kneipp dem Bockshornklee erneut zu Aufmerksamkeit für dessen Heilkraft:

»Die Samen wirken entzündungshemmend, erweichend und aufsaugend; die gereinigten Wunden heilen sehr bald zu. Die Bockshornsamen wirken so eiterentziehend, dass Blutvergiftungen verhindert werden, ebenso die Bildung wilden, faulen Fleisches.«

Gewürzporträt

Bockshornklee gehört zu den Schmetterlingsblütengewächsen (*Fabaceae*) und ist eine einjährige, bis zu 60 cm hoch wachsende Pflanze mit kleeartigen Laubblättern und gelben Blüten, aus denen sich bis zu 10 cm lange Fruchthülsen mit harten, rechteckigen Samen entwickeln. Sobald die Hülsen eintrocknen und zu platzen beginnen, werden die Samen geerntet.

Würzprodukt

Verwendet als Gewürz werden die gelbbraunen Samen, ganz oder gemahlen sowie geröstet und gemahlen. Geschützt vor Licht und Luft sind sie 24 Monate haltbar.

Würzpraxis

Bockshornkleesamen besitzen ein starkes Aroma, das gekennzeichnet ist durch einen karamellig heuartigen Duft sowie einen röstartigen, curryähnlichen Geschmack mit dezenter Bitternote. Vor dem Mahlen sollten sie trocken angeröstet werden. Die Bitternote wird dann von einem nussigen Charakter überdeckt. Bockshornkleesamen sind ein raffiniertes Gewürz für die vegane Küche und bringen kräftigen Geschmack an Spinat, Kartoffeln, Linsen, Avocados und Tomaten. Auch Chutneys und Gemüse-Pickles profitieren von ihrem curryähnlichen Charakter.

In den Küchen Indiens, Sri Lankas, Chinas, Nordafrikas, Südeuropas sowie der USA werden Bockshornkleesamen, aber auch die Blätter verwendet. Diese finden sich in Fisch-, Fleisch- und Gemüsegerichten. Geröstete und gemahlene Samen werden in der Türkei, Indien, China und arabischen Ländern auch als Kaffeeersatz oder Kaffeegewürz genutzt.

Würzkunst

Bockshornkleesamen sind durch ihren intensiven Eigengeschmack ideale Partner aromastarker Gewürze wie Chili, Knoblauch, Kreuzkümmel und Liebstöckel.

Phytotherapie

Bockshornkleesamen sollen Blutzucker- und Cholesterinspiegel positiv beeinflussen und werden in der Volksheilkunde als wirksames Mittel gegen Schuppen und Haarausfall empfohlen.

SAMEN MIT GESCHMACK

Mohnsamen
Papaver somniferum

Schon den frühen Ackerbaukulturen am Rhein war Gartenmohn als Gewürz und Heilmittel bereits um 4.000 v. Chr. bekannt. Die auch als Schlafmohn bezeichnete Pflanze war dann im Mittelalter in vielen Haus- und Bauerngärten anzutreffen. Heute darf der Gartenmohn in Deutschland nicht mehr angebaut werden, da aus dem Milchsaft unreifer Mohnkapseln Opium gewonnen werden kann. In den zum Würzen verwendeten, getrockneten Samen hingegen sind keine betäubenden Stoffe mehr vorhanden.

Gewürzporträt
Gartenmohn, eine ausdauernde krautige Pflanze aus der Familie der Mohngewächse (*Papaveraceae*), trägt wechselständig am Stängel verteilte fiederspaltige, graugrüne Laubblätter und schüsselförmige, knallig rote Blüten. Sie bildet Kapselfrüchte mit offenen Poren aus, die unzählige Samen enthalten.

Würzprodukt
Die winzigen schwarzbraunen getrockneten Samen des Gartenmohns entfalten ihr süßes, nussartiges Aroma erst richtig durch Mahlen oder Anrösten. Zu lange sollten sie jedoch nicht erhitzt werden, da sie sonst eine bittere Note entwickeln.

Würzpraxis
Für Strudel-, Stollen-, Gebäck- oder Kuchenfüllungen werden die Mohnsamen einige Stunden in Milch oder Wasser eingeweicht, dann abgeseiht und zu einer Paste zermahlen. Auch lassen sich mit Mohn köstliche Parfaits oder Quarkspeisen zubereiten. Außerdem eignen sich Mohnsamen als dekoratives Beiwerk zum Bestreuen von Backwaren wie Brötchen oder Käsegebäck. Pikante Speisen wie orientalische Eintöpfe oder auch Salatsaucen profitieren besonders vom Aroma gerösteter Mohnsamen.

Würzkunst
Mohnsamen ergänzen sich im Geschmack wunderbar mit den süßen Aromen von Vanille, Tonkabohne und Zimt.

Gewürzkultur
Die typischen österreichischen Süßspeisen wie Mohnnudeln und -striezel (siehe Seite 247) haben byzantinische und orientalische Ahnen. Mit den Türken, die einst Wien belagerten, kamen auch solche Mohnspezialitäten in die Küche der späteren Alpenrepublik.

Schwarzkümmel
Nigella sativa

Erst als Gewürz für orientalisches Fladenbrot wurde der Schwarzkümmel bei uns wieder wahrgenommen. In seiner Heimat Südosteuropa und Westasien hingegen ist er schon lange im Gebrauch. Bereits vor rund 3.000 Jahren war das Gewürz und das aus den Samen gewonnene Öl in Ägypten als Heilmittel hoch angesehen.

Im frühen Mittelalter kam der Schwarzkümmel auf den alten Handelsrouten nach Europa, wo der »schwarze Coriander« anfangs ausschließlich als Brotwürze diente, mit der Zeit aber verstärkt in der Volksheilkunde zum Einsatz kam – gegen Geschwülste, Hühneraugen, Zahnschmerzen oder Tollwut.

Gewürzporträt

Der anspruchslose, einjährige Schwarzkümmel wird der Pflanzenfamilie der Hahnenfußgewächse (*Ranunculaceae*) zugeordnet. Bis zu 60 cm hoch wird diese Pflanze mit ihren einfachen und verzweigten Stängeln, an denen gefiederte Laubblätter wachsen. Zwischen Juli und August bilden sich an der Spitze hübsche blaue oder weiße, fünfblättrige Blüten aus. Danach entwickeln sich mohnähnliche Scheinkapseln, in denen unzählige kleine, kantige, schwarze Samen sitzen. Sind die Kapseln braun und die Samen reif, werden die ganzen Pflanzen geerntet. Vor der Trocknung erfolgt noch eine mehrtägige Nachreife.

Würzprodukt

Als Gewürz werden ganz oder gemahlen die reifen Samen der Schwarzkümmelpflanze verwendet. Werden die ganzen Samen trocken und kühl in einem licht- und luftdichten Gefäß gelagert, sind sie gut zwölf Monate haltbar.

Würzpraxis

Erst beim Zerstoßen oder Mahlen der Samen entwickelt sich ein aromatischer, holziger Geruch. Sie enthalten einen Bitterstoff, der auch für das charakteristische Aroma verantwortlich ist: bitter und aniswürzig mit einem leichten Anflug an Schärfe. Heute liegen die Hauptanbaugebiete für Schwarzkümmel in Indien, Ägypten, Südeuropa sowie im Nahen Osten. Überall dort sind die aromatischen Samen als Gewürz sehr beliebt. In der mitteleuropäischen Küche werden Schwarzkümmelsamen eher zurückhaltend eingesetzt, doch profitieren auch Käsegebäck und Bratkartoffeln von der orientalischen Würze.

Werden die Samen zusätzlich trocken angeröstet, entwickelt sich ein nussiger Geschmack. Dieser harmoniert besonders gut mit Hülsenfrüchten und Gemüse wie Auberginen, Kürbis und Zucchini.

Würzkunst

Die leicht bittere und würzige Note von Schwarzkümmel zeigt eine gute Kombinierbarkeit mit den frischen und grünen Tönen von Fenchel, Minze, Thymian und Oregano. Im Orient wird Schwarzkümmel auch gern mit Kreuzkümmel kombiniert. Auch Knoblauch, Ingwer, Koriander und Kardamom sind gute Würzpartner.

Würzige Verwandtschaft

Jenseits des Namens, wohl aufgrund morphologischer Ähnlichkeiten verliehen, haben Kümmel und Kreuzkümmel mit dem Schwarzkümmel nichts gemeinsam.

Phytotherapie

Das aus den Samen gewonnene Schwarzkümmelöl zeigt eine positive Wirkung auf den Stoffwechsel und soll zugleich das Immunsystem stärken. Es wird in der Naturheilkunde auch zur Behandlung von Neurodermitis, Psoriasis oder Asthma empfohlen. Angeblich nutzte schon Cleopatra dieses Öl zur Hautpflege.

SAMEN MIT GESCHMACK

Sesam
Sesamum indicum

Schon die antiken Hochkulturen der Sumerer und Mesopotamier schätzten die nussigen Samen der Sesampflanze. Auch wertvolles Öl wurde bereits in früheren Zeiten daraus gepresst, besitzen die Samen doch einen Ölanteil von rund 50 Prozent. Heute hat sich der Sesam als Alltagswürze einen festen Platz in der orientalischen und asiatischen Küche erobert.

Gewürzporträt
Die einjährige Sesampflanze, die bis zu 3 m hoch werden kann, hat kantige Stängel und längliche Laubblätter. Weiße oder rote Blüten stehen, meist in Gruppen, in den oberen Blattachseln. Als Früchte entwickeln sich 2–3 cm lange, mehrfächerige Kapseln, in denen – je nach Sorte – weiße, hellbraune, rötliche oder schwarze winzige Samen stecken. Zur Reifezeit werden die Kapseln geerntet, zum Nachreifen nochmals eingelagert und zur Gewinnung der Sesamsamen anschließend ausgeklopft. *Sesamum indicum* stammt, wie der Name schon vermittelt, aus Indien, ist heute aber weit über sein Ursprungsgebiet hinaus verbreitet und wird nicht nur dort, sondern auch in China, Mexiko, im Sudan, in Nigeria, Guatemala oder in der Türkei in frostfreien Gebieten angebaut.

Würzprodukt
Als Würzzutat werden die Samen ganz, geschält oder gemahlen sowie in Pastenform (arabische *tahine*, siehe Seite 163) verwendet. Wird Sesam vor seiner Verwendung trocken in der Pfanne angeröstet, kommt sein nussartiges, karamelliges Aroma noch intensiver zum Vorschein. Kühl und dunkel sowie luftdicht verschlossen gelagert, sind Sesamsamen gut 24 Monate haltbar.

Würzpraxis
Die orientalische Küche verfeinert gerne Brot und Backwaren mit Sesam und bereitet aus fein gemahlenem Sesampulver die typische *tahine*-Paste (siehe Seite 163) zu, die als Sauce, Dip, Brotaufstrich oder als Würze des Kichererbsenbreis Hummus zum Einsatz kommt. Wird die Paste aus ungeschältem Sesam hergestellt, hat sie eine dunklere Farbe, enthält aber noch mehr Vitamine und Nährstoffe. Die aus geschältem Sesam gefertigte Paste wird als weiße *tahine* bezeichnet.
In Asien wird Sesam vor allem geröstet über Reis-, Geflügel- oder Rindfleischgerichte gestreut, aber auch als Würzmittel verwendet. So liebt die japanische Küche das Sesamsalz *gomasio* (siehe Seite 282), das aus gerösteten hellbraunen Samen und Meersalz gemischt und als Topping für Suppen, Salate oder Gemüse verwendet wird.

Würzkunst
Das zart nussige Bukett der Sesamsamen ergänzt sich wunderbar mit aromatischem Kardamom und Kreuzkümmel, mit dem schwefeligen Geschmack von Knoblauch, aber auch mit den scharfen Noten von Pfeffer oder Chili.

Phytotherapie
Die Volksmedizin schätzt Sesam als Abführmittel und äußerlich in Form eines Breiumschlags zur Behandlung von entzündlichen Geschwüren oder Verbrennungen.

Würzende Spezialitäten

Neben den Gewürzklassikern gibt es noch eine Vielzahl an weiteren Aromachampions, die raffinierte Würze ans Essen bringen. Allen voran geht hier natürlich das Speisesalz, das als Mineral genau genommen nicht unter den Begriff »Gewürze« fällt, aber ohne das »perfektes Würzen« schlicht unmöglich erscheint.

Salz

»Salz ist unter allen Edelsteinen, die uns die Erde schenkt, der Kostbarste.«
Justus von Liebig, deutscher Chemiker

Die älteste Speisewürze der Welt, das Salz, ist eigentlich kein Gewürz, denn im Sinne des deutschen Lebensmittelrechts gelten nur Teile aromatischer Pflanzen als Gewürze. Allerdings hat die Menschheit das schmackhafte Mineral aus Berg und Meer schon sehr früh als Würzzutat für sich entdeckt.
Der kristalline Naturschatz fand bereits in allen alten Kulturen seinen Einsatz, denn Salz ist ein lebensnotwendiger Bestandteil menschlicher Nahrung. Seit Jahrtausenden wird es als Würzstoff, aber auch als Konservierungsmittel genutzt. Die älteste Form der Salzgewinnung ist das Verdunsten von Meerwasser in speziellen Becken, bereits in vorchristlicher Zeit wurde das »weiße Gold« jedoch auch aus den Salzlagerstätten der bayerischen und österreichischen Alpen geholt.
Auch heute noch wird Salz durch verschiedene Methoden gewonnen. Meersalz entsteht durch einen Verdunstungsprozess aus Meerwasser, Siedesalz hingegen wird aus salzigem Quellwasser (Salinen) gewonnen, und nach wie vor wird Salz im Berg abgebaut, das sogenannte Steinsalz.
Einfach nur zu »salzen« ist heutzutage längst nicht mehr genug, denn auch beim Speisesalz gibt es kleine, feine Unterschiede in Geschmack und Würzkraft. Das normale Tafelsalz darf zwar in keiner Küche fehlen, edle Premiumsalze jedoch können den Speisen zusätzlich eine raffinierte Note verleihen. Wichtig bei der Verwendung von Gourmetsalzen ist, dass diese nicht bereits beim Garvorgang, sondern erst als Topping vor dem Servieren auf die Speisen gestreut werden sollten. Durch längeres Erhitzen würden die wunderbaren, sensiblen Aromen verloren gehen.

Das Salzherz der Berge: Aus den Tiefen der Alpen wird es an den Tag gebracht: das Alpen-Ursalz. Vor rund 150 Millionen Jahren wurde es bei der Entstehung der Alpen im Bergkern eingeschlossen und lagert dort, geschützt vor jeglichen Umwelteinflüssen, bis heute. Abgebaut wird das Ursalz noch nach alter Bergbaumethode.
Kennzeichnend für das naturbelassene Steinsalz sind die grobkörnigen Kristalle sowie die natürliche zartrosa Färbung. Außerdem besitzt das Ursalz einen hohen Anteil an wertvollen Mineralstoffen sowie Eisen und damit ein ganz typisches Aroma. Es ist ideal für Kalb, Geflügel, Fisch, Gemüse, Kartoffeln.

Das Salz der Wikinger: Noch heute wird in Dänemark Salz nach alter Wikingertradition über Rauch veredelt. Das Salz, meist aus dem Toten Meer stammend, wird über mehrere Tage hinweg über Buchenholzspänen bei 15–25 °C geräuchert. Dabei wird es stündlich gewendet, damit der Rauch auch gleichmäßig die einzelnen Salzkristalle umhüllt. Der aufwendige Herstellungsprozess verleiht dem Spezialsalz eine typische rauchige, schmackhafte Note sowie eine bernsteinfarbene Couleur. Ideal eignet es sich für Fleisch vom Grill wie Steaks, Koteletts, Spareribs oder Burger sowie vegetarische Gerichte.

Das Salz aus den Gärten des Meeres: An der portugiesischen Algarve, in der französischen Bretagne und Camargue oder im mallorquinischen Ses Salines wird das edelste Meersalz der Welt, Fleur de Sel, nach uralter Tradition in »Salzgärten« gewonnen. An heißen, windstillen Tagen wird von Hand die filigrane Salzschicht von der Oberfläche des Meerwassers abgeschöpft und anschließend getrocknet. Fleur de Sel enthält Kalzium und Magnesium, die im Steinsalz nicht vorkommen, den Geschmack jedoch deutlich mitprägen. Seine kristalline Struktur verleiht diesem Gourmetsalz einen knackig knusprigen Charakter. Fleur de Sel wird nicht raffiniert, ist also ein reines Naturprodukt. Ideal ist es als Topping und zum Nachwürzen am Tisch für Fisch, Gemüse, Salate geeignet.

Das Salz aus dem Pazifik: Die modernen Produktionsstätten für Hawaii-Salz liegen auf der hawaiianischen Insel Molokai. Zur Gewinnung wird frisches Pazifikwasser gefiltert, in ein geschlossenes System geleitet und durch Sonnenenergie verdampft. Anschließend wird das Meersalz mit verschiedenen Mineralien und Spurenelementen angereichert. Rotes Hawaii-(Alea-)Salz überzeugt nicht nur durch einen milden Geschmack mit überraschend nussiger Note, sondern ebenso durch einen Anteil an Spurenelementen und Mineralien. Es ist die eisenoxidhaltige vulkanische Tonerde (Alea), die diesem Salz sein köstliches Aroma sowie eine rötliche Schattierung verleiht. Besonders stark im Auftritt ist das schwarze Hawaii-Salz. Nach der Gewinnung werden hierfür die Salzkristalle mit hochreiner Aktivkohle angereichert, die für die schwarze, glitzernde Optik sorgt. Das schwarze Hawaii-Salz, auch als »Black Pearls« bezeichnet, ist nicht nur geschmacklich, sondern auch optisch ein Highlight der feinen Küche. Ideal eignen sich die würzenden »Perlen« als Topping für Meeresfrüchte, Fleisch, Gemüse, Salate.

Das Salz aus dem Indischen Ozean: Indisches Pyramidensalz wird aus dem mineralreichen und klaren Meerwasser des Indischen Ozeans in besonderer Trocknung gewonnen und von Hand geerntet. Die dreieckigen, zarten Pyramidenflocken zergehen langsam auf der Zunge und hinterlassen einen zuerst milden, dann aber angenehm bitter-feinsalzigen Geschmack. Die exklusive Note dieses spektakulären Fingersalzes unterstreicht den Eigengeschmack von Speisen besonders elegant. Perfekt passt es zu Grillgemüse, Salaten, Steaks und Tatar.

Das Salz aus Down Under: Im australischen Murray-Darling-Bassin, einem ehemaligen Binnensee mit mineralisiertem salzhaltigem Grundwasser, der seit Urzeiten geschützt unter einer undurchlässigen Lehmschicht lagerte, wird heute eine echte Kostbarkeit gewonnen: das Murray-River-Salz. Für die Herstellung wird die durch Algen rötlich gefärbte Natursole vom unterirdischen Salzsee in große oberirdische Becken geleitet. Durch die Sonneneinstrahlung verdunstet die Flüssigkeit und durch den stetigen Wind bilden sich an der Oberfläche filigrane Salzkristalle, die vorsichtig abgeschöpft werden können.
Das hauchzarte, rosafarbene Flockensalz trägt zu Recht den Beinamen »Seide des Salzes«. Sein milder, ausgewogener Geschmack ist ideal zum Würzen vieler Gerichte. Die attraktive Rosé-Färbung der hauchzarten Salzplättchen basiert auf natürlichen Algenpigmenten, die in der Sole enthalten sind. Auch ein hoher Anteil an Magnesium und Kalzium charakterisiert dieses Premiumsalz und macht es einzigartig im Aroma. Wunderbar eignet sich dieser mineralische Schatz für Fisch, Meeresfrüchte, Gemüse.

Nicht nur pur, sondern auch in Kombination mit anderen würzenden Zutaten ist Speisesalz ein wunderbares Würzmittel. Kräutersalze enthalten Anteile von Gewürzkräutern/Kräutern wie Majoran, Rosmarin, Thymian, Salbei oder auch Petersilie, aromatische Gewürzsalze werden mit Safran oder Ingwer kombiniert

Kaffee
Coffea

Das tropische Afrika ist die Heimat des Kaffeestrauchs, heute wird die Pflanze in vielen tropischen Regionen kultiviert.

Gewürzporträt
Die Kaffeepflanze ist ein immergrüner Strauch oder kleiner Baum in zahlreichen Varietäten. Sie trägt gestielte, ovale, glänzend grüne Laubblätter. Aus ihren duftigen weißen Blüten, die gebündelt zusammensitzen, entwickeln sich als reife Steinfrüchte die sogenannten Kaffeekirschen, die vorwiegend zwei graugrüne Samen in sich tragen. Diese als Kaffeebohnen bezeichneten Samen sind der Rohstoff zur Gewinnung von Kaffee. Die Samen werden zunächst mit oder ohne Fruchtfleisch getrocknet, dann fermentiert und anschließend geröstet.

Würzprodukt
Die zwei Hauptsorten der *Coffea*-Pflanze unterscheiden sich deutlich im Aroma: *Arabica* ist milder, *Robusta* eher herb-kräftig im Geschmack. Zum Würzen werden fein gemahlenes Kaffee- oder Espressopulver entweder pur oder aufgebrüht verwendet. Am besten lagert man gepulverter Kaffee kühl, auch im Kühlschrank.

Würzpraxis
Prägend für den Geschmack sind beim Kaffee die röstigen, dunklen Noten mit bitteren Anklängen. In flüssiger Form gibt Kaffee besonders Süßspeisen einen raffinierten Flavour – wie dem italienischen Tiramisu. Mit Gewürzen und Öl verrührt, belebt Kaffeepulver das Aroma würziger Grillmarinaden und lässt beim Grillgut deutlich die Röstnoten hervortreten.

Würzkunst
Das Aroma des Kaffees lebt auf, wenn dieser mit Zucker und dem Bukett von Vanille in Verbindung kommt. Auch duftiger Kardamom passt wunderbar zu den bitteren Noten von Kaffee – so werden im Orient die Kardamomsamen gerne auch als Kaffeewürze mit aufgebrüht (siehe Seite 136).

Phytotherapie
Als wichtigste pharmakologische Eigenschaft wird dem Kaffee, durch seinen Inhaltsstoff Koffein, eine stimulierende Wirkung zugeschrieben. Die anregende Kraft des Koffeins setzt bereits Minuten nach dem Genuss von Kaffee ein. Die Phytotherapie sieht Koffein außerdem als therapeutische Möglichkeit zur Behandlung von niedrigem Blutdruck. Auch soll es die Wirkung von Schmerzmitteln verstärken.

Gewürzkultur
Als wahres Herkunftsgebiet für die Kaffeepflanze gilt die Region Kaffa in Äthiopien. Von dort aus soll der Kaffee dann durch Sklavenhändler im 14. Jahrhundert nach Arabien gebracht worden sein, das sich schon bald zum großen Anbaugebiet entwickelte. Der *qahwa* wurde dann von der Hafenstadt Mocha aus verschickt. Der starke »Mokka« erhielt so seinen Namen nach diesem Umschlagplatz.

… WÜRZENDE SPEZIALITÄTEN

Kakao
Theobroma cacao

In den tropischen Regenwäldern Mittelamerikas zu Hause, eroberte der Kakao nach Entdeckung der Neuen Welt durch die Spanier als neuartiges Genussmittel rasch auch die Gaumen der Europäer. Es war der letzte Aztekenherrscher Moctezuma, der dem spanischen Konquistador Hernán Cortéz den schäumenden Schokotrunk xocolatl zum Trinken anbot. So begann der Siegeszug dieser Spezialität.

Bis in das 17. Jahrhundert hinein feierte der Adel die Entdeckung des Getränks in seinen Salons und verfeinerte es weiter mit duftiger Vanille und süßem Zucker. 1657 wurde in London das erste *chocolate house* eröffnet. Allerdings war Kakao damals als Luxusgut mit sehr hohen Steuern belegt und für breite Bevölkerungsschichten unbezahlbar. Aufgrund seines hohen Preises lief der Kakao dann auch den exotischen Gewürzen ihren Rang als Statussymbol ab.

Gewürzporträt
Der Kakaobaum, wild wachsend bis zu 15 m hoch, wird in Kultur meist auf einer Höhe von 4 m gehalten. Seine ledrigen, dunkelgrünen Blätter bilden am oberen Teil des knorrigen Stammes eine Laubkrone. Die filigranen, fünfzähligen Blüten wachsen nicht an Trieben, sondern direkt am Stamm. Aus den Fruchtknoten entwickeln sich dann 15–20 cm lange, schwere, ovale Früchte mit ledriger Schale, die im Inneren zahlreiche weiße Samen tragen: die Kakaobohnen.
Zum optimalen Wachstum benötigt der Kakaobaum tropisches Klima, gute Böden und ausreichend Feuchtigkeit. Die Umgebungstemperatur sollte über 16 °C liegen. Wichtige Exporteure sind heute die Elfenbeinküste, Ghana, Indonesien und Brasilien, die weltweit die größten Mengen an Kakaobohnen liefern.
Mehrstufige Umwandlungsprozesse sind notwendig, um aus den Samen die Kakaobutter und das -pulver zu gewinnen. Nach der Ernte werden die weißen Kakaosamen fermentiert. Erst durch diesen Prozess bilden sich die Aromastoffe aus und die Farbe der Samen verändert sich von weiß zu braun. Nach dem Rösten wird die harte Samenschale aufgebrochen und der Kern von der Schale getrennt. Dann werden die Kerne zur Kakaomasse vermahlen, aus der die fette Kakaobutter ausgepresst wird. Als Rückstand bleibt das trockene Kakaopulver zurück.

Würzprodukt
Kakao wird meist in Pulverform zum Würzen eingesetzt. Es gibt je nach Anbaugebiet Unterschiede im Geschmack, mal intensiv bitter, mal milder im Aroma. Das dunkle Kakaopulver sollte licht- und luftgeschützt sowie kühl aufbewahrt werden.

Würzpraxis
Ein wichtiger Inhaltsstoff des Kakaos ist das Theobromin, das neben einer herben Bitternote auch eine stimulierende Wirkung besitzen soll. Doch nicht nur der anregende Charakter des Kakaos macht diesen so beliebt: Durch das Rösten erhält er ein komplexes Aroma mit kakaoartig dunklem, bitterem Geschmack und diversen Röstnoten.
Kakao verfeinert nicht nur Süßspeisen und Backwaren, sondern bietet auch eine köstliche Perspektive für Wildgerichte oder Bœuf bourguignon. Traditionell ist Kakao Ingredienz der mexikanischen *mole*-Saucen.

Würzkunst
Kakao verbindet sich herrlich mit dem Röstaroma von Kaffee, passt zu den starken Würzcharakteren von Muskatnuss, Zimt, Gewürznelke, Langem Pfeffer, Vanille und Tonkabohne ganz wunderbar und harmoniert zugleich mit dem säuerlich-frischen Bukett von Früchten. Minze kann einen kühlenden Akzent setzen.

Phytotherapie
In der Phytotherapie werden Kakaobohnen wegen ihres Gerbstoffgehalts als Durchfallmittel empfohlen.

Kapern
Capparis spinosa

Heimat des Kapernstrauchs ist die Mittelmeerregion sowie Süd- und Westasien. So waren bereits in der Antike in Essig eingelegte Kapern zum Würzen bekannt.

Da Kapern früher sehr teuer waren, wurden sie auch durch ähnlich aussehende Knospen anderer Pflanzen ersetzt, so durch eingelegte Knospen der Sumpfdotterblume, des Besenginsters, des Scharbockkrauts oder durch die unreifen Früchte der Kapuzinerkresse.

Gewürzporträt

Der Kapernstrauch, eine bis zu 1 m hoch wachsende, meist kletternde Pflanze aus der Familie der Kaperngewächse (*Capparaceae*), trägt runde, ganzrandige Laubblätter, kleine Dornen und lang gestielte, große, rosafarbene Blüten. Die Früchte (oben, links) sind pflaumengroße Beeren, die zahlreiche Samen enthalten. Für die Gewürzzubereitung kommen die noch geschlossenen Blütenknospen (oben, rechts) zum Einsatz. Der Kapernstrauch ist kälteempfindlich und benötigt zum Wachsen Mindesttemperaturen von 8 °C. So liefern heutzutage vor allem Spanien, Frankreich, Marokko, Italien und Algerien das Blütengewürz. Damit Kapern ihr typisches, scharf schmeckendes Aroma entwickeln, müssen sie nach der Ernte einem aufwendigen Veredelungsprozess unterzogen werden. Hierfür werden die Kapern in Speiseessig mit Zusatz von Kochsalz eingelegt. Eine weitere Methode ist, die Kapern zunächst für vier bis sieben Tage in Wasser, dann für zehn Tage in eine 10-12%ige Kochsalzlösung und schließlich noch in eine 15-18%ige Kochsalzlösung einzulegen. Die Konservierung erfolgt schließlich in 6%iger Kochsalzlösung mit Zusatz von 1%iger Essigsäure, in Öl oder in Speisesalz.

Gewürzkultur

Der Begriff »Kapernkraut« bezeichnet nicht etwa einen Teil der Kapernpflanze. Mit diesem Beinamen schmückt sich der Dill, der ein hervorragender Würzbegleiter für Kapern ist.

Würzprodukt

Kapern sind die noch geschlossenen Knospen des Kapernstrauchs. Diese werden ganz oder gehackt in Essig, Salzlake oder Öl eingelegt. So bleibt der pikante volle Würzwert erhalten.
Gute Qualität ist bei Kapern an der festen Konsistenz, der oliv- bis blaugrünen Farbe sowie einer hellen Punktierung auf der Oberfläche erkennbar. Kapern werden nach ihrer Größe klassifiziert: je kleiner die Knospe, desto höher die Qualität. So führen die Nonpareilles, die »Unvergleichlichen« mit einer Größe von nur 4-7 mm Ø das Ranking an. Es folgen Surfines (7-8 mm), Capucines (8-9 mm), Capotes (9-10 mm), Fines (12-13 mm) und Hors calibres (13-15 mm).

Würzpraxis

Geschmack und Geruch der Kapern richten sich stark nach der Flüssigkeit, in der sie eingelegt werden. Bei Essig erscheint das Aroma entsprechend säuerlich, bei Salzlake salzig. Die Kaper selbst besitzt ein scharf stechendes und zugleich bitteres Eigenaroma. So ist es letztlich der Mix aus säuerlichen, salzigen und pikant bitteren Noten, der die Kaper als Speisewürze so unvergleichlich macht.
Vor ihrer Verwendung werden die Kapern aus der Lake genommen und kurz mit klarem Wasser abgespült. Im Ganzen oder auch fein gehackt sorgen Kapern dann für einen pikanten Geschmack in Salaten, Mixed Pickles, Saucen (Sauce tartare), Marinaden, Mayonnaisen, Remouladen, Ragouts oder Pasteten.

Würzkunst

Das tiefgründige, scharfe Aroma der Kaper erfordert starke Würzpartner wie Dill, Meerrettich, Pfeffer, Senf und Zwiebeln. Auch frische Zitrusnoten passen sehr gut zu diesem Blütengewürz.

WÜRZENDE SPEZIALITÄTEN

Meerrettich
Armoracia lapathifolia

Obwohl der Meerrettich erst zwischen dem zehnten und zwölften Jahrhundert von den Slawen nach Mitteleuropa gebracht wurde, gilt er inzwischen als »typisch deutsches« Gewürz. Folgerichtig nennen ihn die Franzosen moutarde des Allemands, *den »Senf der Deutschen«.*

Gewürzporträt
Meerrettich ist eine Staude, deren dicke, fleischige Wurzel als Gewürz verwendet wird.
Wohl in Südrussland und in der Ukraine beheimatet, hat sich der Kreuzblütler auch in anderen gemäßigten Regionen wild wachsend verbreitet, wird aber auch im Kleinanbau in den deutschen Meerrettichzentren in Oberfranken, Thüringen und im Spreewald kultiviert. Die Ernte der Wurzel erfolgt im zeitigen Frühjahr oder im Herbst.

Würzprodukt
Als würzende Speisezutat wird die frische Meerrettichwurzel genutzt. Im Herbst geerntete Wurzeln können, in Folie verpackt, bei Lagerung unter 0 °C bis zu zwei Jahre lang aufbewahrt werden. Meerrettich kann aber auch ebenso gut eingefroren werden.

Würzpraxis
Zum Würzen wird die Meerrettichwurzel gerieben oder geraspelt, sie kann aber auch in Scheiben geschnitten und in Essig eingelegt werden.
Typisch für Meerrettich ist dessen stechend beißendes und tränentreibendes Aroma, das erst beim Reiben oder Raspeln entsteht. Dabei kommt es auch zu Oxidationsreaktionen, die zu einer Braunfärbung führen. Das kann durch die Zugabe von Essig oder Zitrone verhindert werden.
Er ist populärer Stellvertreter der süddeutschen und österreichischen Regionalküche und wird als Kren gerne zu gekochtem Rindfleisch (Tafelspitz), Roastbeef, Zunge, geräuchertem und gepökeltem Fisch (Lachs, Makrele, Forelle) sowie als Sauce zu Kartoffeln oder Klößen serviert. Seine pikante Schärfe reduziert sich etwas, wenn er mit Butter, Frischkäse, Quark oder Schlagsahne vermischt wird. Köstlich schmeckt auch eine Kombination von Meerrettich mit säuerlichen geriebenen Äpfeln.

Würzkunst
Das intensive Eigenaroma des Meerrettichs verträgt kräftige Würzpartner wie Knoblauch, Zwiebel, Lorbeer und Pfeffer. So können Scheiben der Wurzel auch prima als zusätzliches Einlegegewürz für saure Gurken oder Mixed Pickles verwendet werden.

Phytotherapie
Der scharfe Geschmack des Meerrettichs fördert die Speichelbildung und regt die Verdauungssäfte an. In der Erfahrungsheilkunde wird er auch zum Kurieren von Erkältungen und Harnwegsinfekten empfohlen.

Würzige Verwandtschaft
Japanischer Meerrettich, auch bekannt unter dem Namen *wasabi*, ist ein Rhizomgewürz. Sein apfelgrünes Fruchtfleisch enthält diverse Senföle, die für extreme Schärfe sorgen. *Wasabi* wird frisch gerieben oder als Trockenpulver besonders gern in der japanischen Küche eingesetzt. Das Pulver wird vor Verwendung mit etwas lauwarmem Wasser zu einer Paste verrührt und dann zu Sushi oder Sashimi gereicht. Mit *wasabi* lassen sich jedoch auch scharfe Grillsaucen oder Dips zubereiten.

Senf, echter
Sinapis alba

Im Altertum wurde Senf in Griechenland ebenso wie in Rom gern als Speisewürze oder Arzneimittel eingesetzt. Die Römer brachten die Würze dann mit in ihre Provinzen nach Germanien oder Gallien. Im frühen Mittelalter wurde der Anbau von sinape durch Karl dem Großen in seiner Landgüterverordnung zu Beginn des 9. Jahrhunderts verfügt. Danach verbreitete sich der Kreuzblütler in vielen heimischen Bauern- und Kräutergärten weiter.

Gewürzporträt
Die einjährige Senfpflanze aus der Familie der Kreuzblütengewächse (*Brassicaceae/Crucifera*) kann bis zu 100 cm hoch werden. Die verzweigten Stängel tragen gestielte und gefiederte Laubblätter und von Juni bis Juli gelbe Blütendolden. Die Frucht ist eine Schote, die kugelige Samen in sich trägt.
Ursprungsregionen der Senfpflanze sind das Mittelmeergebiet sowie Vorderasien bis zum Kaukasus und zur Krim. Heute sind die Hauptlieferländer für Senfsamen Kanada, Ungarn, Holland und Frankreich. Für den Anbau sind halbschattige Standorte und humose Böden mit ausreichender Wasserversorgung von Vorteil. Die Vermehrung erfolgt durch Aussaat im Frühjahr. Geerntet wird durch Mähdrusch nach der Reife der Schoten, wenn die Samen darin »klappern«.

Würzprodukt
Zum Würzen werden die reifen, getrockneten Samen wie auch das vermahlene Samenpulver verwendet.

Würzpraxis
Zunächst besitzen die Senfsamen keinen spezifischen Duft, schmecken etwas nussartig. Damit sich das typische scharfe Aroma entfalten kann, müssen die Samen zerstoßen oder gemahlen werden und mit Flüssigkeit in Kontakt kommen. Dadurch setzt ein Fermentationsprozess ein. Das Enzym Myrosinase wird aktiv und es bilden sich die Senföle (Isothiocyanate).
Die ganzen Samen werden zum Würzen von eingelegtem Essiggemüse und Senffrüchten, von Marinaden, Dips, Dressings, Saucen, Suppen, Salaten, Backwaren, Fisch- und Fleischgerichten oder Wurstwaren genutzt.

Aus den gemahlenen Samen, dem Senfmehl, wird unter Zugabe von Wasser, Essig und Salz eine Senfpaste hergestellt. Durch weitere Zutaten wie Zucker, Karamell, Champagner, Zitronensaft, Honig, Kräuter und Gewürze ergeben sich verschiedene Geschmacksnoten. Gerne wird auch Kurkuma als natürlicher Lebensmittelfarbstoff untergemengt.
Zur Herstellung der Senfpaste werden die Senfsamen zunächst gereinigt, mithilfe von Walzen fein oder grob geschrotet und meist entölt. Nun werden die zerkleinerten Samen mit den anderen Zutaten vermischt. Durch den folgenden Fermentationsprozess entsteht das typische Senfaroma. Danach wird das Gemisch zu einer Paste vermahlen und abgefüllt. Oft »reift« der Senf in Tube oder Glas noch nach.

Würzkunst
Senfsamen harmonieren als Gewürz mit Dill, Ingwer, Pfeffer oder Zwiebeln.

Würzige Verwandtschaft
Es gibt vier Senfpflanzen, alle aus der Familie der Kreuzblütler, die sich im Geschmack ähneln, jedoch unterschiedliche Inhaltsstoffe besitzen:
- **Sinapis alba** – weißer oder gelber Senf
- **Brassica nigra** – schwarzer Senf
- **Brassica juncea** – indischer oder brauner Senf
- **Sinapis arvensis** – Ackersenf

Zitrusfrüchte

Zum vollendeten Würzen gehört stets auch eine feine säuerlich-spritzige Note. Dieses Aroma vermitteln am besten die zahlreichen Zitrusfrüchte, von denen jede zusätzlich noch einen typischen Geschmackscharakter mit einbringt, von bitter über blumig bis süß.

Die Früchte, deren Fruchtschale und/oder -saft als würzende Komponente dienen, wachsen an Sträuchern oder Bäumen. Zitruspflanzen sind frostempfindlich und lieben die Sonne. Sie sollten bei Reife geerntet werden, dann ist ihr Zuckergehalt am höchsten und das Aroma am intensivsten. Es wird vom ätherischen Öl mit den Hauptaromaträgern Limonen und Citral dominiert. Einige Früchte besitzen außerdem eine elegante Bitternote

Bitterorange (Citrus aurantium): Von der Bitterorange, auch Pomeranze genannt, wird die kandierte Fruchtschale zum Verfeinern von Desserts oder Backwaren, vor allem von Weihnachtsgebäck, genutzt. Diese Fruchtschale heißt Orangeat und besitzt einen aromatischen Duft sowie einen süßlich-bitteren Geschmack. Raffiniert ist die Zugabe von fein gehacktem Orangeat auch zu Geflügel- und Fischgerichten.

Kaffirlimette (Citrus hysterix): Bei dieser Zitrusart werden die abgeriebene Fruchtschale und die Blätter als Würzmittel eingesetzt. Die herrlich duftenden »indischen Zitronenblätter« sind mit ihrer dezenten Bitternote beliebt in den Küchen Indonesiens, Kambodschas und Thailands für Suppen, Eintöpfe, Fisch- und Geflügelgerichte. Kaffirlimettenblätter werden geschnitten und rund 15 Minuten mitgegart. Die getrockneten Fruchtschalen werden vorab in Wasser eingeweicht und dann mitgekocht. Frische Schale wird vorsichtig abgeschält und fein gehackt über die Speisen gestreut.

Limette (Citrus aurantifolia): Die Limette (Limone) überzeugt mit einem intensiv zitronig-grünen Aroma, das von einer leichten Bittertönung begleitet wird. In tropischen Ländern wird die Limette gern anstelle der Zitrone verwendet, mit dem Saft werden nicht nur pikante Speisen, Eis oder Sorbets, sondern auch köstliche Longdrinks und Cocktails wie Margarita oder Mojito zubereitet.

Yuzu (Citrus x junos): Diese saftige Frucht zeigt ein intensives Aroma: fein säuerlich, fruchtig und blumig. Saft wie Abrieb der »japanischen Zitrone« werden vor allem in der Küche Nippons gern für Suppen, Eintöpfe, Fisch oder Fleisch verwendet. Auch ist Yuzu zusammen mit Salz und Pfeffer/Chili Ingredienz der japanischen Würzpaste *yuzukosho*.

Zitrone (Citrus limonum): Zitrone, ein echter Allrounder und »Frischekick« in der Küche, bringt spritziges Aroma an pikante wie süße Speisen oder Backwaren. Der Saft der frischen Frucht aromatisiert Dressings, Saucen oder Marinaden und sorgt dafür, dass Äpfel oder Sellerie sich nach dem Schneiden nicht dunkel verfärben. Besonders Fisch profitiert von der delikaten Zitronensäure und wird oftmals auch mit einer Zitronenspalte garniert serviert. Der Abrieb der Zitronenschale ist beliebter Geschmacksbringer für Backwaren wie Rührkuchen oder Gugelhopf, Süßspeisen oder Desserts. Zitronen – wie die anderen Zitrusfrüchte auch – sollten zur Verwendung in der Küche möglichst unbehandelt sein.

KÜCHENPRAXIS

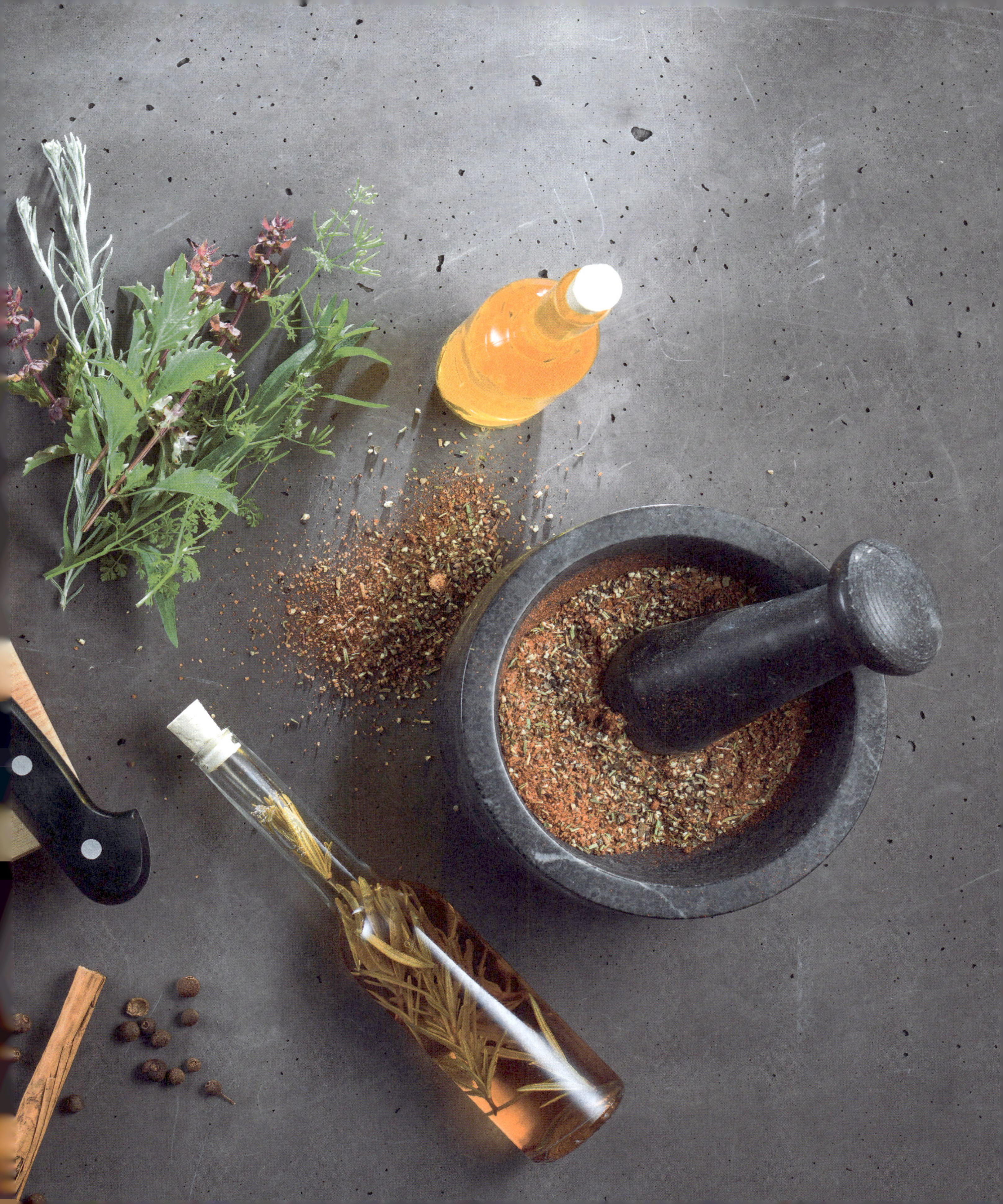

Gewürz- und Küchenkräuter richtig konservieren

Mit etwas Platz und Geduld ist es ein Kinderspiel, den Sommer zu verlängern und Kräuter vom Balkon oder aus dem Garten einfach selbst zu trocknen. Bei den meisten Kräutern ist kurz vor der Blüte die perfekte Zeit zu ernten, da dann das Aroma noch gesammelt in den Blättern sitzt. Bei anderen Gewürzkräutern, wie etwa dem Lavendel, ist die Blüte das würzende Element.

An der Luft trocknen

- Die Kräuter je nach Wuchshöhe der Pflanze etwa 1-3 Fingerbreit über dem Boden abschneiden.
- Beschädigte Blätter oder stark verholzte Stängel entfernen.
- Die Kräuter von Erde befreien und Schädlinge entfernen.
- Gewaschen werden sollten die Kräuter nicht, nur bei besonderer Verschmutzung.
- Je zehn Stängel zu einem lockeren Bündel zusammenfassen und am unteren Ende mit einer Schnur zusammenbinden.
- Das Bündel an der Schnur kopfüber an einem schattigen, trockenen und luftigen Ort aufhängen.
- Zum Schutz vor Staub kann zusätzlich ein Stoffbeutel oder eine Papiertüte über das Kräuterbündel gezogen werden.
- Die Kräuter fünf bis sieben Tage trocknen lassen. Bei kühlen Temperaturen kann der Trocknungsprozess auch einmal 14 Tage dauern.
- Die Kräuter sind dann gut getrocknet, wenn die Blätter rascheln und beim Reiben leicht zerfallen.
- Die getrockneten Blätter vorsichtig über einem Blatt Pergamentpapier von den Stängeln abstreifen.
- Mithilfe des Papiers in ein (dunkles) Glas mit Schraubdeckel füllen.
- Die getrockneten Blätter erst kurz vor der Verwendung im Mörser zerstoßen, mit den Fingern zerreiben oder in einer Kräutermühle zerkleinern.
- Ein beschrifteter Aufkleber zeigt an, welches aromatische Gewürzkraut sich im Glas versteckt.

In der Mikrowelle trocknen

Auch in der Mikrowelle lassen sich frische Gartenkräuter ohne großen Aufwand trocknen, um das Aroma des Sommers ein wenig länger zu bewahren.

- Die frisch geernteten Kräuter säubern, eventuell holzige Stängel entfernen.
- Falls nötig, die Kräuter kalt abspülen, schütteln und zum Trocknen auf Küchenpapier ausbreiten.
- Das Küchenpapier mit den Kräutern auf einen Teller legen und diesen zusammen mit einem Glas Wasser auf die Drehscheibe der Mikrowelle stellen.
- Die Mikrowelle für zwei Minuten auf voller Leistung laufen lassen. Dann die Kräuter einmal wenden und weitere zwei Minuten bei voller Leistung trocknen.
- Die Kräuter aus der Mikrowelle nehmen, auf ein Stück Pergamentpapier legen und abkühlen lassen.
- Die getrockneten Kräuter in dunkle, beschriftete Schraubdeckelgläser füllen. Erst unmittelbar vor der Verwendung zerkleinern.

Tiefkühlen

- Die frisch geernteten Kräuter säubern, eventuell holzige Stängel entfernen.
- Falls nötig, die Kräuter kalt abspülen, schütteln und zum Trocknen auf Küchenpapier ausbreiten.
- Die Kräuter einzeln oder gemischt zerkleinern.
- Die gehackten Kräuter entweder in Eiswürfelbehälter geben, diese mit Wasser auffüllen und alles einfrieren. Oder die Kräuter in größeren Beuteln oder Behältern ohne Wasser einfrieren. Die Behältnisse sorgfältig beschriften.

Gewürze und Kräuter richtig lagern und verwenden

Gewürze und Kräuter sind hocharomatische Naturschätze und sollten entsprechend sorgfältig behandelt werden. Nur so ist gewährleistet, dass sie auch ein Weilchen nach dem Kauf/der Ernte noch halten, was man sich von ihnen verspricht: hohe Würzkraft, intensive Farbigkeit und einen exquisiten Geschmack.

Die zehn goldenen Regeln im Umgang mit Gewürzen und Kräutern

1. Gewürze wenn möglich im Ganzen kaufen und erst kurz vor der Verwendung mahlen oder zerstoßen. Dabei öffnen sich die Aromazellen und die duftigen Stoffe werden freigesetzt.

2. Gewürze und getrocknete Kräuter stets trocken, licht- und luftgeschützt aufbewahren. Am besten eignen sich hierzu gut verschließbare, dunkle Glas- oder Keramikgefäße. So verpackt können die aromagebenden, leicht flüchtigen Inhaltsstoffe nicht so schnell entweichen.

3. Gewürze und Kräuter immer kühl lagern, d. h. nicht in der Nähe der Kochstelle oder des Geschirrspülers, da heiße Dämpfe wertvolle Stoffe aus den Pflanzenteilen lösen und diese sich so leicht verflüchtigen.

4. Ganze, getrocknete Gewürze wie Pfeffer, Zimtstangen, Nelken oder Muskatnüsse halten sich, geschützt aufbewahrt, bis zu 36 Monate ohne Aromaverlust.

5. Gewürzpulver sind zwar zum täglichen Würzen sehr praktisch, sollten jedoch zügig verbraucht werden. Durch den Mahlprozess sind die Aromazellen bereits geöffnet und die ätherischen Gewürzöle können leichter entweichen. Nach einer Lagerung von neun bis zwölf Monaten lässt ihre Würzkraft deutlich nach.

6. Gewürze lieber nicht in großen Mengen auf Vorrat, sondern häufiger in kleinen Einheiten kaufen.

7. Das aufgedruckte Haltbarkeitsdatum entspricht bei Gewürzen der Lagerfähigkeit in geschlossener, nicht geöffneter Verpackung.

8. Getrocknete Kräuter können, richtig gelagert, rund zwölf Monate aufbewahrt werden.

9. Für die Konservierung frischer Kräuter empfiehlt sich das portionsweise Einfrieren.

10. Einmal pro Jahr Inventur im Gewürzschrank einplanen. Was nicht mehr aromatisch duftet oder überlagert ist, kann in die Biotonne oder auf den Kompost.

Gewürze – Grundausstattung

Nicht nur der Profikoch benötigt in seiner Küche ein solides Equipment zum Würzen. Wer gerne und viel kocht, wird sicher mit anderen Ansprüchen an seine Gewürzausstattung gehen als jemand, der die Welt des Kochens und Genießens gerade erst für sich entdeckt. Eine gewisse aromatische Bandbreite sollte aber in jedem Haushalt, in dem gekocht wird, gewährleistet sein.

Würzige Grundaustattung für zu Hause

- Meersalz, grob
- schwarzer Pfeffer, ganz
- Paprika, edelsüß
- Chiliflocken
- Muskatnuss, ganz
- Nelken, ganz
- Kümmel, ganz
- Wacholderbeeren, ganz
- Vanilleschote
- Zimt, gemahlen

Kräuter (frisch, in Öl eingelegt oder getrocknet)
- Basilikum
- Thymian
- Rosmarin
- Dill
- Oregano
- Majoran

Außerdem (für die Ethnoküche)
- grüne Kardamomkapseln, ganz
- Korianderfrüchte, ganz
- Kreuzkümmel, ganz
- Langer Pfeffer, ganz
- getrocknete Fenchelfrüchte, ganz
- Lorbeerblätter
- Chilifäden
- *pimentón de la Vera*
- Zimtblüten, ganz
- Lavendelblüten
- Tonkabohnen, ganz
- frische Minze
- Koriandergrün

Herstellung von Gewürzmischungen

Sind Gewürze einzeln bereits ein Geschmackserlebnis, erweisen sich Gewürzmischungen oft als wahre Sinfonie an Aromen. Seit Jahrhunderten sind in den Küchen dieser Welt unzählige würzige Kompositionen anzutreffen, die als typisch für die jeweiligen Länder oder Regionen gelten. Hierzu gehört die nordafrikanische Mischung ras el-hanout (siehe Seite 161) genauso wie das französische Würzquartett Quatre épices (siehe Seite 191) oder die kreolische Cajun-Würze (siehe Seite 250) aus dem Süden der USA.

Wer Gewürzmischungen selbst herstellen und kreieren möchte, der sollte auf die neusten Trends in Sachen Geschmack setzen: »Aroma-Pairing« und »Aroma-Completing«. Hierbei werden Gewürze und andere aromatische Zutaten auf eine ganz neue und moderne Weise miteinander kombiniert. War es früher oft ein geradezu »gefühlsmäßiges« Zusammenstellen von Einzelkomponenten zu Mischungen, das auf Tradition und individuellem Geschmacksempfinden beruhte, kommt heute die Wissenschaft ins Spiel. Sie analysiert und bestimmt mit modernen Methoden die individuellen Aromakomponenten (Moleküle) von Nahrungsmitteln und schafft somit die Basis für revolutionäre Geschmacksvariationen. Unter diesen Prämissen werden nun raffiniert Dill und dunkle Schokolade oder Blauschimmelkäse mit Lavendelblüten kombiniert.

Aroma-Pairing – »Gleiches mit Gleichem«

Gewürze und Kräuter besitzen eine Vielzahl an Aromakomponenten, wie Bitter- oder Scharfstoffe und allen voran das ätherische Öl. Dieses wiederum setzt sich aus zahlreichen Einzelsubstanzen zusammen. Bei den verschiedenen Würzmitteln lassen sich dennoch gemeinsame, übereinstimmende Schlüsselaromen finden. Werden diese miteinander kombiniert, vertieft sich das jeweilige Schlüsselaroma und tritt stärker in der Vordergrund. Ein perfektes Beispiel hierfür sind die bekannten »Kräuter der Provence«: Thymian, Bohnenkraut, Basilikum und Estragon besitzen gleiche Schlüsselaromen, die sich durch die Kombination zu einem satten Kräuterbukett vertiefen.

Aroma-Completing – »Aroma in Vollendung«

Bei der Herstellung von Gewürzmischungen geht es aber meist weniger um Vertiefung eines Schlüsselaromas als vielmehr um eine ausgewogene Komposition unterschiedlicher Aromen. Hierbei ergänzen sich die einzelnen Komponenten zu einem vollmundigen Ganzen.
Idealerweise kommen bei einer ausgewogenen Gewürzmischung mehrere Aromagruppen ins Spiel, wie in Currymischungen, wo Kurkuma (bitter, erdig), Zimt (süß, würzig), Bockshornkleesamen (karamellig), Ingwer (zitrusartig, scharf) und Pfeffer (scharf, süßlich, balsamisch) ein perfektes, vollkommenes Geschmackserlebnis schaffen.

Die wichtigsten Geräte im Überblick

- **Mörser und Stößel, bevorzugt aus Stein/Marmor (1)** ermöglichen die einfache Verarbeitung von Gewürzen und anderen Zutaten; ein solides Gewicht sorgt für einen guten Stand und erleichtert die Arbeit.
- **elektrischer Kräuterhacker, bevorzugt kabellos**, schneidet frische Kräuter mit superscharfer Edelstahlklinge blitzschnell.
- **Kräuter- und Gewürzmixer** zerkleinert frische Kräuter und mahlt ganze Gewürze zu Pulver; ideal auch zum Herstellen eigener Gewürzmischungen.

DIE WICHTIGSTEN GERÄTE

- **Wiegemesser aus Edelstahl (2) mit Kräuterbrett:** Die Arbeitsmulde im Brett erleichtert das Hacken insbesondere frischer Kräuter deutlich.
- **Pfeffermühle und Salzmühle (3)** mit justierbarem Mahlwerk, das sich von fein bis grob einstellen lässt.
- **Kräutermühle mit Keramikmahlwerk (4)** mahlt getrocknete Kräuter ganz fein.
- **Knoblauchpresse (5),** auch für ungeschälte Knoblauchzehen geeignet und leicht zu reinigen.
- **feinzahnige Ingwerreibe** aus Keramik mit rutschfestem Boden, leicht zu reinigen.
- **Edelstahlreibe, fein und ultrascharf (6),** für alle harten Gewürze wie Muskatnuss und Langer Pfeffer, aber auch zum Abreiben von Zitronenschale.

Herstellung von Gewürzölen

Hochwertige Pflanzenöle sind perfekte Partner für Gewürze und Gewürzkräuter, denn sie lösen besonders gut die Aromastoffe und binden diese in ihre ölige Struktur ein. Die aromatisierten Öle lassen sich fantastisch einsetzen zum Zubereiten von Dressings oder als Topping für fertige Gerichte wie Pasta oder Pizza. Aber Achtung: Die Öle niemals zu stark erhitzen, denn hochwertige Öle sind hitzeempfindlich! Bei der Zusammenstellung der einzelnen Würzzutaten hingegen sind der Kreativität keine Grenzen gesetzt – erlaubt ist, was schmeckt!

Basilikumöl

Für 300 ml

etwa 15 Minuten ohne Durchziehen

100 g frische Basilikumblätter
Schale von ½ unbehandelten Zitrone
½ TL schwarzer Pfeffer, ganz
300 ml kalt gepresstes Olivenöl

Die Basilikumblätter vorsichtig waschen, gut trocken schütteln und auf einem Blatt Küchenpapier liegend nachtrocknen lassen. Ein gut verschließbares Gefäß (z. B. ein Schraubglas) auskochen. Die Basilikumblätter etwas zerrupfen und zusammen mit der spiralförmig geschnittenen Zitronenschale und dem Pfeffer in das Gefäß geben. Das Gefäß mit dem Olivenöl auffüllen. An einem kühlen und dunklen Ort einige Tage ziehen lassen. Das Öl zum Gebrauch durch ein Sieb gießen.
Ideal für Salatdressings, Tomatensalat, Tomatensugo, Antipasti, Pasta und zum Dippen mit Weißbrot.

Knoblauchöl

Für 500 ml

500 ml kalt gepresstes Olivenöl
5 Knoblauchzehen
1 Zweig frischer Thymian

Das Öl in ein Glas oder in eine Flasche mit Schraubverschluss einfüllen. Die Knoblauchzehen schälen und zusammen mit dem Thymianzweig in das Behältnis geben. Das Gefäß verschließen und an einem sonnigen Platz, etwa der Fensterbank, 2-3 Wochen ziehen lassen. Danach an einem dunklen Ort aufbewahren. Köstlich in Salatdressings oder zum Beträufeln von Pizza oder Focaccia.

⊙ etwa 5 Minuten ohne Durchziehen

Anis-Minz-Öl

Für 850 ml

5 unbehandelte Limetten
150 g brauner Rohzucker
750 ml Speiseöl (z. B. Sonnenblumenöl)
1 Bund frische Pfefferminze
einige Blätter frische Zitronenmelisse
½ TL getrockneter Anis

⊙ etwa 20 Minuten ohne Durchziehen

Die Limetten heiß abspülen. Mit dem Zestenreißer oder einem scharfen Messer feine Streifen abschälen. Den Saft auspressen. Den Limettensaft, die -schale und den Zucker in einen Topf geben und die Mischung aufkochen. Den Topf vom Herd nehmen und das Öl hinzufügen. Die Pfefferminze und die Melisse säubern, wenn nötig kurz abbrausen und abschütteln. Einzelne Blätter abzupfen. Den Anis im Mörser leicht zerstoßen. Das Limettenöl in einen Glasbehälter füllen und die Minze, die Melisse und den Anis hineingeben. Den Behälter gut verschließen und die Mischung 1 Woche ziehen lassen, dabei hin und wieder rütteln. Danach durch ein Sieb in eine Flasche mit Schraubverschluss umfüllen. Passt besonders gut zu Dressings, Dips und als Topping zu gegrilltem Fisch.

Herstellung von Gewürzessigen

Essig löst diverse Aromastoffe besonders gut und bindet sie ein. Außerdem rundet er mittels eines ausgeprägten säuerlichen Buketts Gewürz- und Kräuteraromen perfekt ab und bringt zusätzlich eine adstringierende Note ins Spiel. Besonders im Arrangement mit duftigen Gewürzkräutern zeigt sich Essig als idealer Geschmacksbringer für Salate, Antipasti oder Saucen.

Rosmarinessig

Für 600 ml

etwa 20 Minuten ohne Durchziehen

1 Bund frischer Rosmarin
600 ml Rotweinessig

Die Rosmarinzweige kurz abspülen, trocken schütteln und dann auf einem Stück Küchenpapier gründlich nachtrocknen lassen. Die Blätter von den Zweigen abstreifen und in ein verschließbares Glasgefäß (z. B. ein Einmachglas mit Schraubdeckel) geben. Den Essig aufkochen und zu den Rosmarinblättern in das Gefäß gießen. Das Gefäß verschließen und die Essigmischung 3-4 Tage ziehen lassen. Anschließend den Essig durch ein Sieb in eine dicht schließende Glasflasche füllen. Zur Dekoration einen abgespülten und getrockneten Rosmarinzweig hineingeben. An einem kühlen und dunklen Ort aufbewahren. Ideal für Salatdressings und Beizen für Rindfleisch oder Wildbret.

Dillessig

Für 400 ml

1 Bund frischer Dill
400 ml Weinessig

⊙ etwa 20 Minuten ohne Durchziehen

Das Dillkraut kurz mit kaltem Wasser abbrausen, trocken schütteln und dann auf einem Blatt Küchenpapier gründlich nachtrocknen lassen. Die trockenen Zweige in eine ausgekochte Glasflasche mit größerer Öffnung (idealerweise mit Schraubverschluss) geben. Den Essig dazugießen und alles 5 Tage ziehen lassen. Danach ist der Essig verzehrfertig. Er sollte kühl gelagert werden. Passt perfekt zu Dressings für Gurken-, Blatt- oder Kartoffelsalat.

Estragonessig

Für 500 ml

1 großer Zweig frischer Estragon
500 ml Weinessig

⊙ etwa 10 Minuten ohne Durchziehen

Den Estragonzweig in eine saubere, ausgekochte Glasflasche geben. Den Weinessig einmal aufkochen und so in die Flasche gießen, dass der Zweig vom Essig bedeckt wird. Die Flasche gut verschließen und alles einige Tage ziehen lassen. Dann ist der Essig verzehrfertig und sollte dunkel aufbewahrt werden. Ideal für Salatdressings, Vinaigrette und Sauce béarnaise.

Herstellung von Dressings

Salatdressings und Vinaigrettes profitieren besonders vom kräftigen Bukett frischer Kräuter und aromatischer Gewürze. Diese verleihen auch wenig geschmacksintensiven Basiszutaten wie Blattsalaten, Zucchini oder Salatgurke das gewisse Etwas.

Thymian-Senf-Dressing

Für 250 ml etwa 7 Minuten

50 ml Weißweinessig, 1–2 Prisen Zucker, Meersalz, schwarzer Pfeffer aus der Mühle, 2 TL körniger Senf, 180 ml Olivenöl, 1 TL fein gehackte frische Thymianblättchen

Den Weißweinessig mit dem Zucker, etwas Meersalz, einer Prise Pfeffer und dem Senf in einem hohen Gefäß mit einer Gabel aufschlagen. Unter ständigem Weiterschlagen tröpfchenweise das Olivenöl zugießen. Zum Schluss den Thymian untermischen. Ideal für Eichblattsalat, grünen Salat, Tomaten- oder Zucchinisalat.

Walnuss-Vinaigrette

Für 250 ml etwa 5 Minuten

1 kleine Knoblauchzehe, 4 EL Weißweinessig, 6 EL Walnussöl, 1 EL körniger Senf, 1 EL Waldhonig, Salz, schwarzer Pfeffer aus der Mühle, 50 g Walnusskerne

Den Knoblauch fein hacken und mit dem Weißweinessig, dem Walnussöl, dem körnigen Senf und dem Honig glatt rühren. Mit Salz und Pfeffer würzen und abschmecken. Die Walnüsse hacken und zum Schluss über den fertigen Salat geben. Das herb-nussige Dressing passt ideal zu Salaten mit Radicchio, Roten Beten oder Avocado.

Kaki-Dressing

Für 250 ml etwa 10 Minuten

2 Kardamomkapseln, 1 TL grüne Pfefferkörner, 1 unbehandelte Zitrone, 2 Kakis, 1 Prise Chilipulver, Meersalz, 2 TL Olivenöl

Die Kardamomkapsel und die Pfefferkörner im Mörser oder in der Gewürzmühle fein mahlen. Die Zitrone waschen und trocken tupfen. 2 TL Schale abreiben und 2 EL Saft auspressen. Die Kakifrüchte schälen und mit einem Stabmixer pürieren. Zitronensaft und -schale sowie das Chilipulver unterrühren. Alles mit Salz, Kardamom und Pfeffer würzen, dann das Öl langsam unterrühren. Das fruchtig-scharfe Dressing ist ideal für Bittersalate.

Herstellung von Kräuterbutter

Butter ist wie Pflanzenöl ein toller Aromaträger. Ob als würziger Begleiter zu Fleisch, Fisch und Nudeln oder als Brotaufstrich, mit Gewürzen oder Gewürzkräutern verfeinerte Butter bringt einfach immer eine Extraportion Geschmack auf den Teller.
Die Zubereitung ist denkbar simpel: Weiche Butter cremig aufschlagen, gewünschte Gewürze (im Mörser zerstoßen), edle Salze und/oder gehackte frische Kräuter unterrühren. Im Kühlschrank fest werden lassen oder auf Vorrat portionsweise einfrieren.

Salbeibutter

Für 300 g etwa 12 Minuten ohne Kühlzeit

1 unbehandelte Zitrone
2 Knoblauchzehen, geschält
1 Bund frischer Salbei
250 g Butter
1 TL grobes Meersalz

Die Zitrone heiß abspülen, abtrocknen und die Schale fein abreiben. Den Knoblauch und den Salbei fein hacken. Die Butter in einem Topf schmelzen und kurz aufschäumen lassen. Dann alle anderen Zutaten unterrühren. Die Butter abkühlen lassen, dabei gelegentlich umrühren. In ein Gefäß füllen und im Kühlschrank aufbewahren. Ideal für gefüllte Nudeln wie Panzerotti mit Parmesan, Margherite mit Ricotta oder Tortelloni mit Fleisch, für Kurzgebratenes, Grillfleisch und -gemüse, Salzkartoffeln oder pur als leckerer Brotaufstrich.

Minze-Salz-Butter

Für 230 g etwa 10 Minuten ohne Kühlzeit

200 g weiche Butter
Abrieb von 1 unbehandelten Zitrone
1 TL Fleur de Sel
1 EL gerebelte getrocknete Minzeblätter

Die Butter mit dem Schneebesen schaumig aufschlagen. Das Fleur de Sel, den Zitronenabrieb und die getrocknete Minze gleichmäßig unterrühren. Die Buttermischung in Eiswürfelformen füllen und bis zur Verwendung ins Gefrierfach geben.

Herstellung von Marinaden

Das A und O beim Grillen von Fleisch, Fisch, Geflügel und Gemüse sind pikante Marinaden. Diese bringen nicht nur abwechslungsreichen Geschmack ans Brat- und Grillgut, sondern sorgen besonders beim Fleisch dafür, dass es schön zart wird und saftig bleibt.

Marinaden-Basics

- Das verwendete Pflanzenöl sollte hochwertig, temperaturstabil und geschmacksneutral sein, am besten eignen sich Raps-, Erdnuss- oder Traubenkernöl.
- Die säuerlichen Aromen von Essig oder Zitronen-/Limettensaft bringen nicht nur eine frische Note an das Grillgut, sondern sorgen dafür, dass das Fleisch schön zart wird.
- Wichtig ist, kein Salz an die Marinaden zu geben, da es das Grillgut austrocknet und dem Fleisch den Saft entzieht.
- Kräftige Gewürze wie Knoblauch, Zwiebel, Ingwer, Zitronengras, Pfeffer oder Chili sind zuverlässige Aromageber für Marinaden.
- Gewürzkräuter und Kräuter am besten im Ganzen an die Marinade geben und vor dem Grillen wieder entfernen, da die frischen Blättchen unter der großen Hitze verbrennen.
- Auch pikante Würzsaucen wie Chili-, Soja-, Teriyaki- und Worcestershiresauce, Tabasco, Ketchup oder Senf bringen Pep an Grillmarinaden.
- Für den beliebten Karamellgeschmack am Grillgut sollte immer etwas Honig, brauner Zucker oder Ahornsirup unter die Marinade gemischt werden.

Asia-Marinade

Für 4–6 Stücke Fleisch etwa 20 Minuten

1 Stück Ingwer (2–3 cm), in Scheiben geschnitten
3 Knoblauchzehen
1 Stück Langer Pfeffer
100 ml Erdnussöl
100 ml Teriyakisauce
1 TL Limettensaft
5 TL Honig
1 TL Sesamsamen

Den Ingwer schälen und fein reiben. Die Knoblauchzehen schälen und durch die Knoblauchpresse drücken. Den Langen Pfeffer im Mörser grob zerstoßen. Das Erdnussöl, die Teriyakisauce, den Limettensaft und den Honig in einem Topf unter Rühren erwärmen. Die Sesamsamen, den Ingwer, den Knoblauch und den Langen Pfeffer einrühren. Das Fleisch in einen großen Gefrierbeutel geben und die Marinade dazugießen. Den Beutel gut verschließen und das Fleisch darin einige Stunden, am besten über Nacht, im Kühlschrank marinieren. Vor dem Grillen die Ingwerscheiben entfernen und die Marinade etwas abtupfen. Ideal für Rindersteaks und Schweinefilet.

Mediterrane Marinade

Für 4 Stücke Fleisch

etwa 10 Minuten

3 Knoblauchzehen
100 ml Speiseöl
Saft und Abrieb von 1 unbehandelten Zitrone
1 TL brauner Rohzucker
Pfeffer aus der Mühle
2 Zweige frischer Thymian
2 Zweige frischer Rosmarin
4 Blätter frischer Salbei

Den Knoblauch schälen und fein hacken. Das Öl mit dem Knoblauch, dem Zitronensaft und -abrieb sowie dem Zucker vermischen, etwas Pfeffer dazugeben. Den Thymian und den Rosmarin etwas zerteilen, die Salbeiblätter einmal einreißen. Die Gewürzkräuter zur Ölmischung geben. Alle Fleischstücke in einen ausreichend großen Gefrierbeutel geben. Die Marinade dazugießen und gleichmäßig verteilen. Den Beutel gut verschließen und das Fleisch darin einige Stunden, am besten über Nacht, im Kühlschrank ziehen lassen. Vor dem Grillen die ganzen Kräuterteile entfernen und die Marinade leicht abtupfen. Ideal für Lammkoteletts, Lammlendchen, Schweinefilet, Fisch und Garnelen.

Barbecue-Marinade

Für 3–4 Stücke Fleisch

etwa 7 Minuten

2 Knoblauchzehen
2 EL Ahornsirup
2 EL scharfer Senf
2 EL Tomatenmark
2 EL Speiseöl
Chiliflocken
Rauchsalz

Die Knoblauchzehen schälen und durch eine Knoblauchpresse in eine Schüssel drücken. Den Ahornsirup, den Senf, das Tomatenmark und das Öl dazugeben und alles gut miteinander verrühren. Nach Geschmack Chiliflocken untermischen und die Marinade mit etwas Rauchsalz abschmecken. Das Fleisch mit der Mischung bestreichen und einige Stunden im Kühlschrank ziehen lassen. Ideal für Rindersteaks, Spareribs und Schweinekoteletts.

Aromatische Getränke

Gewürze entfalten ihre Aromen ganz wunderbar in Heißgetränken, denn viele der ätherischen Öle sind auch wasserlöslich. Eine Spur Zimt im Kaffee schmeckt nicht nur köstlich, sondern macht das Kaffeegetränk zudem bekömmlicher und nimmt den Röstaromen die Spitze. Eine Prise Chili bringt echten Pep in heiße Trinkschokolade und verzaubert nicht nur den Gaumen, sondern bewirkt auch wohlige Wärme.

Schokotrunk

Für 2 Portionen etwa 7 Minuten

1 Vanilleschote, 400 ml Milch, 75 g dunkle Schokolade,
2 TL brauner Rohzucker, 1 Msp. Chilipulver, 1 Msp. gemahlener Piment, Chiliflocken (nach Belieben)

Die Vanilleschote der Länge nach aufschlitzen. Zusammen mit der Milch einmal aufkochen, vom Herd nehmen. Die Schokolade in der heißen Milch schmelzen lassen, mit Zucker, Chili und Piment verfeinern. In zwei Tassen füllen und nach Belieben mit Chiliflocken bestreuen.

Orientalischer Kaffee

Für 1 Portion etwa 2 Minuten

2 TL Kaffeepulver, 1 Msp. grob zerstoßene Kardamomsamen,
1 Msp. gemahlener Zimt, 1 TL Zucker

Das Kaffeepulver zusammen mit den Kardamomsamen und dem Zimtpulver in etwa 200 ml Wasser aufbrühen, anschließend zuckern.

Glühwein

Für 5 Portionen etwa 2 Minuten

1 Stück Ingwer (ca. 3 cm), 10 Zimtblüten, 10 Gewürznelken,
10 g brauner Rohzucker, 1 l Rotwein

Den Ingwer schälen und fein hacken. Die Zimtblüten und die Gewürznelken im Mörser anstoßen. 150 ml Wasser in einen Topf geben und den Zucker darin unter Kochen auflösen. Die Gewürze zugeben und die Mischung köcheln lassen, bis der Sirup dickflüssig wird. Die Gewürze abseihen. Den Sirup und den Rotwein in den Topf geben und die Mischung erhitzen, aber nicht aufkochen.

KANDIEREN VON BLÜTEN

Gewürztee »Chai«

Für 5 Portionen

etwa 2 Minuten

1 Zimtstange, 3 Gewürznelken, 1 Sternanis,
½ TL Fenchelfrüchte, 3 grüne Kardamomkapseln,
1 Stück Ingwer (ca. 1 cm), 1 EL Asam-Tee (oder anderer kräftiger schwarzer Tee)

Die Zimtstange in Stücke brechen. Die Gewürznelken, den Sternanis, den Fenchel und die Kardamomkapseln in einem Mörser anstoßen. Den Ingwer schälen und fein hacken. Die Gewürze mit 1 l Wasser in einen Topf geben und 5 Minuten kochen. Dann die Teeblätter dazugeben. Alles 10 Minuten ziehen lassen. Durch ein Sieb in Teegläser gießen. Nach Wunsch süßen und mit aufgeschäumter Milch servieren.

Kandieren von Blüten

Zahlreiche hübsche Blüten sind essbar und können durch Kandieren haltbar gemacht werden. Dazu eignen sich die Blüten von Apfel, Kirsche, Birne und Holunder ebenso wie Rosenblätter, Veilchen und Schlüsselblumen. Auch Lavendelblüten, Pfefferminz- oder Zitronenmelissenblätter schmecken kandiert ganz wunderbar und sind weit mehr als nur zauberhafte Dekoration für Torten, Kuchen oder Desserts.

Kandierte Lavendelblüten

Für 4 Portionen als Beilage/Deko

etwa 10 Minuten, plus bis zu 5 Tage zum Trocknen

Lavendelblüten am Stängel, gereinigt
100 g Zucker, Puderzucker zum Bestauben

Um Lavendelblüten (oder andere essbare Blüten wie Veilchen- oder Borretschblüten) zu kandieren, den Zucker und 80 ml Wasser in einem Topf verrühren und die Mischung aufkochen. Sobald sich kleine Blasen bilden, die gereinigten Lavendelblüten am Stängel komplett in den Sirup eintauchen. Abtropfen lassen und auf einem mit Puderzucker bestaubten Blatt Backpapier zum Trocknen auslegen. Es kann bis zu 5 Tage dauern, bis die Blüten vollständig getrocknet sind. Danach sind die kandierten Lavendelblüten rund 6 Monate haltbar.

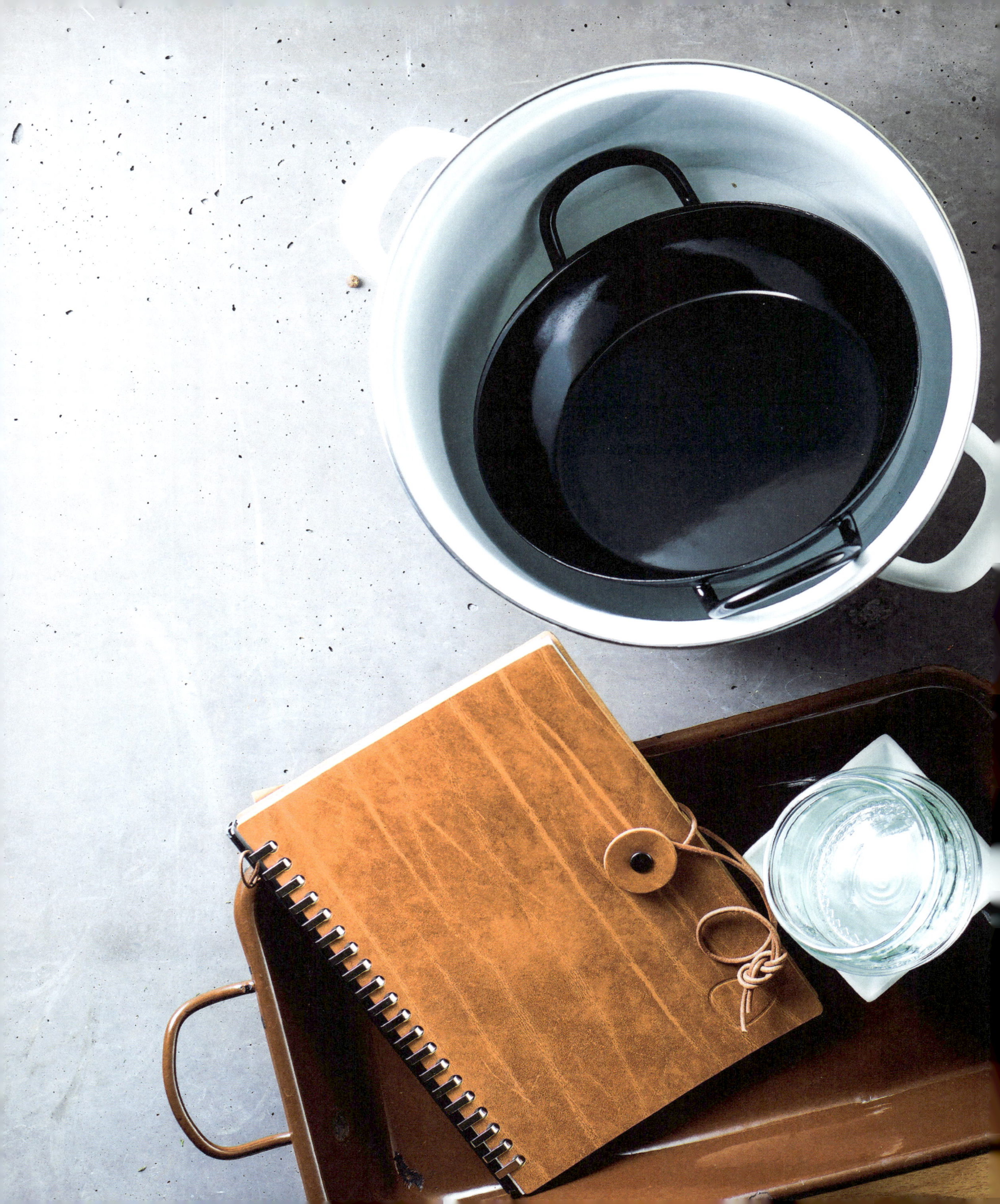

REZEPTE
Die Welt der Aromen

Machen Sie sich nun auf zu einer kulinarischen Reise von den fantasievollen Aromen Afrikas über die sinnlichen Gewürzkompositionen des Orients und die kräuterwürzige Frische mediterraner Regionen bis zu den bodenständig kräftigen Noten Mittel- und Nordeuropas. Erkunden Sie die vielseitig beeinflusste Küche Nordamerikas, die südamerikanische Esskultur mit ihrer rassigen Schärfe und die herrlich ausbalancierten Aromenkompositionen Asiens. Jedes der folgenden sieben Kapitel liefert mit typischen Würzmischungen die Basis für die charakteristischen Geschmackserlebnisse jeder Aromenwelt. In einer wunderbaren Mischung aus Klassikern und kreativen Gerichten entfalten diese ihr unwiderstehliches Potenzial.

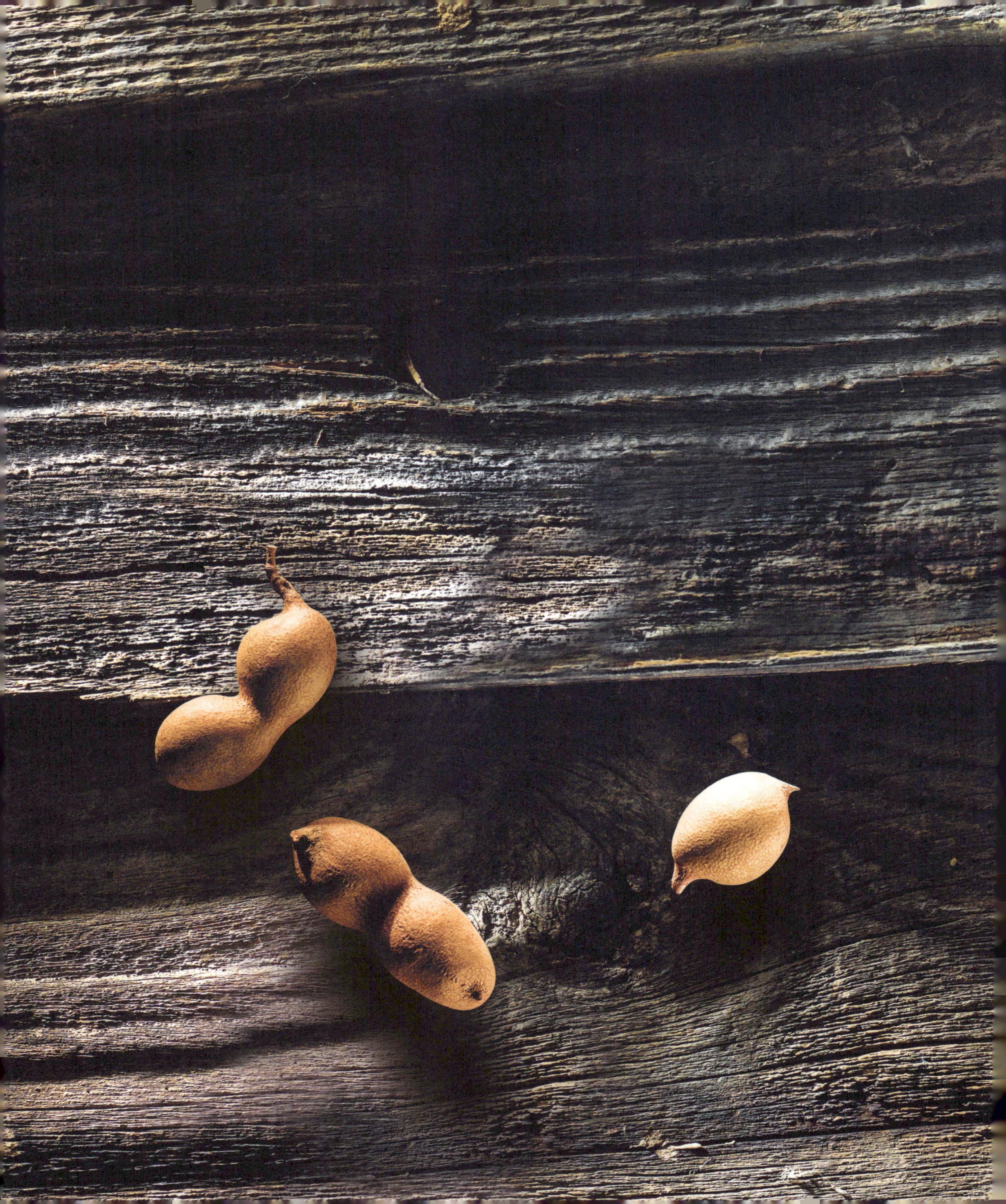

Aromenwelt Afrika

Afrika ist ein Kontinent, dessen Küche maßgeblich von Eroberern, Kolonialherren und Zuwanderern beeinflusst wurde. Gewürze brachte der große, vielschichtige Kontinent ursprünglich selbst nur in überschaubarer Zahl hervor. Über die Jahrhunderte hinweg lieferte Afrika jedoch in Form der sogenannten Paradieskörner, auch als »Guineapfeffer« geläufig, preiswerten Pfefferersatz an die Europäer. Das brachte dem Ursprungsgebiet dieses Gewürzes, der westlichen Küste Afrikas, den Namen »Pfefferküste« ein. Auch der »Mohrenpfeffer«, schotenartige, pfefferige Früchte, fand als günstiger Scharfmacher im Abendland zahlreiche begeisterte Abnehmer.

Berbere (Äthiopien)

Die genaue Rezeptur dieser komplexen Mischung ist meist das Geheimnis des Kochs, der hier eine Vielzahl von Gewürzen zu einem aromatischen Potpourri – ähnlich indischen Masalas – kombiniert. Gerne werden auch noch die getrockneten Früchte der Weinraute untergemischt.

1 TL Korianderfrüchte
1 TL Chiliflocken
1 TL Piment, ganz
1 TL Ajowanfrüchte
1 TL Knoblauchflocken
1 TL Kreuzkümmelsamen
½ TL Langer Pfeffer, ganz
5 Gewürznelken
5 grüne Kardamomkapseln
½ TL Bockshornkleesamen
½ Kassiazimtstange
½ TL gemahlener Ingwer

Alle Gewürze bis auf das Ingwerpulver in einer Pfanne bei mittlerer Temperatur 2-3 Minuten anrösten. Abkühlen lassen. In einer elektrischen Gewürzmühle fein zermahlen. Zum Schluss den gemahlenen Ingwer untermischen. Ideal für orientalische Fleischgerichte vom Rind und Lamm sowie für Linsen.

Wat (Äthiopien & Eritrea)

Wat ist eine pfeffrige, curryähnliche Komposition, mit der die traditionellen Eintopfgerichte Äthiopiens, doro wat *(Huhn) und* siga wat *(Rindfleisch), gewürzt werden. Die Zubereitung der Speisen ist recht zeitaufwendig: Zwiebeln werden sehr lange gebraten, dann wird ein großer Teil Butterfett* (niter kibbeh) *hinzugefügt, bis ein dicker Brei entsteht. Erst dann kommen noch Brühe, Wein, Gemüse wie Tomaten, die wat-Mischung und das Fleisch hinzu. Als Beilage wird Fladenbrot gereicht, mit dem der Eintopf aus einer großen Schale gegessen wird.*

1 TL Langer Pfeffer, ganz
1 TL schwarzer Pfeffer, ganz
½ TL Gewürznelken
½ TL gemahlene Kurkuma
½ TL geriebene Muskatnuss

Den Langen Pfeffer und den schwarzen Pfeffer zusammen mit den Gewürznelken in einem Mörser gut zerstoßen. Die gemahlene Kurkuma und die frisch geriebene Muskatnuss untermischen. Je nach Würzvorliebe 2-3 TL der Würzmischung an Eintöpfe mit Fleisch oder Geflügel geben.

Chakalaka (Südafrika)

Chakalaka, ein buntes Relish aus der Regenbogennation Südafrika, spiegelt die vielen Kulturen, die in diesem Lande leben. Hier vermischte sich die Esskultur der einheimischen und schwarzen Völker mit den Einflüssen der holländischen und englischen Kolonisten sowie der indischen und indonesischen Sklaven. Hinzu kamen noch, besonders am Kap, die Einflüsse französischer Weinbauern.
So bunt wie der Regenbogen sind auch die Zutaten dieses Relishs: Tomaten, Karotten, Paprika, Bohnen und Weißkohl. Würzige Zutaten wie Chili, Knoblauch, Kreuzkümmel und Currymischungen sorgen für das Multi-Kulti-Aroma. Chakalaka wird zum traditionellen südafrikanischen Maisbrei mielie-pap, zu Brot, zur boerewors (Bratwurst) und beim braai (Grillen) gereicht.

300 g Weißkohl
2 Zwiebeln
2 Knoblauchzehen
2 rote Paprikaschoten
2 Karotten
Speiseöl
1 EL scharfes Currypulver
1 Dose gehackte Tomaten
1 Dose gebackene Bohnen
Salz
gemahlener Kreuzkümmel
Chilipulver (nach Belieben)

Den Weißkohl putzen, vom Strunk befreien und in Streifen schneiden. Die Zwiebeln schälen und in feine Würfel schneiden. Die Knoblauchzehen abziehen und fein hacken. Die Paprikaschoten von Trennwänden und Samen befreien und in feine Würfel schneiden. Die Karotten schälen und reiben.

In einer Pfanne etwas Speiseöl erhitzen und darin die Zwiebeln und den Knoblauch anbraten. Das Currypulver darüber verteilen und mitbraten. Das Gemüse, die gehackten Tomaten und die Bohnen dazugeben und die Mischung erhitzen. Mit Salz abschmecken. Das Relish etwa 2 Stunden bei niedriger Temperatur köcheln lassen, bei Bedarf etwas Wasser zugießen. Nach dem Kochen mit Salz, Kreuzkümmel und nach Belieben mit Chili abschmecken. Ideal zu Fleisch und Gemüse vom Grill, Kurzgebratenem und als Dip.

Injera – äthiopisches Fladenbrot mit Rotwein-Feigen-Dip

Für 4 Portionen etwa 20 Minuten, plus 30 Minuten Ruhezeit für den Teig

150 g getrocknete Feigen
100 g Zucker
100 ml Rotwein
Salz
gemahlener Kardamom
1 Päckchen Trockenhefe
½ TL Backpulver
600 g fein gemahlenes Hirsemehl
2 EL Sonnenblumenöl

In einem kleinen Topf die Feigen mit dem Zucker und dem Rotwein einkochen. Mit etwas Salz und Kardamom würzen und mit einem Mixstab gut durchmischen

Die Hefe und das Backpulver mit dem Hirsemehl vermengen. 1,2 l warmes Wasser hinzufügen und alles gut verrühren. Den Teig mit Salz abschmecken und 30 Minuten an einem warmen Ort gehen lassen. Anschließend zu Fladenbroten formen. In einer beschichteten Pfanne das Öl erhitzen und darin die Teigfladen beidseitig schön goldbraun backen. Mit dem Feigendip servieren.

Gebratene *fufu*-Laibchen

Für 4 Portionen etwa 20 Minuten

1 kg Süßkartoffeln (alternativ Maniok oder Yams)
1 kg Kochbananen, geschält
150 g Semmelbrösel
2 mittelgroße Eier
1 EL *ras el-hanout* (siehe Seite 161)
Salz
2 EL Öl zum Ausbacken

Die Süßkartoffeln schälen, in Würfel schneiden und in Salzwasser weich garen. Eine beschichtete Pfanne zum Ausbacken vorbereiten.

Die gekochten Süßkartoffelwürfel mit den Kochbananen im Mixer zu einer glatten Masse verarbeiten. Die Masse in eine Schüssel geben und mit den Semmelbröseln und den Eiern vermischen. Die Mischung mit *ras el-hanout* und Salz abschmecken und zu kleinen Laiben formen. Das Öl in der Pfanne erhitzen und die Teigfladen darin knusprig goldgelb ausbacken. Warm oder kalt servieren.

Tipp: Besonders gut schmeckt diese Spezialität aus Ghana kombiniert mit einer pikanten Sauce zum Dippen.

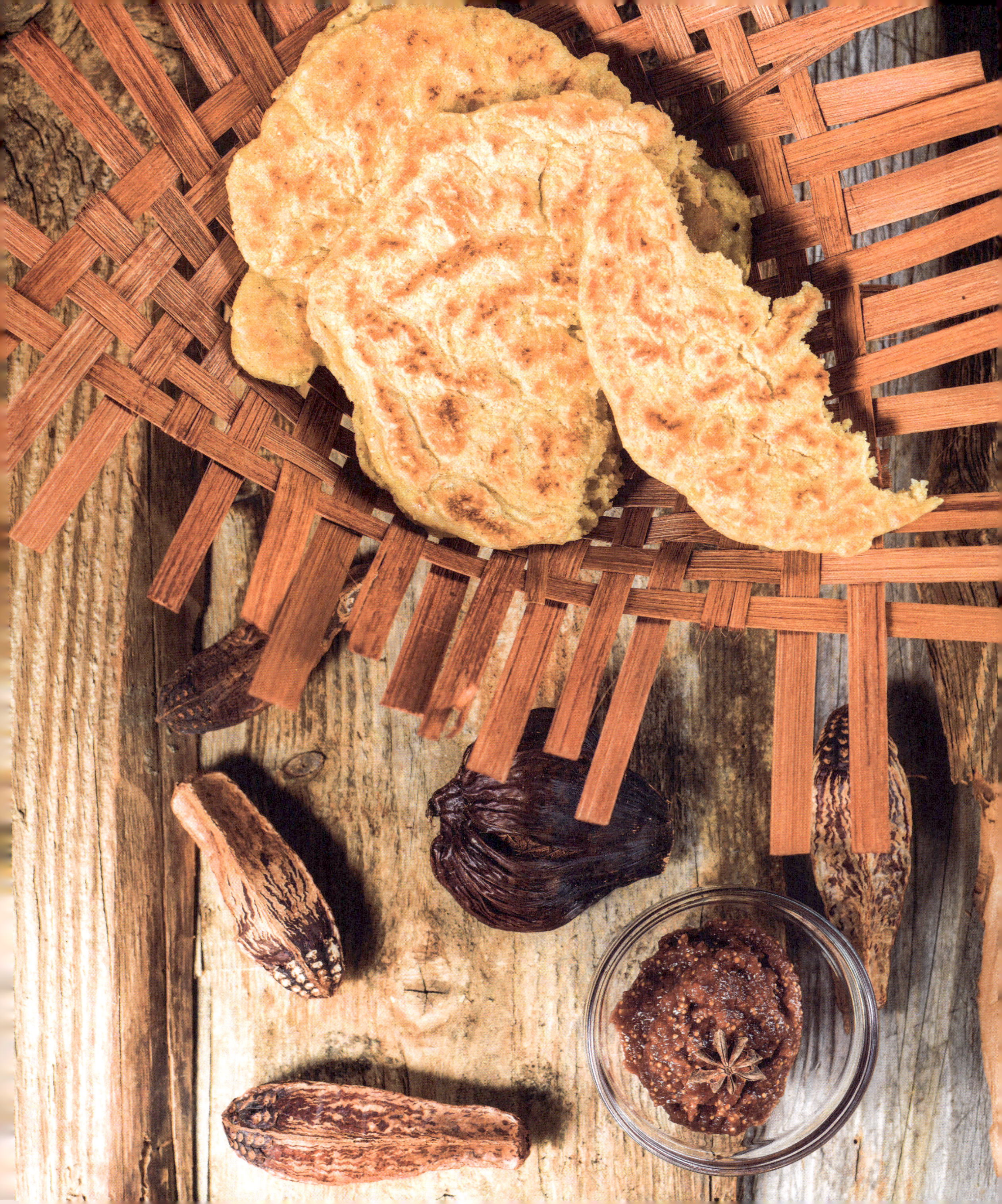

Bobotie – Hackfleischauflauf mit Rosinen

Für 4 Portionen etwa 40 Minuten

800 g Rinderfilet
3 Knoblauchzehen
2 große Zwiebeln
3 Gewürznelken
½ TL Piment, ganz
4 EL Mandelblättchen
2 EL Mango-Chutney (oder eine andere Sorte nach Belieben)
1 EL *garam masala* (siehe Seite 280 oder eine andere Sorte nach Belieben)
2 TL gemahlener Koriander
1 TL gemahlene Kurkuma
1 TL Kräuter der Provence (siehe Seite 190)
½ TL schwarzer Pfeffer, ganz
2 Eier
1 EL Pflanzenöl
2 dicke Scheiben Weißbrot, vorzugsweise vom Vortag
125 g Sultaninen
schwarzer Pfeffer aus der Mühle
Salz
einige Lorbeerblätter
250 ml Milch

Den Backofen auf 180 °C vorheizen. Das Rindfleisch durch den Fleischwolf drehen und zu Hackfleisch verarbeiten. Die Knoblauchzehen und die Zwiebeln abziehen und fein hacken. Die Nelken, den Piment, die Mandelblättchen, das Chutney, das *masala*, das Koriander- und das Kurkumapulver, die Kräuter der Provence sowie den Pfeffer im Mixer zerkleinern und vermischen. Ein Ei leicht verquirlen und mit den Zwiebeln und dem Öl vermischen.

Die Brotscheiben in 250–400 ml Wasser einweichen, dann das Wasser herausdrücken und das Brot mit der Hackfleischmasse verkneten. Die Zwiebel-Ei-Masse, die Gewürzmischung und die Sultaninen unter die Hackfleisch-Brot-Masse rühren. Mit Pfeffer und Salz würzen.

Eine rechteckige ofenfeste Form einfetten und die Masse hineinfüllen. Die Lorbeerblätter auf der Mischung verteilen und alles 30 Minuten im vorgeheizten Ofen backen. In der Zwischenzeit die Milch mit dem zweiten Ei verquirlen.

Den *bobotie* nach 30 Minuten Garzeit aus dem Ofen nehmen und die Milch-Ei-Masse gleichmäßig darauf verteilen. Den Auflauf wieder in den Ofen schieben und weiter backen, bis die Eimasse fest geworden ist.

Den *bobotie* heiß nach Belieben mit einem pikanten Sambal oder einem einfachen grünen Salat servieren.

Tipp: Diese Version des *bobotie* ist ein traditionelles Kap-Malay-Gericht aus Südafrika.

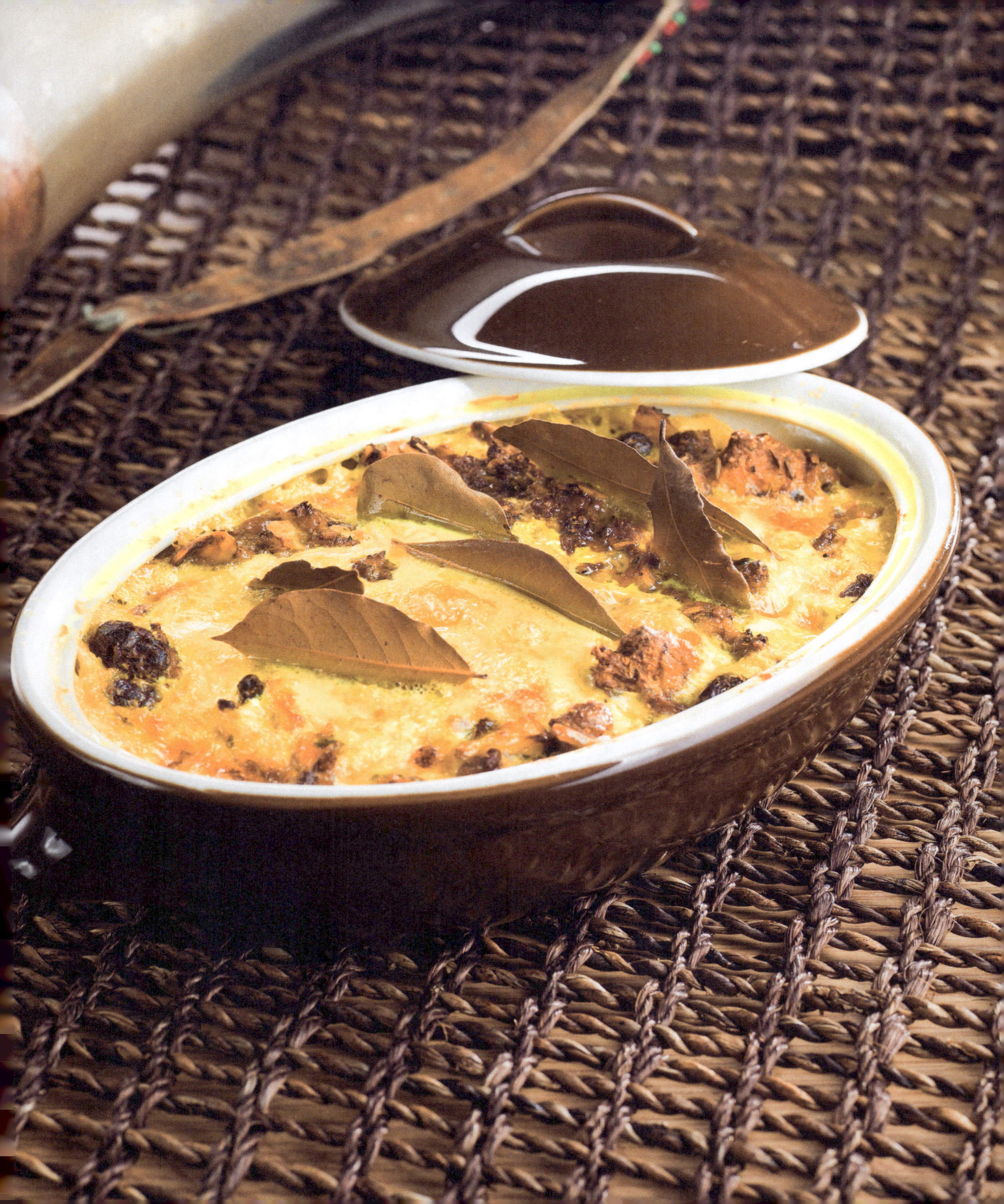

Hühnchen in Erdnusssauce

Für 4 Portionen etwa 40 Minuten

500 g Hähnchenbrust
Öl
1 Zwiebel, fein gehackt
2 Knoblauchzehen, fein gehackt
1 Dose gehackte Tomaten
1 EL Tomatenmark
2 EL Erdnussbutter ohne Stücke
Salz
Cayennepfeffer
Zucker
2–3 Süßkartoffeln, in kleine Stücke geschnitten (nach Belieben)
1 Paprikaschote, in kleine Stücke geschnitten (nach Belieben)

Das Hühnchenfleisch in mundgerechte Stücke schneiden. In einem großen Topf 2 EL Öl stark erhitzen. Die Fleischwürfel dazugeben und bei hoher Temperatur von allen Seiten scharf anbraten. Je nach Größe des Topfes in zwei Portionen arbeiten, da Hühnchen deutlich zarter wird, wenn es beim Anbraten Platz hat. Die fertig gebratenen Fleischwürfel aus dem Topf nehmen und beiseitestellen.

Im selben Topf in etwas Öl die Zwiebel und den Knoblauch bei mittlerer Temperatur anschwitzen. Die gehackten Tomaten und das Tomatenmark dazugeben und alles einige Minuten köcheln lassen. Die Hühnchenwürfel und die Erdnussbutter dazugeben und alles kräftig umrühren. 250 ml Wasser angießen und die Mischung bei niedriger Temperatur (bei zu hoher Temperatur brennt die Erdnussbutter an!) etwa 15 Minuten köcheln und eindicken lassen, bis die Sauce die gewünschte Konsistenz erreicht hat. Nach Belieben die Süßkartoffeln oder die Paprikawürfel dazugeben. Mit Salz, Cayennepfeffer sowie etwas Zucker abschmecken und etwa 15 Minuten bei niedriger Temperatur köcheln lassen.

Mit Reis oder Couscous servieren.

Tipp: Dieses Gericht gelingt auch mit einem ganzen Hühnchen anstelle der Hähnchenbrust hervorragend. Das Anbraten des Fleisches ist aber in jedem Fall sehr wichtig für den Geschmack der Sauce.

Hühnchen mit *berbere* und Kichererbsen

Für 4 Portionen etwa 45 Minuten

1,5 kg bratfertiges Hühnchen
1 TL Meersalz
1 EL *berbere* (siehe Seite 142)
1 Salzzitrone (siehe unten)
50 g Butter
2 EL Olivenöl
1 Zwiebel
3 Knoblauchzehen
100 g entsteinte schwarze Oliven
½ Dose gekochte Kichererbsen
3 EL gehackte glatte Petersilie

Das Hühnchen zerteilen und innen und außen mit etwas Salz und *berbere* würzen. Die Salzzitrone in Streifen schneiden. Das Fruchtfleisch entfernen und die Schalenstreifen beiseitestellen. Die Butter und das Öl in einem Bräter erhitzen und die Hühnchenteile darin leicht anbraten. Die Zwiebel und den Knoblauch abziehen und hacken, in den Topf geben und mitbraten. Alles mit 500 ml Wasser ablöschen, dann den Deckel auflegen und die Mischung 30 Minuten köcheln lassen. Ab und zu die Hühnchenteile wenden, bei Bedarf etwas Wasser nachgießen.

Die Oliven, die Salzzitronenstreifen und die Kichererbsen zu dem Fleisch in den Bräter geben und alles im auf 160 °C vorgeheizten Backofen weitere 15 Minuten garen.

Sobald das Fleisch gar ist, die Flüssigkeit nach Geschmack mit *berbere* und Salz abschmecken. Das Gericht portionsweise auf Tellern anrichten und jede Portion mit gehackter Petersilie bestreuen.

Salzzitronen

Für 10 Stück etwa 30 Minuten, plus 3–4 Wochen zum Durchziehen

10 unbehandelte Zitronen
300 g grobes Meersalz
50 ml Olivenöl

Ein großes Einmachglas (1,5 l Fassungsvermögen) heiß ausspülen. Die Zitronen heiß abwaschen, trocken tupfen und der Länge nach diagonal einschneiden. Die Schnitte mit Salz füllen und die Zitronen zusammen mit dem restlichen Salz in das Glas geben. Die Früchte von oben immer wieder fest zusammendrücken. Das Glas verschließen.

Sobald die Zitronen vollständig mit Saft bedeckt sind (das kann einige Tage dauern), das Glas kräftig schütteln, öffnen und mit dem Olivenöl auffüllen. Wieder verschließen und die Zitronen an einem dunklen Ort etwa 3 Wochen durchziehen lassen. Danach können die Zitronen zur weiteren Verwendung einzeln entnommen werden. Dazu gut abspülen, das Fruchtfleisch entfernen und die Schale in feine Streifen schneiden.

Piri-piri-Hühnchen

Für 4 Portionen etwa 40 Minuten, plus 4–12 Stunden zum Marinieren

1 küchenfertiges Brathuhn (ca. 1 kg)
natives Olivenöl extra
Salz
Pfeffer

Für die *piri-piri*-Marinade
4 Knoblauchzehen, grob gehackt
1 Stück Ingwer (etwa 2 cm), geschält und grob gehackt
160 ml Olivenöl
160 ml Zitronensaft
1 EL getrocknete Chiliflocken
½ Tasse gehackte glatte Petersilie

Für die *piri-piri*-Marinade den Knoblauch, den Ingwer, das Öl und den Zitronensaft in der Küchenmaschine oder einem Mixer zu einer glatten Flüssigkeit verarbeiten. Die Chiliflocken und die Petersilie dazugeben und alles gründlich verrühren.

Das Hühnchen mit der Brustseite nach unten auf eine saubere Arbeitsfläche legen. Mit einer Geflügelschere die Wirbelsäule durchtrennen und entfernen. Danach das Huhn mit den Händen flach drücken.

Das Hühnchen gut waschen, trocken tupfen und dann zusammen mit der *piri-piri*-Marinade in einen großen, dicht verschließbaren Plastikbeutel geben. Den Beutel fest verschließen und das Huhn mindestens 4 Stunden, am besten aber über Nacht, im Kühlschrank marinieren lassen, damit es die Aromen vollständig aufnehmen kann.

Den Backofen auf 200 °C vorheizen. Ein Backblech mit Olivenöl einfetten. Das Hühnchen aus dem Plastikbeutel nehmen und mit der Hautseite nach oben auf das vorbereitete Backblech legen. Mit Olivenöl beträufeln und mit Salz und Pfeffer würzen. Im vorgeheizten Ofen etwa 1 Stunde goldbraun und knusprig braten, dabei gelegentlich mit Bratensaft bestreichen.

Das gebratene Hühnchen aus dem Ofen nehmen und 10 Minuten ruhen lassen. In acht Stücke zerteilen. Auf Tellern anrichten und mit Pommes frites servieren.

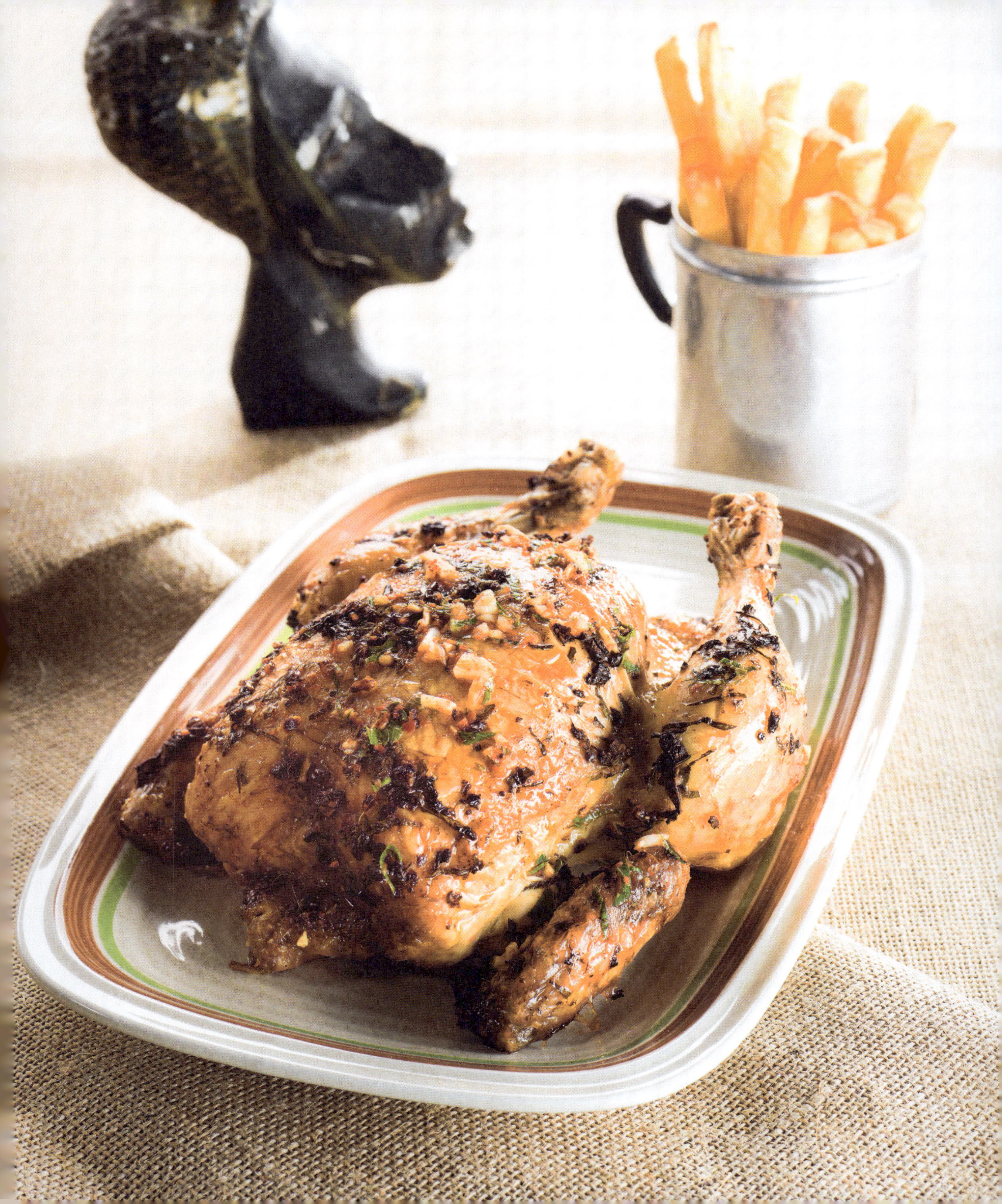

Südafrikanischer *achaar*-Salat mit gebratenem Wolfsbarsch

Für 4 Portionen etwa 45 Minuten

4 Filets vom Wolfsbarsch
1 kg grüne Mango
2 grüne Chilischoten, entkernt und gehackt
2 rote Chilischoten, entkernt und gehackt
2 Knoblauchzehen, gehackt
250 ml Sonnenblumenöl
150 ml weißer Balsamessig
2 EL brauner Zucker
½ TL Senfpulver
3 EL *achaar masala* (siehe unten)
2 EL Olivenöl extra vergine

Für das *achaar masala*
½ TL scharfes rotes Chilipulver
¼ TL gemahlene Kurkuma
2 TL Bockshornkleesamen
1 TL schwarzer Pfeffer, ganz
2 TL Senfkörner
4 TL gemahlener Asant
¼ TL Salz
2 EL Olivenöl
2 getrocknete rote Chilischoten

Für das *achaar masala* alle Zutaten in einem Mörser zu einer groben Paste verarbeiten.

Die Fischfilets auf der Hautseite je dreimal einschneiden. Die grünen Mangos in Stücke schneiden.

Die grünen Mangos mit den Chilies und dem Knoblauch vermischen. In einem hohen Gefäß mit dem Stabmixer das Sonnenblumenöl mit dem Essig, dem Zucker, dem Senfpulver und dem *achaar masala* vermischen. Die Mangostücke in ein nicht-metallisches Gefäß geben und mit der Gewürzpaste vermischen.

In einer Pfanne das Olivenöl erhitzen und darin die Fischfilets auf der Hautseite anbraten, bis der Fisch fast durch ist. Dann die Filets wenden, die Pfanne vom Herd nehmen und den Fisch sanft gar ziehen lassen. Mit dem *achaar*-Salat servieren.

Tipp: Ohne den Fisch zubereitet, kann dieser ungewöhnliche Salat auch besonders gut wie ein Chutney zu Grillgerichten serviert werden.

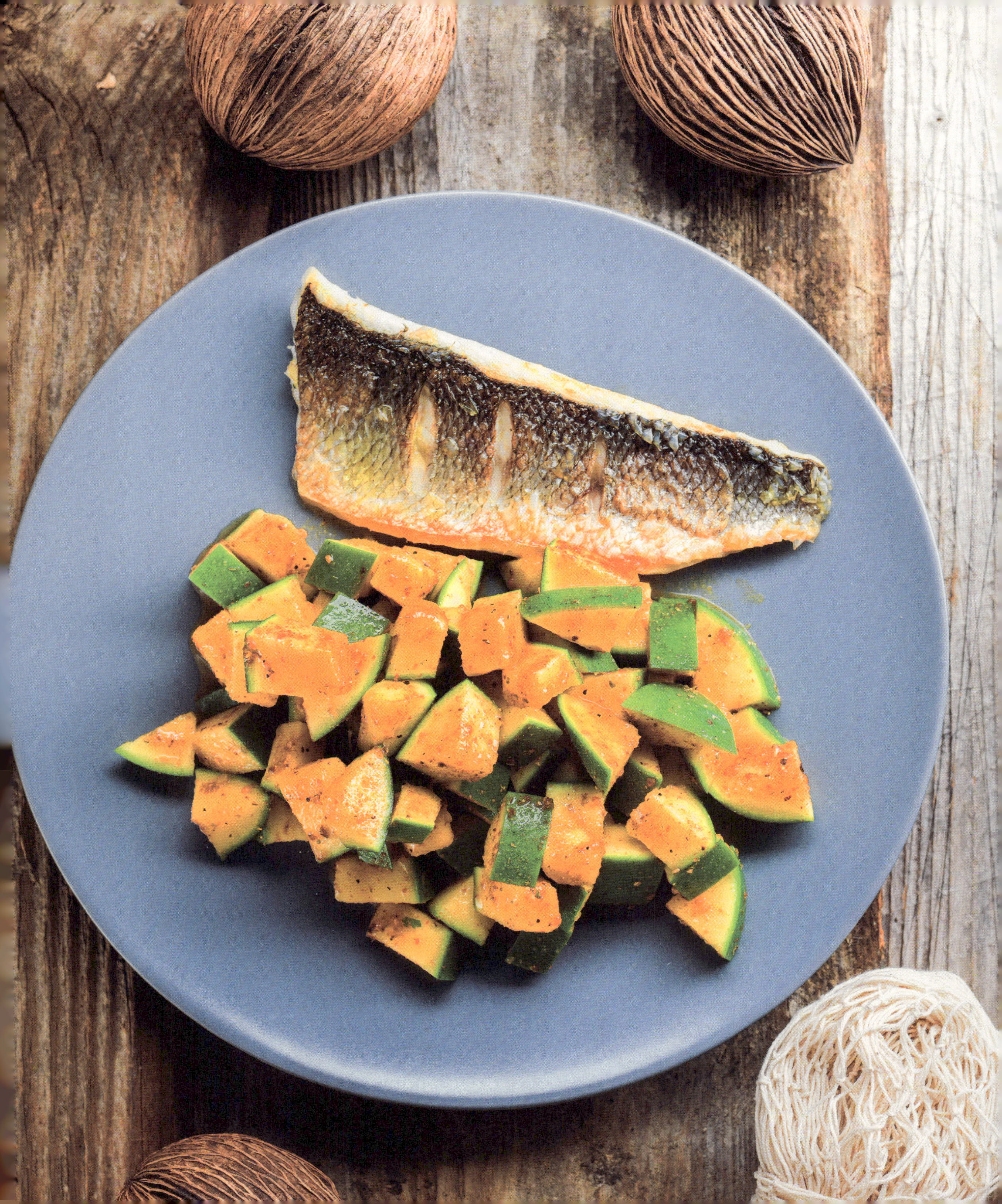

Berbere-Schokoladenpudding mit Orangeneis

Für 4 Portionen etwa 45 Minuten, plus Gefrierzeit

Für das Orangeneis
125 ml Milch
125 ml Sahne
60 g Zucker
3 Eigelb
160 g Orangenfilets
20 ml Grand Marnier
3 EL Honig

Für den Schokoladenpudding
250 g Butter
250 g dunkle Schokolade
4 Eier
4 Eigelb
125 g Zucker
1–2 Msp. *berbere* (siehe Seite 142)
80 g Mehl

Für das Orangeneis die Milch mit der Sahne und der Hälfte des Zuckers aufkochen. Das Eigelb mit dem restlichen Zucker im Wasserbad schaumig schlagen. Die heiße Milchmischung dazugeben und weiterrühren, bis eine glatte Creme entstanden ist.

Die Orangenfilets mit dem Grand Marnier und dem Honig im Mixer oder mit dem Pürierstab pürieren. Die Mischung unter die Sahnecreme ziehen.

Die Orangencreme in ein kältebeständiges Gefäß geben und im Tiefkühler gefrieren lassen.

Für den Schokoladenpudding die Butter und die Schokolade in einem Topf bei mäßiger Temperatur unter Rühren schmelzen lassen. In einer Schüssel die Eier, das Eigelb, den Zucker und das *berbere* schaumig schlagen. Die Masse unter die Schokoladencreme ziehen. Die Mischung mit dem Mehl binden und in eine hitzebeständige Form geben.

Den Pudding in der Form in eine mit Wasser gefüllte Schale stellen und im auf 180 °C vorgeheizten Backofen 12-15 Minuten stocken lassen.

Den Schokoladenpudding in der Form vorsichtig aus dem Wasserbad heben und auf einen Teller stellen. Aus dem Orangeneis Nocken ausstechen und diese mit Orangenfilets dekorativ neben dem Pudding anrichten.

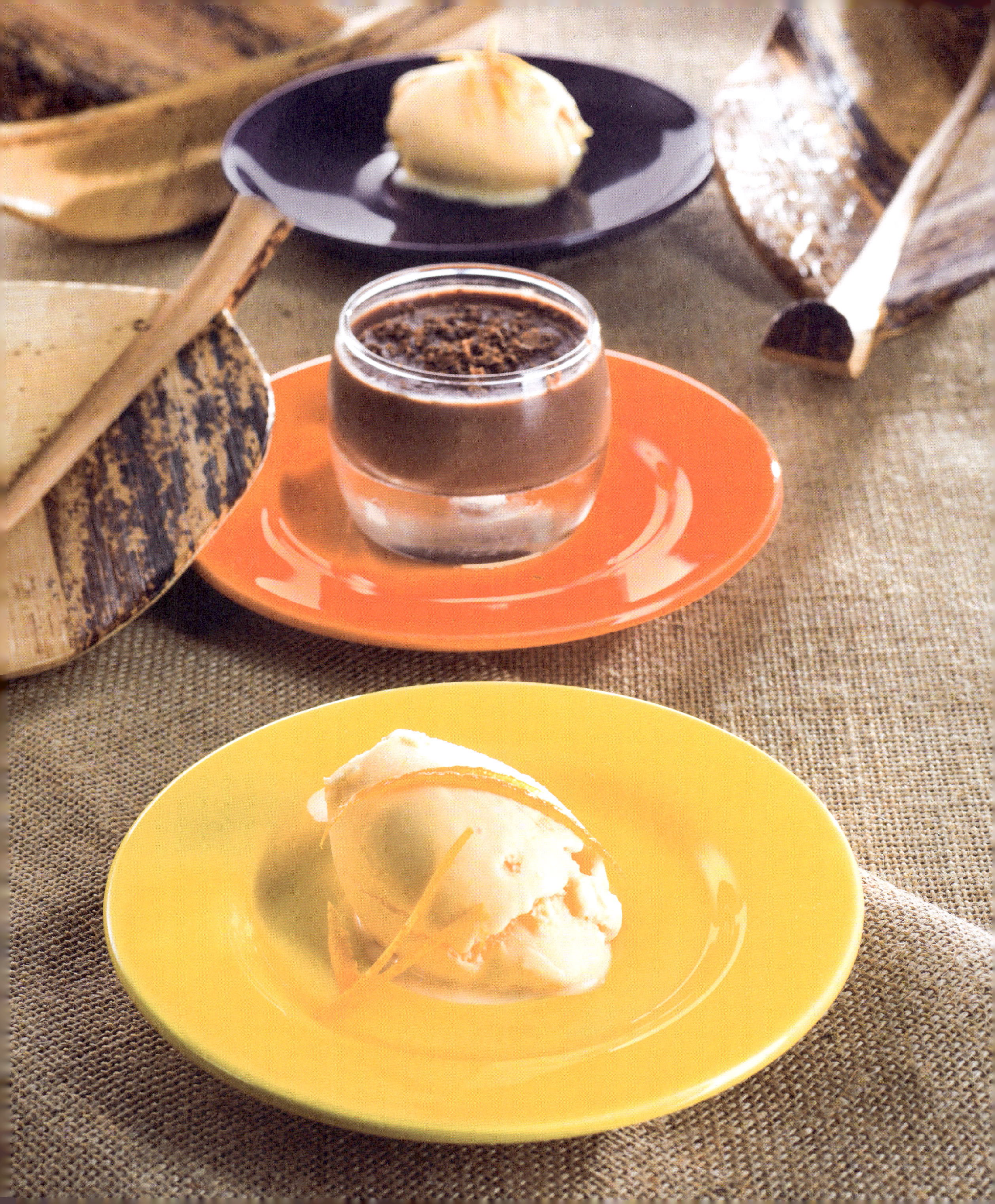

Koeksisters – frittierte Teigzöpfe aus Südafrika

Für 4 Portionen   etwa 30 Minuten, plus 2 Stunden Ruhezeit für den Teig

450 g Weizenmehl
1 Päckchen Backpulver
1 mittelgroßes Ei
250 ml Buttermilch
60 g Butter
Salz
Zimt
250 ml Ahornsirup
Pflanzenöl zum Frittieren

In einer Schüssel das Mehl mit dem Backpulver vermischen. Das Ei, die Buttermilch, die Butter, etwas Salz und etwas Zimt dazugeben und alles zu einem glatten Teig verkneten. Den fertigen Teig etwa 2 Stunden zugedeckt ruhen lassen. Anschließend etwa 1 cm dick ausrollen und die Teigplatte in schmale Streifen schneiden. Je drei Streifen zu kleinen Zöpfen flechten.

In einer Fritteuse oder einem kleinen Topf reichlich Pflanzenöl auf 180 °C erhitzen. Die Teigzöpfe in dem heißen Öl goldbraun und knusprig ausbacken.

Den Ahornsirup in einen tiefen Teller geben und die noch warmen *koeksisters* vor dem Verzehr hineintunken.

Tipp: Für mehr Abwechslung kann man anstelle des Ahornsirups auch einen anderen Sirup nach Geschmack verwenden.

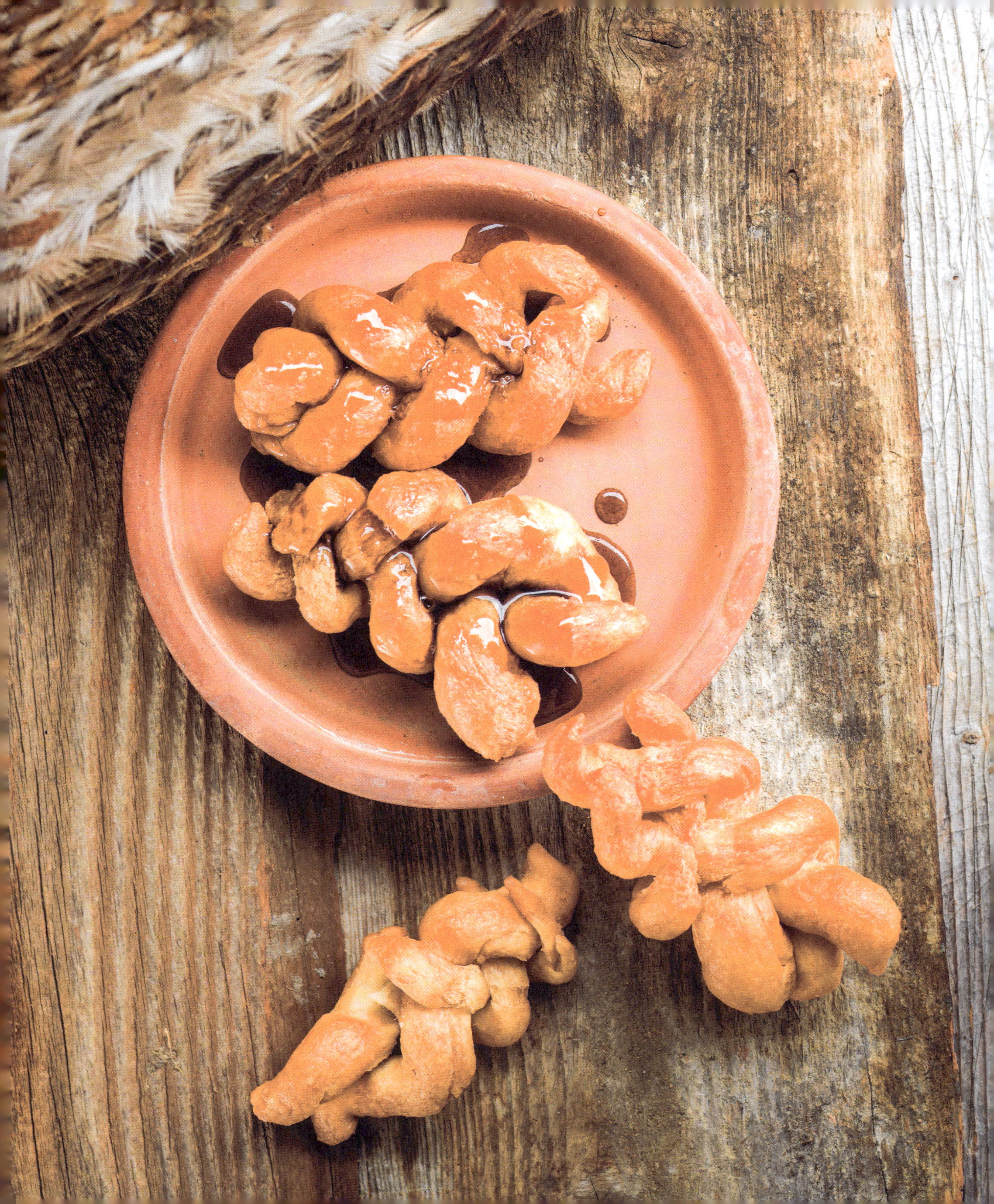

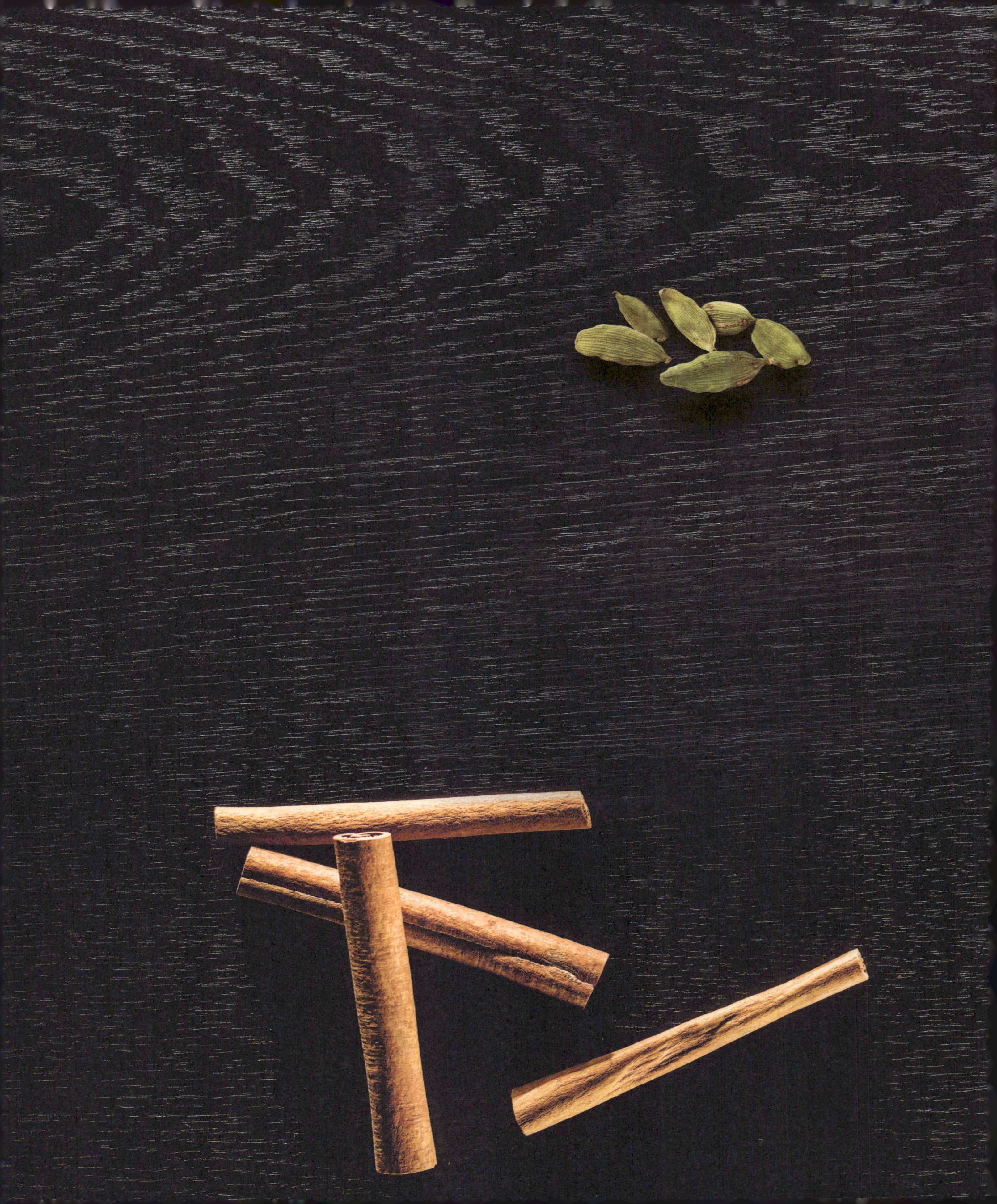

Aromenwelt Orient

Opulent duftende Gewürze und märchenhafte Speisen prägen die Esskultur des Orients. Dazu gehören die Küchen Arabiens genauso wie die der muslimischen Länder Nordafrikas – Ägypten, Algerien, Tunesien und Marokko. Die Kochkunst dieser nordafrikanischen Staaten wurde durch die vielen verschiedenen Völker, die dort über Jahrtausende hinweg lebten, beeinflusst und umfasst heute Elemente aus der islamischen, jüdischen, afrikanischen wie auch europäischen Esskultur.

Charakteristische Würzzutaten der orientalischen Küche sind frische Kräuter wie Minze, Basilikum, Koriandergrün, Liebstöckel sowie Petersilie und Gewürze wie Anis, Chili, Gewürznelken, Ingwer, Kardamom, Korianderfrüchte, Kreuzkümmel, Muskatnuss, Paprika, Pfeffer, Safran und Zimt. Typisch sind auch die herrlich duftigen Mischungen aus zahlreichen Gewürzen und anderen Zutaten wie Blüten oder Rosenwasser, die ein Aroma wie aus »1001 Nacht« auf den Teller bringen.

Schon in der Antike waren die Länder des Orients in den weltweiten Gewürzhandel integriert. Es waren orientalische Händler, die die Gewürze aus dem Fernen Osten in den Mittelmeerraum weitertransportierten und für deren Verbreitung auch in Europa sorgten. So war das Morgenland selbst schon in früher Zeit ein Großabnehmer exotisch würziger Aromen, was sich noch heute nur allzu deutlich in den üppigen Küchen Nordafrikas und Arabiens abzeichnet.

Baharat (Arabien)

Der geheimnisvoll anmutende Name baharat bedeutet nichts anderes als »Gewürz«, denn diese Mischung ist eine der typischen Basiswürzen der arabischen Küche, bestehend aus Paprika, Pfeffer, Koriander, Gewürznelken, Kreuzkümmel, Kardamom, Muskatnuss und Zimt. Regionale Unterschiede entstehen durch den Einsatz weiterer Würzzutaten wie Minze oder Rosenblütenblätter.

1 EL schwarzer Pfeffer, ganz
1 EL Korianderfrüchte
1 EL Kreuzkümmel, ganz
1 TL Gewürznelken
6 grüne Kardamomkapseln
½ Ceylonzimtstange
1 EL Paprikaflocken
1 TL Chiliflocken
½ TL geriebene Muskatnuss

Den Pfeffer, den Koriander, den Kreuzkümmel, die Gewürznelken, die Kardamomkapseln und die in grobe Stücke gebrochene Zimtstange in einer Pfanne leicht anrösten. Die Gewürze abkühlen lassen, dann zusammen mit den Paprika- und den Chiliflocken in einer Gewürzmühle fein vermahlen. Die frisch geriebene Muskatnuss unterrühren. Ideal für orientalische Fleisch-, Hackfleisch-, Schmor-, Couscous- und Gemüsegerichte. Zum Marinieren von Grillfleisch, zum Beispiel Lammkoteletts, die Gewürzmischung mit etwas Speiseöl verrühren.

Zhug (Jemen)

Diese würzige Paste und Tischwürze aus Chili, Knoblauch, Koriandergrün und -früchten, Kardamom und Zitrone ist typisch für die Küche des Jemen. Zu ihrem scharfen, hocharomatischen Basisaroma gesellt sich spritzige Zitronenfrische.

6 mittelscharfe Chilischoten (z. B. Jalapeño-Chili)
4 Knoblauchzehen
1 Bund frisches Koriandergrün
1 TL Korianderfrüchte
6 Kardamomkapseln
1 TL Zitronensaft
Olivenöl

Die Chilischoten entkernen, die Knoblauchzehen schälen. Die Chilischoten, den Knoblauch und die Korianderblätter fein hacken. Die Korianderfrüchte und die Kardamomkapseln zuerst in einer heißen Pfanne anrösten, dann im Mörser zerstoßen. Unter die gehackten Zutaten mischen. Alles mit dem Zitronensaft sowie etwas Olivenöl zu einer glatten Paste verarbeiten. Luftdicht verpackt ist die Paste im Kühlschrank etwa 1 Woche haltbar. Ideal für Suppen und Eintöpfe, als Tischwürze für Fleisch vom Grill sowie als Brotaufstrich.

Ras el-hanout (Marokko)

Dieses herrlich würzige Meisterwerk beschwört den ganzen Zauber Nordafrikas herauf. Und ein Meisterstück ist es auch: ras el-hanout heißt so viel wie »Kopf des Ladens«. Traditionell mischt nämlich der Herr und Meister des Gewürzladens dieses fantastische Potpourri höchstpersönlich und legt all seine Erfahrung und sein Wissen hinein. Heraus kommt eine Komposition aus zahlreichen Einzelgewürzen, unvergleichlich köstlich und von großer aromatischer Fülle – ideal für Couscous, Eintöpfe, Lamm- und Rindfleisch.

1 EL gemahlener Kardamom
1 EL gemahlener Koriander
1 EL gemahlener schwarzer Pfeffer
1 TL gemahlener Kreuzkümmel
1 TL gemahlener Kubebenpfeffer
1 TL gemahlener Knoblauch
1 TL gemahlene Kurkuma
1 TL gemahlener Ingwer
1 TL gemahlener Galgant
1 TL gemahlener Piment
1 TL gemahlener Zimt
½ TL gemahlene Gewürznelken
½ TL gemahlene Macis/Muskatblüte
½ TL fein geriebene Muskatnuss
½ TL gemahlene Paradieskörner
½ TL gemahlener Cayennepfeffer
½ TL getrocknete, fein zerstoßene Rosenblütenblätter
½ TL getrocknete, fein zerstoßene Lavendelblüten
½ TL gemahlener Mönchspfeffer
½ TL fein geriebener Langer Pfeffer

Alle Zutaten gründlich miteinander vermischen, bei Bedarf alles noch einmal in einer elektrischen Gewürzmühle vermahlen, bis ein feines Pulver entstanden ist. Dieses ist luft- und lichtdicht verpackt 3-4 Monate haltbar. Ideal für Couscous, Reis, Gemüse, Hackfleisch, Schmorgerichte, Lamm, Geflügel, Rind. Zum Marinieren von Grillfleisch, zum Beispiel Lammkoteletts, die Gewürzmischung mit etwas Speiseöl verrühren.

Dukka (Ägypten)

Bei dieser besonders in Ägypten gebräuchlichen Komposition stehen nussige Aromen im Vordergrund, die von Sesam und Mandeln oder Haselnüssen/Pinienkernen stammen. Hinzu kommen die duftigen Aromen gerösteter Gewürze wie Koriander, Kreuzkümmel und Pfeffer sowie die frische Mentholnote von Minze.

100 g Sesamsamen
50 g Mandeln, fein gehackt
3 EL Korianderfrüchte
2 EL Kreuzkümmel, ganz
1 TL schwarzer Pfeffer, ganz
1 EL getrocknete Minzeblätter
grobes Meersalz
Fladenbrot und Olivenöl zum Servieren

Die Sesamsamen und die Mandeln ohne Fett etwas anrösten. Den Koriander, den Kreuzkümmel und den Pfeffer ebenfalls vorsichtig anrösten, bis die Gewürze anfangen zu duften. Alles abkühlen lassen. Alle Zutaten einschließlich der Minzeblätter und des Salzes im Mörser grob zerstoßen oder in einer Küchenmaschine grob zermahlen. Traditionell wird *dukka* mit Fladenbrot gedippt. Dazu das Brot zunächst in Olivenöl tunken und dann in die Würzmischung dippen. Ideal als Vorspeise zu orientalischen Gerichten

Tabil (Tunesien)

Der wichtigste Geschmacksgeber dieser pikanten tunesischen Würzkomposition ist der Koriander, und so ist die orientalische Aromenexplosion auch nach ihm benannt: tabil bedeutet schlicht »Koriander«.

1 EL Korianderfrüchte
1 TL Kreuzkümmel, ganz
1 TL Chiliflocken
1 EL Knoblauchflocken

Den Koriander und den Kreuzkümmel in einer Pfanne anrösten, ohne sie zu dunkel werden zu lassen. Abkühlen lassen und in einer Gewürzmühle fein vermahlen. Die Chili- und die Knoblauchflocken im Mörser zerstoßen und unter das Pulver mischen. Ideal für Eintopfgerichte, Lamm, Couscous, Reis und Gemüse wie Auberginen und Zucchini.

Harissa (Marokko & Algerien)

Für etwa 200 ml etwa 20 Minuten

Eine besonders würzige Köstlichkeit Nordafrikas ist harissa, eine feurige Paste. Aus Chilischoten, Knoblauch, Kreuzkümmel, Koriander, Minze und Speiseöl wird eine Mischung hergestellt, die Coucous- und Eintopfgerichten richtig einheizt.

1 TL Kreuzkümmelsamen
2 TL Korianderfrüchte
50 g frische Chilischoten
2 Knoblauchzehen
1 TL gerebelte getrocknete Minzeblätter
Salz
Olivenöl

Den Kreuzkümmel und den Koriander in einer Pfanne vorsichtig anrösten. Abkühlen lassen. Nach Belieben Samen und Trennwände der Chilischoten entfernen. Je mehr davon entfernt wird, umso milder wird die Mischung. Die Chilischoten und den Knoblauch fein hacken. Alle Zutaten zusammen mit etwas Salz und Olivenöl im Mörser zu einer Paste verarbeiten. Die Mischung anschließend in ein Glas mit Schraubdeckel füllen und mit Öl aufgießen. Die Paste hält sich im Kühlschrank bis zu 2 Wochen. Ideal für Couscous, Falafeln, Hackbällchen, zum Marinieren von Lamm, Huhn oder Fisch sowie als Dip.

Tahini (Arabien)

Für etwa 250 ml etwa 20 Minuten

250 g geschälte helle Sesamsamen
50 g Oliven- oder Sesamöl
2 Knoblauchzehen
2 EL Limettensaft
1 TL gemahlener Kreuzkümmel
½ TL Meersalz
½ Bund glatte Petersilie

Zunächst die Sesamsamen und dann das Öl in ein hohes Gefäß geben und beides mit einem guten Stabmixer etwa 5 Minuten zu einer Paste verarbeiten. Bei Bedarf noch etwas mehr Öl zugeben.

Die Knoblauchzehen schälen und fein hacken. Zu der Sesampaste in das hohe Gefäß 300 ml Wasser, den gehackten Knoblauch, den Limettensaft, den Kreuzkümmel und das Salz geben und alles wieder mit dem Stabmixer pürieren. Die Petersilie waschen, trocken schütteln, fein hacken und unter die Paste rühren. Mit Salz und Kreuzkümmel abschmecken.

Die Sauce hält sich in einem luftdichten Gefäß im Kühlschrank bis zu 5 Tage, vor dem Gebrauch noch einmal umrühren. Ideal zu Falafeln (siehe Seite 170), gebratenem Gemüse, Fisch oder Fleisch.

Rauchige *baharat*-Barbecuesauce

Für etwa 500 ml etwa 10 Minuten

100 g Schinken, gewürfelt
2 EL Olivenöl
1 EL dunkler Zuckerrübensirup
1 weiße Zwiebel
100 g Tomatenmark
300 ml Tomatenketchup
Rauchsalz
baharat (siehe Seite 160)
Tabasco

In einer Pfanne 1 EL Olivenöl erhitzen und darin die Schinkenwürfel knusprig braten. Den krossen Schinken auf einem Papiertuch abtropfen lassen und in einem Mörser zerstoßen. 1 EL Olivenöl sowie den Zuckerrübensirup dazugeben und alles zu einer sämigen Masse verarbeiten.

Die Zwiebel in kleine Würfel schneiden und zusammen mit dem Tomatenmark und dem Ketchup unter die Schinkenmischung rühren. Die Sauce mit Zuckerrübensirup, Rauchsalz, etwas *baharat* (vorsichtig dosieren!) und etwas Tabasco abschmecken. Die Konsistenz kann durch Zugabe von Wasser nach Belieben variiert werden.

Zitronenwasser, gebeizte Zitrone & Zitronenpüree

Für etwa 1 l Zitronenwasser und 500 g gebeizte Zitrone/Zitronenpüree etwa 20 Minuten

4 unbehandelte Zitronen
250 g Meersalz
1,5 l Wasser

Die Zitronen der Länge nach dreimal einschneiden. In einem Topf 1,5 l Wasser zusammen mit dem Salz und den Zitronen bis kurz vor dem Siedepunkt erhitzen, dann abkühlen lassen. Diesen Vorgang mindestens viermal wiederholen, bis die Zitronen glasig und weich sind. Die Zitronen aus dem Wasser nehmen. Schalen und Fruchtfleisch trennen und die Kerne entfernen.

Für die gebeizte Zitrone einen Teil der Schale mit Zitronenwasser bedecken.

Für das Zitronenpüree Fruchtfleisch und Schalen mit einem Teil des Wassers zu einer dickflüssigen Masse pürieren.

Tipp: Das Zitronenwasser eignet sich auch hervorragend zum Marinieren.

Taboulé

Für 4 Portionen   etwa 1 Stunde

1 Zwiebel
1 Knoblauchzehe
1 Chilischote
9 EL Olivenöl
400 ml Gemüsebrühe
200 g Bulgur oder Couscous
2 Frühlingszwiebeln
1 gelbe Paprikaschote
2 Tomaten
1 Bund glatte Petersilie
1 Zweig frische Minze
Saft von 2 Zitronen
Salz
schwarzer Pfeffer aus der Mühle
1 EL *baharat* (siehe Seite 160)
8 EL Olivenöl

Die Zwiebel schälen und fein würfeln, den Knoblauch und die Chilischote fein hacken und alles kurz in 1 EL heißem Olivenöl anschwitzen. Mit der Gemüsebrühe ablöschen und alles aufkochen lassen. Den Bulgur in eine hitzebeständige Schüssel geben und die Würzflüssigkeit nach und nach darübergießen. Den Bulgur quellen lassen. Zwischendurch immer wieder rühren, damit er krümelig bleibt.

In der Zwischenzeit die Frühlingszwiebeln in feine Ringe schneiden. Die Paprikaschote und die Tomaten putzen, entkernen und fein würfeln. Die glatte Petersilie und die Minze grob hacken.

Den Zitronensaft mit Salz, Pfeffer und *baharat* kräftig abschmecken. Das Öl langsam einlaufen lassen und mit dem Zitronensaft verrühren.

Den Bulgur mit den restlichen Zutaten und dem Dressing vermengen und die Mischung ein wenig ziehen lassen. Anschließend kräftig abschmecken.

Taboulé passt gut zu allen gegrillten Speisen oder zu frittierten Kichererbsenbällchen.

Jemenitisches Fladenbrot mit Linsenpüree

Für 4 Portionen (8 Fladenbrote)   etwa 30 Minuten, plus 2 Stunden Ruhezeit

Für das Fladenbrot
200 g Weizenmehl
Salz
Kreuzkümmel
gemahlener Koriander
180 g Butterschmalz
2 EL Olivenöl

Für das Linsenpüree
2 EL Olivenöl
30 g Zwiebeln, fein gewürfelt
3 EL zhug (siehe Seite 160)
50 g rote Linsen
250 ml Hühnerbrühe

Für das Fladenbrot das Weizenmehl mit 100 ml lauwarmem Wasser, etwas Salz, Kreuzkümmel und Koriander mischen und alles zu einem glatten Teig kneten. Diesen in zwei Hälften teilen und 30 Minuten ruhen lassen. Jede Hälfte zu einer etwa 50 x 50 cm großen Platte ausrollen und diese in je vier gleich große Quadrate schneiden. Alle Fladen mit Butterschmalzflöckchen bestreuen, zusammenklappen und zu Kugeln formen. Die Teigkugeln etwa 1 ½ Stunden zugedeckt kühl stellen, dann zu runden Teigfladen ausrollen. In einer Pfanne etwas Olivenöl erhitzen und die Teigfladen darin von beiden Seiten bei geschlossenem Deckel goldgelb backen.

Für das zhug alle Zutaten im Mixer zu einer homogenen Paste verarbeiten.

Für das Linsenpüree in einem Topf das Olivenöl erhitzen und darin die Zwiebeln goldgelb anschwitzen. Das zhug dazugeben und anrösten. Die Linsen dazugeben und die Hühnerbrühe angießen. Die Linsen sehr weich garen, dann fein pürieren und kräftig abschmecken.

Das Linsenpüree in eine Porzellanschüssel füllen und als Dip zu dem Fladenbrot servieren.

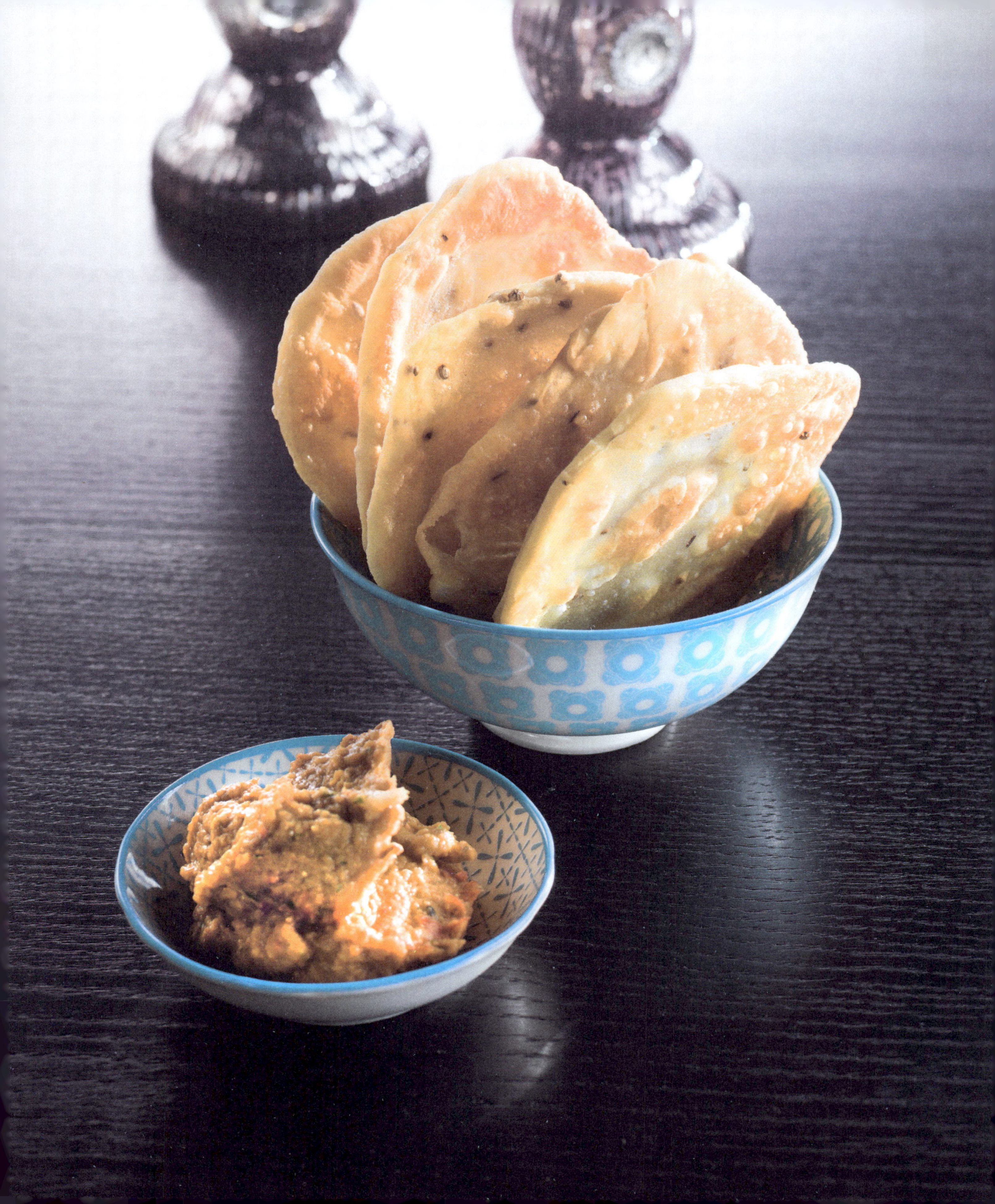

Bulgur-Linsen-Bällchen mit gebratenem Chinakohl

Für 4 Portionen etwa 50 Minuten

Für die Bulgur-Linsen-Bällchen
2 EL Olivenöl
40 g Zwiebeln, in sehr feine Würfel geschnitten
50 g Bulgur
400 ml Gemüsebrühe ohne Salz, plus etwas zum Garen der Bulgur-Linsen-Bällchen
30 g Schalotten, fein gewürfelt
20 g Knoblauch, fein gehackt
20 g Bohnenkraut, fein gehackt
50 g rote Linsen
3 Eigelb
30 g Datteln, sehr fein gehackt
20 g Braunhirsemehl
Kreuzkümmel, Macis, Salz, gemahlene Bockshornkleesamen,
gemahlener Langer Pfeffer, Zitronenabrieb

Für den Chinakohl
400 g Chinakohl, in 2 cm breite Streifen geschnitten
1 EL Olivenöl
1 EL Sesamöl von geröstetem Sesam
30 g Knoblauch, fein gehackt
20 g Galgant, sehr fein gewürfelt
160 ml Gemüsebrühe
1 TL asiatische Fischsauce

Für die Bulgur-Linsen-Bällchen 1 EL Olivenöl in einem Topf erhitzen und darin die Zwiebeln goldgelb anschwitzen. Den Bulgur dazugeben und kurz mitbraten. Mit 200 ml der heißen Gemüsebrühe ablöschen und darin den Bulgur sehr weich garen. Er sollte die Flüssigkeit vollständig aufnehmen.

In einem anderen Topf 1 EL Olivenöl erhitzen und darin die Schalotten schön golden anschwitzen, dann den Knoblauch sowie das Bohnenkraut dazugeben und beides kurz mitbraten. Die Linsen unterheben und alles mit der restlichen Gemüsebrühe aufgießen. Die Linsen darin sehr weich kochen.

Nun Linsen und Bulgur in einer großen Schüssel mit dem Eigelb, den Datteln sowie dem Braunhirsemehl vermischen und alles kräftig mit Kreuzkümmel, Macis, Salz, Bockshornkleepulver, Langem Pfeffer sowie Zitronenabrieb abschmecken. Die Masse ein paar Minuten ruhen lassen und dann zu kleinen Bällchen mit 2 cm Ø formen. Diese in Gemüsebrühe 15 Minuten garen.

Für den Chinakohl das Olivenöl und das Sesamöl in einem Topf erhitzen und darin die Kohlstreifen anschwitzen, dann Knoblauch und Galgant zugeben und kurz mitbraten. Nun die Gemüsebrühe und die Fischsauce dazugeben und den Chinakohl darin bissfest garen.

Die Bulgur-Linsen-Bällchen in einer Schüssel oder auf Serviertellern anrichten und mit dem Chinakohlgemüse servieren

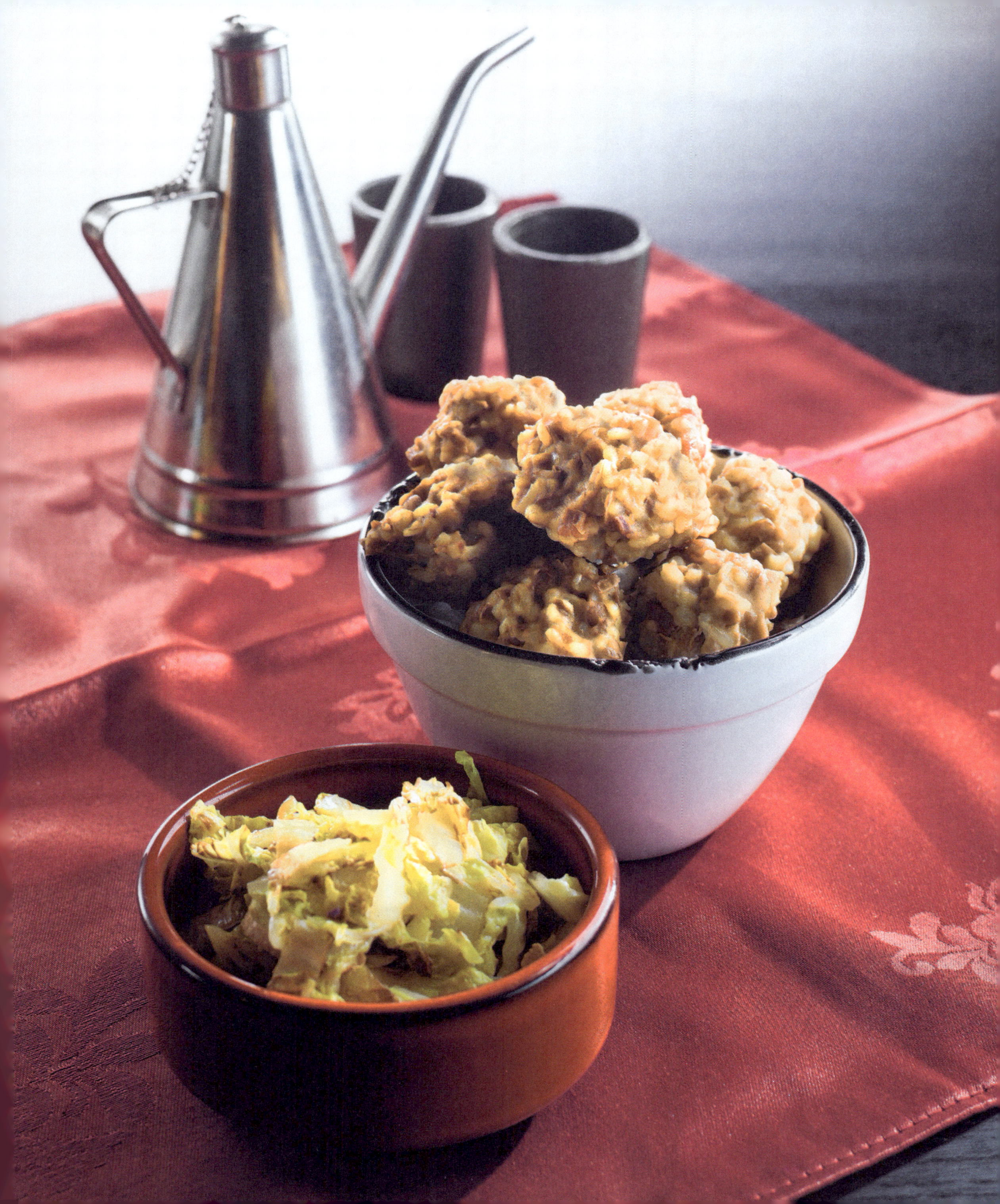

Falafeln mit Sauerrahmdip

Für 4 Portionen etwa 30 Minuten

400 g Kichererbsen aus dem Glas
2 TL Sonnenblumenöl
1 Gemüsezwiebel, geschält und in feine Würfel geschnitten
1 Knoblauchzehe, geschält und in feine Würfel geschnitten
1 Chilischote, von Samen und Trennwänden befreit und fein geschnitten
1 TL gemahlener Kreuzkümmel
1 TL gemahlener Koriander
½ TL gemahlener Kardamon
1 Bund glatte Petersilie, gezupft und fein gehackt
1 mittelgroßes Ei
Salz
Pflanzenöl zum Frittieren

Für den Sauerrahmdip
250 ml Sauerrahm
Saft von 1 Limette
1 Bund frische Minze, gezupft und fein geschnitten
Salz

Die Kichererbsen gut unter fließend kaltem Wasser abspülen und trocknen lassen.

Für den Sauerrahmdip den Sauerrahm, den Limettensaft, die Minze und etwas Salz zu einer glatten Mischung verrühren.

In einer Pfanne das Sonnenblumenöl erhitzen. Die Zwiebeln, den Knoblauch und die Kichererbsen darin anbraten. Die Chilischote, den Kreuzkümmel, den Koriander und den Kardamom dazugeben und alles weiter braten. Die Petersilie unterheben. Die Pfanne vom Herd nehmen und die Mischung vollständig abkühlen lassen. Anschließend mit dem Stabmixer fein pürieren. Die Masse mit dem Ei und dem Salz vermischen und zu kleinen Bällchen formen.

In einer Fritteuse oder einem kleinen Topf reichlich Pflanzenöl erhitzen und die Bällchen darin goldbraun frittieren. Mit dem Dip servieren.

Tipp: Besonders gut schmecken Falafeln auch mit Salat in Fladenbrot gewickelt.

Tunesischer Couscous mit Lammfleisch

Für 4 Portionen etwa 2 ½ Stunden

Olivenöl
4 scharfe grüne Chilischoten
2 Gemüsezwiebeln
2 Knoblauchzehen
500 g Lammgulasch aus der Keule
Salz, Pfeffer
1 EL *ras el-hanout* (siehe Seite 161)
2 EL *tabil* (siehe Seite 162)
1 TL gemahlene Kurkuma
100 g Tomatenmark
250 g gewürfelte Tomaten aus dem Glas
100 g eingeweichte Kichererbsen
2 Kartoffeln
2 Karotten
100 g Kürbis
200 g Couscous
50 g Butter

In einem schweren Topf etwas Olivenöl erhitzen und die Chilischoten darin kurz anschwitzen. Herausnehmen und beiseitelegen. Die Zwiebeln schälen und vierteln, den Knoblauch fein hacken. Beides in den Topf geben und glasig braten. Das Fleisch kräftig mit Salz, Pfeffer, *tabil*, *ras el-hanout* und Kurkuma würzen, dann in den Topf geben und mitbraten. Das Tomatenmark dazugeben und kurz mitrösten, dann alles mit 500 ml Wasser ablöschen. Die Tomatenstücke einrühren. Die Kichererbsen dazugeben und alles 1 Stunde köcheln lassen.

In der Zwischenzeit die Kartoffeln, die Karotten und den Kürbis schälen und alles in grobe Stücke schneiden.

Nachdem die Fleischmischung 1 Stunde geköchelt hat, die Kartoffeln, die Karotten und den Kürbis dazugeben und alles weitere 15 Minuten köcheln lassen.

Den Couscous in einer Schüssel mit 150 ml Wasser vermischen. Kurz zwischen den Händen reiben, dann in den Dampfgarer oder den Dämpfeinsatz eines großen Topfes geben, abdecken und etwa 10 Minuten weich garen. (Zum perfekten Gelingen dieses Gerichts benötigt man einen Dampfgarer oder einen Topf mit Dämpfeinsatz, um den Couscous darin zuzubereiten.)

Den fertig gegarten Couscous in eine Schüssel geben, mit etwas von der Fleischsauce vermischen (er sollte nicht zu feucht werden, sondern nur ein wenig Geschmack annehmen) und die Butter in Flocken unterheben.

Den Couscous auf Teller verteilen und mit der Fleisch-Gemüse-Mischung anrichten.

Marokkanisches Zitronenhähnchen in der *Tajine*

Für 4 Portionen etwa 1 ½ Stunden

1 Hühnchen (ca. 1,4 kg, bevorzugt Bio-Qualität)
Meersalz
schwarzer Pfeffer aus der Mühle
500 g reife Tomaten
1 große Zwiebel
2 Knoblauchzehen
4 kleine getrocknete Chilischoten
1 Bund Koriandergrün
½ Bund glatte Petersilie
4 EL Olivenöl
½ TL Safranfäden
1 TL gemahlener Kreuzkümmel
1 TL edelsüßes Paprikapulver
2 Salzzitronen (siehe Seite 149), geviertelt
50 g kleine grüne Oliven

Die *Tajine* (alternativ einen großen Tontopf) mindestens 10 Minuten wässern. In der Zwischenzeit das Hühnchen in 16 Teile zerlegen, die Schenkel halbieren. Die Geflügelstücke gründlich waschen, trocken tupfen, salzen und pfeffern. Die Tomaten von den Stielansätzen befreien, kurz überbrühen, enthäuten und vierteln.

Die Zwiebel und den Knoblauch schälen und fein hacken. Die Chilischoten grob zerhacken. Das Koriandergrün und die Petersilie waschen und trocken schütteln, dann die Blätter von den Stielen zupfen und hacken. Etwas Koriandergrün zum Garnieren beiseitelegen.

In einer Pfanne 2 EL Olivenöl erhitzen und die Hähnchenstücke darin bei mittlerer Hitze etwa 10 Minuten von allen Seiten anbraten.

Die Safranfäden in etwas Wasser geben und darin etwa 10 Minuten ziehen lassen. In der *Tajine* die Zwiebel und den Knoblauch in dem restlichen Olivenöl leicht anbraten. Die Tomatenviertel, die Chilistücke, die Gewürze und den Safran mitsamt der Einweichflüssigkeit einrühren. Die Salzzitronen und die Oliven dazugeben. Alles mit 250 ml Wasser ablöschen, dann das Koriandergrün und die Petersilie unterrühren. Die Mischung mit Salz und Pfeffer abschmecken. Die Hähnchenstücke in die *Tajine* geben und alles gründlich vermischen.

Die *Tajine* ganz unten in den Ofen stellen und das Gericht bei 210 °C 30–40 Minuten garen.

Mit dem restlichen Koriandergrün garnieren und in der *Tajine* servieren.

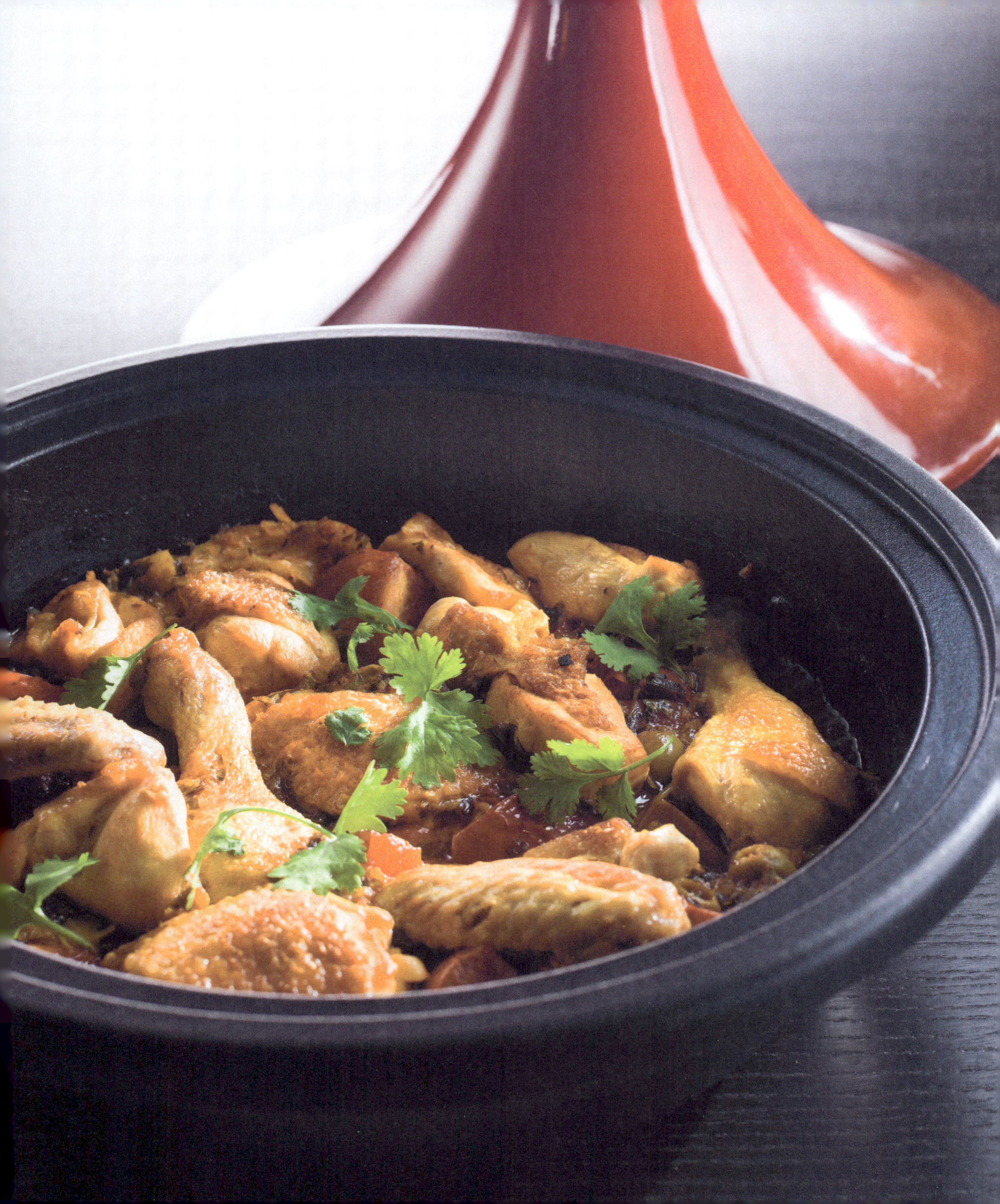

Gefüllte Kalbsrückensteaks mit *ras-el-hanout*-Peperonata und gebackenen Zucchiniblüten

Für 4 Portionen etwa 50 Minuten

750 g Kalbsrückensteaks,
Salz, schwarzer Pfeffer aus der Mühle,
1 Knoblauchzehe, 1 Zweig frischer Thymian

Für die Füllung
150 g Ziegenkäse, 40 g Sonnenblumenkerne,
150 g Mangold, blanchiert, ausgedrückt und grob gehackt,
20 g zerlassene Butter,
Salz, schwarzer Pfeffer aus der Mühle, Olivenöl

Für die Peperonata
1 Schalotte, fein gehackt, 6 Kirschtomaten, halbiert, 1 Knoblauchzehe, fein gehackt,
Olivenöl, je 2 rote und gelbe Peperonischoten, in Würfel geschnitten,
2 EL Tomatensauce, Salz und Pfeffer aus der Mühle, 1 EL *ras el-hanout* (siehe Seite 161)

Für die gebackenen Zucchiniblüten
4 Zucchiniblüten, 1 Eiweiß, Mehl, Erdnussöl zum Frittieren, Olivenöl

Die Kalbsrückensteaks der Länge nach mit einem Schleifstahl durchstechen und die Öffnung mithilfe eines schmalen, langen Messers erweitern, sodass eine Tasche entsteht.

Für die Füllung alle Zutaten gründlich vermischen, würzen und in einen Spritzbeutel geben. Die Füllung in die Fleischtaschen drücken.

Das Fleisch würzen und zusammen mit der Knoblauchzehe und dem Thymianzweig rundherum anbraten. Im auf 100 °C vorgeheizten Backofen garen, bis das Fleisch eine Kerntemperatur von etwa 54 °C erreicht hat. Anschließend auf einem Gitter 10 Minuten ruhen lassen.

Für die Peperonata die Schalotte, die Kirschtomaten und den Knoblauch in Olivenöl anbraten, dann die Peperoniwürfel und die Tomatensauce dazugeben. Mit Salz, Pfeffer und *ras el-hanout* abschmecken.

Die Zucchiniblüten einzeln durch das Eiweiß ziehen, dann leicht im Mehl wenden und in einer tiefen Pfanne im heißen Erdnussöl schwimmend knusprig ausbacken. Die frittierten Blüten in dünne Scheiben schneiden und in Olivenöl goldbraun anbraten.

Die Peperonata mittig auf Servierteller geben. Das Fleisch in dicke Scheiben schneiden und auf dem Gemüse anrichten. Mit den gebackenen Zucchiniblüten servieren.

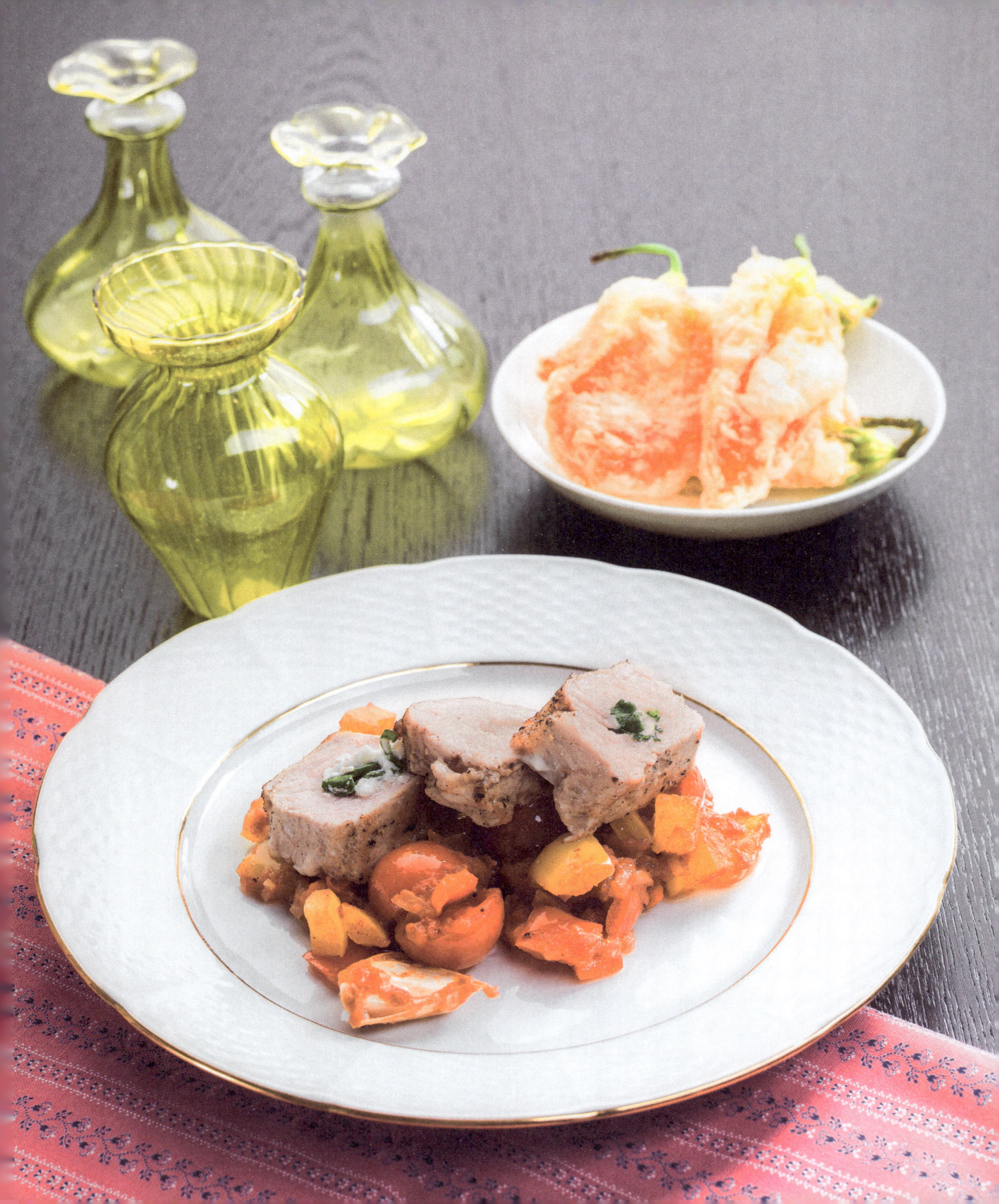

Lammrücken mit Zitronencouscous

Für 4 Portionen etwa 90 Minuten

Für den gebratenen Lammrücken
4 Stücke Lammlachs, küchenfertig pariert, *ras el-hanout* (siehe Seite 161), Salz, Olivenöl, 50 g Nussbutter (siehe Seite 317), frischer Rosmarin, gehackt, frischer Thymian, gehackt

Für das Karotten-Kumquat-Gemüse
150 g Zucker, 30 g Butter, 15–20 Kumquats, 250 ml Orangensaft, 4 EL Grand Marnier, 1 Lorbeerblatt, 2 Sternanis, 1 TL zerstoßener Pfeffer, 1 Bund Fingerkarotten, 1 Orange

Für den Zitronencouscous
75 ml Zitronenwasser (siehe Seite 164), 300 g Couscous, 50 ml Olivenöl, 1 TL *ras el-hanout* (siehe Seite 161), Salz, 2–3 EL Zitronenpüree (siehe Seite 164), 50 g Butter

Für das Fenchelgemüse
2 Knollen Fenchel, 60 ml Zitronenwasser (siehe Seite 164), 60 ml Brühe, 2–3 Scheiben frischer Ingwer, 100 g Schalotten, gewürfelt, 10 g Koriandergrün, gehackt

Für den Minzschaum
4 EL Minzsirup, 250 ml Gemüsefond, 10 g frische Minze, 50 ml Sahne, 20 g Butter

Das Fleisch mit *ras el-hanout* und Salz würzen, dabei die Fettseite aussparen. In einer Pfanne etwas Olivenöl erhitzen und das Fleisch darin bei mittlerer Temperatur auf der Fettseite anbraten. In eine ofenfeste Form geben und im vorgeheizten Backofen bei 120 °C braten, bis es eine Kerntemperatur von etwa 55 °C erreicht hat. Anschließend ruhen lassen. Die Nussbutter mit den Kräutern aromatisieren.

Inzwischen für das Karotten-Kumquat-Gemüse den Zucker hellgelb karamellisieren. Die Butter dazugeben und schmelzen lassen. Die Kumquats in Scheiben schneiden, entkernen und dazugeben. Alles mit dem Orangensaft und dem Grand Marnier ablöschen. Lorbeerblatt, Sternanis und Pfeffer hinzufügen und die Kumquats in der Sauce garen. Nach Bedarf Orangensaft zugießen. Die Sauce abseihen. Die Kumquats beiseitestellen, die Gewürze entfernen. Die Karotten in der Sauce bissfest garen. Die Orange filetieren. Kurz vor dem Anrichten die Kumquats mit den Orangenfilets wieder in die Sauce geben.

Für den Zitronencouscous das Zitronenwasser erwärmen. Den Couscous in einer Schüssel mit dem Zitronenwasser, dem Olivenöl, dem *ras el-hanout* und etwas Salz vermischen und quellen lassen. Zwischendurch zwischen den Handflächen reiben, damit er die Aromen aufnimmt. Den gequollenen Couscous über Wasserdampf garen. Mit dem Zitronenpüree und der Butter mischen und nachquellen lassen.

Für das Fenchelgemüse den Fenchel halbieren, entstrunken und dann quer in Streifen schneiden. Zitronenwasser und Brühe mit dem Ingwer aufkochen. Die Fenchelstreifen und die Schalotten anschwitzen, leicht salzen, mit Brühe bedecken und garen. Am Ende der Garzeit den Koriander einrühren.

Für den Minzschaum den Minzsirup, den Fond, die frische Minze und die Sahne aufkochen und alles 30 Minuten ziehen lassen. Dann die Minze herausnehmen. Vor dem Servieren die Butter unterheben.

Das Lammfleisch in der Nussbutter noch einmal vorsichtig von allen Seiten anbraten. Das Gemüse und den Minzschaum auf Tellern anrichten. Je ein Stück Lammrücken darauflegen und servieren.

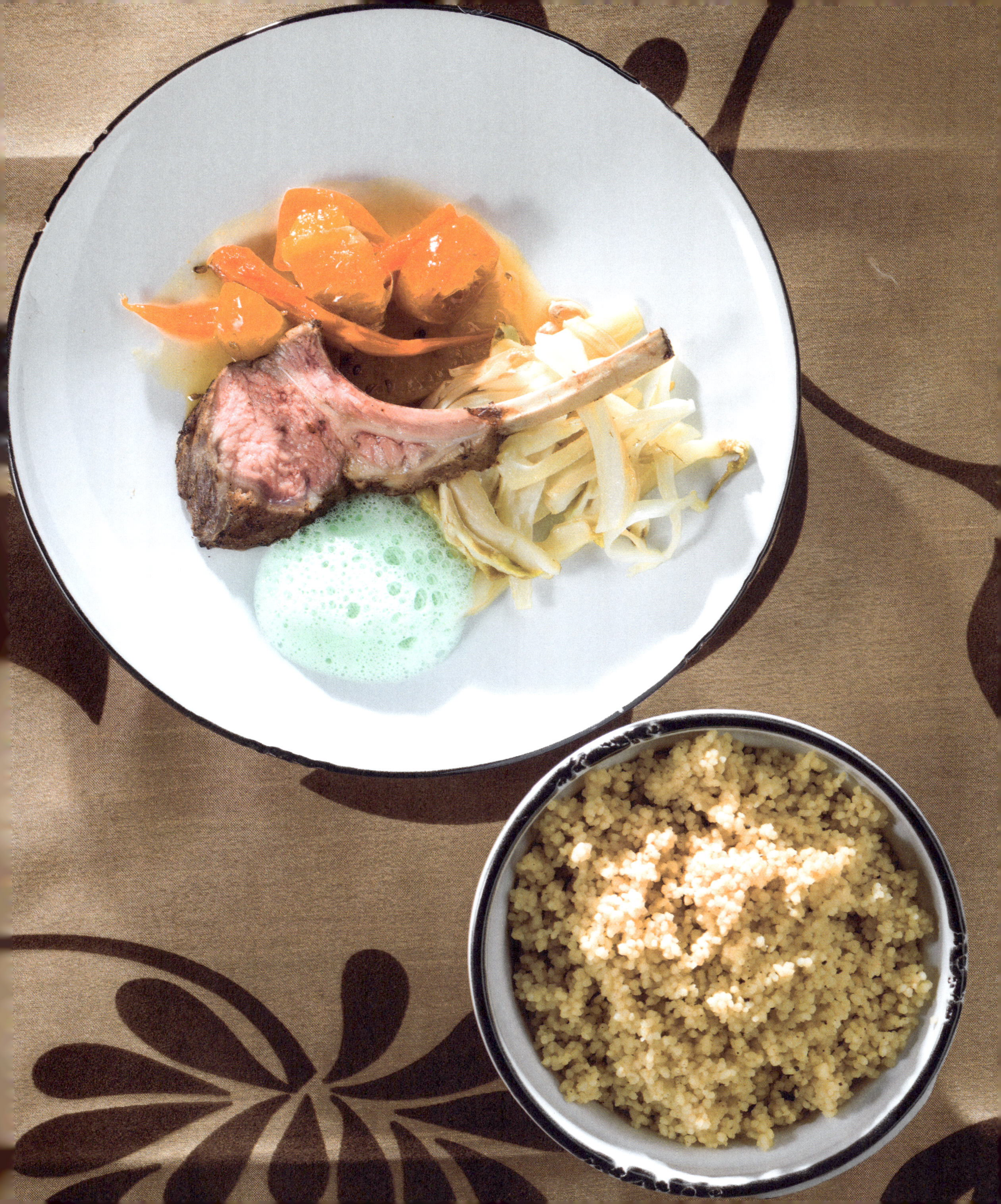

Thunfischfilets in *dukka*-Kruste mit Mango-Chutney

Für 4 Personen etwa 45 Minuten

Für das Mango-Chutney
1 Mango, Rapsöl
1–2 Schalotten, fein gewürfelt
1 TL fein gewürfelter frischer Ingwer
1 TL fein gehackter Knoblauch
200 g Mangopüree
Meersalz
1–2 EL heller Balsamicoessig
1 TL *garam masala* (siehe Seite 280)
1 TL gehacktes Koriandergrün

Für die Thunfischfilets
2 Thunfischfilets, zu Rechtecken (etwa 5 x 15 cm) geschnitten
Meersalz
Pfeffer
1 EL Weizenmehl
1 Ei
4 EL Paniermehl
4 EL *dukka* (siehe Seite 162)
3 EL Rapsöl
2 EL Butter

Die Mango schälen, entsteinen und in Würfel schneiden. In einer Pfanne etwas Rapsöl erhitzen und darin die Schalotten, den Ingwer und den Knoblauch hell anschwitzen. Das Mangopüree und die Mangowürfel dazugeben und alles unter Rühren aufkochen. Mit Meersalz, Balsamicoessig und *garam masala* abschmecken.

Die Thunfischfilets mit Salz und Pfeffer würzen, leicht mit Weizenmehl bestauben und gut abklopfen. Das Ei trennen und das Eiweiß leicht aufschlagen. Die Thunfischfilets in dem Eiweiß wenden.

Das Paniermehl und die *dukka* gründlich vermischen und die Thunfischfilets gleichmäßig rundherum mit der Mischung panieren.

In einer Pfanne das Rapsöl und die Butter erhitzen, bis die Mischung leicht schäumt, und die panierten Fischfilets darin von beiden Seiten hellbraun braten.

Die Thunfischfilets in etwa 4 cm große Stücke schneiden. Das Mango-Chutney mit dem Koriandergrün bestreuen und zu den Thunfischhappen servieren.

Wallerfilets, mit *dukka* gebraten, auf Bärlauchgraupen mit Hummerschaum

Für 4 Personen etwa 45 Minuten

4 Wallerrückenfilets à ca. 160 g,
Fleur de Sel, weißer Pfeffer aus der Mühle, *dukka* (siehe Seite 162),
Mehl, Olivenöl, 1 TL kalte Butter

Für die Bärlauchgraupen
230 g Butter, 1 EL fein gewürfelter Pancetta,
2 Schalotten, in feine Würfel geschnitten,
100 g Perlgraupen,
Weißwein, Geflügelfond,
2 EL Bärlauchpaste, 1 TL fein geriebener Parmesan,
Salz, weißer Pfeffer aus der Mühle

Für den Hummerschaum
Olivenöl, 300 g Hummerkarkassen, 1 EL Tomatenmark, 1 Schuss Cognac,
150 ml Fischfond, 200 ml Sahne, 50 g Butter, Salz, weißer Pfeffer aus der Mühle,
Noilly Prat oder trockener Weißwein

Die Wallerfilets mit Fleur de Sel und Pfeffer würzen. Die *dukka*-Mischung auf einen Teller geben und die Fischfilets leicht mit der Hautseite hineindrücken, mit Mehl bestauben und in einer Pfanne in etwas Olivenöl auf der Hautseite kross anbraten. Den Fisch in eine Ofenform legen und im auf 160 °C vorgeheizten Backofen etwa 5 Minuten garen. Kurz vor Ende der Garzeit die Butter dazugeben und schmelzen lassen. Anschließend die Haut damit beträufeln.

Für die Bärlauchgraupen in einem Topf die Butter zerlassen und darin die Pancettawürfel und die Schalotten anschwitzen. Die Graupen dazugeben, alles mit Weißwein ablöschen und mit Geflügelfond auffüllen. Die Graupen bei niedriger Temperatur bissfest garen, zwischendurch immer wieder mit Geflügelfond aufgießen. Die Bärlauchpaste und den Parmesan einrühren und alles mit Salz und Pfeffer abschmecken.

Für den Hummerschaum in einem Topf etwas Olivenöl erhitzen und darin die Karkassen bei hoher Temperatur scharf anbraten. Das Tomatenmark dazugeben und anrösten. Die Karkassen mit Cognac flambieren. Sofort mit dem Fischfond ablöschen. Die Sahne und die Butter dazugeben und alles aufkochen lassen. Mit Salz und Pfeffer abschmecken und 15 Minuten ziehen lassen. Die Flüssigkeit durch ein feines Haarsieb abseihen. Kurz vor dem Servieren Noilly Prat oder trockenen Weißwein dazugeben und die Flüssigkeit mit dem Pürierstab aufschäumen.

Die Bärlauchgraupen auf Servierteller verteilen. Je ein Wallerrückenfilet daneben platzieren und den Hummerschaum dekorativ am Rand verteilen.

Gegrillte Dorade mit Fenchel und Ananas-*harissa*-Relish

Für 4 Portionen etwa 1 Stunde

4 küchenfertige Doraden à 500–600 g
Meersalz aus der Mühle
8 Kumquats oder 1 unbehandelte Orange
1 Stück frischer Ingwer (etwa 2 cm)
einige Zweige frischer Zitronenthymian
4 Knollen Fenchel
Olivenöl
weißer Pfeffer aus der Mühle
1–2 Schalotten, gehackt
1–2 Knoblauchzehen, fein gehackt
1 EL fein gehackter frischer Ingwer
100 ml Ananassaft
200 g Ananasstücke aus der Dose
2–3 EL *harissa* (mild bis scharf, siehe Seite 163)
2 EL getrocknete Berberitzen oder Rosinen
Koriandergrün, gehackt

Die Doraden innen nach Geschmack mit Meersalz würzen. Die Kumquats oder die Orange in Scheiben schneiden. Das Ingwerstück schälen und in mindestens acht dünne Scheiben schneiden.

Die Doraden mit je zwei Scheiben von dem Ingwer und den Kumquats oder der Orange füllen. Jeweils etwas Zitronenthymian dazugeben und den Fisch mit kleinen Metall- oder Holzstäbchen verschließen.

Den Fenchel putzen, den Strunk entfernen und die Knolle halbieren. Die Hälften mit Olivenöl beträufeln und mit Meersalz und Pfeffer würzen. Den marinierten Fenchel beiseitestellen.

In einer Pfanne 2-3 EL Olivenöl erhitzen und darin die Schalotten, den Knoblauch und den gehackten Ingwer anschwitzen. Alles mit dem Ananassaft ablöschen und die Ananasstücke dazugeben. Die Mischung kurz aufkochen und dann mit 1-2 TL *harissa* abschmecken. Die Berberitzen oder Rosinen einrühren. Die Mischung vom Herd nehmen und abkühlen lassen.

Die Doraden am besten in einem Grill-Fischgitter bei mittlerer Glut auf jeder Seite 8-10 Minuten grillen. Den marinierten Fenchel auf jeder Seite 5 Minuten grillen. Alternativ können Fisch und Fenchel in einer feuerfesten Form auch 35-40 Minuten im auf 180 °C (Umluft) vorgeheizten Backofen gegart werden. 10 Minuten vor Ende der Garzeit die Grillfunktion einschalten.

Das Ananas-*harissa*-Relish mit Koriandergrün abschmecken. Die Doraden mit dem gegrilltem Fenchel und dem Ananas-*harissa*-Relish servieren.

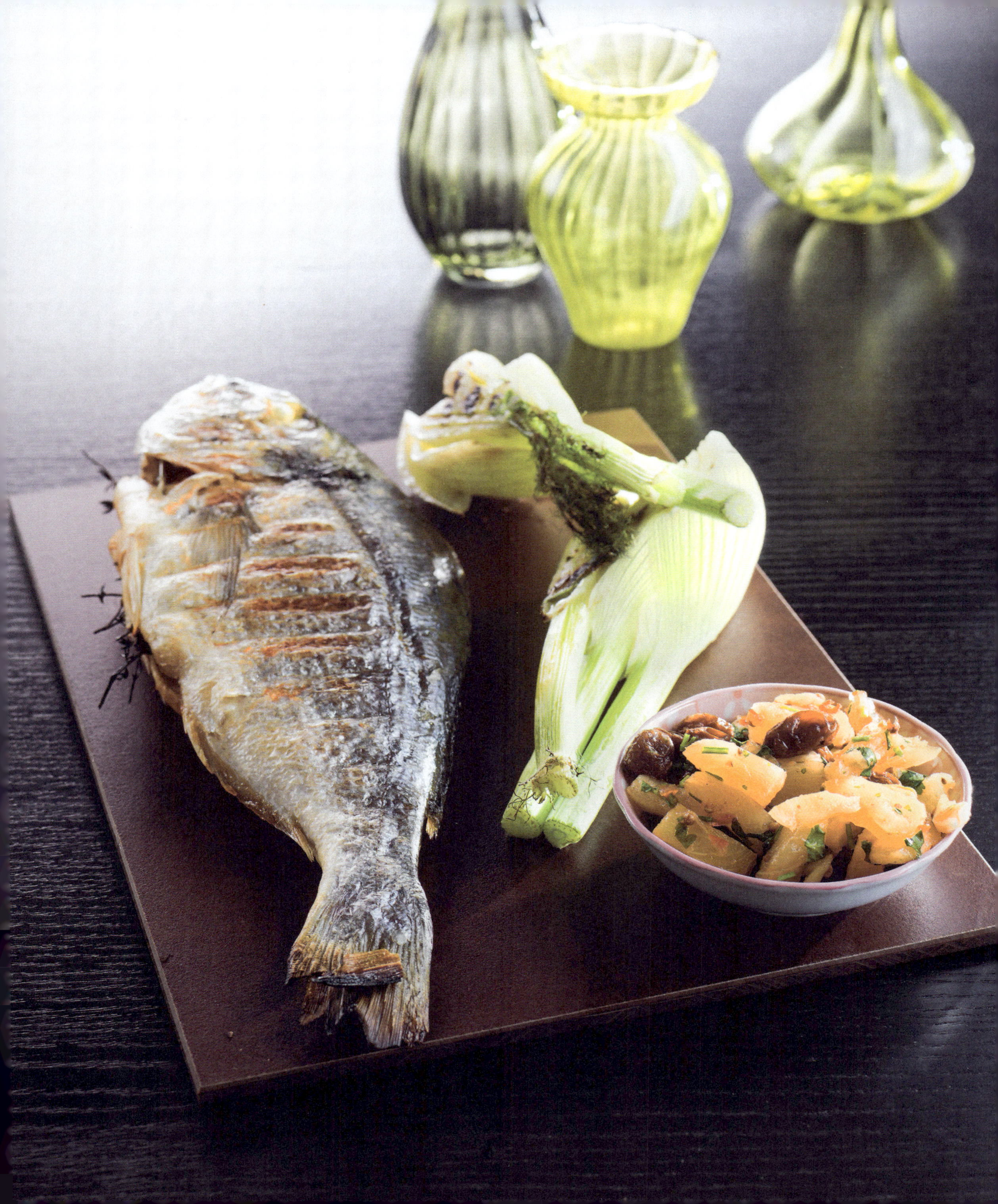

Zanderfilet mit *dukka*-Kräuter-Haube mit Kichererbsen-Mousseline, Tomatensugo und karamellisierten Petersilienwurzeln

Für 4 Portionen etwa 90 Minuten

2 große Zanderfilets mit Haut, geschuppt, grobes Meersalz aus der Mühle,
40 g Weizenmehl, 3 EL Öl zum Braten, 60 g Butter, 20 g Zitronengras, 1 Bund Thymian,
1 Knoblauchzehe, der Länge nach halbiert

Für die *dukka*-Kräuter-Haube
200 g Butter, 40 g glatte Petersilienblätter, 40 g Spinat,
30 g *dukka*-Gewürzmischung (siehe Seite 162), 70 g Hartweizengrieß

Für den Tomatensugo
500 g Strauchtomaten, 50 g Schalotten, 4 EL Olivenöl, 1 Zweig Basilikum,
dukka-Gewürzmischung (siehe Seite 162), Pfeffer, Knoblauch, Salz, Zucker,
3 EL Tomatenmark, 100 ml Gemüsebrühe, Thymian, Rosmarin, Majoran

Für die karamellisierten Petersilienwurzeln
200 g Petersilienwurzeln, 500 ml Gemüsebrühe, 80 g Butter, Zucker,
Salz, Pfeffer, geriebene Muskatnuss

Für die Kichererbsen-Mousseline
100 g Schalotten, 3 EL Olivenöl, 30 g Butter, 150 g große Kichererbsen,
dukka-Gewürzmischung (siehe Seite 162), *ras el-hanout* (siehe Seite 161),
geriebene Muskatnuss, Salz, Pfeffer, Zucker, 500 ml Gemüsebrühe, 3 EL Schlagsahne

Für die *dukka*-Kräuter-Haube die Butter bei mäßiger Temperatur in einem Topf zerlassen. Die Petersilie, den Spinat und die Würzmischung dazugeben, alles einmal kurz umrühren und erhitzen. Dann alles im Mixer fein pürieren. Die Masse durch ein Sieb streichen, danach den Grieß unterrühren und kurz quellen lassen. Die Masse auf einem mit Folie ausgelegtem Blech verstreichen und kurz im Gefrierfach anfrieren lassen.

In der Zwischenzeit den Zander mithilfe einer Pinzette von den Stechgräten befreien und in vier gleich große Stücke schneiden. Die Hautseiten der Filets mit einen Messer leicht einritzen.

Den Zander salzen und die Hautseite mit etwas Mehl bestauben. In einer beschichteten Pfanne das Öl erwärmen und den Fisch darin bei mäßiger Hitze nur auf der Hautseite knusprig anbraten.

Die Butter in einer für den Backofen geeigneten Pfanne zerlassen. Das Zitronengras der Länge nach halbieren, den Thymian und die Knoblauchzehe dazugeben, dann den Fisch mit der Hautseite nach unten in die Pfanne setzen.

Aus der inzwischen erhärteten *dukka*-Kräuter-Masse Stücke in der Größe der Zanderfiletstücke ausschneiden. Die *dukka*-Kräuter-Platten auf die Fischfilets legen. Die Ofenpfanne in den Backofen schieben und die Filets bei starker Oberhitze überbacken.

In der Zwischenzeit für den Tomatensugo die Tomaten an der Oberseite kreuzweise einritzen, kurz in kochendem Wasser überbrühen, in Eiswasser abschrecken und dann die Haut abziehen. Die geschälten Tomaten halbieren. Die Kerne herauslöffeln und beiseitestellen, das Fruchtfleisch in feine Würfel schneiden. Die Schalotten schälen und fein würfeln. In einem Topf das Olivenöl erwärmen, die Schalottenwürfel dazugeben und farblos anschwitzen. Die Tomatenkerne, die Gewürze, Salz, Zucker, das Tomatenmark und die Gemüsebrühe dazugeben. Die Flüssigkeit dickflüssig einkochen lassen, dann durch ein Sieb streichen. Die fein geschnittenen Gewürzkräuter und die Tomatenwürfel unterrühren und alles noch einmal abschmecken. Das Sugo darf nicht mehr aufkochen, da sonst die Tomatenwürfel schmelzen. Vor dem Servieren noch einmal kurz erwärmen.

Für die karamellisierten Petersilienwurzeln die Petersilienwurzeln schälen, in gleich große Stücke schneiden und in der Gemüsebrühe garen. Wenn die Petersilienwurzel weich ist, die restliche Flüssigkeit abgießen und zur späteren Verwendung auffangen. In einer Pfanne die Butter schmelzen. Den Zucker zugeben und karamellisieren lassen. Die gekochten Petersilienwurzeln dazugeben und kurz im Karamell wenden. Alles mit der Kochflüssigkeit ablöschen und mit Salz, Pfeffer und Muskatnuss würzen.

Für die Kichererbsen-Mousseline die Schalotten schälen und in feine Würfel schneiden. Das Olivenöl in einem Topf erhitzen und die Schalottenwürfel darin glasig anschwitzen. Die Butter und die Kichererbsen dazugeben. Die Gewürze, Salz, Pfeffer und Zucker einrühren und alles mit der Gemüsebrühe ablöschen. Die Kichererbsen weich kochen, bei Bedarf mit etwas Wasser aufgießen.

Sobald die Erbsen weich sind, in einem Mixer fein pürieren. Die Masse durch ein Sieb streichen, dann behutsam die Sahne einrühren. Die Sauce abschmecken.

Das Kichererbsenpüree jeweils tropfenförmig auf einer Seite der Servierteller platzieren. In der Mitte daneben zunächst Petersilienwurzeln, dann je ein Zanderfilet anrichten. In entgegengesetzter Tropfenform zuletzt etwas Sugo auf jedem Teller verteilen und servieren.

Babusa – ägyptische Grießschnitten

Für 8 Portionen etwa 45 Minuten

8 Tropfen Rosenöl
450 g Zucker
2 EL Zitronensaft
150 g warme Butter
150 g Joghurt
Mark von 1 Vanilleschote
2 mittelgroße Eier
450 g Grieß
1 Päckchen Backpulver
300 g Kokosraspel

Ein Backblech mit Backpapier auslegen. Den Backofen auf 180 °C (Umluft) vorheizen.

In einem kleinen Topf 300 ml Wasser, das Rosenöl, 300 g von dem Zucker und den Zitronensaft zu einem glatten Sirup kochen. Beiseitestellen.

Die Butter, den Joghurt, den restlichen Zucker und das Vanillemark in einer Schüssel zusammen mit den Eiern schaumig rühren.

Den Grieß mit dem Backpulver mischen und mit der Eimasse verrühren. Die Kokosraspel dazugeben und alles vermengen. Die Masse auf dem Backblech verteilen und im vorgeheizten Ofen etwa 25 Minuten goldbraun backen. Den noch warmen Kuchen mit dem Sirup begießen und kurz ruhen lassen.

Tipp: Dieser Kuchen ist bei Zimmertemperatur gut 4 Tage haltbar.

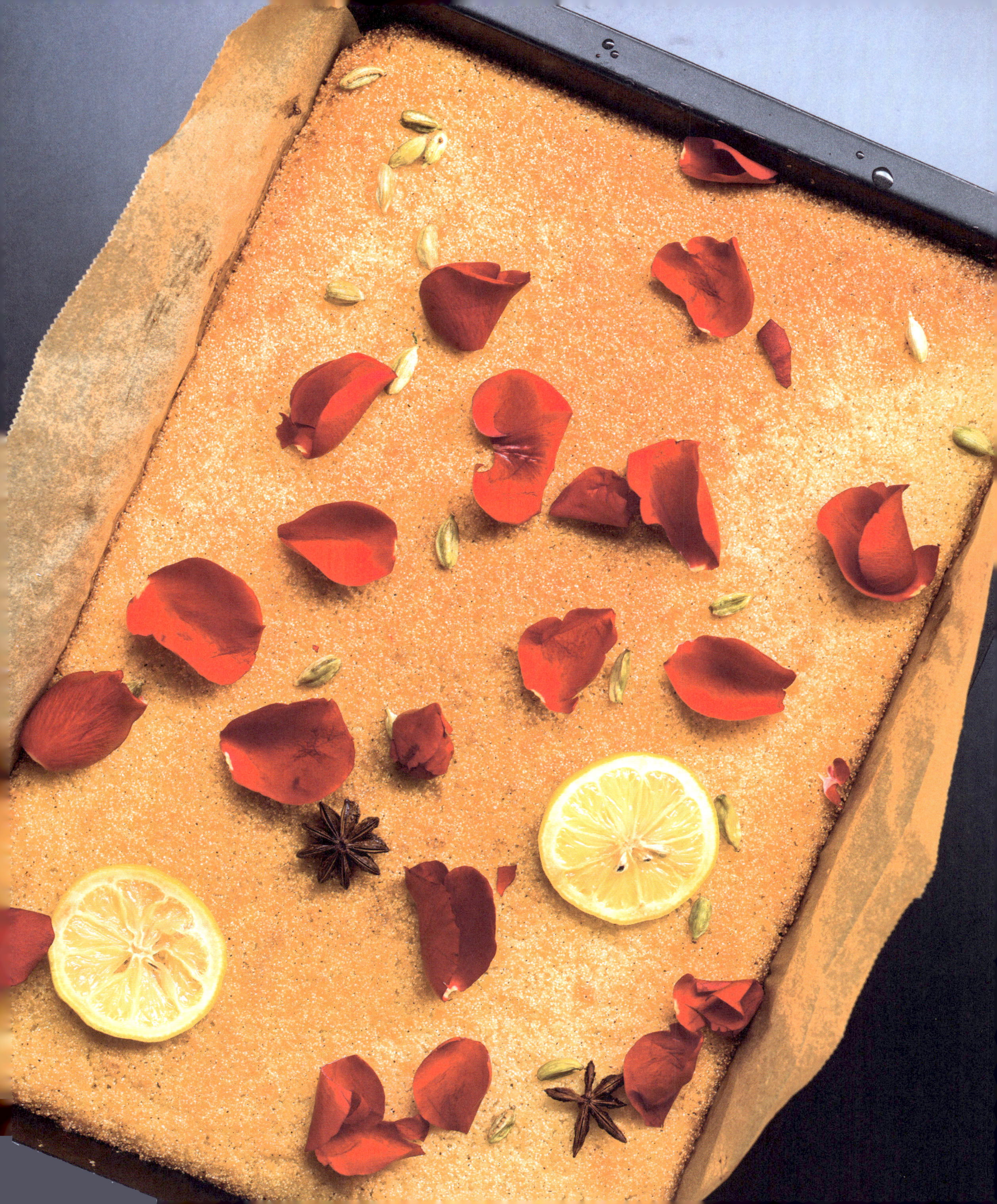

Frische Feigen in Sirup mit feiner Safrannote

Für 4 Personen etwa 25 Minuten

2 Stangen Kassiazimt
4 EL Honig
100 g Rohzucker
½ TL gemahlener Safran
16 frische Feigen
16 blanchierte Mandeln
300 g griechischer Joghurt
100 g ungesalzene Pistazien, gehackt

In einem Topf 600 ml Wasser zusammen mit den Zimtstangen, dem Honig, dem Zucker und dem Safran unter Rühren zum Kochen bringen. Dann alles bei mittlerer Hitze etwa 15 Minuten köcheln lassen.

In der Zwischenzeit jede Feige von unten mit einer Mandel füllen. Wenn der Sirup eingekocht ist, die gefüllten Feigen in den Sirup legen und alles weitere 5 Minuten köcheln lassen, bis die Feigen weich sind.

Den Joghurt gleichmäßig auf vier Dessertschalen verteilen und je vier Feigen pro Portion dekorativ am Außenrand platzieren. Die Zimtstangen aus dem Sirup nehmen, dann die Feigen und den Joghurt mit dem Sirup beträufeln und mit den Pistazien bestreuen.

Baklava –
Mandel-Kardamom-Gebäck mit Pistazien

Für 40 Stück etwa 75 Minuten, plus 2 Stunden zum Kühlen

300 g gemahlene Mandeln
155 g Mandeln, fein gehackt
150 g ungesalzene Pistazien, gehackt
230 g extrafeiner Zucker
1 TL gemahlener oder zerstoßener Kardamom
185 g Butter, zerlassen
20 Blätter Filo- oder Yufkateig (aus dem türkischen Feinkostladen)

Für den Sirup
440 g Rohzucker
1 TL Limettensaft
½ TL gemahlener oder zerstoßener Kardamom
½ TL gemahlener Zimt
1 EL Orangenblütenwasser

Die Mandeln und 50 g der Pistazien mit dem Zucker und dem Kardamom mischen.

Den Backofen auf 180 °C vorheizen. Eine rechteckige Backform (24 x 36 cm) mit der Butter einfetten. Fünf Blätter Filoteig übereinander in die Backform legen, dabei jedes Blatt mit Butter bestreichen. Ein Viertel der Nuss-Gewürz-Mischung darauf verteilen. Mit fünf Teigblättern bedecken, dabei wiederum jedes Blatt mit Butter bestreichen. Die Teigschicht wieder mit einem Viertel der Mischung bestreuen. So fortfahren, bis die gesamte Nussmischung und die Filoblätter verarbeitet sind. Die oberste Teigschicht mit Butter bestreichen.

Die Ränder des Teigs mit einem scharfen Messer zurechtschneiden. Die Schichten vorsichtig rautenförmig einschneiden. Die restliche Butter in die Schnitte laufen lassen.

Die Baklava auf der mittleren Schiene in den vorgeheizten Ofen schieben und etwa 25 Minuten backen, bis der Teig goldbraun ist.

In der Zwischenzeit für den Sirup in einem Topf den Rohzucker unter ständigem Rühren in 375 ml Wasser erhitzen und auflösen. Sobald die Mischung kocht, den Limettensaft dazugeben und die Gewürze einrühren. Alles ohne Rühren etwa 15 Minuten einkochen lassen. Dann das Orangenblütenwasser einrühren und den Sirup beiseitestellen.

Die Baklava aus dem Ofen nehmen und gleichmäßig mit dem Sirup übergießen. Das Gebäck 2 Stunden kühlen, dann mit den restlichen gehackten Pistazien bestreuen und in 40 gleich große, rautenförmige Stücke schneiden.

Tipp: *Baklava* werden traditionell zu starkem Mokka serviert, dessen Bitterkeit die Süße des Gebäcks aufregend kontrastiert.

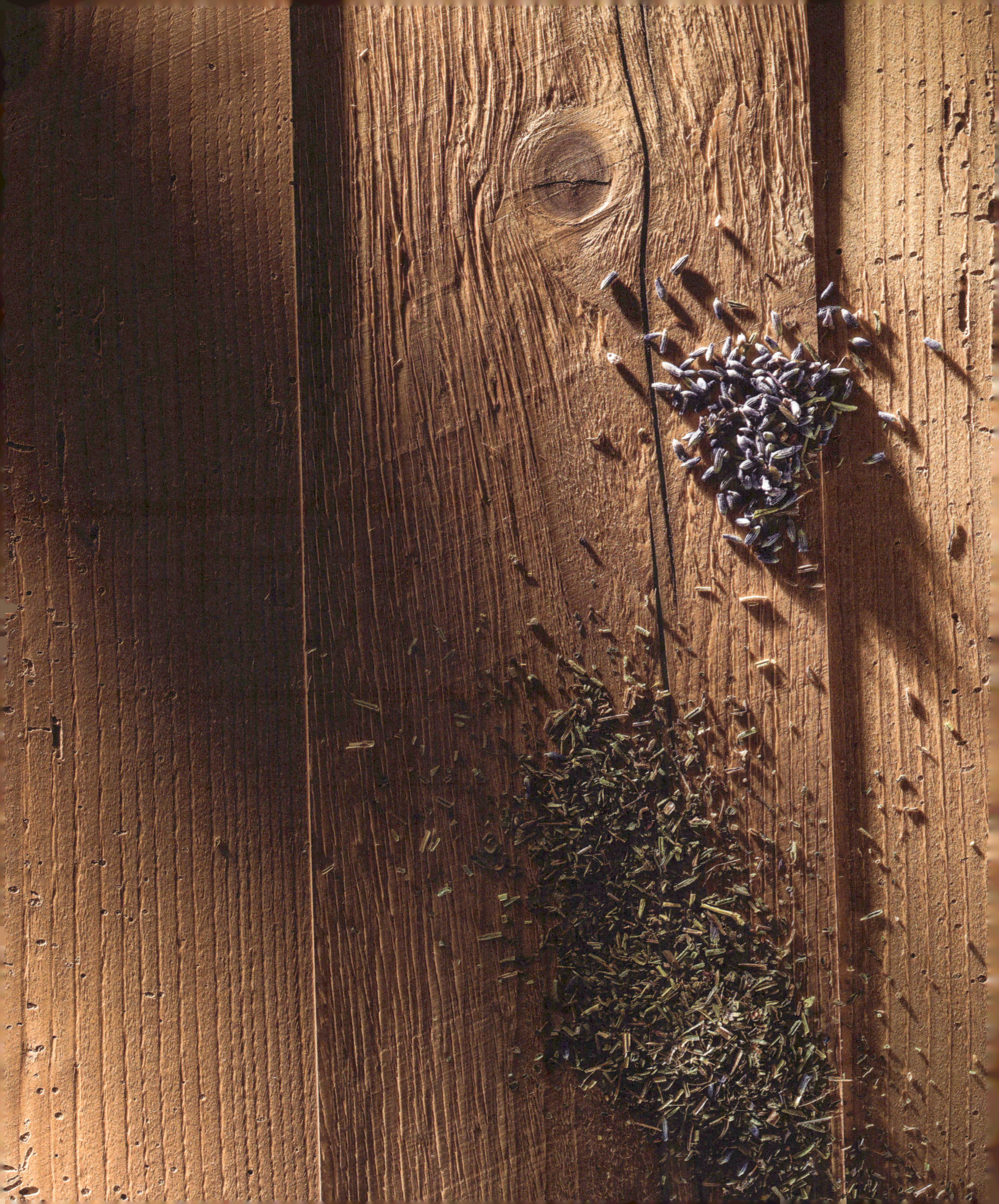

Aromenwelt mediterranes Europa

So vielfältig wie seine Länder, so bunt ist auch die Küche Europas. Zwischen dem Mittelmeer im Süden und dem Polarkreis im Norden versammeln sich zahlreiche klimatisch wie kulturell ganz unterschiedliche Regionen, deren charakteristische Gegebenheiten sich auch deutlich an den Küchentraditionen und Würzvorlieben der Bewohner ablesen lassen.

Im Süden Europas, dort, wo sich sonnenverwöhnte Landstriche bis an die Küsten des warmen Mittelmeers erstrecken, präsentieren sich die regionalen Küchen mit den charmanten Buketts frischer Gewürzkräuter. Die mediterranen Aromen von Basilikum, Oregano und Salbei, von Estragon, Kerbel, Thymian, Rosmarin oder Lorbeer rufen unweigerlich wohlig sommerliche Gefühle hervor.

Kräuter der Provence (Südfrankreich)

Die harmonische Verbindung der klassischen mediterranen Gewürzkräuter Oregano, Thymian, Rosmarin, Bohnenkraut, Basilikum und Estragon mit dem in der südfranzösischen Provence regionaltypischen Lavendel bringt in der traditionellen herbalen Komposition »Kräuter der Provence« die herrlichen Aromen Südfrankreichs auf den Teller.

1 EL gefriergetrockneter Oregano, 1 EL gefriergetrockneter Thymian,
1 EL gefriergetrockneter Rosmarin, 1 EL getrocknetes und gerebeltes Bohnenkraut,
1 TL gefriergetrocknetes Basilikum, 1 TL gefriergetrockneter Estragon
1 TL getrocknete Lavendelblüten

Alle Zutaten gründlich miteinander vermischen. Die Mischung in ein luft- und lichtdichtes Gefäß füllen. So verpackt ist sie 3–4 Monate haltbar. Ideal für mediterrane Fleisch-, Geflügel-, Lamm- und Gemüsegerichte, Suppen und Saucen, Antipasti, Salate, Carpaccio, kalten Braten, Pilze, Dressings, Dips, Sahnesaucen, Frischkäse, Schafskäse, Ziegenkäse, Flammkuchen, Omeletts, Kräuterpfannkuchen, Quiches, Tartes und Kartoffelgratins.

Tessiner Kräuter (Tessin)

Die Wälder des Tessins sind im Herbst wahre Schatzkammern kulinarischer Genüsse, entsprechend sind Pilze, Maronen und Wild traditionelle Zutaten der regionalen Küche. Durch die Nähe des Schweizer Kantons zu Italien sind dessen Gerichte von mediterranem Charme geprägt und setzen bei der Würze auf das Beste, was die Region zu bieten hat: aromatische Steinpilze und würzige Kräuter.

1 EL getrocknete Steinpilze, 1 EL gefriergetrocknete Zwiebelwürfel,
1 TL schwarzer Pfeffer, ganz, 1 TL Korianderfrüchte, 1 TL getrockneter Liebstöckel,
1 TL gefriergetrockneter Knoblauch, 1 TL gefriergetrockneter Rosmarin,
1 TL gefriergetrockneter Oregano, 1 TL gefriergetrocknetes Basilikum,
1 TL gefriergetrockneter Thymian, 1 TL gefriergetrockneter Estragon,
1 TL getrocknetes und gerebeltes Bohnenkraut, 1 TL edelsüßes Paprikapulver

Alle Zutaten bis auf das Paprikapulver in einer elektrischen Gewürzmühle fein vermahlen. Anschließend das Paprikapulver untermischen. Ideal für Schmor- und Rinderbraten, Pilzgerichte, Kartoffelgratins und -suppen, Pilzrisotto, Raclette und Käsefondue.

Quatre épices
(Vier-Gewürze-Mischung, Frankreich)

In dieser Würzkomposition setzt die französische Küche ganz auf mittelalterliche Tradition. Diese Vier-Gewürze-Mischung besticht neben ihrer pfeffrigen Stärke auch durch die balsamischen Noten von Gewürznelke und Zimt und ihr delikates Ingwerbukett.

4 EL weißer Pfeffer, ganz, 1 TL Gewürznelken, 1 TL getrockneter und geschnittener Ingwer, 1 TL frisch geriebene Muskatnuss

Den Pfeffer, die Gewürznelken und den Ingwer in einer elektrischen Gewürzmühle fein mahlen. Zuletzt die frisch geriebene Muskatnuss untermischen. Ideal für klassische Eintöpfe, Wildragouts oder eingelegten Kürbis.

Bouquet garni
(Kräutersträußchen, Frankreich)

Herbale Akzente setzt in der französischen Cuisine das »Bouquet garni«, ein adrettes Sträußchen frischer oder getrockneter Kräuter, das nach dem Mitkochen ganz bequem im Ganzen wieder entfernt werden kann.

3 Stängel frische Petersilie, 1 Zweig frischer Thymian, 1 Zweig frischer Salbei, 1 Zweig frischer Majoran, 1 getrocknetes Lorbeerblatt

Die Gewürzkräuterzweige und das Lorbeerblatt mit einem lebensmittelechten Bindfaden zusammenbinden. Das Sträußchen als Aromaspender in dem zu würzenden Gericht mitgaren. Ideal für Bouillon, Suppen, Eintöpfe, Saucen und Schmorgerichte.

Italienische Kräuter

In dieser duftigen Kräutermischung steckt die ganze Würze Italiens: Typisch italienischer Gusto mit Oregano und Basilikum wird ergänzt durch die mediterranen Gewürzkräuter Thymian, Rosmarin sowie Salbei und verstärkt durch die kräftigen Noten von Knoblauch und Paprika.

2 EL gefriergetrockneter Oregano, 1 EL gefriergetrocknetes Basilikum, 1 EL gefriergetrockneter Thymian, 1 EL gefriergetrockneter Rosmarin, 1 EL gefriergetrockneter Salbei, 1 TL gefriergetrockneter Knoblauch, 1 TL Paprikaflocken

Alle Gewürzkräuter, den Knoblauch und die Paprikaflocken miteinander vermischen. Ideal für Gerichte der italienischen Küche wie Pizza, Pasta, Schmorgerichte, Risottos und Saucen.

Gremolata – italienische Würzpaste

Für 4 Portionen etwa 20 Minuten

2 Knoblauchzehen, 1 Bund glatte Petersilie, Abrieb von 1 unbehandelten Zitrone

Die Knoblauchzehen schälen und fein hacken. Die Petersilie waschen und trocknen, die Stängel entfernen und die Blätter mit dem Wiegemesser fein schneiden. Knoblauch und Petersilie mit dem Zitronenabrieb vermischen. Gremolata wird erst kurz vor Ende der Kochzeit hinzugefügt. Ideal für Ossobuco alla milanese (siehe Seite 206) und Schmorgerichte mit Kalb oder Lamm.

Persillade – französische Würzpaste

Für 2 Portionen etwa 15 Minuten

4 Knoblauchzehen, ½ Bund glatte Petersilie

Den Knoblauch schälen und fein hacken. Die Petersilie waschen, trocknen, die Stängel entfernen und den Rest mit einem Wiegemesser klein schneiden. Dann Knoblauch und Petersilie miteinander vermengen. Achtung: Diese Würzpaste darf nicht erhitzt werden! Ideal zu gebratenem oder gegrilltem Fisch, Fleisch oder Gemüse und zu Bratkartoffeln.

Kapernsauce

Für 2 Portionen   etwa 10 Minuten

125 g Schmand, 1 EL frisch gepresster Zitronensaft, 2 TL in Essig eingelegte Kapern,
½ TL getrocknete Dillspitzen, Meersalz, Zucker, schwarzer Pfeffer aus der Mühle

In einer Schüssel den Schmand mit dem Zitronensaft verrühren. Die Kapern abtropfen lassen und dann zusammen mit den Dillspitzen unter die Schmandmischung rühren. Mit Salz, Zucker und Pfeffer abschmecken. Ideal zu gedünstetem oder gekochtem Fisch.

Mojo rojo – kanarische Würzsauce

Für 4 Portionen   etwa 20 Minuten

1 rote Paprikaschote, 1 rote Chilischote, 4 Knoblauchzehen, 2 getrocknete Tomaten,
1 TL gemahlener Kreuzkümmel, 1 TL Salz, 1 TL edelsüßes Paprikapulver,
75 ml Weißweinessig, 200 ml Olivenöl, Semmelbrösel

Die Paprikaschote waschen, von Samen und Scheidewänden befreien und in Stücke schneiden. Die Chilischote waschen, der Länge nach aufschneiden, von Samen und Scheidewänden befreien und in Stücke schneiden. Die Knoblauchzehen abziehen. Alle Zutaten bis auf die Semmelbrösel in ein hohes Gefäß geben und zu einer glatten Masse pürieren. Anschließend nach Bedarf Semmelbrösel unterheben, bis die Masse eine cremige und streichfähige Konsistenz erreicht hat.
Ideal für Fleisch, Fisch, Kartoffeln sowie als Dip oder Brotaufstrich.

Salsa verde – italienische Würzsauce

Für 4 Portionen   etwa 20 Minuten

1 Knoblauchzehe, 30 g Kapern, 10 g Sardellenfilets in Salz,
1 Bund glatte Petersilie, 7 EL Olivenöl, 3 EL Fischfond
1 EL heller Balsamicoessig, Salz, Pfeffer, brauner Zucker

Die Knoblauchzehe schälen und hacken, die Kapern und die Sardellenfilets klein schneiden.
Die Petersilie waschen, trocknen und von den Stielen befreien.

Knoblauch, Kapern, Sardellen, Petersilie und alle restlichen Zutaten in ein hohes Gefäß geben und mit dem Pürierstab zu einer glatten Sauce verarbeiten. Die *salsa verde* mit Salz, Pfeffer und braunem Zucker abschmecken.

Salbeimäuschen

Für 4 Portionen etwa 30 Minuten

12 größere frische Salbeiblätter
200 g Mehl
200 ml Bier oder Milch
4 Eigelb
Salz
2 Eiweiß
Zucker
Öl/Fett zum Ausbacken

Die Salbeiblätter abspülen und auf einem Blatt Küchenpapier trocknen lassen. Für den Teig das Mehl, das Bier oder die Milch, das Eigelb und etwas Salz zu einem klümpchenfreien Ausbackteig verrühren. Den Teig 15 Minuten ruhen lassen.

In der Zwischenzeit das Eiweiß mit je einer Prise Salz und Zucker steif schlagen. Den Eischnee unter den Teig heben.

Die Salbeiblätter an den Blattstielen fassen, einzeln durch den Teig ziehen und dann in einem Topf in reichlich siedendem Fett ausbacken. Mit einer Schaumkelle herausnehmen und auf Küchenpapier abtropfen lassen. Als raffiniertes Fingerfood zu Wein, Bier oder zum Aperitif servieren.

Gekräuterte Ziegenfrischkäserollen

Für 4 Portionen etwa 15 Minuten

250 g Ziegenfrischkäse
gemischte frische Kräuter (z. B. Dill, Petersilie, Schnittlauch, grüne Minze)
2 Knoblauchzehen
Zitronensaft
Meersalz
schwarzer Pfeffer aus der Mühle
edelsüßes Paprikapulver

Die Kräuter waschen und auf Küchenpapier ausgebreitet abtrocknen lassen. Die Blätter abzupfen und mit einem Wiegemesser fein hacken. Die Knoblauchzehen abziehen und fein hacken.

Den Frischkäse in einer Schüssel mit einem Spritzer Zitronensaft zu einer glatten Masse verrühren. Nach und nach rund drei Viertel der gehackten Kräuter gleichmäßig untermischen. Die Masse mit Salz und Pfeffer abschmecken.

Mit der Hand etwas Käsemasse aufnehmen und daraus eine kleine Rolle formen. Diese in den restlichen gehackten Kräutern oder, für mehr Farbvariation, in Paprikapulver wälzen. Mit der gesamten Käsemasse so verfahren. Die Päckchen nach Belieben mit frischen Schnittlauchhalmen umbinden und mit Landbrot, Pumpernickel, Baguette oder Kräckern servieren.

Caponata

Für 4 Portionen etwa 60 Minuten

4 mittelgroße Auberginen, Salz, 4 rote Paprikaschoten, 4 Stangen Sellerie, 1 weiße Gemüsezwiebel, 4 große, reife Fleischtomaten, 1–2 EL Kapern in Meersalz, Olivenöl extra vergine, Meersalz, 1–2 EL Zucker, 3–4 EL Weißweinessig, 100 g entsteinte grüne Oliven

Die Auberginen der Länge nach in Scheiben schneiden. Diese gut mit Salz bestreuen und 30-40 Minuten ziehen lassen, damit die leicht bittere Fruchtflüssigkeit austritt. Anschließend die Scheiben leicht ausdrücken und in mundgerechte Stücke schneiden.

In der Zwischenzeit die Paprikaschoten waschen, von Kernen und Scheidewänden befreien und ebenfalls in mundgerechte Stücke schneiden. Den Staudensellerie waschen, falls nötig putzen und quer in 3-5 mm dicke Scheibchen schneiden. Die Zwiebel schälen, halbieren und in nicht zu feine Ringe schneiden. Die Tomaten waschen und in Stücke schneiden. Die in Salz eingelegten Kapern in lauwarmes Wasser legen.

In einer großen, schweren Pfanne 2 EL Olivenöl erhitzen und die Auberginenstücke darin gut anbraten, dabei darauf achten, dass sie nicht zu viel Farbe nehmen. Vom Herd nehmen, etwas Meersalz hinzufügen und die Auberginen in der Pfanne abkühlen lassen.

In einer zweiten Pfanne etwas Olivenöl erhitzen und darin die Paprika- und Selleriestücke sowie die Zwiebelringe unter Rühren anbraten. Dann die Tomatenstücke und den Zucker zugeben und unter Rühren erwärmen. Mit dem Essig ablöschen und diesen verdampfen lassen. Danach die gebratenen Auberginenstücke, die Oliven sowie die entsalzten und abgetropften Kapern unterheben. Warm als Hauptgericht mit frischem Brot oder als Beilage zu Gegrilltem servieren.

Acciughe sotto pesto – marinierte Sardellen

Für 4 Portionen etwa 30 Minuten, plus 1–2 Tage zum Marinieren

8 Sardellen in Salz, 200 ml trockener Weißwein, 2–3 Knoblauchzehen, 1 Bund Petersilie, 1 getrocknete Peperoncinoschote, natives Olivenöl extra vergine

Die Sardellen sehr sorgfältig vom Salz befreien, putzen und bei Bedarf die Mittelgräte entfernen. Die Filets in eine flache Form legen und vollständig mit Weißwein bedecken. Einige Stunden, am besten jedoch über Nacht ziehen lassen. Anschließend die Sardellen unter fließendem Wasser gut abwaschen, trocken tupfen und wiederum nebeneinander in eine Form legen.

Den Knoblauch abziehen und fein hacken. Die Petersilie waschen und fein hacken. Die getrocknete Peperoncinoschote im Mörser zerkleinern.

Die Sardellen mit einer Prise Peperoncinoflocken bestreuen, mit der gehackten Petersilie bedecken und mit Olivenöl begießen. Die Fische sollten vollständig mit Öl bedeckt sein. Für einige Stunden, am besten jedoch über Nacht, im Kühlschrank marinieren lassen. Anschließend mit frischem Weißbrot servieren.

Frittata con zucchini e pinoli – mediterranes Zucchini-Omelett

Für 4 Portionen etwa 30 Minuten

400 g kleine, längliche grüne Zucchini
1 Bund Zucchiniblüten
8 Eier
Salz
Pfeffer aus der Mühle
einige Zweige frische Kräuter (nur eine Sorte, z. B. Estragon, Basilikum, Borretsch oder Zitronenmelisse)
2 EL Pinienkerne
6 EL Olivenöl extra vergine
4 EL Butter

Den Backofen auf 100 °C vorheizen und darin die Teller warm stellen.

Die Zucchini waschen und quer in feine Scheiben schneiden. Die Zucchiniblüten von den Stängeln knipsen und die Stempel im Inneren entfernen. Dabei die Blüten auf einer Seite einreißen, damit man sie flach auseinanderklappen kann.

In einer Schüssel die Eier mit etwas Salz und Pfeffer verquirlen, aber nicht schaumig schlagen. Die Kräuter waschen, trocken schütteln und grob hacken. Die Pinienkerne in einer Pfanne ohne Fett goldbraun rösten.

In einer beschichteten Pfanne 2 EL Olivenöl und 2 EL Butter erhitzen. Die Zucchiniblüten flach hineinlegen und sofort mit etwas Salz und Pfeffer würzen. Kurz anbräunen lassen, dann wenden. Sobald sie von beiden Seiten leicht gebräunt sind, auf Küchenpapier abtropfen lassen. Im vorgeheizten Ofen warm stellen.

In der gleichen Pfanne 2 EL Olivenöl und 1 EL Butter erhitzen und darin die Zucchinischeiben anbraten. Die Zucchini nicht zu dunkel werden lassen, sie braten in der Eiermasse noch weiter. Die Pfanne vom Herd nehmen, die gehackten Kräuter über den Zucchini verteilen und alles mit der Eimasse übergießen. Die Pfanne wieder auf die Platte ziehen und die Eimasse bei niedriger Temperatur stocken lassen. Bevor sich die Oberfläche der Eimasse vollständig verfestigt, die gerösteten Pinienkerne darauf streuen. Die Frittata auf einen Teller geben. Das restliche Fett in der Pfanne erhitzen und die Frittata mit der gebackenen Seite nach oben wieder hineingeben. Einige Minuten fertig backen.

Die Frittata mit den Zucchiniblüten dekorieren, auf einem vorgewärmten Teller anrichten und sofort genießen.

Tipp: Zu dieser Köstlichkeit passt ein knackiger Salat aus frischer Rucola und kleinen Tomaten, ganz schlicht mit etwas Salz, Pfeffer, Zitronensaft und Olivenöl extra vergine angemacht.

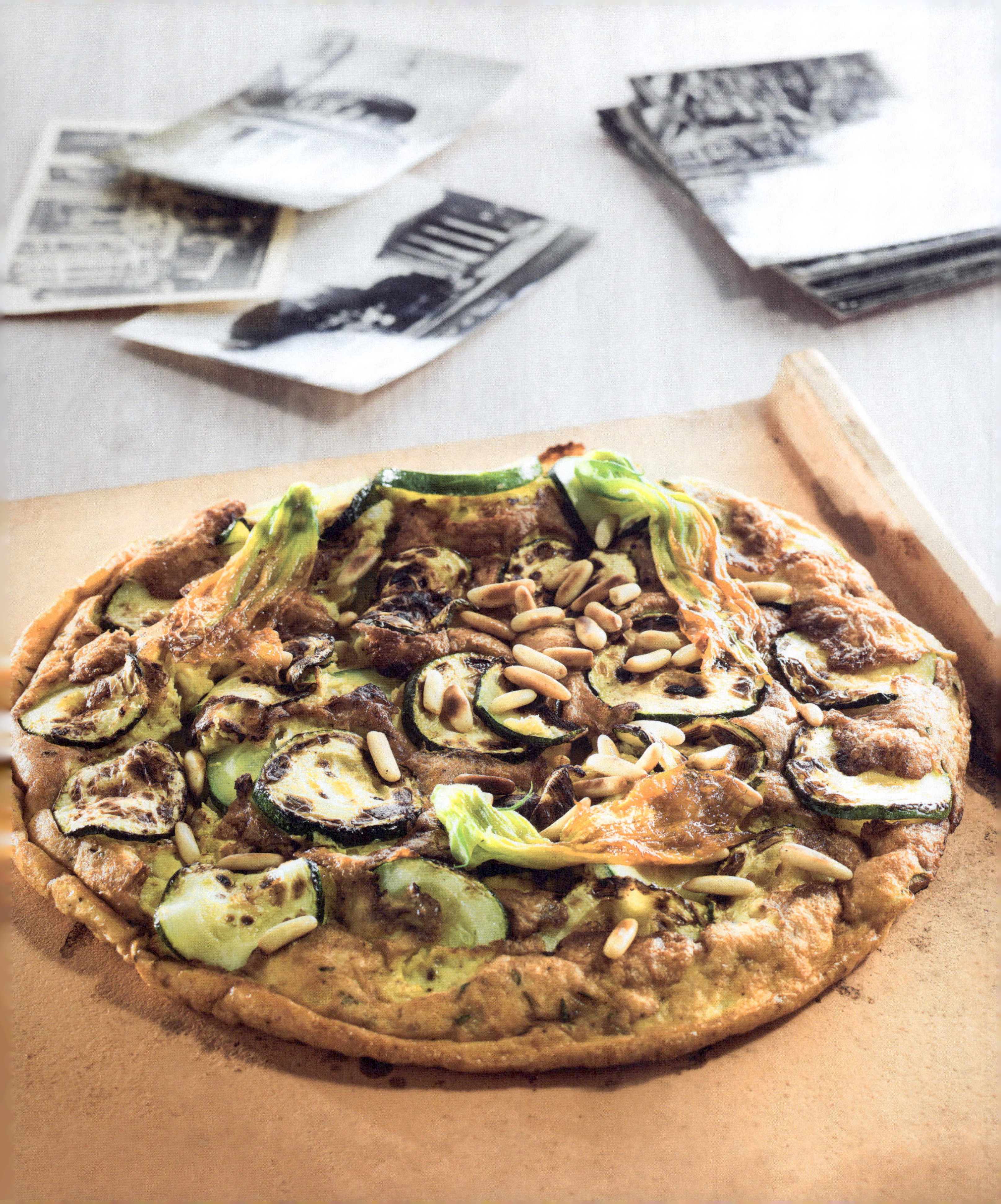

Griechisches Gemüse mit gegrilltem Wolfsbarsch

Für 4 Portionen etwa 45 Minuten

1 Gemüsezwiebel
2 ganze Europäische Wolfsbarsche (Loup de mer), ausgenommen
4 Zweige Rosmarin
1 Aubergine
2 Knollen Fenchel
150 ml Olivenöl extra vergine
1 Bund frischer Thymian, gezupft
Meersalz

Den Grill anheizen. Die Zwiebel vierteln und in die Bauchhöhlen der Wolfsbarsche geben. Die Rosmarinzweige dazugeben.

Die Aubergine in Scheiben schneiden. Den Fenchel vom Strunk lösen und ebenfalls in Scheiben schneiden. In einer Pfanne etwas Olivenöl erhitzen und die Gemüsescheiben darin scharf anbraten. Abkühlen lassen. Das Olivenöl, das Meersalz und den frischen Thymian dazugeben und mit dem Gemüse vermengen. Die Mischung ziehen lassen.

Die gefüllten Fische auf jeder Seite etwa 6 Minuten grillen. Mit dem marinierten Gemüse servieren.

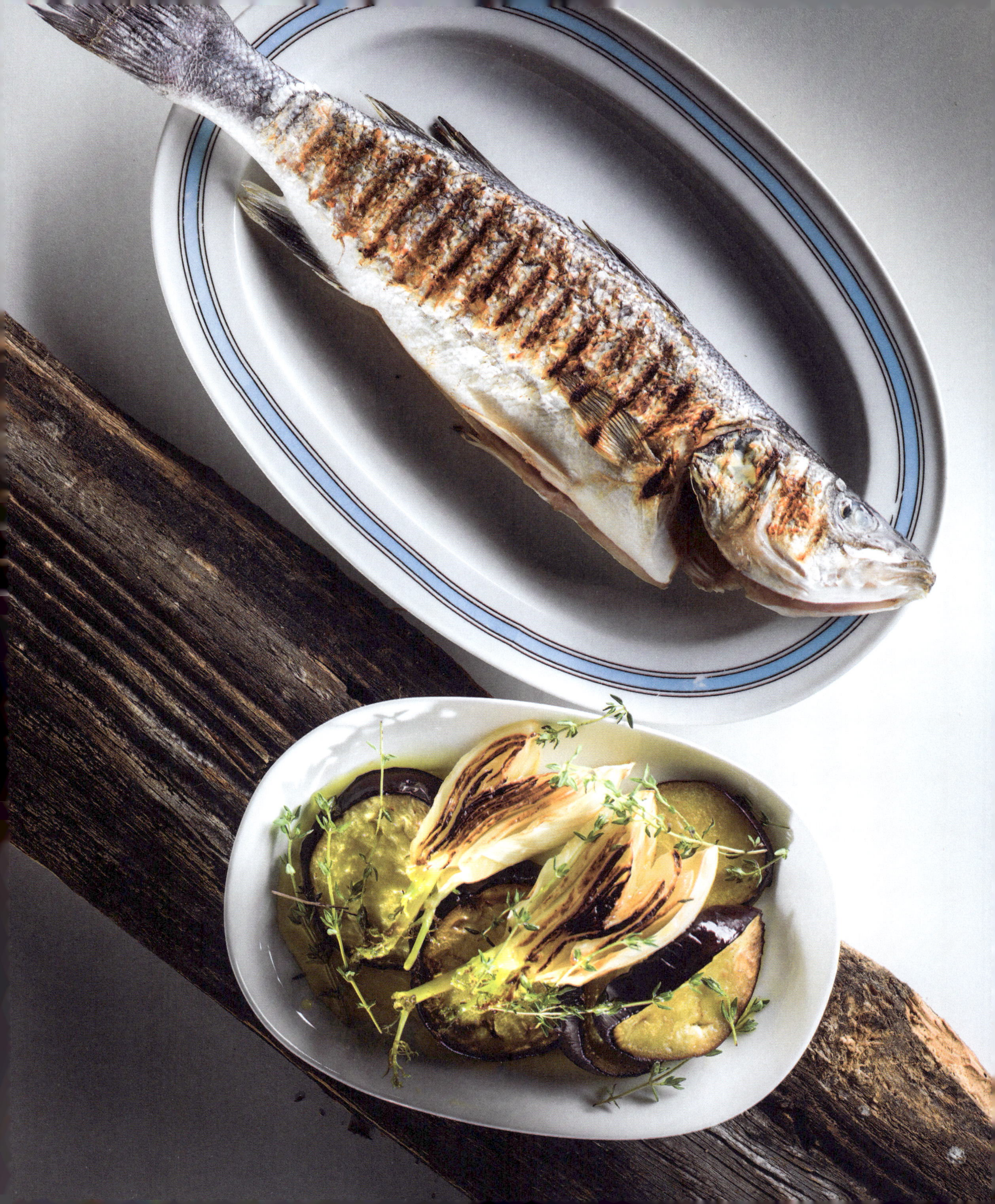

Mediterraner Nudeltopf

Für 10 Portionen ⏱ etwa 45 Minuten

400 g Spaghetti
1 Zwiebel
500 g Lauch
500 g Karotten
100 g Butter
150 g Tomatenmark
500 g Tomatenwürfel aus der Dose
4 EL Gemüsebrühe
500 g weiße Bohnen aus der Dose
½ TL weißer Pfeffer
½ TL Knoblauchpulver
½ TL getrocknete Kräuter der Provence (siehe Seite 190)
1 TL Salz

Die Spaghetti al dente kochen und abkühlen lassen, dann in kleine Stücke schneiden. Die Zwiebel in Würfel schneiden. Den Lauch putzen und in 4 mm dünne Ringe schneiden. Die Karotten schälen und in Scheiben schneiden.

In einem Topf die Butter erhitzen und darin die Zwiebeln anbraten. Das Tomatenmark, den Lauch und die Karotten dazugeben und kurz mitbraten. Mit 2 ¼ l Wasser aufgießen. Die Tomatenwürfel, die Gemüsebrühe, die Bohnen und die Gewürze einrühren und alles kurz aufkochen lassen. Zum Schluss die klein geschnittenen Spaghetti in den Eintopf geben und erhitzen.

Paella de mariscos – spanische Reispfanne mit Meeresfrüchten

Für 4 Portionen etwa 1 Stunde

300 g spanischer Rundkornreis
500 g gemischte Muscheln
300 g Tintenfisch
16 Riesengarnelen (Größe 8/12)
120 g Zwiebeln, in feine Würfel geschnitten
3 Knoblauchzehen, in Scheiben geschnitten
4 EL Olivenöl
200 g frische Tomaten, in Würfel geschnitten
150 g rote Paprikaschoten, in Würfel geschnitten
100 g Zucchini, in Scheiben geschnitten
1 scharfe Chilischote, in feine Ringe geschnitten
150 ml Weißwein
20 ml Brandy de Jerez
1,2 l Fischfond
1 Döschen Safranfäden
100 ml passierte Tomaten
2 EL gehackter frischer Majoran
Salz
schwarzer Pfeffer aus der Mühle
edelsüßes Paprikapulver
1 EL gehackte glatte Petersilie

In einer ausreichend großen Schüssel den abgespülten, aber ungekochten Reis mit allen Meeresfrüchten mischen. Beiseitestellen.

In einer tiefen Pfanne (30 cm ø, 4 cm hoch) oder einer Paellapfanne die Zwiebeln und den Knoblauch in etwas Olivenöl anbraten, dann das Gemüse dazugeben und alles 2 Minuten weiterbraten. Das Gemüse mit dem Weißwein und dem Brandy ablöschen, dann den Fond, den Safran und die passierten Tomaten untermischen. Nun die Reis-Meeresfrüchte-Mischung sowie alle restlichen Zutaten und Gewürze dazugeben und alles gründlich vermengen. Die Paella 30 Minuten bei mittlerer Temperatur garen lassen, dabei nur selten umrühren, damit der Reis leicht am Boden anbackt und eine aromatische Kruste entsteht. Die Flüssigkeit ist so bemessen, dass sie während der Garzeit vollständig von dem Reis aufgenommen wird.

Spanische Gemüsetortilla

Für 4 Portionen etwa 20 Minuten

1 EL *pimentón de la Vera* (geräuchertes Paprikapulver)
1 TL geschroteter schwarzer Pfeffer
2 Zweige Rosmarin, klein geschnitten
Schale von 1 unbehandelten Zitrone
Salz
6 mittelgroße Eier
500 g Kartoffeln, gekocht und gepellt
2 EL Olivenöl
½ Gemüsezwiebel, geschält und in feine Würfel geschnitten
1 rote Paprika, von Samen und Scheidewänden befreit und in Streifen geschnitten
½ Aubergine, in Scheiben geschnitten
1 kleine Zucchini, in Scheiben geschnitten
10 schwarze Oliven

Das Paprikapulver, den Pfeffer, den Rosmarin, die Zitronenschale und das Salz zu einer Gewürzmischung verarbeiten. In einer Schüssel die Eier verquirlen. Die Kartoffeln in Scheiben schneiden.

In einer Pfanne das Olivenöl erhitzen und darin die Kartoffelscheiben anbraten. Das Gemüse dazugeben und mitbraten. Die verquirlten Eier gründlich mit der Gewürzmischung vermengen und die Masse auf der Kartoffel-Gemüse-Mischung verteilen. Die Temperatur reduzieren und die Ei-Gemüse-Mischung langsam braten. Die Tortilla mithilfe eines großen Tellers wenden und auf der anderen Seite ebenfalls goldbraun braten. Aus der Pfanne nehmen, auf einem Brett aufschneiden und servieren.

Tipp: Natürlich lässt sich dieses Gericht auch mit anderen Gewürzen und Gemüsesorten ganz nach Geschmack variieren.

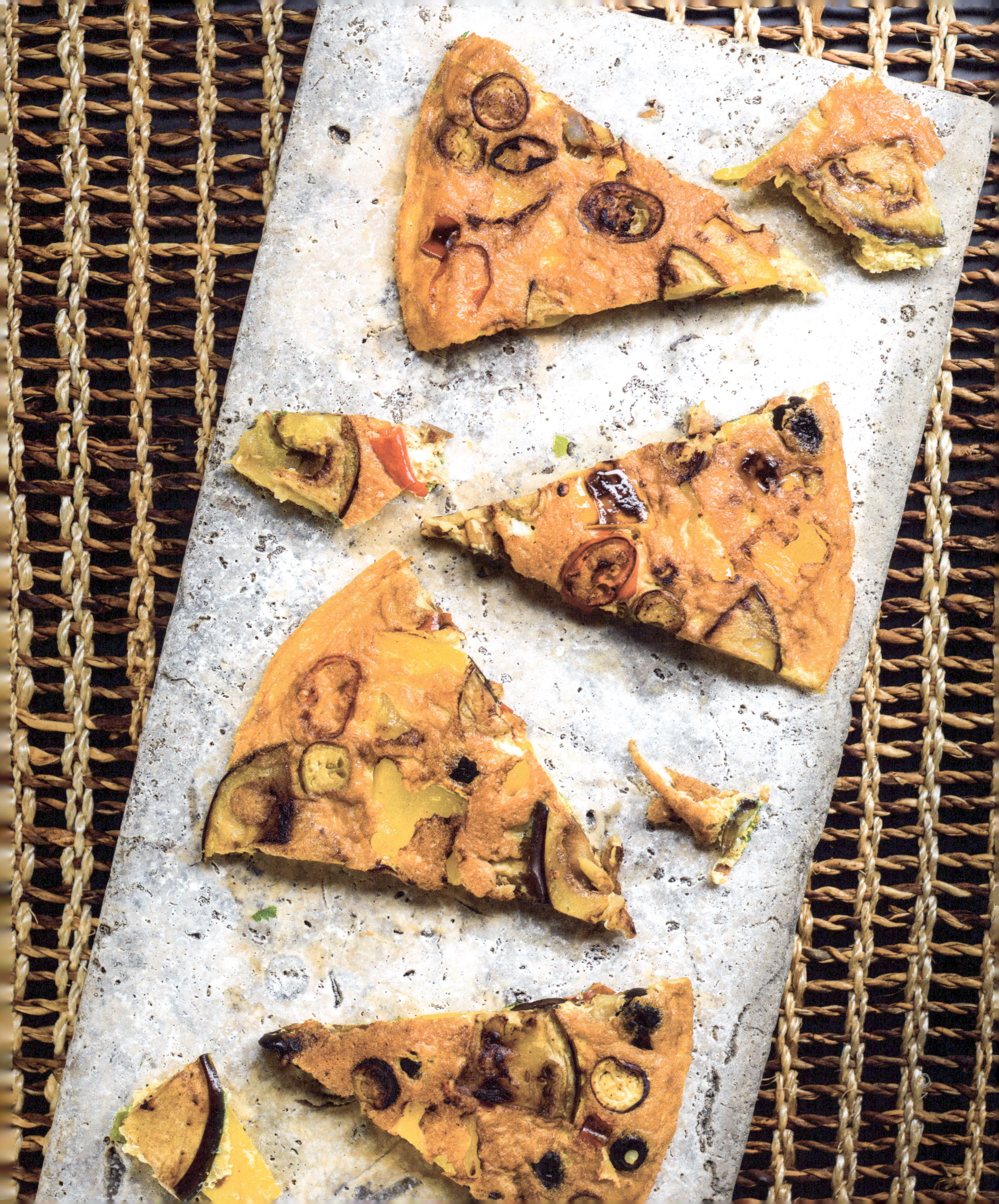

Bouillabaisse – südfranzösische Fischsuppe

Für 4–6 Portionen etwa 45 Minuten

1 l Fischfond (alternativ Geflügelfond oder Rinderbrühe)
1 Prise gemahlener Safran
1 Fenchelknolle, in Streifen geschnitten
4 Karotten, geschält und in Streifen geschnitten
1 Gemüsezwiebel, geschält und in Würfel geschnitten
½ Stange Lauch, in Streifen geschnitten
100 g Staudensellerie, in Streifen geschnitten
1 EL Korianderfrüchte
Meersalz
schwarzer Pfeffer aus der Mühle
125 ml Pernod
4 Kaisergranat
1 kg Muscheln (z. B. Miesmuscheln, Venusmuscheln)
500 g Strandschnecken
2 Doradenfilets, in Streifen geschnitten
1 Bund glatte Petersilie, gezupft und gehackt

In einem großen Topf den Fischfond langsam aufkochen lassen. Den Safran in einem kleinen Schüsselchen in 1 EL des heißen Fischfonds auflösen. Die Suppenteller im auf 50 °C vorgeheizten Backofen warm stellen. Das Gemüse in einem Topf kurz in Salzwasser blanchieren.

Die Korianderfrüchte im Mörser anstoßen. Den heißen Fischfond mit Salz, Pfeffer und dem Koriander würzen. Den Pernod dazugeben. Nun den Fisch und die Meeresfrüchte ihrer Garzeit entsprechend nach und nach in die Suppe geben: Zuerst den Kaisergranat, dann die Muscheln und Schnecken und zuletzt das Fischfilet. Alles im heißen Fischfond behutsam ziehen lassen. Das blanchierte Gemüse hinzufügen und ebenfalls kurz ziehen lassen. Die Suppe in die vorgewärmten Suppenteller schöpfen und mit gehackter Petersilie bestreut servieren.

Tipp: Idealer Begleiter zu dieser ausgezeichneten Suppe ist ein knusprig frisches Baguette!

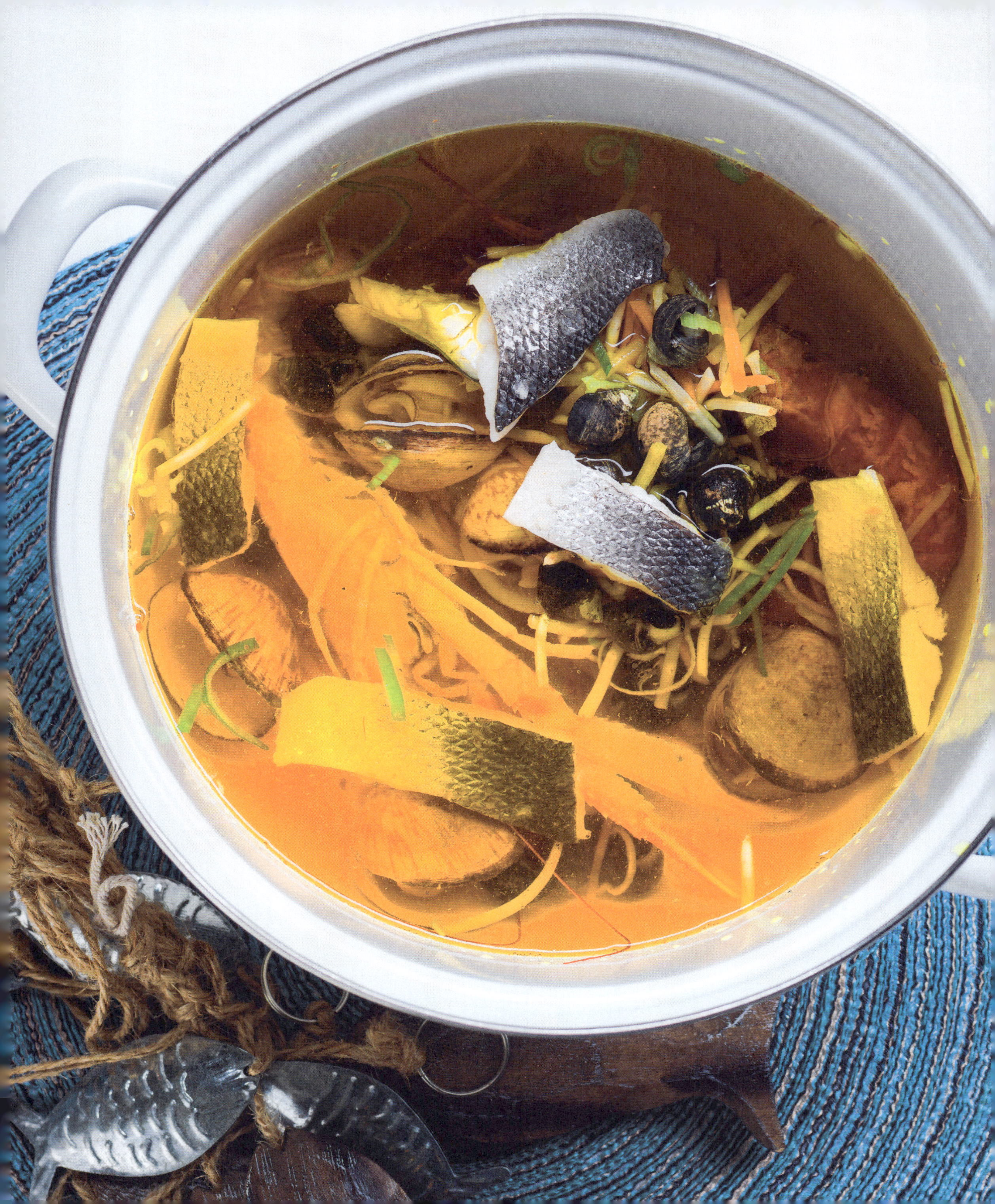

Ossobuco alla milanese mit Polenta

Für 4 Portionen 2 ½–3 Stunden

6–8 Kalbshaxenscheiben (ca. 3 kg, quer zum Knochen gesägt),
4 mittelgroße Karotten, 4 Stangen Sellerie, 3 Zwiebeln, 3 Knoblauchzehen,
Butter, Olivenöl,
Meersalz, schwarzer Pfeffer aus der Mühle, Mehl zum Wenden,
250 ml Weißwein, 250 ml Fleischbrühe, plus etwas zum Nachgießen,
1 Bund glatte Petersilie, grob gehackt, einige Zweige frischer Thymian,
einige Zweige frischer Oregano, 3 Lorbeerblätter,
1 Peperoncinoschote, 1 Flasche Tomatenpüree oder 2 große Dosen Tomaten,
gremolata (siehe Seite 192) zum Servieren

Für die Polenta
1 TL Meersalz
50 g Butter
250 g Polenta

Den Backofen auf 175 °C (Ober- und Unterhitze) vorheizen. Die Karotten, die Selleriestangen, die Zwiebeln und die Knoblauchzehen in kleine Würfel schneiden. In einem schweren Bräter bei mäßiger Temperatur wenig Butter und Olivenöl erhitzen. Die Gemüsewürfel darin unter Rühren leicht anbräunen. Den Bräter vom Herd nehmen.

Die Kalbshaxenscheiben rundherum mit einem scharfen Messer einschneiden. So wird verhindert, dass sich die das Fleisch umhüllenden Muskelhäute beim Erhitzen zusammenziehen. Die Fleischscheiben salzen, pfeffern und in Mehl wenden. In einer Pfanne etwas Butter und Olivenöl erhitzen und das Fleisch darin von allen Seiten goldbraun braten. Herausnehmen und in den Bräter auf das Gemüse setzen.

Den Bratfond in der Pfanne mit dem Weißwein ablöschen und komplett einreduzieren. Mit der Fleischbrühe aufgießen. Die Petersilie, den Thymian, den Oregano, die Lorbeerblätter, die Peperoncinoschote sowie das Tomatenpüree dazugeben. Die Mischung kurz aufkochen lassen und mit etwas Salz und Pfeffer abschmecken.

Die Sauce über die Fleischstücke geben und alles einmal aufkochen lassen. Den Deckel aufsetzen, den Bräter in den Ofen geben und das Fleisch 1 ½–2 Stunden schmoren. Regelmäßig etwas Fleischbrühe nachgießen, damit das Fleisch gut mit Flüssigkeit bedeckt ist.

Während das Fleisch gart, die Polenta zubereiten. Dazu 1 l Wasser mit dem Meersalz und der Butter zum Kochen bringen. Mit dem Schneebesen die Polenta einrühren und bei niedriger Temperatur unter gelegentlichem Rühren 10 Minuten quellen lassen. Wenn die Polenta als »Brei« serviert werden soll, 45–60 Minuten vor Ende der Fleischgarzeit mit dem Kochen beginnen. Für geröstete Polentascheiben die Polenta schon am Vortag kochen und gleichmäßig auf ein mit kaltem Wasser abgespültes Backblech streichen. Die erkaltete Masse in Portionsstücke schneiden und in einer beschichteten Pfanne mit wenig Butter rösten.

Auf vorgewärmte Teller je einen Löffel des Schmorgemüses setzen. Je eine Kalbshaxenscheibe darauf platzieren und alles mit etwas *gremolata* bestreuen. Mit je einem Klecks Polenta oder ein bis zwei Scheiben gebratener Polenta anrichten.

Porchetta – Schweinebraten toskanisch

Für 4 Portionen etwa 3 Stunden

2 kg Schweine-Rollbraten, nicht zu mager (z. B. Schulter mit Schwarte) oder
  1 Spanferkel (ca. 2,5 kg, vom Metzger entbeint)
3–5 TL getrocknete Fenchelfrüchte, ganz
Meersalz
schwarzer Pfeffer aus der Mühle
300 g Schweineleber
1 Knoblauchknolle
Küchengarn

Das Fleisch kalt abspülen und gut trocken tupfen. Die Fenchelfrüchte im Mörser grob zerstoßen. Das Fleisch auf der Innenseite kräftig salzen und pfeffern sowie großzügig mit den Fenchelfrüchten bestreuen.

Die Leber in kleine Stücke schneiden und diese möglichst gleichmäßig auf dem Fleisch verteilen.

Von der Knoblauchknolle die einzelnen Zehen ablösen, nur die losen Schalen entfernen. Die ungeschälten Zehen mit der Schale auf der Leber verteilen.

Den Braten oder das Spanferkel mit Küchengarn fest zusammenbinden und außen großzügig salzen. Die Schwarte sollte immer kräftig gesalzen werden, sie wird sonst zäh.

Das Fleischstück in einem Bräter von allen Seiten gut anbraten. Im auf 220 °C (Umluft) vorgeheizten Ofen etwa ½ Stunde braten. Dann die Temperatur auf 180 °C (Ober- und Unterhitze) reduzieren und etwas Wasser angießen. Während der Bratzeit das Fleisch immer wieder mit Wasser und dem austretenden Bratensaft begießen.

Nach etwa 2 ½ Stunden sollte das Fleisch gar sein. Vor dem Anschneiden noch etwas ruhen lassen. Am besten schmeckt die *porchetta*, wenn sie lauwarm mit ungesalzenem toskanischem Weißbrot, frischen Tomaten oder Rosmarinkartoffeln aus dem Ofen gegessen wird.

Tipp: Sollte die Kruste nicht knusprig sein, den fertigen Braten nochmals mit etwas Wasser bepinseln und mit Salz bestreuen. Dann kurz unter den Backofengrill stellen. Aber Vorsicht: Die Kruste nimmt schnell zu viel Farbe an und ist dann leider ungenießbar.
In der Toskana wird dieses Gericht vom Metzger zubereitet, denn am besten schmeckt *porchetta*, wenn ein ganzes, entbeintes Schwein im Holzofen gebraten wird. Sie können diese Spezialität aber auch zu Hause zubereiten, denn auch ein Spanferkel oder ein Schweinebraten lassen sich mit den typischen Zutaten ganz einfach in die toskanische Spezialität verwandeln. Auch Ente oder Perlhuhn können auf diese Weise, also *alla porchetta* zubereitet werden.

Agneau au vin – Lammfleisch in Rotwein

Für 4 Portionen etwa 1 ½ Stunden, plus 8–12 Stunden zum Marinieren

900 g Nuss von der Lammkeule, küchenfertig pariert
70 ml trockener Rotwein
70 ml Geflügelfond
1 Zweig Zitronenthymian
1 Gemüsezwiebel
3 Knoblauchzehen
1 Chilischote
Öl
50 g Rosinen
2 EL Tomatenmark
Salz
schwarzer Pfeffer aus der Mühle
250 g Kichererbsen, eingeweicht
4 Ochsenherztomaten, alternativ Fleischtomaten
2 TL Quatre épices (siehe Seite 191)

Die Lammnuss in große Stücke schneiden. Den Rotwein, den Geflügelfond und den Zitronenthymian in einer nicht-metallischen Schale vermischen und die Fleischstücke darin über Nacht abgedeckt im Kühlschrank marineren.

Die Zwiebel, den Knoblauch und die Chilischote in kleine Würfel schneiden. Das Lammfleisch aus der Marinade nehmen und gut abtropfen lassen. Die Marinade für die Sauce auffangen und beiseitestellen.

In einem großen Topf etwas Öl erhitzen und darin das Lammfleisch von allen Seiten schön braun anbraten. Die Zwiebel, den Knoblauch, die Chilischote, die Rosinen und das Tomatenmark dazugeben und kurz anschwitzen, dann alles mit der Lammmarinade ablöschen. Die Mischung mit Salz und Pfeffer würzen und bei niedriger Temperatur 40 Minuten köcheln und eindicken lassen. Bei Bedarf etwas Wasser nachgießen. Anschließend die eingeweichten Kichererbsen dazugeben und alles weitere 20 Minuten köcheln lassen.

Die Ochsenherztomaten in kleine Stücke schneiden und zusammen mit dem Quatre-épices-Pulver in den Topf geben. Alles weitere 10 Minuten köcheln lassen. Den Topf vom Herd nehmen, den Deckel auflegen und das Gericht 20 Minuten ziehen lassen, damit sich alle Aromen voll entfalten können.

Den Eintopf in tiefen Tellern anrichten und servieren.

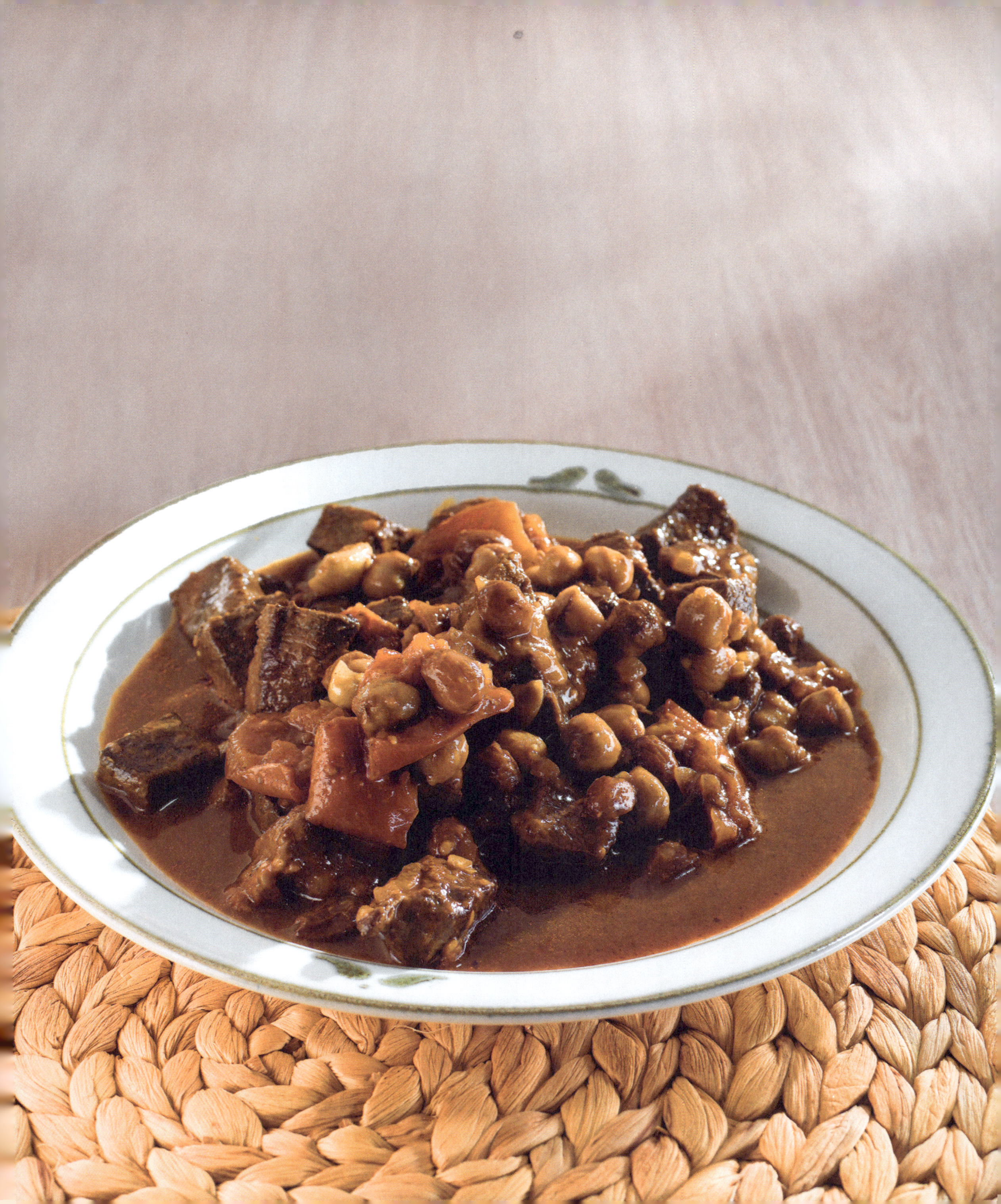

Spaghetti allo scoglio – Spaghetti »vom Felsen«

Für 4 Portionen etwa 30 Minuten

1 Zwiebel
2 Knoblauchzehen
½ Bund glatte Petersilie
250 g kleine Tomaten (*datterini* oder *pendolini*)
400 g Krustentiere, z. B. Muscheln und Garnelen
200 g Babykraken (*moscardini*) oder Sepien
Meersalz
300 g Spaghetti aus 100 % Hartweizengrieß mit rauer Oberfläche (*trafilata al bronzo*)
Olivenöl extra vergine
1 Stück unbehandelte Orangenschale (1 x 2 cm)
1 rote Chilischote
1 Lorbeerblatt
1 Msp. gemahlener Zimt
200 ml Weißwein oder 100 ml Wermut (z. B. Noilly Prat), mit 100 ml Nudelwasser gemischt
Chiliflocken (nach Belieben)

Die Zwiebel abziehen und fein hacken. Die Knoblauchzehen abziehen und in feine Scheibchen schneiden. Die Petersilie waschen und hacken. Die kleinen Tomaten waschen und halbieren.

Die Muscheln unter fließendem Wasser abspülen, Garnelen waschen und abtropfen lassen. Die Babykraken oder Sepien putzen und in kleine Stücke bzw. dünne Ringe schneiden. In einem großen Topf Wasser zum Kochen bringen, dann etwas Meersalz dazugeben. Die Spaghetti darin al dente kochen.

In der Zwischenzeit in einer großen Pfanne etwas Olivenöl erhitzen und darin die Zwiebelwürfel, die Knoblauchscheibchen und die Orangenschale sanft anbraten, ohne dass sie braun werden. Die Chilischote, das Lorbeerblatt und die Meeresfrüchte zugeben. Die Pfanne mit einem Deckel verschließen und alles einmal gründlich durchschütteln. Anschließend 5 Minuten bei geschlossenem Topfdeckel kochen lassen. Die halbierten Tomaten und den Zimt dazugeben. Die Mischung mit dem Weißwein oder der Wermut-Nudelwasser-Mischung ablöschen. Die Petersilie einstreuen und die Temperatur reduzieren. Den *sugo* im offenen Topf 5-10 Minuten köcheln lassen.

Die gekochten Spaghetti in die Pfanne geben, mit Olivenöl beträufeln und dann alles gut vermischen. Mit Salz, Zimt und nach Belieben Chiliflocken abschmecken und sofort servieren.

Tipp: Für dieses Rezept sollten Sie möglichst kleine Kraken kaufen, denn nur die werden bei der kurzen Garzeit schön weich. Größere Exemplare müssen vorgegart werden. Dazu ausreichend Wasser mit einem Lorbeerblatt, einer Zwiebel und etwas Zitronensaft zum Kochen bringen, die Kraken einlegen und etwa 1 Stunde bei mittlerer Temperatur köcheln lassen.
Spaghettivariationen mit Meeresfrüchten gibt es viele. Die Zutaten können ganz nach Geschmack frei variiert werden, wichtig sind nur die Qualität und die Frische der verwendeten Meeresfrüchte. Pro Person rechnet man etwa 100 g Muscheln und Krustentiere sowie etwa 50 g kleine Sepien, Kraken oder andere kleine Fische.

Moscardini in umido – Tintenfischragout

Für 4 Portionen etwa 40 Minuten

750 g sehr kleine Babykraken (*moscardini*)
500 g reife Tomaten oder 1 Dose geschälte Tomaten (800 g)
2 Knoblauchzehen
Olivenöl extra vergine
1 rote Chilischote
½ Glas Rotwein
Meersalz
schwarzer Pfeffer aus der Mühle
1 Msp. gemahlener Zimt
frisches Basilikum

Die Babykraken unter fließendem Wasser gründlich waschen und etwas trocken tupfen, größere Exemplare halbieren. Die Tomaten waschen und in Würfel schneiden. Die Knoblauchzehen abziehen und fein hacken.

In einem Schmortopf etwas Olivenöl erhitzen und den Knoblauch darin glasig anbraten. Die Tomatenstücke und die von Samen und Trennwänden befreite, klein gehackte Chilischote dazugeben und alles aufkochen. Die Kraken dazugeben. Alles mit dem Wein ablöschen, mit Salz, Pfeffer und dem Zimt würzen und die Mischung zum Kochen bringen.

Die Temperatur reduzieren und das Ragout zugedeckt 20-30 Minuten leise köcheln lassen. Bei Bedarf etwas Wasser angießen. Das Ragout ist fertig, wenn die Tomaten komplett verkocht sind und die Sauce eine dickflüssige Konsistenz hat. Das Gericht nach Belieben nochmals mit Salz und Zimt abschmecken. Die Basilikumblättchen zerrupfen und zu dem Ragout geben. Mit etwas Olivenöl beträufeln und mit frischem toskanischem Weißbrot oder Rosmarinkartoffeln aus dem Ofen servieren.

Tipp: *Moscardini* sind bei gut sortierten Fischhändlern, oft aber auch tiefgefroren, z. B. im Großhandel, erhältlich. Das einfach zuzubereitende Ragout schmeckt aber nicht nur mit diesen Babykraken, sondern auch mit dem Fleisch von größeren Kraken, Sepien oder Kalmaren. Wie immer sind primär die Frische und die Qualität der Zutaten für den guten Geschmack ausschlaggebend.

Seeteufelsteaks mit Auberginen, Zucchini und *salsa verde*

Für 4 Portionen etwa 45 Minuten

4 Steaks vom Seeteufel à 150 g
Salz
weißer Pfeffer aus der Mühle
edelsüßes Paprikapulver
Mehl
50 g Butter
2 EL Olivenöl
1 Knoblauchzehe
1 EL gehackter Thymian
2 mittelgroße Auberginen
2 mittelgroße Zucchini
2 EL Rotwein
2 EL Kalbsfond
1 EL Kalbsglace
salsa verde (siehe Seite 193) zum Servieren

Die Fischsteaks mit Salz, Pfeffer und Paprikapulver würzen und leicht in Mehl wenden. In einer Pfanne etwas Butter und Olivenöl erhitzen und die Fischsteaks darin zusammen mit dem Knoblauch und etwas Thymian sanft sautieren. Anschließend warm halten.

Die Auberginen und die Zucchini in feine Scheiben schneiden, mit Salz, Pfeffer und Thymian würzen, leicht in Mehl wenden und ebenfalls in Butter und Olivenöl sautieren. Aus der Pfanne nehmen und beiseitestellen.

In die noch warme Pfanne den Rotwein, den Kalbsfond und die Kalbsglace geben und etwa 2 Minuten erhitzen. Dann etwas kalte Butter dazugeben und mit dem Schneebesen unterrühren. Die Mischung etwa 30 Sekunden köcheln und etwas einreduzieren lassen.

Auf runde Teller zunächst Zucchini- und Auberginenscheiben legen und diese mit etwas Sauce beträufeln. Auf jeden Teller ein Fischsteak mittig auf dem Gemüse anrichten und jeweils mit einem Klecks *salsa verde* versehen.

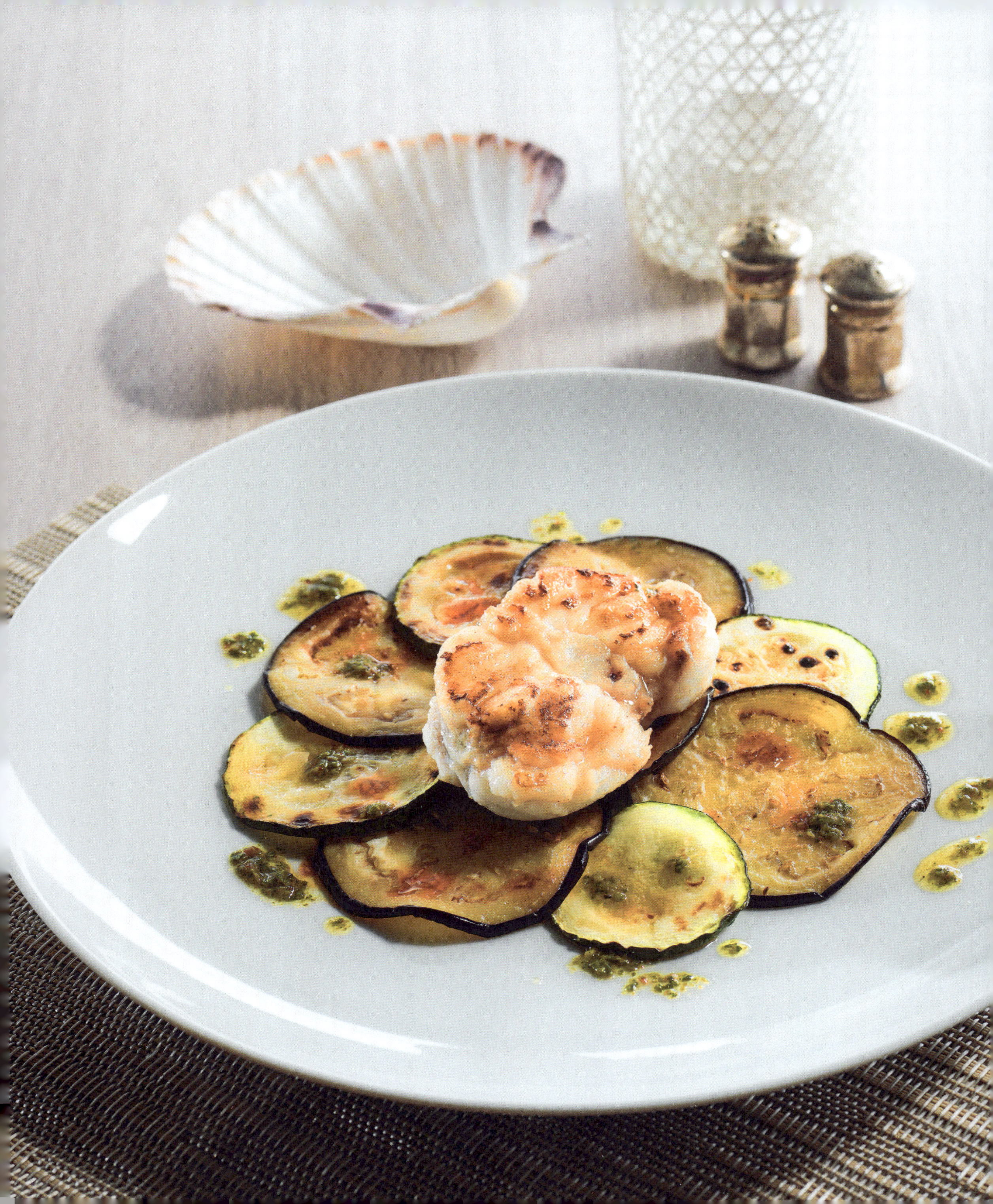

Lavendeleis

Für 4 Portionen ⏱ etwa 15 Minuten, plus Gefrierzeit

150 g Blüten- oder Lavendelhonig
1 EL frische Lavendelblüten
½ TL getrockneter und geschnittener Rosmarin
400 g süße Sahne

Eine Eismaschine nach Anleitung des Herstellers vorbereiten (vorkühlen).

Den Honig in einen Topf geben und bei niedriger Temperatur langsam flüssig werden lassen. Die Lavendelblüten und den Rosmarin im Mörser nur grob (nicht zu fein!) zerstoßen und zum Honig in den Topf geben. Die flüssige Sahne unterrühren. Die Mischung in die Eismaschine geben und so lange verarbeiten, bis eine cremige Eismasse entstanden ist.

Tipp: Mit duftigen Gewürzkräutern oder aromatischen Gewürzen lassen sich noch weitere köstliche Eiskreationen fertigen. Wunderbar harmonieren etwa frischer Rosmarin mit Aprikose, Basilikum mit Limette, Tonkabohne mit Kokos und Langer Pfeffer mit dunkler Schokolade.
Statt Sahne kann für ein erfrischendes Eis auch Joghurt oder, wenn es besonders cremig sein soll, Mascarpone verwendet werden.

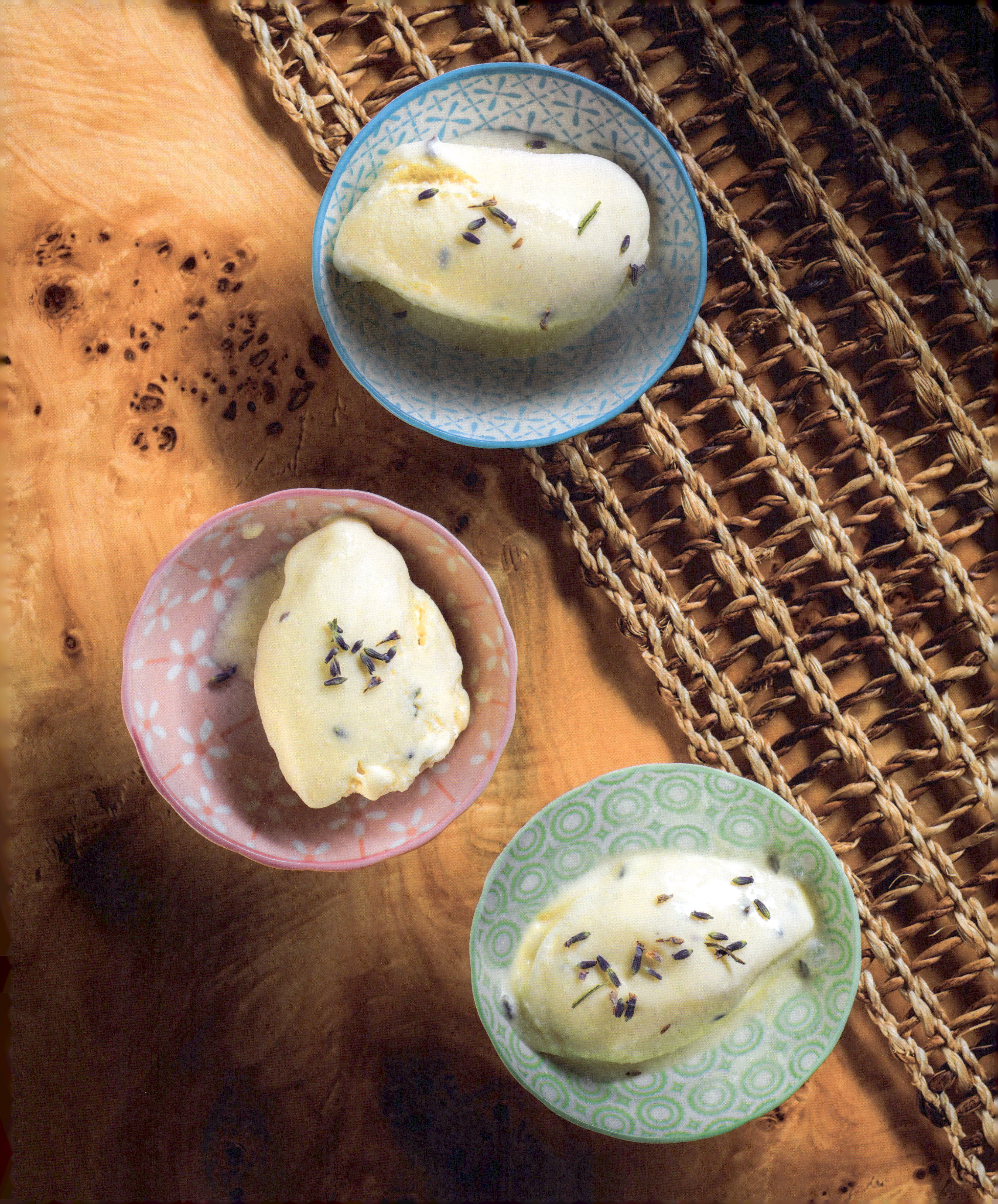

Crème brulée mit Lavendel

Für 4 Portionen etwa 15 Minuten, plus Ruhezeit

500 ml Vollmilch
1 Vanilleschote
6 Stängel Lavendel mit Blüten
2 Eier
2 Eigelb
100 g Lavendelzucker (siehe unten)
Butter für die Förmchen

Für den Lavendelzucker
einige Stängel Lavendel mit Blüten
1 kg Zucker

Für den Lavendelzucker die Blüten von den Lavendelstängeln abzupfen und gründlich mit dem Zucker vermischen. Die Mischung in ein luftdicht verschließbares Gefäß füllen und mehrere Tage stehen lassen.

Für die Crème brulée die Milch mit der längsseitig aufgeschlitzten Vanilleschote und den abgezupften Lavendelblüten aufkochen. Anschließend abkühlen lassen und die Vanilleschote und die Lavendelblüten herausnehmen. Die Eier und das Eigelb mit 75 g Lavendelzucker verquirlen und die Mischung dann mit der abgekühlten Lavendelmilch verrühren.

Die Creme in gebutterte und mit etwas Zucker ausgestreute Förmchen geben und im auf 150 °C vorgeheizten Backofen im Wasserbad 30 Minuten stocken lassen. Die Förmchen mit der fest gewordenen Creme aus dem Ofen nehmen und einige Stunden kalt stellen.

Die Cremeportionen kurz vor dem Servieren mit dem restlichen Lavendelzucker (ohne Blüten!) bestreuen und den Zucker unter dem Backofengrill oder mit einem Küchenbrenner karamellisieren.

Erdbeeren mit Minze

Für 4 Portionen etwa 20 Minuten, plus 2 Stunden zum Marinieren

1 kg frische Erdbeeren
1 Bund frische Minze, bevorzugt marokkanische Teeminze oder Erdbeerminze
1 Vanilleschote
2 EL Rohzucker
4 EL weißer Rum oder Fruchtsaft (Apfel, Johannisbeere, weiße Traube)

Die Erdbeeren unter fließend kaltem Wasser waschen und anschließend etwas trocken tupfen. Die Beeren putzen und der Länge nach in Scheiben schneiden.

Die Minze waschen und trocken schütteln. Die Blätter von den Stängeln zupfen und mit einem großen Küchenmesser grob hacken. Anschließend in einen Mörser geben.

Die Vanilleschote der Länge nach aufschneiden. Das Mark herauskratzen und zu der Minze in den Mörser geben. Den Zucker hinzufügen und alles zu einer homogenen Paste zerreiben. Zu den Erdbeeren geben. Mit dem Rum die restliche Paste aus dem Mörser lösen und diese ebenfalls zu den Früchten geben. Alles gründlich vermischen und mindestens 2 Stunden bei Zimmertemperatur marinieren lassen. Nicht in den Kühlschrank stellen, sonst verlieren die Erdbeeren ihren Geschmack!

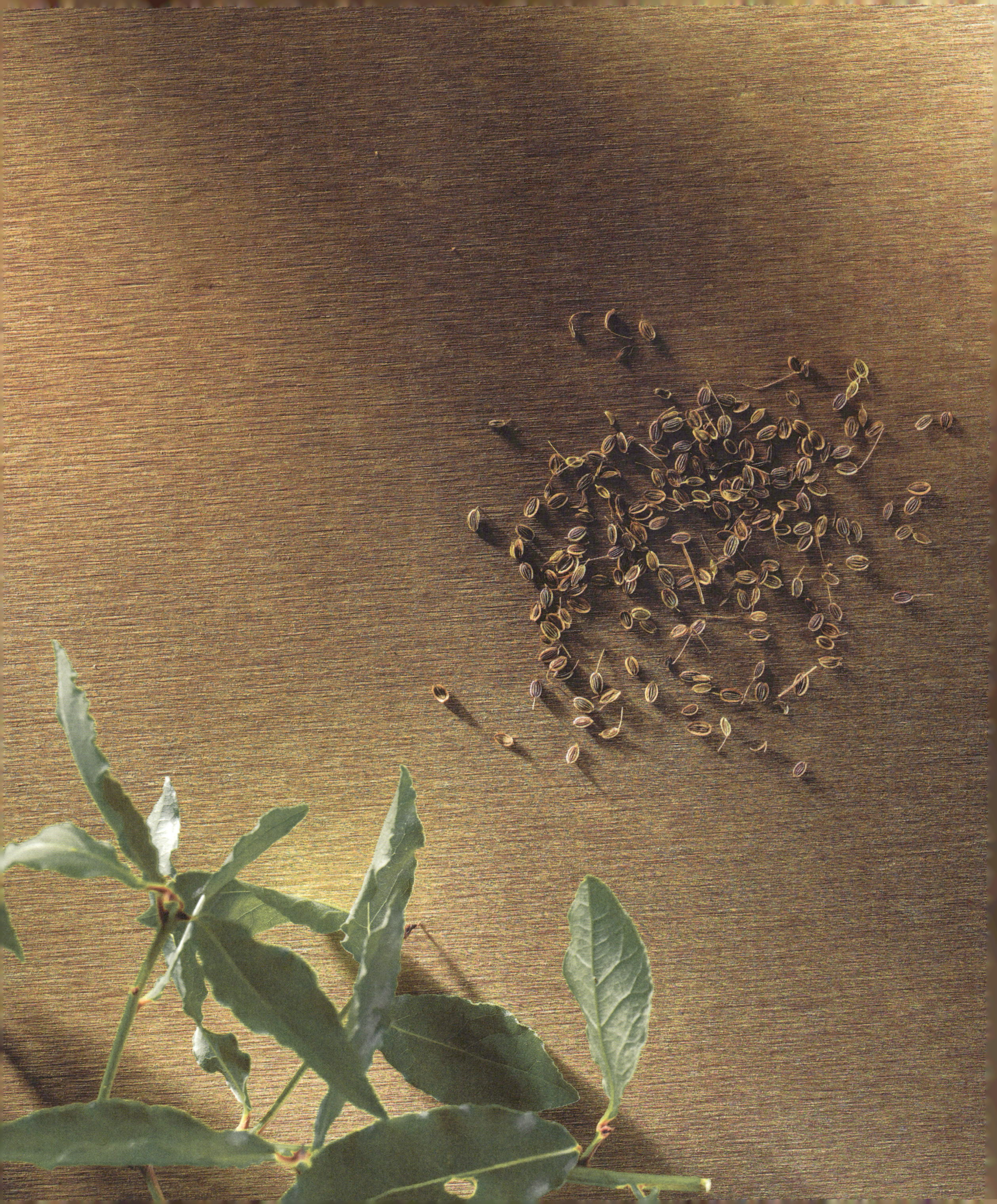

Aromenwelt Mittel- & Nordeuropa

Die Küchen Mitteleuropas, der großen, vielfältigen Region nördlich der Alpen, verführen den Gaumen mit den traditionellen, bodenständigen, deshalb aber keinesfalls uninteressanten Geschmacksnuancen von Kümmel, Bohnenkraut oder Majoran. Zum Einsatz kommen diese Würzklassiker in herzhaften Gerichten der mitteleuropäischen Kochkunst – ob Tafelspitz, Hirschgulasch oder knuspriger Schweinebraten. Und auch der süße Genuss kommt bei Kaiserschmarren und Apfelstrudel nicht zu kurz. Hier sind es vor allem Zimt und Vanille, die für exquisiten Geschmack sorgen.

Noch weiter nördlich sind köstliche Fischgerichte typisch, bieten doch Nord- und Ostsee sowie der Atlantik seit jeher abwechslungsreiche Fischbestände. Sehr beliebt ist dort das Marinieren von frischem Fisch, der auf diese Weise nicht nur an Aroma, sondern auch deutlich an Haltbarkeit gewinnt.

Wildgewürz (Deutschland)

Mit kräftigen Gewürznoten und einer exquisiten Schärfe präsentiert sich die deutsche Küche in Bestform. Die großen Waldgebiete in unseren Breiten liefern die Hauptzutat zu den vielen traditionellen Wildgerichten, die hier als Festessen bis heute so beliebt sind. Das würzige Potpourri aus Wacholderbeeren, Langem Pfeffer, Piment, Thymian, Gewürznelken, Lorbeer und Zimt, unterstrichen vom fruchtigen Bukett von Orangenschalen, umrahmt perfekt das besondere Aroma von Rehfilet oder Wildschweinbraten.

½ Kassiazimtstange
1 TL Langer Pfeffer
4 getrocknete Lorbeerblätter
1 EL Wacholderbeeren
1 TL Piment, ganz
1 TL getrockneter und gerebelter Thymian
1 TL getrocknete Orangenschale
4 Gewürznelken

Die Zimtstange und den Langen Pfeffer in Stücke brechen, die Lorbeerblätter mehrmals einreißen und alles zusammen mit den anderen Gewürzen in einem Mörser grob zerstoßen. Ideal zum Ansetzen einer Rotwein-/Essig-Beize für Wildgerichte und zum Würzen von Hirschsteaks.

Wildbeize (Deutschland)

1 Zwiebel
1 Lorbeerblatt
6 Wacholderbeeren
½ TL Piment, ganz
3 Gewürznelken
½ Ceylonzimtstange
3 Zweige frischer Thymian
3 Zweige frischer Rosmarin
Schale von 1 unbehandelten Orange, spiralförmig abgeschält
1 l Rotwein

Die Zwiebel schälen und in feine Ringe schneiden. Das Lorbeerblatt einreißen, die Wacholderbeeren, den Piment und die Gewürznelken im Mörser grob zerstoßen. Alles zusammen mit der Zimtstange, dem Thymian, dem Rosmarin und der Orangenschale in einen großen Topf oder Bräter geben und den Rotwein dazugießen. Die Mischung einmal kurz aufkochen.

Das Wildfleisch in die Beize einlegen und 3 Tage im Kühlschrank ruhen lassen. Hin und wieder wenden. Zur Zubereitung der Sauce die würzigen Zutaten aus der Beize abseihen.

Fischgewürz (Skandinavien)

Die nordische Küche spielt bei der Zubereitung von Fisch weltweit sicher in der ersten Liga. Bis heute ist die skandinavische Fischküche geprägt von aromatischen Gewürzen, die die kühnen Seefahrer der Nordländer einst nach Hause mitbrachten: Ingwer und Piment.

2 TL grobes Meersalz
1 TL schwarzer Pfeffer, ganz
1 TL Piment, ganz
½ TL Fenchelfrüchte
½ TL Senfsamen
½ TL gemahlener Ingwer
½ TL getrocknete Dillspitzen
1 TL getrocknete und geriebene Zitronenschale

Das Salz, den Pfeffer, den Piment, den Fenchel und die Senfsaat im Mörser zerstoßen, dann mit dem Ingwer, den Dillspitzen und der geriebenen Zitronenschale vermischen.

Würzmischung für Lebkuchen, Pfefferkuchen, Printen (Deutschland)

Schon im Mittelalter kamen auf langen und abenteuerlichen Wegen Gewürze ins Abendland. Ein wichtiges Handelszentrum für die »Spezereien« war Nürnberg, und so verwundert es nicht, dass dort die mit vielen Gewürzen verfeinerten Pfeffer- und Lebkuchen bereits im 14. Jahrhundert gebacken wurden.

1 TL Gewürznelken
1 TL Anis
1 TL Piment, ganz
1 TL Zimtblüten
1 TL Korianderfrüchte
1 TL gemahlene Macis
1 TL gemahlener Ingwer

Die Gewürznelken, den Anis, den Piment, die Zimtblüten und die Korianderfrüchte in einer Gewürzmühle oder der Küchenmaschine fein mahlen. Das Macis- und das Ingwerpulver untermischen. 2 TL der gemahlenen Würzmischung reichen für 500 g Mehl.

Minzsauce (England)

Für etwa 150 ml etwa 10 Minuten, plus Kühlzeit

1 Bund Grüne Minze
2 EL Essig
50 ml Wasser
2 EL Zucker
Meersalz
schwarzer Pfeffer aus der Mühle

Die Minze waschen, trocken schütteln und auf Küchenpapier ausgebreitet vollständig trocknen lassen. Dann die Blätter abzupfen und fein hacken. Den Essig, das Wasser und den Zucker in einem kleinen Topf unter Rühren aufkochen, bis sich der Zucker aufgelöst hat. Die gehackte Minze unterrühren. Mit dem Stabmixer alles zu einer glatten Sauce pürieren, mit Salz und Pfeffer abschmecken. Kühl servieren. Ideal zu Lamm- oder Rindfleisch sowie kaltem Braten.

Zwiebelrelish (England)

Für 4–5 Gläser à 200 ml etwa 30 Minuten

400 g rote Zwiebeln
500 g Rhabarber
1 Stück frischer Ingwer
2 Knoblauchzehen
1 rote Chilischote
2 EL Speiseöl
200 g Zucker
1 TL Senfsamen
1 TL Salz

Die Zwiebeln schälen und grob würfeln. Die Rhabarberstangen kurz abbrausen, schälen und in 1 cm dicke Stücke schneiden. Den Ingwer und den Knoblauch schälen und fein hacken. Die Chilischote der Länge nach aufschneiden, von Samen und Scheidewänden befreien und fein hacken.

In einem Topf das Speiseöl erhitzen und darin die Zwiebeln, den Knoblauch und den Ingwer anschwitzen. Die Rhabarberstücke, die gehackte Chilischote und den Zucker dazugeben. Die Mischung nur kurz aufkochen, der Rhabarber sollte nicht zu weich werden. Die Senfsaat im Mörser zerstoßen und unter das Relish mischen. Die Mischung mit Salz abschmecken. In ausgekochte Gläser mit Schraubverschluss füllen. Im Kühlschrank etwa 4 Wochen haltbar. Ideal zu Fleisch oder Käse vom Grill, Kurzgebratenem und kaltem Braten.

Bärlauchpesto (Deutschland)

Für etwa 400 ml etwa 30 Minuten

100 g frische Bärlauchblätter, 80 g Pinienkerne, 50 g frisch geriebener Pecorino, Meersalz, 150 ml Olivenöl

Den Bärlauch waschen, trocken tupfen und sehr fein hacken. Zusammen mit den Pinienkernen in einen Mörser geben und alles fein zerstoßen. Den geriebenen Käse untermischen, eine Prise Meersalz hinzufügen und das Olivenöl in feinem Strahl einfließen lassen und unterrühren. Die Mischung in ein luftdicht verschließbares Glas abfüllen und mit etwas Olivenöl begießen. Im Kühlschrank hält sich das Pesto 2-3 Wochen. Ideal zu selbstgemachten Nudeln oder als Brotaufstrich.

Würzbutter »Café de Paris« (Frankreich)

Für etwa 300 ml etwa 15 Minuten

250 g Butter
50 g Schalotten
30 g Kräutermischung »Café de Paris« (siehe unten)
Worcestersauce
Zitronensaft
Salz

Für die Würzmischung »Café de Paris«
30 g rote Paprikaflocken
24 g Schnittlauch, fein gehackt
10 g Estragon, fein gehackt
5 g Knoblauchpulver
5 g Majoran, fein gehackt
5 g Oregano, fein gehackt
schwarzer Pfeffer aus der Mühle

Für die Kräutermischung alle Zutaten in einer Schüssel gründlich vermengen.

Die Butter mit dem Rührgerät schaumig aufschlagen. Die Schalotten fein hacken. Zusammen mit der Würzmischung zu der Butter geben und alles gründlich verrühren. Die Mischung nach Geschmack mit Worcestersauce, Zitronensaft sowie Salz würzen und kalt stellen.

Frankfurter Grüne Sauce

Für 4 Portionen etwa 10 Minuten

300 g gemischte Kräuter (krause Petersilie, Schnittlauch, Sauerampfer, Borretsch, Kresse, Kerbel, Pimpinelle)
2 hart gekochte Eier
250 g Sauerrahm
250 g Schmand oder Crème fraîche
1 EL Essig
1 EL Öl
Salz, Pfeffer aus der Mühle

Die Kräuter waschen, trocken schütteln und fein hacken. Die hart gekochten Eier schälen und ebenfalls fein hacken. Den Sauerrahm und den Schmand oder die Crème fraîche, den Essig und das Öl miteinander verrühren. Die Kräuter und die Eier untermischen und die Mischung mit Salz und Pfeffer abschmecken. Ideal zu gekochtem Rindfleisch, Pellkartoffeln oder hart gekochten Eiern.

Pochierte Eier in Senfsauce

Für 4 Portionen etwa 45 Minuten

8 gekühlte Eier

Für die Senfsauce
30 g Butter
3 Schalotten, in feine Würfel geschnitten
25 g Mehl
500 ml Milch oder Gemüsefond
mittelscharfer Senf
Salz, Pfeffer aus der Mühle

Für den Pochierfond
1 l Wasser, 2 EL Essig

Die Eier einzeln jeweils in ein kleines Schüsselchen aufschlagen, ohne die Dotter zu beschädigen.

Für die Senfsauce in einem Topf die Butter erhitzen und leicht anbräunen. Die Schalottenwürfel dazugeben und anschwitzen. Das Mehl dazusieben und alles mit der Milch oder dem Gemüsefond aufgießen. Die Mischung unter gelegentlichem Rühren etwa 15 Minuten köcheln und eindicken lassen. Anschließend vom Herd nehmen und mit Senf, Salz und Pfeffer abschmecken. Die Sauce heiß halten, aber nicht mehr aufkochen.

In der Zwischenzeit für den Pochierfond das Wasser mit dem Essig in einem Topf zum Kochen bringen. Ein Ei nach dem anderen in den leicht köchelnden Fond gleiten und 3-4 Minuten darin ziehen lassen. Dann herausnehmen und in die fertige Senfsauce geben. Mit selbst gemachtem Kartoffelbrei mit Zwiebeln oder Kräuterreis servieren.

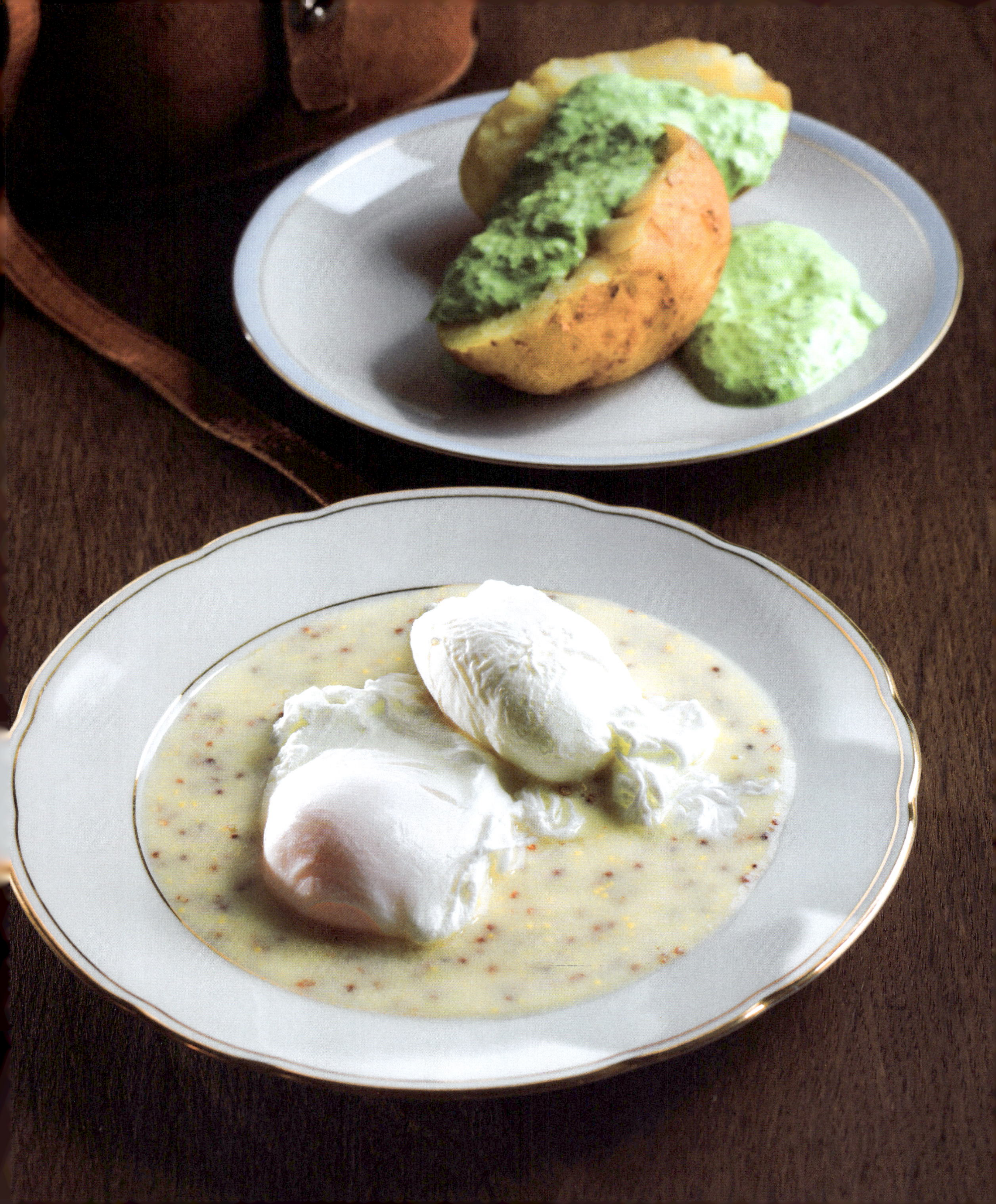

Buchweizenrisotto mit frischen Tomaten, Gartengurke und weißer Sauce

Für 4 Portionen etwa 45 Minuten

4 Tomaten
1 Gartengurke
500 g Buchweizen
100 g Butter
50 g Mehl
400 ml Milch
Salz
6 getrocknete Wacholderbeeren, zerdrückt
1 TL schwarzer Pfeffer, ganz
½ Bund frischer Dill, gehackt

Die Servierteller im auf 50 °C vorgeheizten Backofen warm stellen. Die Gurke und die Tomaten waschen. Den Buchweizen in einem großen Topf mit gesalzenem Wasser 15 Minuten weich kochen.

In einem Topf die Butter schmelzen. Das Mehl dazugeben und mit einem Schneebesen gut mit der Butter verrühren. Die Milch dazugeben und alles unter Rühren aufkochen lassen. Mit Salz, den Wacholderbeeren und dem Pfeffer würzen und die Sauce sanft einige Minuten köcheln lassen.

In der Zwischenzeit die Tomaten und die Gurke in Stücke schneiden. Den Buchweizen auf den vorgewärmten Tellern anrichten, mit Tomaten- und Gurkenstücken bestreuen, mit der Sauce begießen und mit dem Dill garnieren.

Tipp: Dieses Rezept schmeckt auch mit Reis oder Couscous anstelle des Buchweizens ganz hervorragend.

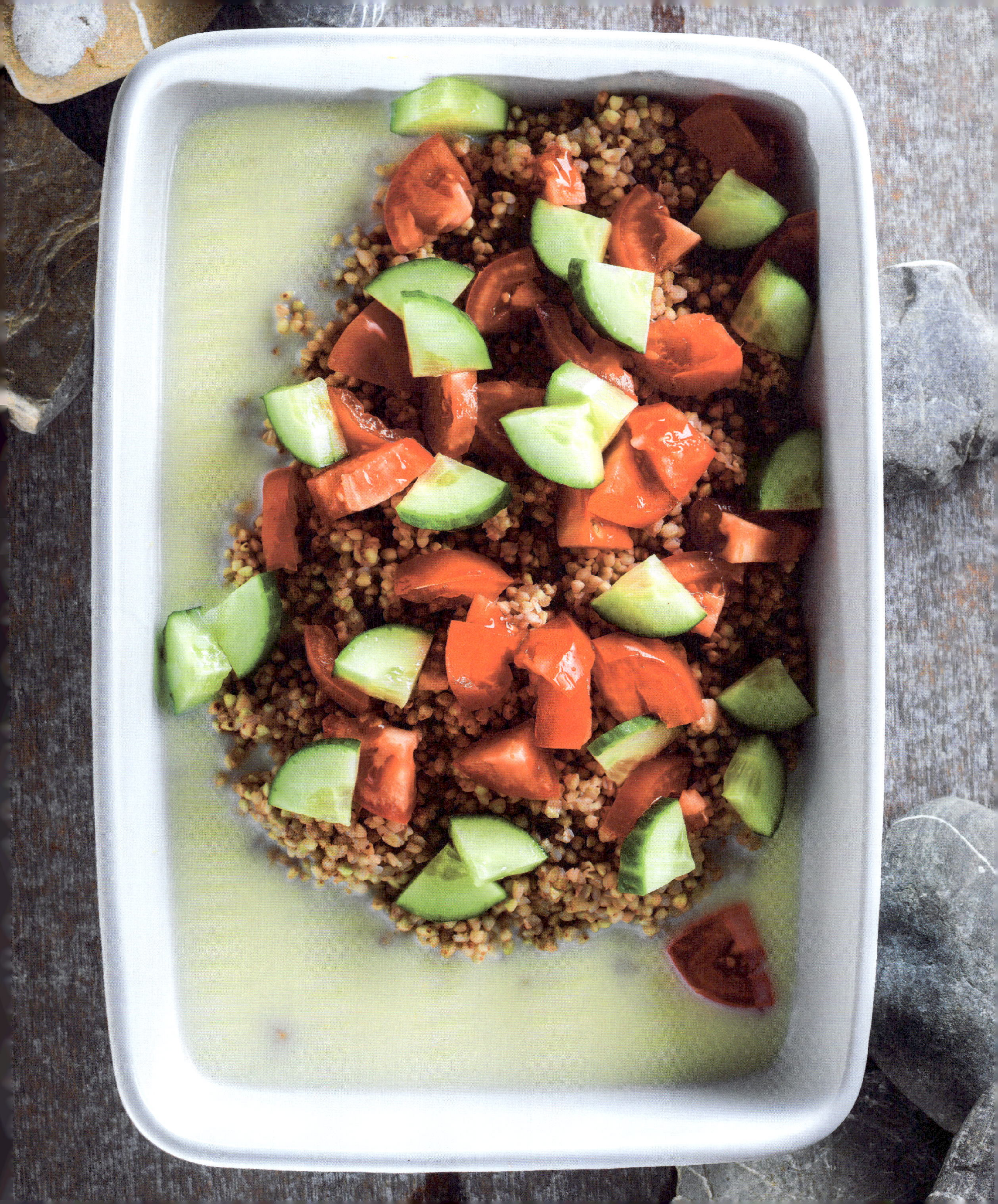

Tafelspitz

Für 4 Portionen etwa 3 ½ Stunden

1,5 kg Tafelspitz
2 Karotten, geschält
150 g Knollensellerie, gewaschen und gebürstet
2 Petersilienwurzeln
200 g Lauch
30 g schwarzer Pfeffer, ganz
3 Lorbeerblätter
4 Gewürznelken

Für 500 ml Meerrettichsauce
25 g Butter
30 g Mehl
500 ml Milch
Salz
weißer Pfeffer aus der Mühle
Zucker
250 ml Sahne
100 g Meerrettich, frisch gerieben
Essig
Zitronensaft (nach Belieben)

Den Tafelspitz kalt abwaschen. In einem großen Topf Wasser zum Kochen bringen, dann das Fleisch hineinlegen. Es sollte reichlich bedeckt sein. Etwa 3 Stunden siedend garen. Gelegentlich sich auf der Wasseroberfläche bildenden Schaum und Fett abschöpfen. So bleibt die Brühe klar.

Etwa 1 Stunde vor Ende der Garzeit das Gemüse und die Gewürze zugeben. Bei Bedarf noch etwas Wasser nachgießen, sodass das Fleisch immer gut bedeckt bleibt.

Das fertig gegarte Fleisch aus der Brühe heben, auf einen Teller legen und mit einem feuchtem Geschirrtuch bedeckt beiseitestellen. Das verhindert das Austrocknen.

Die Brühe durch ein Sieb abseihen und bis zum Servieren warm stellen.

Für die Meerrettichsauce in einem Topf die Butter zerlassen. Das Mehl dazusieben und unterrühren. Die Milch angießen und alles unter ständigem Rühren 15 Minuten köcheln lassen.

Die Sauce mit Salz, Pfeffer und Zucker würzen und durch ein feines Sieb passieren, um Klümpchen zu vermeiden. Anschließend die Sahne und den Meerrettich unterrühren und alles noch einmal aufkochen. Mit etwas Essig und nach Belieben Zitronensaft abschmecken.

Die Brühe noch einmal erhitzen. Das Fleisch in dünne Scheiben schneiden, auf einer Platte anrichten und mit heißer Brühe begießen.

Tipp: Dazu passen Bratkartoffelwürfel mit Speck und Zwiebeln oder Petersilienkartoffeln und Rote-Bete-Gemüse mit Koriander.

Badischer Sauerbraten

Für 4 Portionen   etwa 3 Stunden, plus 3–4 Tage zum Marinieren

1 kg Rinderschulter, vom Metzger küchenfertig pariert
Salz
schwarzer Pfeffer aus der Mühle
50 g Bauchspeck, in Würfel geschnitten
250 g Sauerrahm
Zucker (nach Belieben)

Für die Marinade
500 ml trockener Rotwein
125 ml Rotweinessig
1 Bund Suppengrün
1 kleine Knolle Sellerie, in Stücke geschnitten
1 Zweig frischer Rosmarin (alternativ klassisch 1 kleiner Tannenzweig)
3–4 Schalotten
1 EL schwarzer Pfeffer, ganz
2 Lorbeerblätter
4 Wacholderbeeren, zerdrückt
2 Stück Piment, ganz

Für die Marinade alle Zutaten in einem kleinen Topf aufkochen. Das Fleisch in eine passende Form legen und mit der Marinade übergießen. Zugedeckt im Kühlschrank 3–4 Tage ziehen lassen, dabei das Fleisch ab und zu wenden.

Das fertig marinierte Fleisch aus der Marinade nehmen, mit Küchenpapier trocken tupfen und mit Salz und Pfeffer würzen. Die Marinade durch ein feines Sieb in eine Schüssel abgießen. Das Gemüse beseitestellen.

In einer Kasserolle den Bauchspeck anbraten, dann das marinierte Fleisch dazugeben und ebenfalls anbraten. Das Gemüse aus der Marinade dazugeben und mitbraten. Nach und nach die Marinade angießen, dann alles 1 ½–2 Stunden bei geschlossenem Topfdeckel schmoren, dabei gelegentlich umrühren.

Sobald das Fleisch gar ist, aus dem Topf heben und warm stellen.

Den Bratensud durch ein Sieb passieren, dann erhitzen und etwas einkochen lassen. Den Sauerrahm einrühren und alles heiß werden lassen, aber nicht mehr aufkochen, damit der Rahm nicht gerinnt. Mit Salz, Pfeffer und nach Belieben etwas Zucker abschmecken.

Das Fleisch aufschneiden und mit der Sauce übergießen. Mit Spätzle, breiten Bandnudeln oder Kartoffelklößen servieren.

Schweinebäckchen in Trollingersauce mit Wurzelgemüse und Petersilienspätzle

Für 4 Portionen etwa 3 Stunden

12 Schweinebäckchen, natur oder gepökelt, 250 g Karotten, 250 g Knollensellerie, 250 g Lauch, 200 g Zwiebeln, 50 g Knoblauch, Salz, 2 EL Paprikapulver, 1 EL weißer Pfeffer aus der Mühle, 100 ml Sonnenblumenöl, Tomatenmark, 0,7 l Trollinger, 1 l Fleischfond oder Gemüsebrühe, bunter Pfeffer, ganz, 25 g Butter, 1 TL Kümmel, ganz

Für das Bouquet garni für Schweinefleischgerichte
Majoran, Thymian, Petersilie, Liebstöckel, Lorbeerblätter

Für die Petersilienspätzle
Salz, Weizenmehl (Type 405), Weizendunst, 4 große Eier, glatte Petersilie, Butter

Die Karotten, den Sellerie und den Lauch waschen, schälen, in feine Würfel schneiden und separat beiseitestellen. Die Zwiebeln und den Knoblauch schälen und ebenfalls in feine Würfel schneiden. In einer kleinen Schüssel 2 EL Salz mit dem Paprikapulver und dem weißen Pfeffer vermischen und die Schweinebäckchen mit der Mischung würzen. Die Schweinebäckchen in etwas Sonnenblumenöl in einem Schmortopf schön braun anbraten. Aus dem Topf nehmen. Im Bratensatz die Zwiebeln, den Knoblauch, zwei Drittel der Karottenwürfel und zwei Drittel der Selleriewürfel leicht braun anrösten (hier können auch die Gemüseabschnitte und -schalen verwendet werden). Das Tomatenmark dazugeben, etwas anrösten und dann zwei Drittel der Lauchwürfel untermischen. Alles mit 250 ml von dem Trollinger ablöschen und einkochen lassen. Diesen Vorgang dreimal wiederholen. Die angebratenen Schweinebäckchen in die Sauce geben und alles mit dem Fond auffüllen. Kurz aufkochen, dann alles 1 ½–2 Stunden bei niedriger Temperatur schmoren lassen. Bei Bedarf Fond zugießen.

Ein Bouquet garni aus den angegebenen Zutaten binden und zusammen mit etwas Salz und buntem Pfeffer zu der Sauce geben.

Sobald die Schweinebäckchen schön weich gegart sind, vorsichtig aus der Sauce nehmen. Die Sauce auf eine leicht sämige Konsistenz einkochen lassen. Die Butter und den Kümmel dazugeben und mit etwas Salz abschmecken.

Die Sauce durch ein Sieb passieren. Die Schweinebäckchen und die restlichen Gemüsewürfel hineingeben und die Mischung leicht köcheln lassen.

In der Zwischenzeit für die Petersilienspätzle in einem Topf Wasser zum Kochen bringen und etwas Salz dazugeben. In einer Schüssel das Weizenmehl, den Weizendunst, die Eier und etwas kaltes Wasser grob vermischen und dann mit einem elektrischen Rührgerät mit Knethaken zu einem blasigen Teig verkneten. Nun mit einer Spätzlepresse den Teig in das kochende Salzwasser drücken. Die Spätzle einmal kurz aufkochen, dann mit einem Schaumlöffel abschöpfen, in kaltem Wasser abschrecken und in einem Sieb abtropfen lassen. Die Petersilie zupfen und fein hacken. In einer Pfanne etwas Butter erhitzen und darin die Spätzle mit der gehackten Petersilie anschwenken. Mit Salz abschmecken. Die Schweinebäckchen mit den Spätzle anrichten und servieren, am besten mit einem schönen Glas Trollinger!

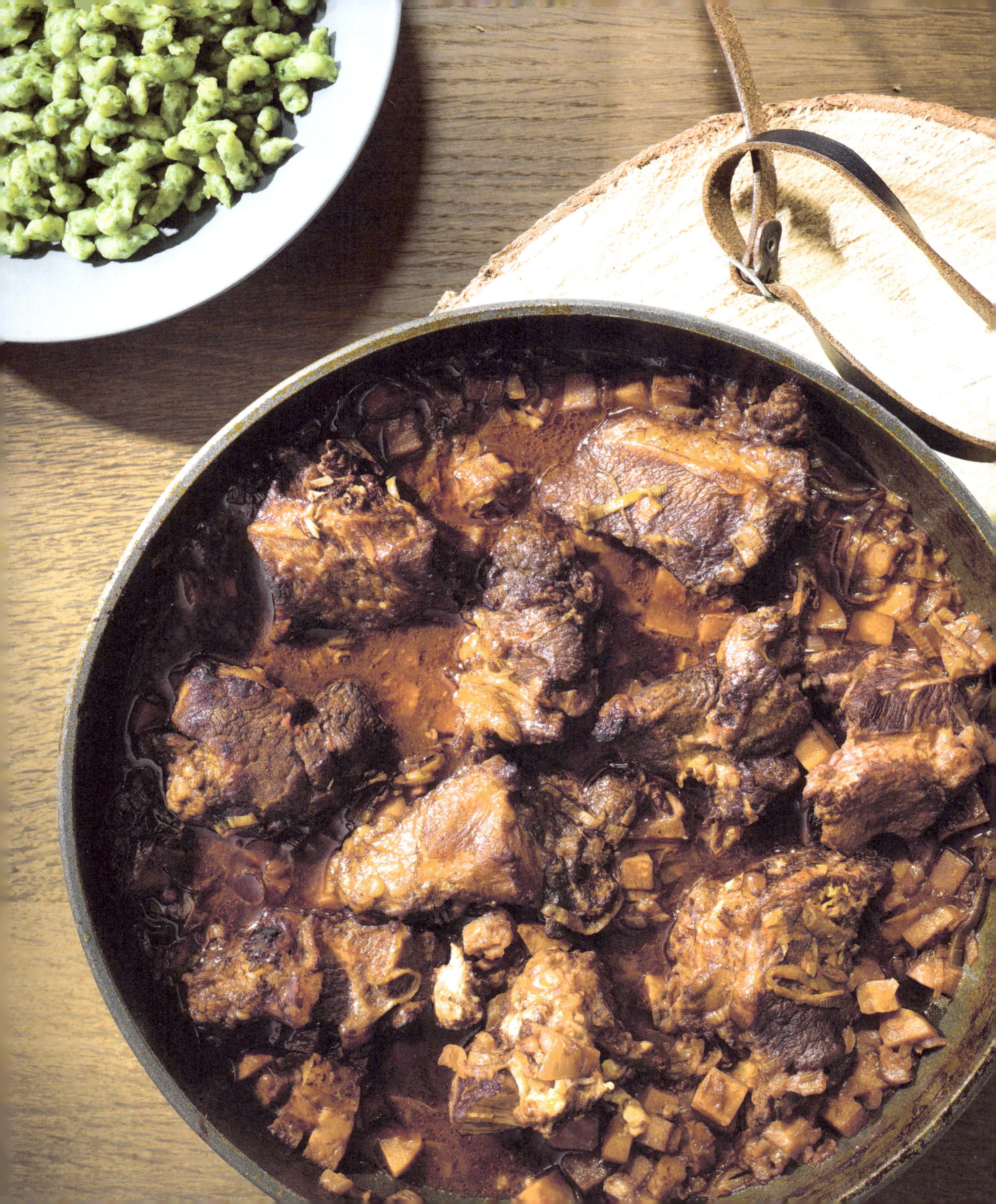

Hirschgulasch

Für 4 Portionen etwa 2 Stunden, plus 3 Tage zum Marinieren

1 kg Schulter oder Nacken vom Hirsch, in mundgerechte Würfel geschnitten
Bratfett
100 g Tomatenmark
Salz
schwarzer Pfeffer
Zucker
Portwein (nach Belieben)
eingemachte Preiselbeeren (nach Belieben)
200 g Crème fraîche
360 g Champignons oder Pfifferlinge

Für die Marinade
1 mittelgroße Zwiebel, in grobe Spalten geschnitten
1 Karotte, gewaschen und in grobe Stücke geschnitten
1 kleine Stange Lauch, in Scheiben geschnitten
150 g Knollensellerie, in grobe Stücke geschnitten
2 Lorbeerblätter
1 EL schwarzer Pfeffer, zerstoßen
1 TL Wacholderbeeren, zerdrückt
2 Gewürznelken
3 Stück Piment
3 Kardamomkapseln
750 ml trockener Rotwein
250 ml Rotweinessig

Alle Zutaten für die Marinade gründlich in einer Schüssel vermischen. Das Hirschfleisch in die Marinade geben und zugedeckt 3 Tage im Kühlschrank marinieren.

Anschließend die Mariniermischung durch ein Sieb abgießen. Das Fleisch und das Gemüse auf einen Teller geben, die Marinade auffangen und zur späteren Verarbeitung beiseitestellen.

In einem großen Topf etwas Bratfett stark erhitzen und das Fleisch und das Gemüse darin kräftig anbraten. Das Bratgut dabei vor dem Wenden erst auf einer Seite gut anbräunen lassen. Sobald das Fleisch schön angebräunt ist, etwas Marinade angießen. Das Tomatenmark einrühren und kräftig anrösten. Den Rest der Marinade dazugießen und das Fleisch bei geschlossenem Topfdeckel etwa 1 Stunde schmoren lassen, bis das Fleisch weich ist.

Den Topf vom Herd nehmen und das Fleisch mit einem Schaumlöffel oder einer Gabel aus der Sauce heben und auf einem Teller beiseitestellen. Die Schmorflüssigkeit durch ein Sieb in einen Topf passieren und aufkochen lassen. Mit Salz, Pfeffer und einer Prise Zucker abschmecken. Das Fleisch wieder dazugeben und die Sauce nach Belieben mit Portwein und eingemachten Preiselbeeren verfeinern. Die Crème fraîche einrühren und alles noch einmal kurz heiß werden lassen, aber nicht aufkochen. Die Pilze säubern, dazugeben und erhitzen.

Tipp: Dazu Williamsbirne mit Quittengelee, Nudeln oder knusprige Kartoffelkroketten servieren.

Gebackene Kartoffeln mit Elchwurst

Für 4 Portionen etwa 25 Minuten

1 kg festkochende Kartoffeln
2 EL Butterschmalz
200 g Elchwurst, in Würfel geschnitten
150 g braune Champignons, in Scheiben geschnitten
1 Bund Frühlingszwiebeln, in Scheiben geschnitten
1 Bund frischer Thymian, gezupft
1 TL Kümmel, ganz
2 Wacholderbeeren, zerstoßen
2 getrocknete Lorbeerblätter
Salz
30 g Butter

Die Servierteller im auf 50 °C vorgeheizten Backofen warm stellen. Die Kartoffeln gründlich waschen und mit der Schale in feine Scheiben schneiden.

In einer Pfanne das Butterschmalz erhitzen und die Kartoffelscheiben darin anbraten. Sobald die Kartoffeln etwas Farbe bekommen, die Elchwurst und die Pilze dazugeben und mitbraten. Die Frühlingszwiebeln untermischen und alles noch einige Minuten weiterbraten. Mit den Gewürzen und Salz abschmecken. Etwas Butter untermischen und alles nochmals kurz durchschwenken.

Tipp: Elchwurst ist in skandinavischen Lebensmittelläden - und sogar der Lebensmittelabteilung einer schwedischen Möbelhauskette - erhältlich. Ersatzweise lässt sich das Gericht auch sehr gut mit schön durchwachsenem Speck oder einer anderen Dauerwurst aus der Region zubereiten.

Rentierrücken in Dörrobst-Nuss-Kruste mit Feigenconfit und Gewürzschmarren

Für 4 Portionen etwa 60 Minuten

600 g Rentierrücken
Salz, schwarzer Pfeffer aus der Mühle
Butterschmalz
Wildgewürz (siehe Seite 220)

Für das Feigenconfit
50 g Zucker, 10 Feigen, geschält und in kleine Würfel geschnitten,
250 ml roter Portwein, 50 ml Crème de Cassis, Salz, Piment

Für die Dörrobst-Nuss-Kruste
je 50 g fein gehackte Mandeln, Walnüsse, Macadamianüsse,
80 g getrocknete Aprikosen und Dörrpflaumen, fein gehackt und gemischt,
250 g Butter, geschmolzen, zerstoßener Pfeffer, Salz, Piment, Lorbeer, gemahlener Anis,
100 g Mie de pain (siehe Seite 317), 1 Eigelb

Für den Gewürzschmarren
160 g Lebkuchen, zerbröselt,
70 g Spekulatius, zerbröselt,
100 g Mehl, 5 Eier, getrennt,
250 ml Milch, Butterschmalz, Salz, Pfeffer, Puderzucker

Für das Feigenconfit in einem kleinen Topf den Zucker karamellisieren lassen und die Feigenwürfel dazugeben. Die Früchte mit dem Portwein und dem Crème de Cassis ablöschen. Die Mischung abschmecken und zu einer konfitürenähnlichen Konsistenz einkochen.

Für die Kruste die Nüsse und Früchte in etwas Butter anschwitzen. Die restliche Butter, die Gewürze, das Mie de pain und das Eigelb dazugeben. Alles gut vermengen, zu einer Rolle formen und kalt stellen.

Den Rentierrücken zu Medaillons schneiden und diese mit Salz und Pfeffer würzen. Das Butterschmalz in einem Bräter erhitzen und die Medaillons darin kurz von beiden Seiten anbraten. Das Fleisch mit dem Wildgewürz bestreuen, dann die Masse für die Kruste auf den Medaillons verteilen und alles im Backofen bei starker Oberhitze gratinieren.

Für den Gewürzschmarren die Lebkuchen- und die Spekulatiusbrösel in einer Schüssel mit dem Mehl vermengen. Das Eigelb mit der Milch verrühren, zu der Brösel-Mehl-Mischung geben und beides mit dem Handrührgerät gründlich verschlagen. In einer sauberen Schüssel das Eiweiß aufschlagen, dann behutsam unter die Teigmasse ziehen. In einer beschichteten Pfanne etwas Butterschmalz erhitzen. Den Teig dazugeben und alles im auf 160 °C vorgeheizten Backofen 4-5 Minuten stocken lassen. Den Schmarren herausnehmen, mit Puderzucker bestauben, wieder in den Ofen schieben und bei starker Oberhitze karamellisieren. Zu dem Rentierrücken und dem Feigenconfit servieren.

Tipp: Als Alternative für den Rentierrücken eignen sich Rehrücken, Hirschkalbsrücken oder Wildhasenrücken sehr gut.

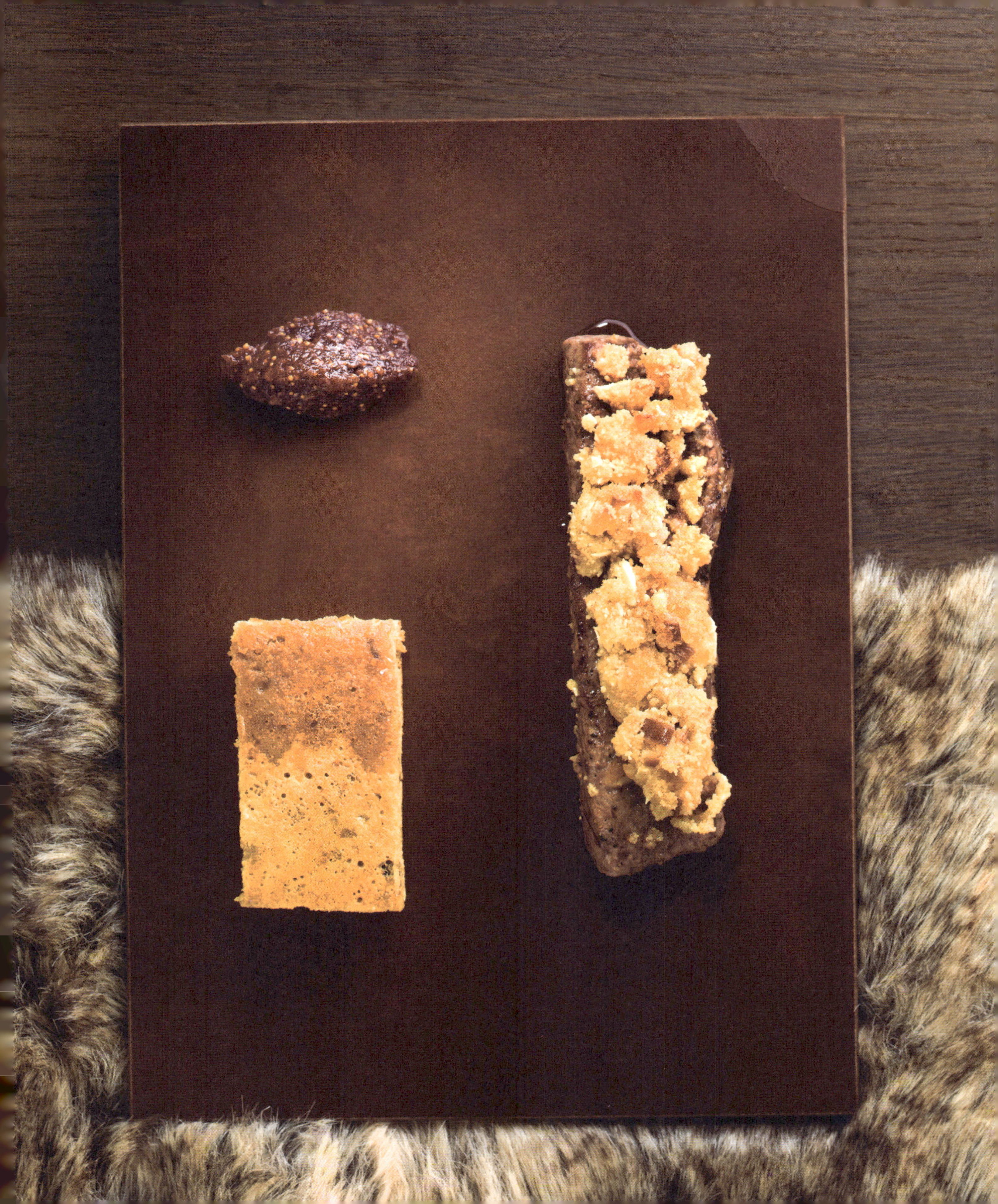

Wildschweinrücken
mit Zwiebelconfit und Kartoffelbrei

Für 4 Portionen etwa 2 Stunden

700 g Wildschweinrücken, küchenfertig pariert,
Salz, 6 EL Olivenöl, schwarzer Pfeffer, Wildgewürz (siehe Seite 220)

Für den Kartoffelbrei
1 kg Kartoffeln, 75 g Butter, 300 ml Milch, 100 ml Sahne, Salz, geriebene Muskatnuss

Für das Zwiebelconfit
2 rote Zwiebeln, Öl, 2 EL Honig, Salz, Senfsamen, 50 ml Bio-Apfelessig, 100 ml Apfelsaft, 100 ml brauner Wildfond, 2 EL Zucker

Den Wildschweinrücken rundherum salzen. In einer Pfanne das Öl erhitzen und das Fleischstück darin kurz bei hoher Temperatur von allen Seiten goldbraun anbraten. Anschließend mit Salz, Pfeffer und Wildgewürz bestreuen und im auf 100 °C vorgeheizten Backofen bis zu einer Kerntemperatur von 58 °C braten.

Für das Zwiebelconfit die Zwiebeln in Streifen schneiden, in etwas Öl anbraten und mit Honig glasieren. Mit Salz und Senfsamen würzen. Die Mischung mit dem Essig, dem Apfelsaft und dem Wildfond ablöschen. Den Zucker einrühren und das Confit ein wenig einkochen lassen.

In der Zwischenzeit für den Kartoffelbrei die Kartoffeln schälen und in Salzwasser weich kochen. Die gekochten Kartoffeln in Würfel schneiden und in einer Pfanne leicht in der Butter anschwitzen. Die Milch und die Sahne dazugießen und alles so lange köcheln lassen, bis die Kartoffeln zerfallen. Mit einem Kartoffelstampfer die Kartoffeln zu einem Brei zerdrücken. Mit Salz und Muskatnuss abschmecken.

Den Wildschweinrücken in Scheiben schneiden. In die Mitte großer Servierteller je eine Portion Kartoffelbrei geben und ein Stück Wildschweinrücken darauflegen. Das Confit außen herum träufeln.

Wildburger vom Räucherbrett mit Cumberlandsauce

Für 4 Portionen etwa 45 Minuten

4 Hamburgerbrötchen
600 g faschiertes Wildfleisch aus der Keule
2 EL Wildgewürz (siehe Seite 220)
30 g Semmelbrösel
1 mittelgroßes Ei
4 Scheiben Speck
1 Salatgurke, geschält und in Scheiben geschnitten
1 Gemüsezwiebel, in Scheiben geschnitten
1 Apfel, entkernt und in Scheiben geschnitten

Für die Cumberlandsauce
250 g eingemachte Preiselbeeren
2 EL Orangensaft
Schale von 1 unbehandelten Orange, in Streifen geschnitten
schwarzer Pfeffer aus der Mühle
30 g Meerrettich, gerieben
125 ml Rotwein
Salz

2 Räucherbretter für den Grill

Für die Cumberlandsauce in einem Topf alle Zutaten unter Rühren aufkochen, dann abkühlen lassen. Die Hamburgerbrötchen in Hälften schneiden. Die Räucherbretter 30 Minuten in kaltem Wasser ziehen lassen. Den Grill anheizen.

Das faschierte Wildfleisch mit dem Wildgewürz, den Semmelbröseln und dem Ei vermischen. Den Speck in Würfel schneiden und untermischen. Die Masse zu Frikadellen formen. Die Burger auf die Räucherbretter legen und 30 Minuten im geschlossenen Grill bei 180 °C räuchern. Die fertigen Burger auf die unteren Hälften der Hamburgerbrötchen legen. Mit den Gurken-, Zwiebel- und Apfelscheiben belegen und mit der Cumberlandsauce beträufeln.

Rehfrikadellen mit Kartoffel-Sellerie-Püree

Für 4 Portionen etwa 40 Minuten

400 g Rehoberschale, in sehr kleine Würfel geschnitten,
2 TL Wildgewürz (siehe Seite 220), Salz, Öl,
250 ml Wildfond,
1 Stange Sellerie, 2 Äpfel,
100 g eingemachte Kronsbeeren (alternativ Preiselbeeren oder Cranberrys)

Für das Kartoffel-Sellerie-Püree
300 g Kartoffeln
200 g Knollensellerie
250 ml Milch
50 g Butter
Salz, schwarzer Pfeffer aus der Mühle, frisch geriebene Muskatnuss

Für die Schwarzbrotchips
1 Würfel Hefe, 500 ml Buttermilch, 250 g Roggenschrot, 250 g Weizenschrot,
150 g Zuckerrübensirup, Meersalz, Kürbiskernöl

Für die Schwarzbrotchips die Hefe in der Buttermilch auflösen und zusammen mit dem Roggen- und dem Weizenschrot, dem Zuckerrübensirup und etwas Salz zu einem Teig verarbeiten. Ein paar Einmachgläser gut einfetten und jeweils zu einem Drittel mit dem entstandenen Teig füllen. Die Gläser mit Alufolie abdecken und den Teig 30 Minuten gehen lassen. Danach im vorgeheizten Backofen bei 160 °C etwa 2 Stunden backen. Die fertigen Brotkuchen aus den Formen stürzen und abkühlen lassen, dann in hauchdünne Scheiben schneiden.

Die Fleischwürfel mit dem Wildgewürz und Salz würzen. Kurz im Kühlschrank ruhen lassen.

In der Zwischenzeit für das Kartoffel-Sellerie-Püree die Kartoffeln und den Knollensellerie schälen. Beides getrennt in Salzwasser mehlig kochen. Die Milch erhitzen und mit den Kartoffeln, dem Knollensellerie und der Butter mit einem Stampfer oder einem Pürierstab zu einem Püree verarbeiten. Mit Salz, Pfeffer und Muskatnuss abschmecken.

Acht der Schwarzbrotscheiben mit Kürbiskernöl beträufeln und mit grobem Meersalz bestreuen. 10 Minuten bei 200 °C im Backofen aufbacken.

Inzwischen die Fleischmasse zu vier kleinen Fleischküchlein formen und diese bei hoher Temperatur in der Pfanne auf beiden Seiten nach Geschmack braten. In einem anderen Topf den Wildfond aufkochen.

Die Selleriestange putzen, in feine Streifen schneiden und in einer tiefen Pfanne bei hoher Temperatur kurz sautieren. Die Äpfel schälen, in je vier Spalten schneiden und in einer Pfanne anbraten.

Das Püree, die Rehfleischküchlein, die gebratenen Apfelspalten, den sautierten Staudensellerie und die Kronsbeeren dekorativ auf Tellern anrichten. Die Beilagen, nicht aber das Fleischküchlein mit dem Wildfond beträufeln. Das Gericht mit den Brotchips servieren.

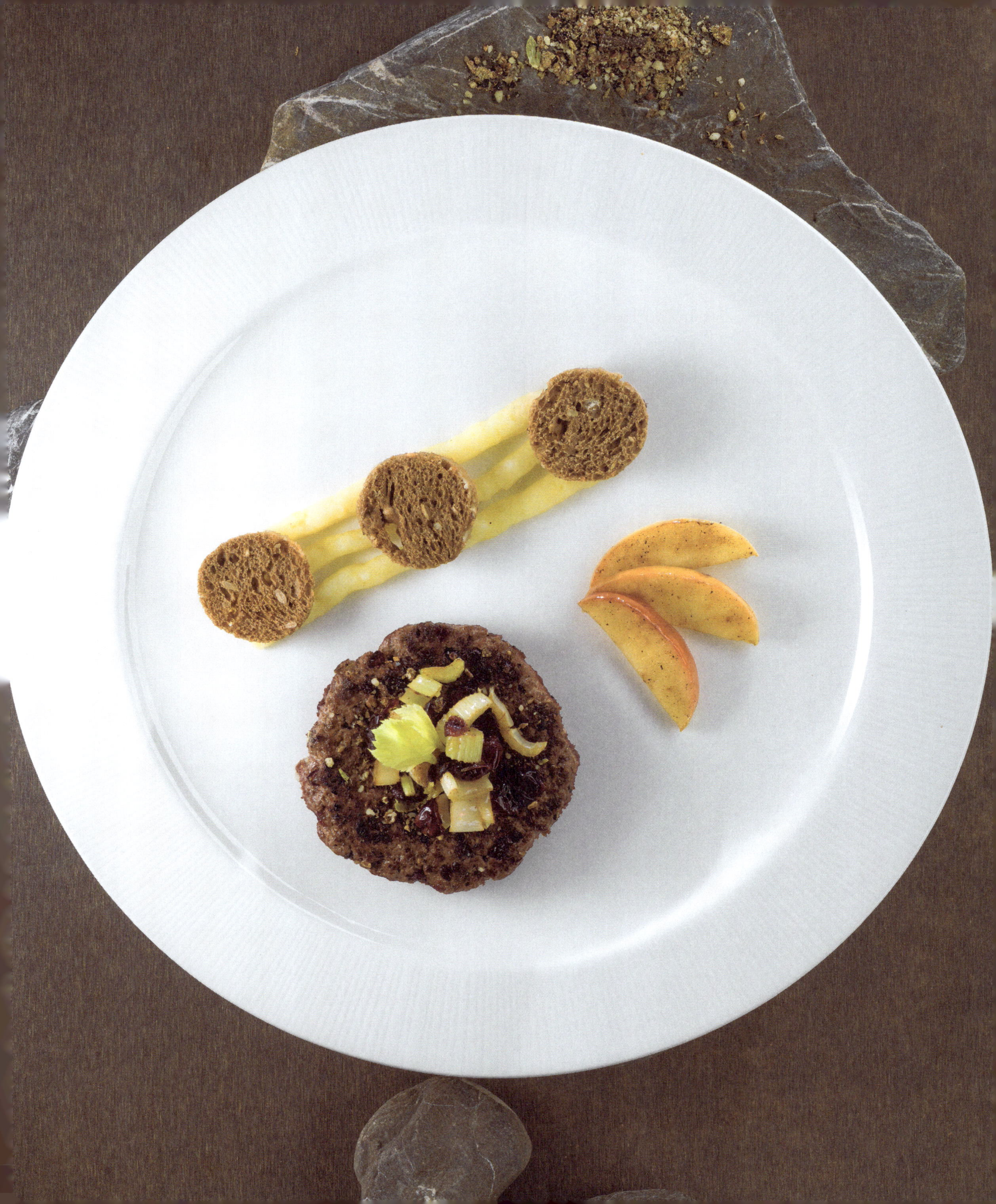

Gebeizter Wildlachs

Für 4 Portionen etwa 60 Minuten, plus 48 Stunden Beiz- und Kühlzeit

2 Wildlachsseiten mit Haut (Lachsloins), vom Fischhändler von Gräten und Bauchlappen befreit
2 unbehandelte Zitronen

Für die Würzmischung
10 Wacholderbeeren
1 TL schwarzer Pfeffer, ganz (nach Belieben)
2 Bund frischer Dill
150 g Karotten
150 g Knollensellerie
150 g Lauch
200 g weißer Rohzucker
200 g Meersalz
3–4 EL skandinavisches Fischgewürz (siehe Seite 221)

Außerdem
2 EL weißer Rohzucker
1 EL skandinavisches Fischgewürz (siehe Seite 221)
abgeriebene Schale von 1 unbehandelten Zitrone

Für die Würzmischung die Wacholderbeeren und nach Belieben den Pfeffer zerstoßen. Den Dill hacken. Die Karotten und den Knollensellerie in feine Streifen schneiden oder raspeln. Von dem Lauch nur den weißen Teil in feine Streifen schneiden oder raspeln. Mit den restlichen Zutaten für die Würzmischung vermengen.

Die Zitronen in Scheiben schneiden und beiseitestellen. Eine Hälfte der Würzmischung auf einem tiefen Backblech oder in einer Edelstahlform verteilen. Die beiden Fischhälften mit der Haut nach unten auf die Mischung legen. Die restliche Mischung über dem Fisch verteilen. Die Zitronenscheiben darauflegen, die Form mit Frischhaltefolie abdecken und den Fisch 12 Stunden im Kühlschrank beizen. Danach die Lachsfilets wenden, wieder mit der Würzmischung bedecken und weitere 12 Stunden beizen.

Anschließend den Fisch von den Gewürzen befreien, kurz unter kaltem Wasser abspülen und trocken tupfen. Den Zucker und das Fischgewürz mischen und die Fleischseite des Fischs gleichmäßig damit bestreuen. Mit geriebener Zitronenschale belegen und weitere 24 Stunden kalt stellen.

Den fertig gebeizten Lachs in dünne Scheiben schneiden und mit knusprigen Kartoffelplätzchen und Crème fraîche servieren.

Nordischer Lachs aus dem Wacholderrauch

Für 4 Portionen etwa 45 Minuten

600 g Lachsfilet, bevorzugt aus der Mitte
1 EL Wacholderbeeren

Für die Würzmischung
1 EL Wacholderbeeren
2 getrocknete Lorbeerblätter
1 EL schwarzer Pfeffer, ganz
1 EL Zucker
1 TL Salz

1 Räucherbrett aus Akazienholz

Für die Gewürzmischung alle Zutaten im Mörser zu einem groben Pulver zerstoßen. Den Grill (idealerweise einen Kugelgrill, alternativ auch einen Gasgrill mit Haube) anheizen. Das Räucherbrett 30 Minuten in kaltem Wasser einweichen. Die Wacholderbeeren leicht zerdrücken.

Den Lachs auf das Räucherbrett legen. Mit der Gewürzmischung bestreuen und im geschlossenen Grill bei 180 °C 30 Minuten grillen. Dabei immer wieder ein paar zerdrückte Wacholderbeeren in die Glut werfen.

Tipp: Anstelle des Lachses kann man auch jeden anderen Fisch auf diese Art räuchern.

Kilu – baltische Fischschnitten

Für 4 Portionen   etwa 15 Minuten

8 Scheiben dunkles Roggenbrot
50 g weiche Butter
16 eingelegte Sprotten (alternativ Sardinen oder Sardellen)
1 Bund Frühlingszwiebeln, in feine Scheiben geschnitten
1 Bund frischer Dill
Salz
schwarzer Pfeffer aus der Mühle

Die Roggenbrotscheiben mit der Butter bestreichen. Die Fische in der Mitte auseinanderklappen und mit der Hautseite nach oben auf die gebutterten Brote legen. Jede Schnitte mit reichlich Frühlingszwiebeln betreuen. Den frischen Dill zupfen und die Brote damit dekorieren. Mit etwas Salz und Pfeffer würzen.

Tipp: Die schlichten, aber ganz köstlichen belegten Brote eignen sich hervorragend als Fingerfood für Partys und fürs Picknick.

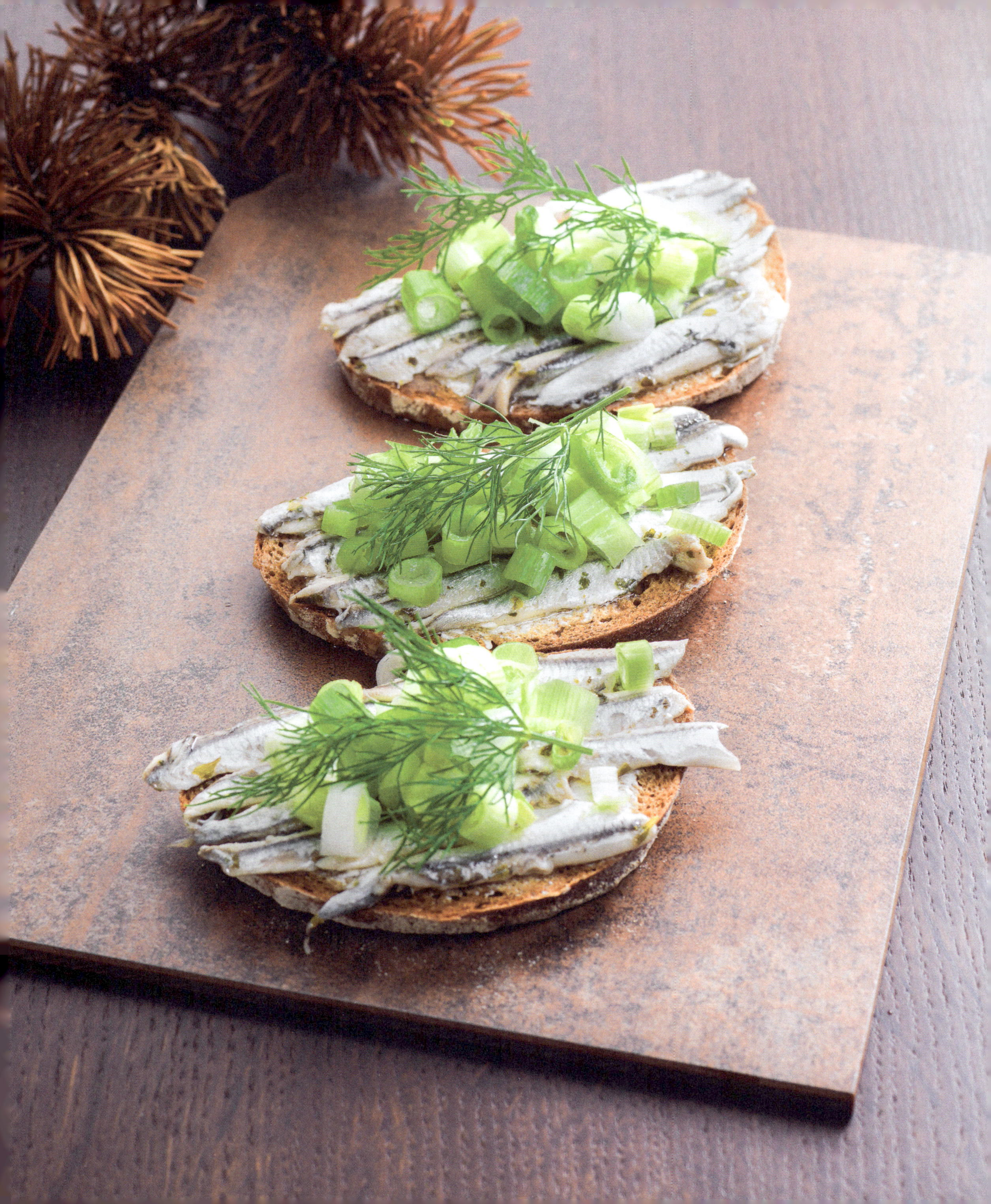

Bayerische Creme

Für 4 Portionen etwa 20 Minuten, plus 3 Stunden Kühlzeit

4 Blatt weiße Gelatine, Mark von 1 Vanilleschote, Tonkabohne, gerieben, 5 Eigelb,
100 g Puderzucker, 300 ml Sahne, 50 ml Milch, 1 Prise Salz, 100 g extrafeiner Zucker, 250 ml Sahne

Die Gelatine in kaltem Wasser einweichen. Das Vanillemark, etwas geriebene Tonkabohne und das Eigelb in eine Schüssel geben. Den Puderzucker dazusieben und alles mit dem Handrührgerät zu einer cremigen Masse verschlagen. Die Sahne steif schlagen.

Die Milch in einem Topf erwärmen. Die Gelatine aus dem Wasser nehmen, ausdrücken und unter Rühren in der warmen Milch auflösen. 3 EL Schlagsahne dazugeben, den Rest unter die Eimasse heben. Die Gelatine vorsichtig unter die Sahne-Ei-Mischung rühren. Die Masse auf Dessertschälchen verteilen und im Kühlschrank etwa 3 Stunden kühl stellen.

Tipp: Sehr gut zu diesem bayerischen »Schmankerl« schmeckt auch eine selbst gemachte Himbeersauce. Dazu 300 g frische Himbeeren waschen und trocken tupfen. 4 Himbeeren für die Deko beiseitelegen, die restlichen mit dem Saft einer halben Limette und 50 g Puderzucker fein pürieren. Kurz vor dem Servieren einfach über die Creme geben.

Kanelbullar – schwedische Zimtschnecken

Für 4 Portionen etwa 45 Minuten

1 kg Mehl, 1 Päckchen Trockenhefe, 150 g Butter, 500 ml warme Milch, 150 g Zucker,
Salz, 1 TL gemahlener Kardamom, 1 Ei, verquirlt, zum Bestreichen

Für die Füllung
80 g Butter, 120 g Zucker,
2 EL gemahlener Zimt, Mark von 1 Vanilleschote

Den Backofen auf 210 °C (Ober- und Unterhitze) vorheizen. Ein Backblech mit Backpapier auslegen.

Das Mehl mit der Trockenhefe mischen. Die Butter, die Milch, den Zucker, das Salz und den Kardamom dazugeben und alles zu einem glatten Teig verkneten. Diesen zugedeckt mindestens 30 Minuten an einem warmen Ort gehen lassen.

Inzwischen für die Füllung die Butter in einem Topf schmelzen und mit dem Zucker, dem Zimt und der Vanille vermischen. Den Teig auf einer bemehlten Arbeitsfläche zu einer etwa 40 x 30 cm großen Platte ausrollen. Mit der Füllung bestreichen und wie eine Roulade aufrollen. Die Rolle in dicke Scheiben schneiden und diese auf das Backblech legen. Mit dem Ei bestreichen und 25-30 Minuten im Backofen goldbraun backen.

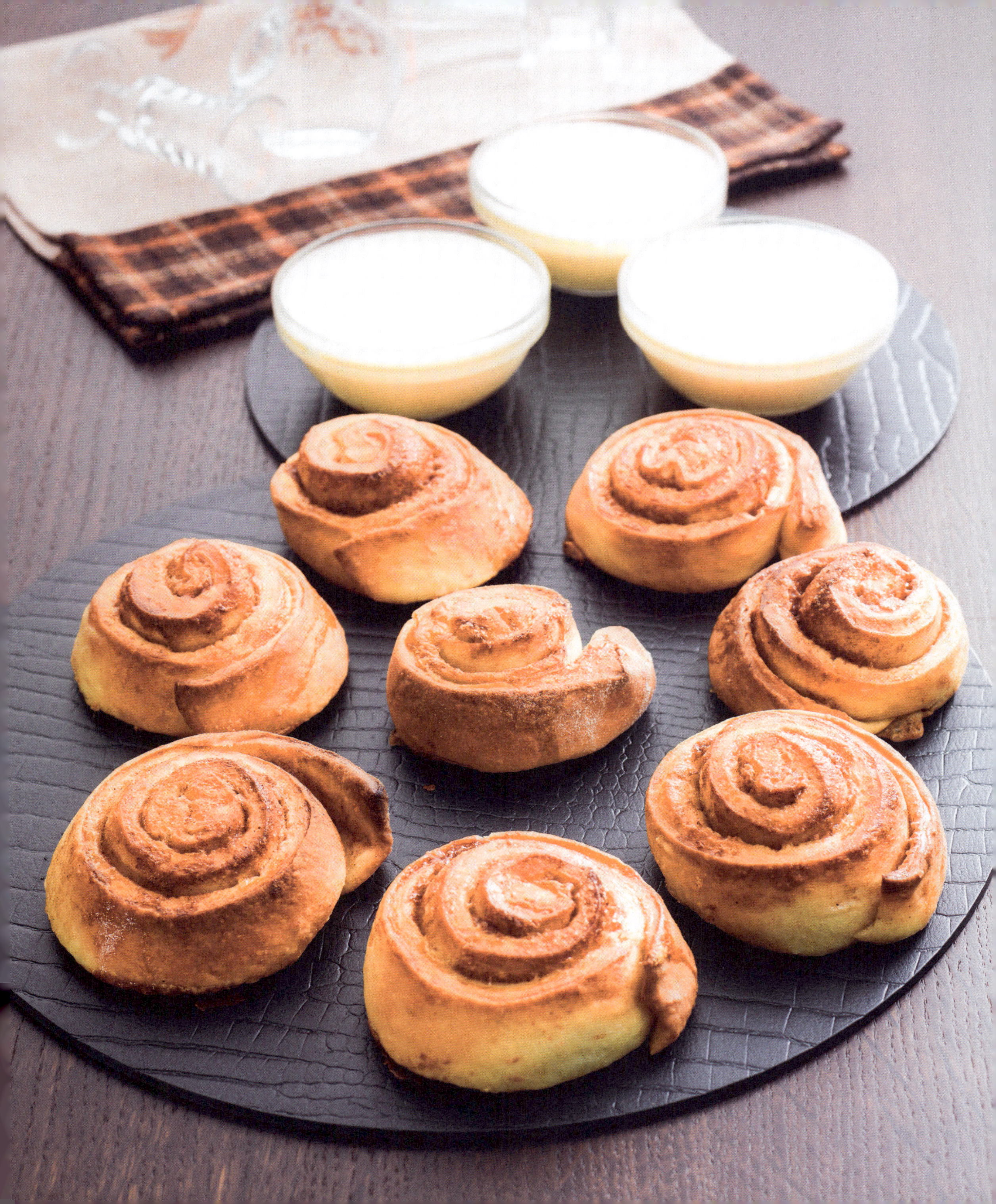

Ungarische Sauerkirsch-Rotwein-Creme

Für 4 Portionen etwa 30 Minuten, plus 3 Stunden Kühlzeit

400 g frische Sauerkirschen
½ Kassiazimtstange
2 Gewürznelken
100 ml trockener Rotwein
Abrieb und Saft von ½ unbehandelten Orange
½ TL Vanillemark
3 EL Rohzucker
1 Prise Salz
1 Eigelb
100 ml Sahne

Zum Garnieren
50 ml Sahne, geschlagen
4 Blättchen Zitronenmelisse

Die Sauerkirschen waschen und entsteinen. Zehn Kerne in einem Mörser grob zerstoßen und zusammen mit der halben Zimtstange und den Gewürznelken in ein Gewürzei füllen. Die Sauerkirschen in einen Topf geben und den Rotwein und 400 ml Wasser dazugießen. Die Orangenschale und das Vanillemark dazugeben. Die Orange auspressen und den Saft durch ein feines Sieb dazugießen.

Den Zucker, eine Prise Salz und das Gewürzei in den Topf geben. Alles erhitzen und 5 Minuten bei mittlerer Temperatur köcheln lassen. Das Gewürzei wieder entfernen. Mit einem Schaumlöffel die Hälfte der Kirschen herausnehmen und beiseitestellen.

Den Rest des Suds mit einem Stabmixer fein pürieren und dann noch einmal aufkochen. In einer Schüssel das Eigelb mit der Sahne verschlagen und eine Schöpfkelle des heißen Kirschsuds unterrühren. Die Mischung unter Rühren zurück in den Topf gießen. Die Temperatur reduzieren, der Sud sollte nicht mehr kochen. Die beiseitegestellten Kirschen wieder in den Topf geben. Die Mischung auf vier schöne Dessertschalen verteilen und für etwa 3 Stunden in den Kühlschrank stellen, bis sie vollständig ausgekühlt ist.

Vor dem Servieren jede Portion mit einem Klecks Schlagsahne und mit einem Blättchen Zitronenmelisse garnieren.

Schlesischer Mohnstriezel

Für 4 Portionen etwa 2 Stunden

Für den Hefemürbeteig
300 g Mehl, 100 g kalte Butter, 50 g Zucker, 1 Prise Salz,
20 g Hefe, 100 ml Milch, 2 Eigelb, 50 g Butter, zerlassen, zum Bestreichen

Für die Füllung
100 g Rosinen, 20 ml Rum, 125 ml Milch, 20 g Butter,
150 g gemahlener Mohn, 100 g gemahlene Mandeln,
100 g Zucker, ½ TL Zimt, Mark von 1 Vanilleschote, 1 Ei

Für den Zuckerguss
150 g Puderzucker, 1 EL Zitronensaft, etwas Abrieb von 1 unbehandelten Zitrone, 1 EL Rum

Schlagsahne (nach Belieben) zum Servieren

Die Rosinen für die Füllung in dem Rum einweichen und beiseitestellen.

Für den Hefeteig das Mehl in eine Schüssel sieben und die kalte Butter in Flocken darauf verteilen. Den Zucker und das Salz darüberstreuen. Die Hefe mit der Milch glatt rühren. Das Eigelb einrühren. Die Hefemischung mit der Mehl-Butter-Mischung zu einem glatten, festen Teig verarbeiten. Den Teig etwa 30 Minuten zugedeckt an einem warmen Ort gehen lassen.

Inzwischen für die Füllung die Milch mit der Butter zum Kochen bringen. Den Mohn, die Mandeln und den Zucker einrühren und alles 5 Minuten köcheln lassen. Die Mischung vom Herd nehmen und kurz abkühlen lassen, dann den Zimt, das Vanillemark und das Ei sowie die Rum-Rosinen unterrühren.

Den Teig etwa ½ cm dick ausrollen und mit der zerlassenen Butter bestreichen. Die abgekühlte Mohnfüllung gleichmäßig darauf verteilen. Den Teig zu einer lockeren Rolle aufrollen und an den Seiten gut verschließen. Auf ein mit Backpapier ausgelegtes Backblech legen und noch einmal 30 Minuten gehen lassen. Den Backofen auf 190 °C vorheizen. Den fertig aufgegangenen Striezel im vorgeheizten Backofen etwa 45 Minuten goldbraun backen.

Den Striezel aus dem Ofen nehmen und kurz abkühlen lassen. In der Zwischenzeit für den Zuckerguss alle Zutaten in einem Topf vermischen und kurz aufkochen. Den Striezel mit dem Guss bestreichen und etwas trocknen lassen. Den Striezel in dicke Scheiben schneiden und nach Belieben mit Schlagsahne servieren.

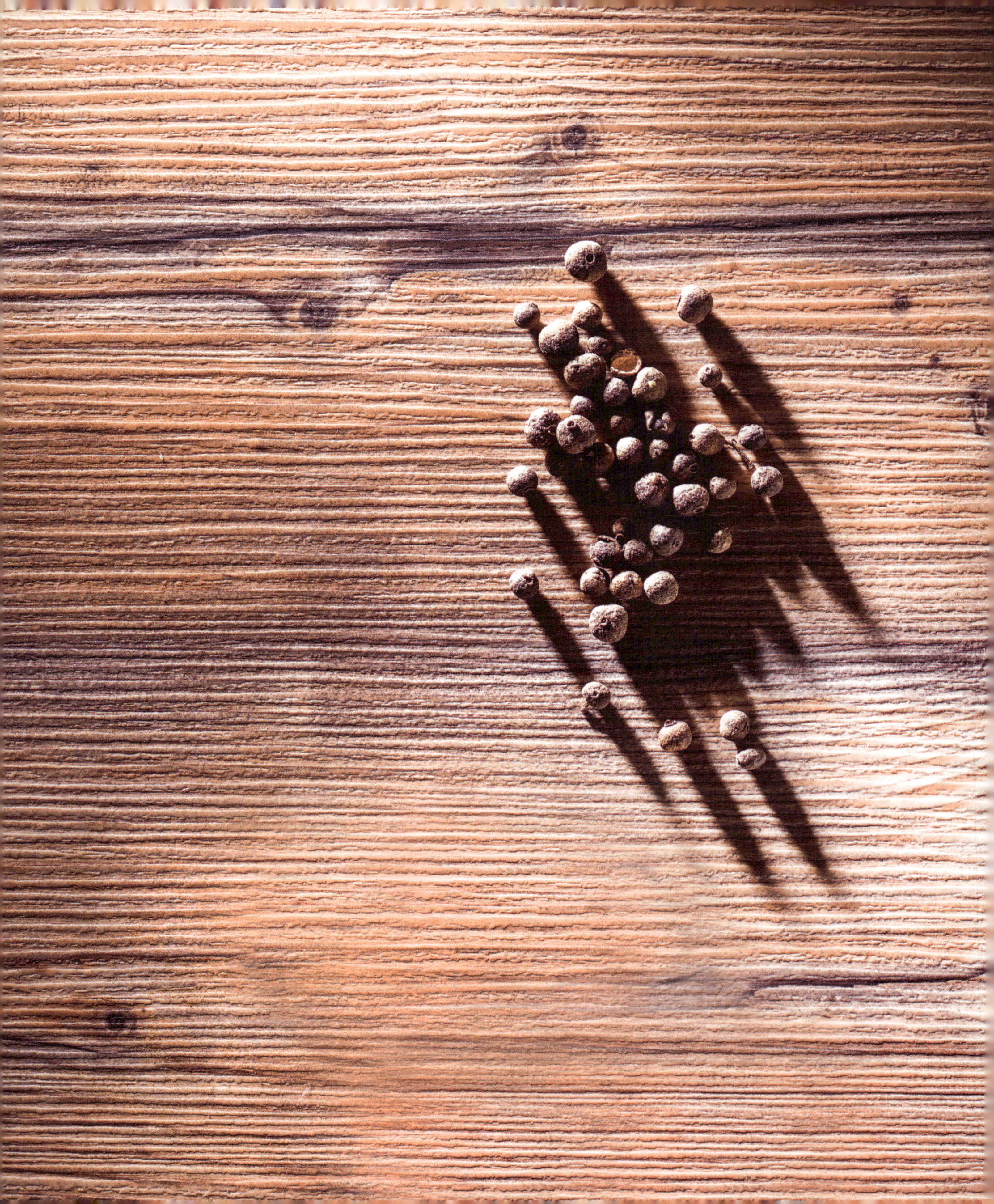

Aromenwelt Nordamerika

Das Land der unbegrenzten Möglichkeiten zeigt auch kulinarisch unendliche Vielfalt. Zahlreiche Speisen, die heute in den USA beliebt sind, haben ihren Ursprung in der Tradition der Einwanderer, geprägt wurde die amerikanische Esskultur aber natürlich auch von den Ureinwohnern, deren Hauptnahrungsmittel Kartoffeln, Mais, Kürbis und Bohnen noch immer Basics der Küche sind.

Der *melting pot*, der Schmelztiegel der Kulturen, zeigt heute also eine rundum international geprägte Kochkultur. Beispielhaft für die Vielzahl der wirkenden Einflüsse sind nicht nur die kreolische und die *cajun*-Küche Louisianas, in denen sich europäische Elemente mit afrikanischen und originär amerikanischen verbinden, sondern auch die pikante Tex-Mex-Küche des äußersten Südens, die charakteristische Aromen und Zutaten der mexikanischen Küche mit der Südstaatentradition kombiniert.

Barbecue-Würzmischung (USA)

Einige Gerichte und ihre spezifischen Aromen assoziieren wir fast automatisch mit dem typischen »American way of life«. Saftiges Fleisch vom Grill mit aromatischem »Rub« gehört auf jeden Fall dazu.

1 EL bunter Pfeffer, ganz
1 EL brauner Rohzucker
1 TL Chiliflocken
1 TL getrockneter und gerebelter Thymian
1 TL getrockneter und gerebelter Rosmarin
½ TL gemahlenes *pimentón de la Vera*
½ TL Espressopulver

Alle Zutaten bis auf das Paprika- und das Espressopulver sorgfältig miteinander vermischen und in einem Mörser fein zerstoßen. Anschließend Paprika- und Espressopulver unterrühren. Ideal als Tischwürze beim Grillen. Für eine köstlich deftige Marinade die Mischung mit 4-5 EL Speiseöl verrühren und Grillfleisch oder Spareribs damit marinieren.

Cajun-Würzmischung (Louisiana, USA)

In der kreolischen Aromenwelt Louisianas spielt Chili eine herausragende Rolle. Im typischen cajun-Gewürz wird dessen Schärfe noch vom Pfeffer verstärkt und wirkungsvoll untermalt vom kräftig pikanten Aroma von Zwiebeln und Knoblauch sowie den raffinierten Noten von Kreuzkümmel und Thymian.

1 TL gefriergetrockneter Knoblauch
1 TL gefriergetrocknete Zwiebeln
1 TL grobes Meersalz
1 TL getrockneter Thymian
1 TL schwarzer Pfeffer, ganz
1 TL getrocknete Chiliflocken
½ TL Kreuzkümmel, ganz
1 TL edelsüßes Paprikapulver

Alle Zutaten bis auf das Paprikapulver in einer elektrischen Gewürzmühle fein mahlen. Zum Schluss das Paprikapulver untermischen. Ideal für Eintopfgerichte (*gumbos*) oder Reisgerichte (*jambalayas*). Diese kreolische Würzmischung eignet sich auch hervorragend dazu, Fleisch und Fisch vor dem Braten oder Grillen damit einzureiben.

Gewürzketchup (USA)

Für etwa 300 ml etwa 60 Minuten

1,5 kg vollreife Tomaten, 2 Zwiebeln, 3 Knoblauchzehen, Öl, 4 EL Tomatenmark,
1 Zimtstange, 2 Gewürznelken, 1 Sternanis, 1 TL zerstoßener Langer Pfeffer,
100 g Rohzucker, 50 ml Branntweinessig, ½ TL *pimentón de la Vera*,
2 TL Meersalz, schwarzer Pfeffer aus der Mühle

Die Tomaten waschen, vom Strunk befreien und würfeln. Die Zwiebeln und den Knoblauch schälen, würfeln und in etwas Öl anbraten. Die Tomaten, das Tomatenmark, die Zimtstange, die Nelken, den Sternanis und den Langen Pfeffer dazugeben. Alles aufkochen und bei niedriger Temperatur etwa 20 Minuten köcheln lassen, dabei immer wieder umrühren. Dann die Sauce mit einem Stabmixer fein pürieren.

Einen großen Topf erhitzen und den Zucker hineingeben. Wenn er karamellisiert ist, mit dem Branntweinessig ablöschen. Dann die pürierte Tomatensauce unterrühren und den *pimentón de la Vera*, Salz und Pfeffer beigeben. Alles noch einmal aufkochen und dann unter ständigem Rühren einkochen. Nach ca. 20 Minuten sollte eine schöne Konsistenz erreicht sein. Das Ketchup mit Zucker, Salz, Pfeffer und Essig abschmecken und erkalten lassen.

Tipp: Soll das Gewürzketchup nicht sofort verwendet werden, eine große Flasche heiß ausspülen und das noch heiße Ketchup einfüllen. Fest verschließen, so hält es sich einige Wochen.

Mayonnaise (USA)

Für etwa 200 ml etwa 20 Minuten

1 TL Senfsamen
2 ganz frische Eigelb
1 TL Rohzucker
1 TL Zitronensaft
1 Prise Meersalz
schwarzer Pfeffer aus der Mühle
150 ml neutrales Pflanzenöl

Zunächst die Senfsamen im Mörser fein zermahlen. Das Pulver zusammen mit allen anderen Zutaten außer dem Öl in ein hohes Gefäß geben und mit einem Handrührgerat auf hoher Stufe verrühren. Das Öl langsam einlaufen lassen und dabei weiterrühren. Nach etwa 90 Sekunden emulgiert die Flüssigkeit, dann das Öl schneller hinzufügen. Die Mischung mit Meersalz, Pfeffer und Zitronensaft abschmecken und bis zum Servieren kalt stellen.

Tipp: Alle Zutaten sollten zimmerwarm sein, damit sich eine schöne Emulsion bildet.

Cajun-Salat mit Putenfleisch

Für 4 Portionen etwa 30 Minuten, plus 2 Stunden zum Marinieren

4 Putenschnitzel
cajun-Würzmischung (siehe Seite 250)
4 Eier
2 Stangen Lauch
1 frische Ananas
Mayonnaise (siehe Seite 251)
Salz
weißer Pfeffer aus der Mühle
Currypulver
75 ml Sahne
1 EL Öl
Saft von 1 Limette

Die Putenschnitzel 2 Stunden in reichlich *cajun*-Gewürzmischung marinieren. In der Zwischenzeit die Eier hart kochen.

Den Lauch putzen und in feine Streifen schneiden. Eine Ananas schälen, halbieren und den Strunk entfernen. Die Ananashälften nochmals halbieren und die Spalten in dünne Streifen schneiden. Die hart gekochten Eier schälen und mit dem Eierschneider in feine Scheiben schneiden. In einer Schüssel die Ananasstreifen, die Eierscheiben und den Lauch locker mischen.

In einer kleinen Schüssel etwas Mayonnaise, Salz, Pfeffer, Currypulver und die Sahne zu einem Dressing verquirlen und dieses mit der Salatmischung vermengen.

In einer Pfanne das Öl erhitzen und darin die marinierten Putenschnitzel auf beiden Seiten anbraten und dann kurze Zeit ruhen lassen. Den Salat auf großen Tellern anrichten. Das Putenfleisch in Streifen schneiden und auf dem Salat platzieren. Jede Portion mit etwas Limettensaft beträufeln und servieren.

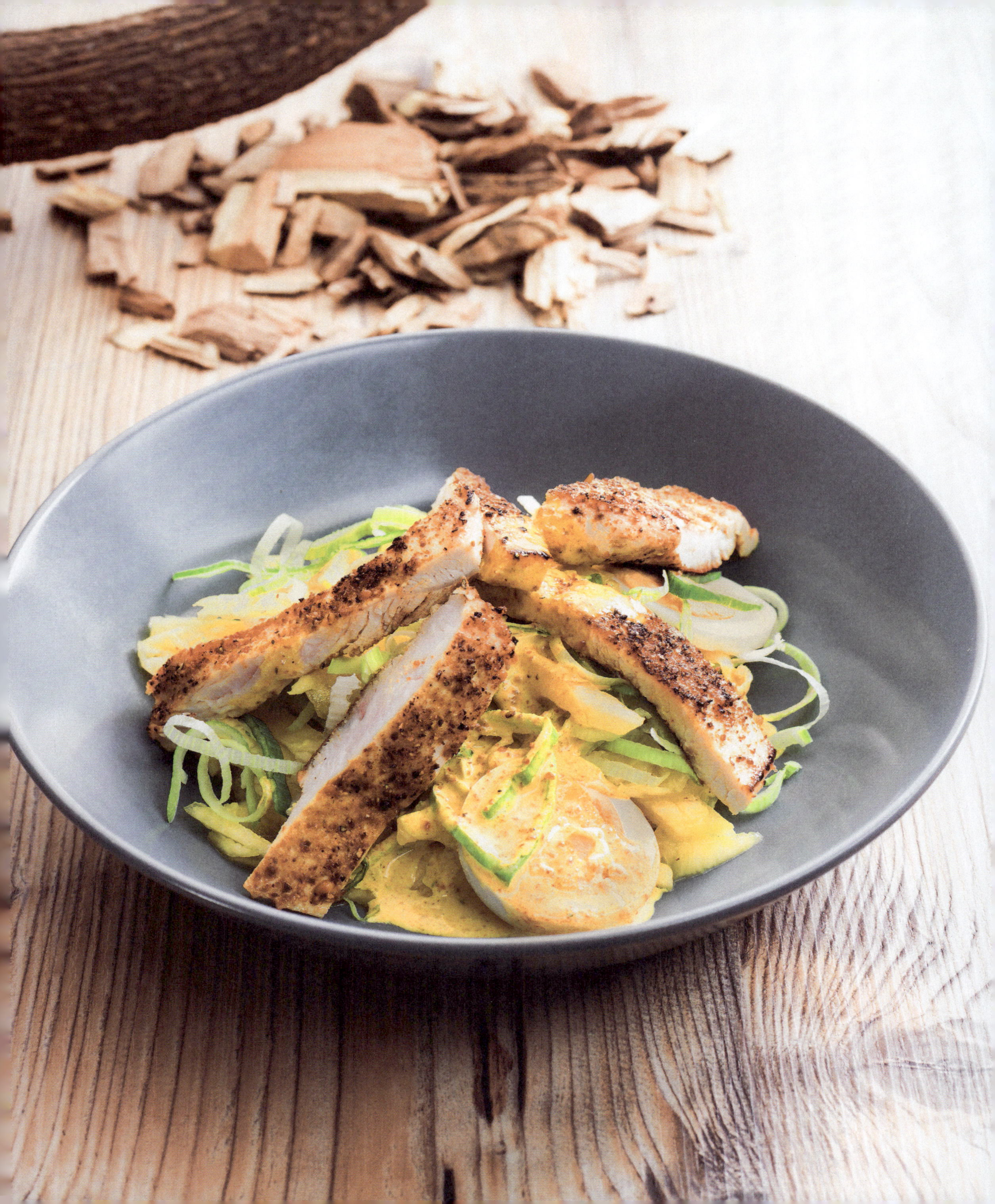

Coleslaw – amerikanischer Karotten-Kraut-Salat

Für 4 Portionen etwa 30 Minuten, plus 90 Minuten zum Marinieren

1 Weißkohl (ca. 600 g)
150 g Karotten
Salz
150 g Joghurt
100 ml Sahne
8 EL Olivenöl
2 EL Essig
2 EL mittelscharfer Senf
1 Eigelb
Zucker
Salz
Tabasco

Den Kohlkopf der Länge nach vierteln, den Strunk entfernen und den Rest in feine Streifen schneiden. Die Karotten schälen und in feine Stifte schneiden.

Die Kohlstreifen und die Karottenstifte in einer großen Schüssel gründlich vermengen. Etwas Salz zugeben und alles mit dem Handballen kneten, bis der Kohl weich ist.

In einer anderen Schüssel den Joghurt, die Sahne, das Öl, den Essig, den Senf und das Eigelb mit einem Pürierstab zu einer glatten Sauce verarbeiten. Nach Geschmack mit Zucker, Salz und Tabasco würzen.

Die Sauce unter das Kraut heben und den Salat im Kühlschrank 90 Minuten ziehen lassen. Gut gekühlt servieren.

Spareribs

Für 4 Portionen etwa 2 Stunden, plus 6 Stunden zum Marinieren

4 kg Schweinerippen

Für die Marinade
50 g edelsüßes Paprikapulver
44 g feines Meersalz
8 g schwarzer Pfeffer, grob gemahlen
6 g Chilipulver
3 g getrocknete Kräuter der Provence (siehe Seite 190)
3 g geriebene Muskatnuss
3 g Currypulver
etwas getrocknetes Basilikum, gerebelt
250 g Tomatenmark
100 g Honig

Für die Marinade alle Gewürze gründlich vermischen und mit dem Tomatenmark und dem Honig zu einer glatten Paste verarbeiten. Die Rippchen gleichmäßig damit bestreichen. In eine Schale legen und mindestens 6 Stunden marinieren.

Im vorgeheizten Backofen bei 100 °C etwa 90 Minuten garen, bis sich das Fleisch leicht von den Knochen lösen lässt. Anschließend bei 180 °C oder unter dem Backofengrill schnell knusprig bräunen und sofort servieren.

Tipp: Dazu passen *coleslaw* (siehe gegenüber) und Ofenkartoffeln. Hierfür große mehlige Kartoffeln mit einem Rouladenspieß mehrmals einstechen. Zusammen mit einem kleinen Rosmarinzweig in eine mit etwas Öl bepinselte Alufolie wickeln und gut verschließen. Für 40-60 Minuten (je nach Kartoffelgröße) im vorgeheizten Backofen bei 220 °C garen. Mit einem Holzstäbchen am Ende der Garzeit anstechen. Bleibt nichts daran hängen, ist die Kartoffel fertig. Mit Kräuterbutter (siehe Seite 133) servieren.

Burger mit selbst gemachten Brötchen und Süßkartoffelpommes

Für 4 Portionen etwa 1 ½ Stunden

Für die Hamburgerbrötchen
½ Würfel Hefe, 250 g Weizenmehl, ½ TL Rohzucker, 1 TL Salz,
4 EL Olivenöl, 2 TL Schwarzkümmelsamen, 2 TL Sesamsamen

Für die Süßkartoffelpommes
4 große Süßkartoffeln, 5 Knoblauchzehen, 10 Rosmarinzweige,
5 EL Olivenöl, Meersalz

Für die Burger
400 g Bio-Hackfleisch vom Rind, 1 EL Salz, schwarzer Pfeffer aus der Mühle,
3 EL Rapsöl, 8 EL Gewürzketchup (siehe Seite 251), 8 EL Mayonnaise (siehe Seite 251),
4 Blätter knackiger grüner Salat, 4 große Zwiebelscheiben, 2 Tomaten, in Scheiben geschnitten

Für die Brötchen den Ofen auf 50 °C (Umluft) vorheizen. Die Hefe in eine Schüssel zerbröseln und mit 125 ml lauwarmem Wasser gut verrühren. Das Mehl, den Zucker, das Salz und das Olivenöl dazugeben und alles mit dem Knethaken eines Rührgeräts zunächst auf kleiner Stufe, dann für mindestens 5 Minuten auf höchster Stufe zu einem glatten Teig verkneten. Den Teig in vier gleich große Stücke teilen, jedes zu einer Kugel formen und diese dann daumendick flach drücken. Die Teigfladen mit etwas Olivenöl bestreichen und mit Schwarzkümmel- und Sesamsamen bestreuen. Auf ein mit Backpapier ausgelegtes Blech legen und zusammen mit einer ofenfesten Schale mit Wasser in den Ofen schieben. Den Ofen ausschalten und den Teig zunächst etwa 20 Minuten gehen lassen. Dann die Temperatur auf 225 °C stellen und die Brötchen etwa 20 Minuten goldbraun backen. Für eine weichere Kruste die Burgerbrötchen nach dem Backen in ein feuchtes Geschirrtuch einschlagen.

In der Zwischenzeit die Süßkartoffeln schälen und in Pommesform schneiden. Auf einem Backblech verteilen. Die Knoblauchzehen schälen, leicht zusammmendrücken und zwischen den rohen Pommes verteilen. Die Rosmarinzweige waschen, trocken tupfen und ebenfalls zwischen den Pommes verteilen. Die Pommes mit dem Olivenöl beträufeln und dann bei 200 °C etwa 25 Minuten knusprig braten. Vor dem Servieren mit Meersalz würzen.

Während die Pommes garen, für die Burger das Hackfleisch mit Salz und Pfeffer würzen und in vier Portionen teilen. In einer beschichteten Pfanne das Öl erhitzen, das portionierte rohe Hackfleisch hineinlegen und mit einem Pfannenwender etwas flach drücken. 3-5 Minuten anbraten, dann wenden und auf der anderen Seite weitere 3-5 Minuten braten. Den Garungszustand mit dem Finger testen: Je weniger es nachgibt, desto stärker gegart ist das Fleisch.

Die etwas abgekühlten Brötchen halbieren und die Schnittflächen goldbraun toasten. Die Brötchenunterteile mit je 2 EL Ketchup und 2 EL Mayo bestreichen. Dann den Salat, die Zwiebel, die Tomatenscheiben, das Hackfleischpattie und zum Schluss die obere Brötchenhälfte auflegen. Jeden Burger auf einen Servierteller setzen, daneben die ofenfrischen Süßkartoffelpommes anrichten und alles mit Ketchup und Mayonnaise (siehe Seite 251) servieren.

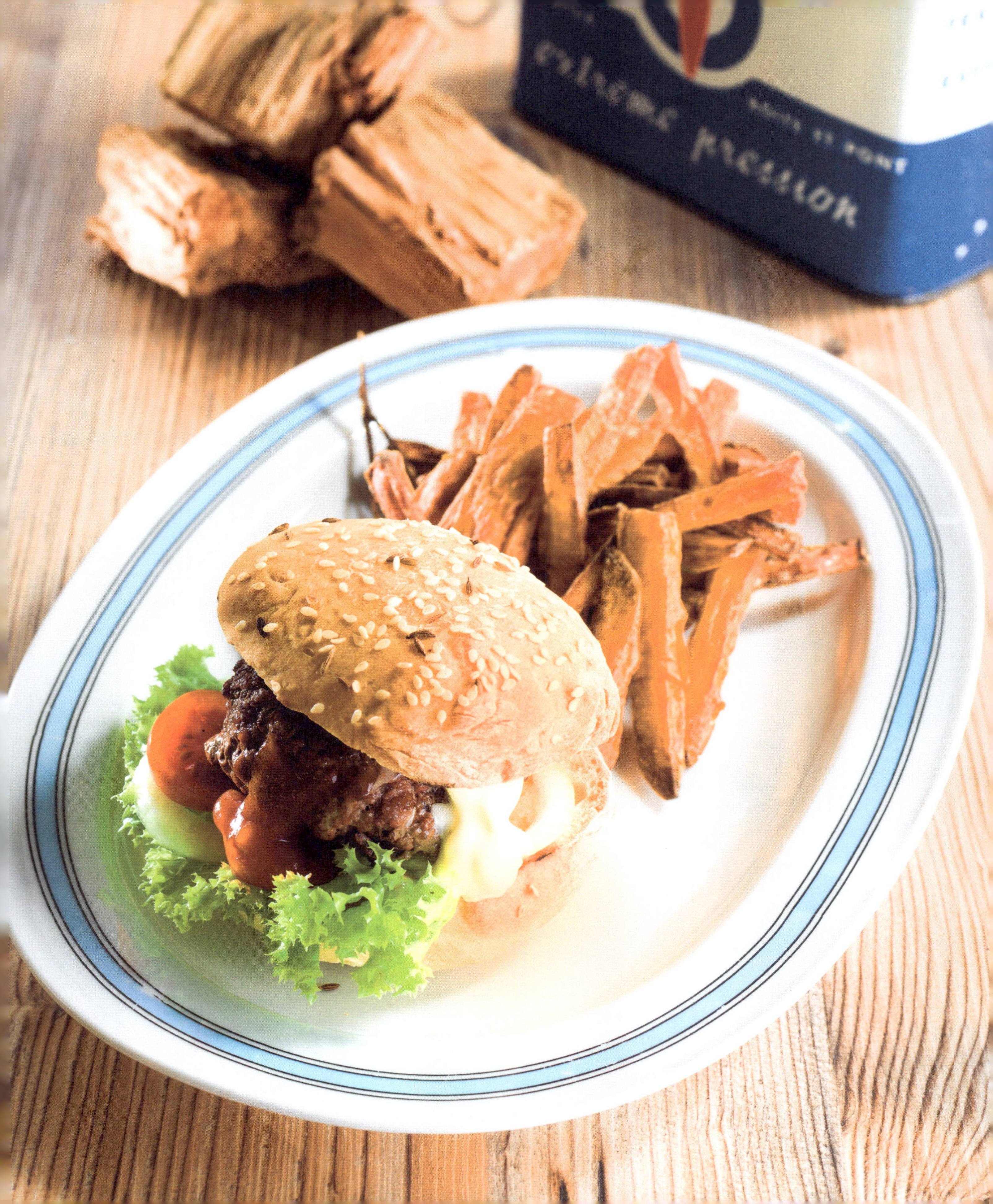
extreme pression

Reispudding »New Orleans«

Für 4 Portionen   etwa 50 Minuten, plus 12 Stunden zum Einweichen

100 g Rosinen, 5 EL dunkler Rum, 1 Kassiazimtstange, ½ TL frisch geriebene Muskatnuss, 1 Prise Salz, Saft und Abrieb von ½ unbehandelten Zitrone, 200 g Jasminreis, 500 ml Milch, 500 ml Sahne, 200 g Rohzucker, ½ TL Vanillemark, 2 EL Butter

Am Vortag die Rosinen in einer Schüssel in Rum einlegen und über Nacht weichen lassen.

In einem Topf 400 ml Wasser mit der Zimtstange, der Muskatnuss, dem Salz, dem Zitronensaft und der Zitronenschale zum Kochen bringen. Den Reis dazugeben. Die Temperatur reduzieren und den Reis etwa 20 Minuten köcheln lassen, bis alle Flüssigkeit verdampft ist. Dabei immer wieder umrühren.

Die Milch, die Sahne und den Zucker dazugeben und alles weitere 30 Minuten köcheln und auf eine sämige Konsistenz eindicken. Die Zimtstange entfernen. Das Vanillemark und die Butter sorgfältig unterrühren. Die Mischung noch einmal kurz aufkochen, dann etwas abkühlen lassen. In vier Dessertgläschen füllen, jede Portion mit einigen Rumrosinen garnieren und mit etwas von dem Rum beträufeln.

Bananas Fosters

Für 4 Portionen   etwa 40 Minuten, plus 30 Minuten Kühlzeit

Für das Vanilleeis
1 Tahiti-Vanilleschote, 100 ml Milch, 400 ml Sahne, 4 Eigelb, 100 g Rohzucker

Für die Bananen
4 gelbe Bananen, 100 g Butter, 200 g brauner Zucker, ½ TL Zimt, 50 ml Bananenlikör, 50 ml Whiskey oder Rum

Die Vanilleschote der Länge nach aufschlitzen und das Mark herauskratzen. In einem Topf die Milch, die Sahne, das Vanillemark und die Schote aufkochen. Danach die Schote entfernen.

Das Eigelb in einer Schüssel mit dem Zucker verrühren. Die Vanillemilch dazugeben und alles mit einem Handrührgerät gründlich vermischen. Nun die Vanillemasse über dem Wasserbad mit einem Holzkochlöffel so lange rühren, bis sie andickt. Die Schüssel anschließend auf eine Schüssel mit Eiswürfeln setzen und die Masse darauf so lange weiterrühren, bis sie erkaltet ist. Dann in der Eismaschine nach Herstellerangabe cremig gefrieren lassen.

Die Bananen schälen und erst längs, dann quer halbieren. Die Butter in einer Pfanne schmelzen und darin den Zucker karamellisieren. Den Zimt einrühren. Den Bananenlikör und die Bananen dazugeben. Die Bananen auf allen Seiten anbräunen, dann vorsichtig mit dem Whiskey oder Rum übergießen. Den Alkohol mit einem langen Streichholz anzünden und die Bananen flambieren. Die Pfanne vom Herd nehmen.

Die Bananen mit je zwei Kugeln Eis auf Desserttellern anrichten, mit der Likör-Rum-Sauce beträufeln und sofort servieren.

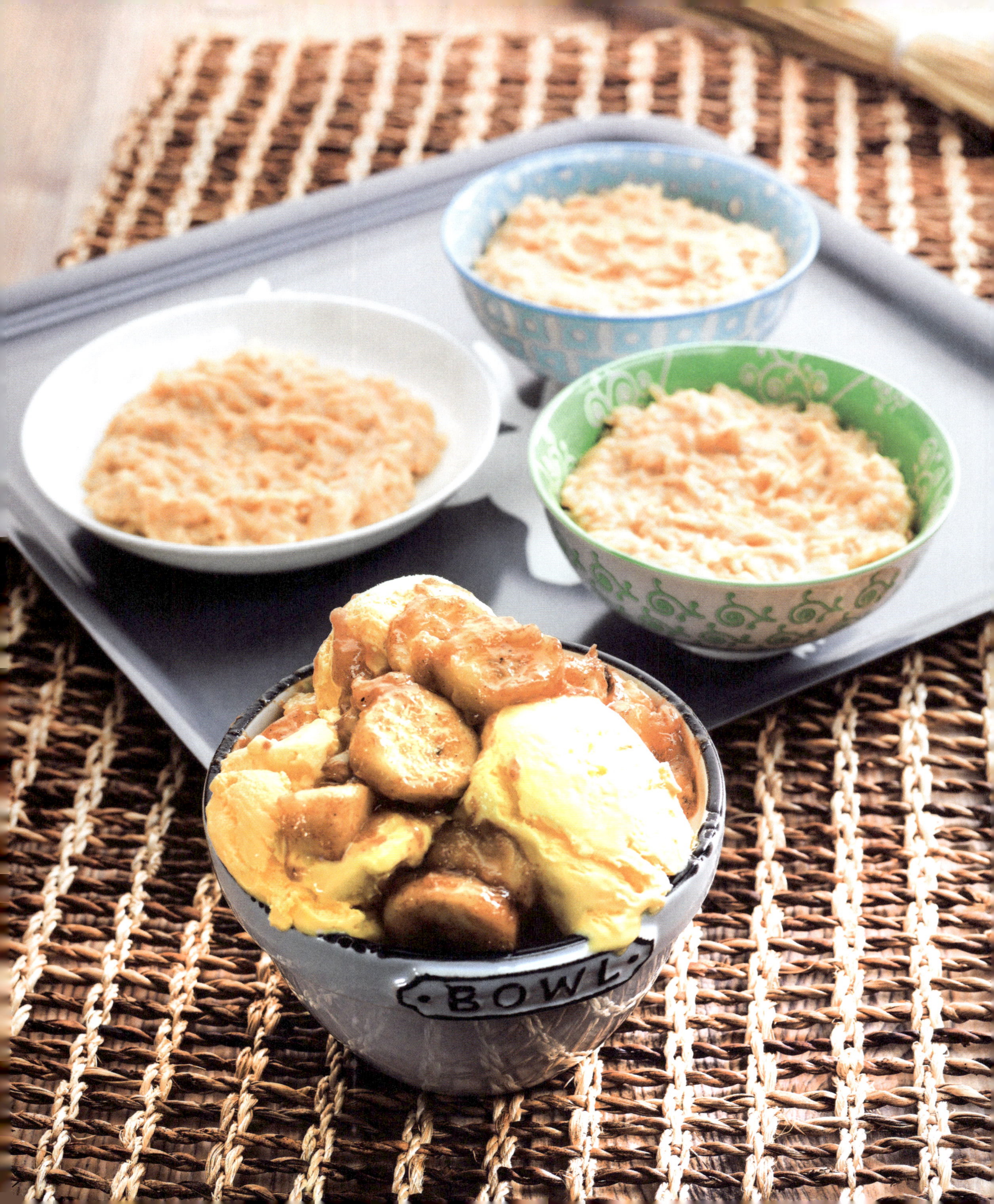
BOWL

Aromenwelt Südamerika & Karibik

Die Küche Südamerikas setzt auf Basics, die in dieser Region eine lange Tradition haben: Mais, Bohnen und Kartoffeln. Auch spielt dort ein Gewürz die Hauptrolle, das bereits von den frühen Hochkulturen favorisiert wurde: Chili. Die scharfen Schoten gehören in Argentinien, Brasilien, Venezuela, Chile oder Peru noch heute zum Küchenalltag.

Die karibischen Inseln hingegen sind in ihrer Esskultur und ihrer Aromenwelt geprägt von den unterschiedlichen Bewohnern, die im Laufe der Jahrhunderte dort ihre kulinarischen Spuren hinterlassen haben. Neben fruchtig-spritzigen Noten von tropischen Obstsorten setzen hier besonders dort kultivierte Gewürze wie feuriger Chili, Piment, Muskatnuss und Ingwer würzige Akzente. Hinzu kommen noch die duftigen Aromen von Zimt und Nelken, die gerne mit anderen Zutaten zu Würzpulvern mit indischem Anklang kombiniert werden. Eine beliebte Würzsauce der Karibik ist *sofrito*, die aus Kräutern, Pfeffer, Annatto und Olivenöl zubereitet wird. *Red sofrito* erhält seine Couleur durch Zugabe roter Gemüsepaprika, *green sofrito* durch grüne Paprikaschoten.

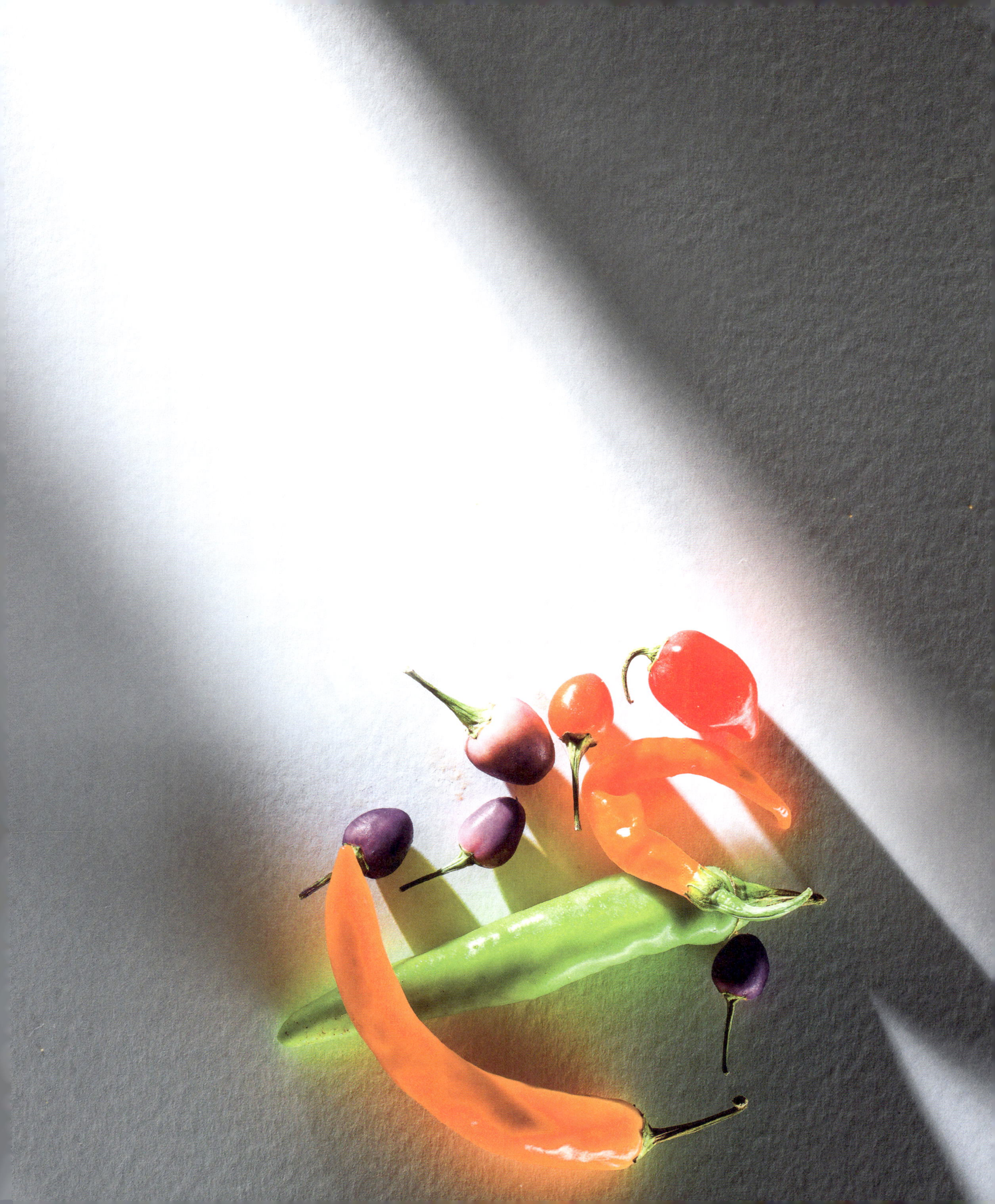

Poudre de Colombo (Martinique & Guadeloupe)

Im 19. Jahrhundert kamen ceylonesische Arbeiter auf die Zuckerplantagen der Antillen und importierten dorthin neben ihrer Kochkunst auch die Würze ihrer Heimat. Poudre de Colombo, benannt nach der Hauptstadt Sri Lankas, ist eine aromatische Adaption indischer masalas, die als Verdickungsmittel zusätzlich Reiskörner enthält.

1 EL Kreuzkümmel, ganz
1 EL Korianderfrüchte
1 EL schwarze Senfsamen
1 EL ungekochte Reiskörner
1 TL schwarzer Pfeffer, ganz
1 TL Gewürznelken
1 TL Fenchelfrüchte
1 EL gemahlene Kurkuma

Alle Zutaten außer der gemahlenen Kurkuma vermischen und kurz in einer heißen Pfanne ohne Fett anrösten. Die Gewürze im Mörser zerstoßen, dann die gemahlene Kurkuma unterheben. Ideal für Eintöpfe, Reis- und Currygerichte, Fisch, Geflügel, Fleisch, Gemüse, Kürbis, Süßkartoffeln.

Chimichurri (Argentinien)

Fleisch vom Grill ist in Argentinien mehr als nur auf eine bestimmte Weise zubereitete Nahrung, es ist eine Lebensphilosophie. Gewöhnlich werden wenige Beilagen dazu gereicht, eine jedoch darf nie fehlen: die frisch aromatische Grillsauce chimichurri.

Für 4 Portionen etwa 25 Minuten

1 Bund glatte Petersilie
1 Schalotte
2 Knoblauchzehen
½ TL Chiliflocken
½ TL grob zerstoßener schwarzer Pfeffer
½ TL frische Thymianblätter
1 Lorbeerblatt, fein zerstoßen
Salz
1 unbehandelte Limette
200 ml Speiseöl

Die Petersilie, die Schalotte und den Knoblauch fein hacken. Mit den Chiliflocken, dem Pfeffer, dem Thymian und dem zerstoßenen Lorbeerblatt vermischen. Etwas Salz zugeben. Die Limettenschale abreiben und den Limettensaft auspressen. Beides unter die Gewürzmischung rühren. Das Speiseöl dazugeben und alles gut vermischen. Ideal für Rindfleisch vom Grill, Rinderlende oder -filet.

Salsa roja (Mexiko)

Für 8–10 Portionen   etwa 30 Minuten

1,5 kg reife Tomaten
1 Bund Frühlingszwiebeln
2 Knoblauchzehen
2 rote Chilischoten
Salz
Saft von 2 Limetten
5 EL Olivenöl
1 Bund Koriandergrün

Die Tomaten auf der Oberseite einritzen, kurz mit heißem Wasser überbrühen und enthäuten. Den Stielansatz und die Kerne entfernen, das Fruchtfleisch in kleine Würfel schneiden. Die Frühlingszwiebeln putzen, waschen und fein hacken. Den Knoblauch abziehen und fein hacken. Die Chilischoten waschen, der Länge nach aufschneiden, Samen und Scheidewände entfernen und die Schoten fein hacken. In einer Schüssel die Tomatenwürfel, die Frühlingszwiebeln, den Knoblauch und die Chilistücke miteinander vermischen. Etwas Salz, den Limettensaft und das Olivenöl einrühren. Das Koriandergrün kurz abbrausen, ausschütteln und trocknen. Zwei Drittel des Koriandergrüns ohne Stängel hacken und unter die Tomatenmischung heben. Etwa 2 Stunden im Kühlschrank ziehen lassen. Vor dem Servieren mit frisch gehackten Korianderblättern garnieren. Ideal für Gerichte der Tex-Mex-Küche, Fleisch, Hähnchen oder Fisch vom Grill und als Dip zu rohem Gemüse, Brot oder Tortillachips.

Salsa verde (Mexiko)

Für 4 Portionen   etwa 25 Minuten

1 Bund Basilikum
1 Bund Rucola
1 Bund Koriandergrün
3 EL in Salz eingelegte Kapern
4 in Öl eingelegte Sardellenfilets
2 frische Jalapeño-Chilischoten
100 ml Olivenöl
3 El Zitronensaft
Cayennepfeffer (nach Belieben)

Das Basilikum, den Rucola und das Koriandergrün kurz abbrausen, gut ausschütteln und auf Küchenpapier trocknen lassen. Anschließend fein hacken. Die Kapern fein hacken. Die Sardellenfilets abtropfen lassen, mit Küchenpapier abtupfen und fein hacken. Die Chilischoten der Länge nach aufschneiden, von Samen und Scheidewänden befreien und fein hacken. Das Olivenöl mit dem Zitronensaft und 3 EL Wasser verrühren. Alle vorbereiteten Zutaten untermischen. Nach Belieben mit Cayennepfeffer nachwürzen. Ideal für Rindersteaks, Lammfilets und Thunfisch oder Schwertfisch vom Grill.

Karibische Karotten-Kokos-Suppe

Für 4 Portionen etwa 40 Minuten

1 Zwiebel
2 Knoblauchzehen
1 EL Öl
2 EL Ingwer
400 g Karotten
200 ml trockener Weißwein
500 ml Gemüsebrühe
1 Dose Kokosmilch (400 ml)
1 EL *poudre de Colombo* (siehe Seite 262)
Salz
Cayennepfeffer
1 unbehandelte Limette

Die Zwiebel in feine Würfel schneiden und die Knoblauchzehen fein hacken. In einem Topf das Öl erhitzen und Zwiebel und Knoblauch darin anbraten. Den Ingwer schälen und in Stücke schneiden. Die Karotten schälen und fein würfeln. 2 EL von dem Ingwer und die Karotten zu den Zwiebeln und dem Knoblauch in den Topf geben und kurz mitbraten. Alles mit dem Weißwein ablöschen, köcheln und auf die Hälfte eindicken lassen. Die Gemüsebrühe und die Kokosmilch angießen. Die Suppenbasis mit dem *poudre de Colombo*, Salz und etwas Cayennepfeffer würzen.

Die Mischung etwa 15 Minuten bei niedriger Temperatur köcheln lassen, dann alles mit einem Pürierstab fein zu einer glatten, cremigen Suppe pürieren. Die Schale der Limette abreiben und etwas Saft auspressen. Die Suppe mit etwas Limettenabrieb und -saft verfeinern.

Tipp: Für das gewisse karibische Etwas einige Riesengarnelen mit rohem Schinken umwickeln, in einer heißen Pfanne von beiden Seiten anbraten und mit der Suppe servieren.

Callaloo »Voodoo« – karibischer Krabbentopf

Für 4 Portionen etwa 35 Minuten

2 EL Erdnussöl
250 g Krabbenfleisch
1 Bund Frühlingszwiebeln, in feine Scheiben geschnitten
10 Scheiben Bacon, in Würfel geschnitten
300 g frischer Blattspinat, gezupft
2 Chilischoten, von Samen und Scheidewänden befreit und in feine Scheiben geschnitten
1 Bund frischer Thymian, gezupft
250 g Okra, in Scheiben geschnitten
2 Knoblauchzehen, fein gehackt
Saft von 3 Limetten
500 ml Fischfond (alternativ Gemüsebrühe)
3 EL Zucker
Salz

Die Servierteller im auf 50 °C vorgeheizten Backofen warm stellen.

In einer Pfanne das Erdnussöl erhitzen und darin das Krabbenfleisch anbraten. Die Frühlingszwiebeln hinzufügen und kurz mitbraten. Den Speck dazugeben und anbräunen lassen. Den Spinat und die Chilischoten untermischen. Den Thymian, die Okrascheiben und den Knoblauch dazugeben und alles einige Minuten weiterbraten. Die Mischung mit dem Limettensaft ablöschen, dann mit dem Fischfond aufgießen. Den Eintopf aufkochen lassen und mit dem Zucker sowie etwas Salz abschmecken. Heiß servieren.

»Scrolljoe's Baked Vermicelli« – süßer Nudelauflauf

Für 4 Portionen   etwa 45 Minuten

500 g Vermicelli
Butter
500 ml Milch
Salz
300 g Zucker
2 mittelgroße Eier
75 ml brauner Rum
1 TL gemahlener Zimt
1 Prise geriebene Muskatnuss
verschiedene reife tropische Früchte (z. B. Bananen, Ananas, Mango)

Die Vermicelli in kleine Stücke brechen und in reichlich Salzwasser bissfest garen. Eine Backofenform mit Butter ausstreichen. Den Backofen auf 230 °C (Ober- und Unterhitze) vorheizen.

Die Milch mit etwas Salz und 150 g von dem Zucker aufkochen, dann etwas abkühlen lassen. Die Eier mit dem Rum und dem restlichen Zucker verrühren. Die Eiermischung in die noch warme Milchmischung geben und alles gründlich vermischen. Die Vermicelli in die gefettete Backofenform geben und mit der Milch-Ei-Mischung übergießen. Mit dem Zimt und etwas geriebener Muskatnuss bestreuen. Die Masse mit frischen Früchten belegen und im vorgeheizten Backofen 25–30 Minuten backen.

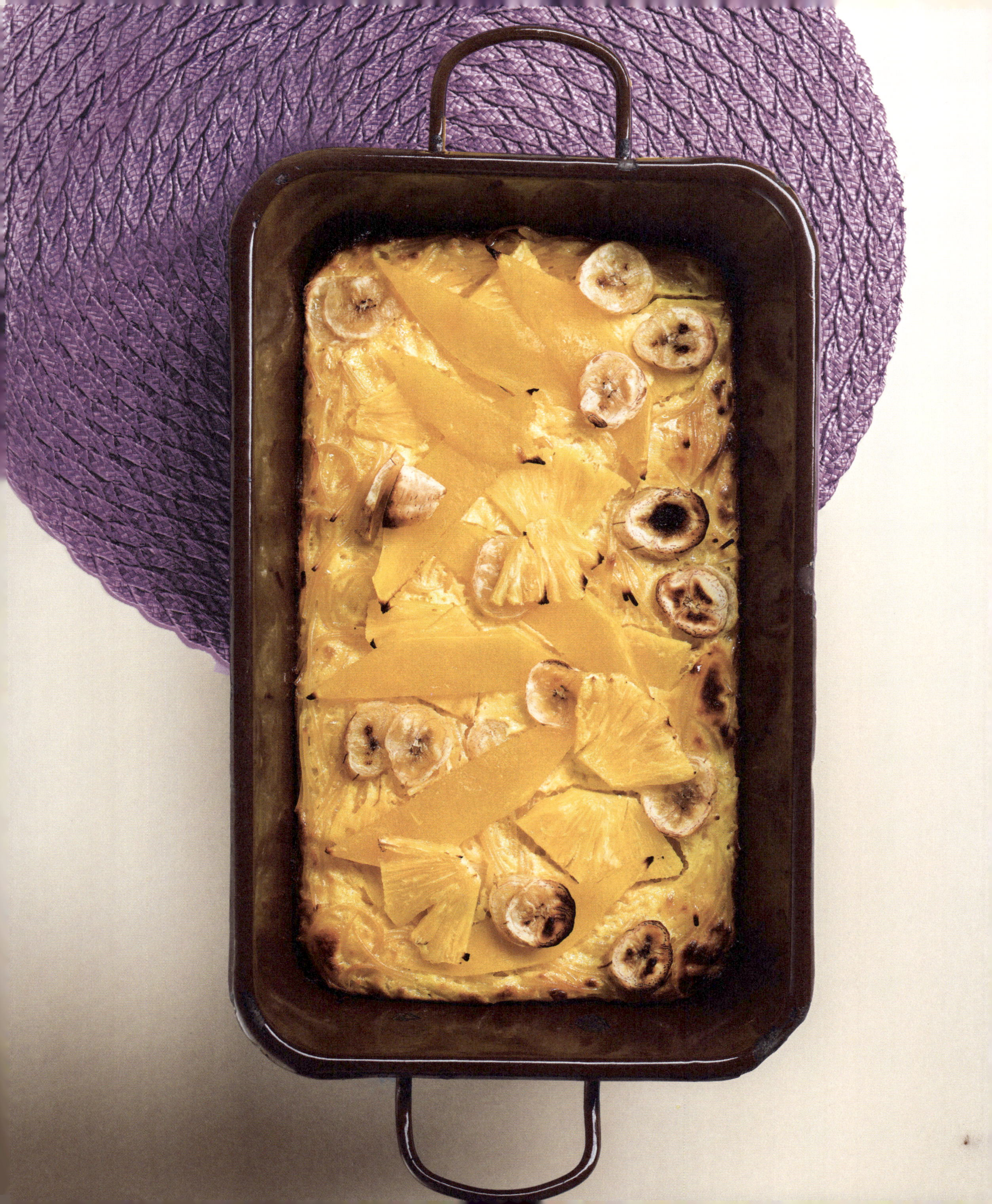

Gegrillter Pok Choi mit würziger Kokossauce und Reis

Für 4 Portionen etwa 35 Minuten

4 Köpfe Pok Choi
8 Babymaiskolben
3 EL Rapsöl
Meersalz
schwarzer Pfeffer aus der Mühle
200 g Basmatireis
Kokosraspel
30 g Butter

Für die Kokossauce
1 EL Rapsöl
2 Schalotten, fein gewürfelt
1 TL fein gewürfelter Ingwer
1 TL fein gehackter Knoblauch
250 ml Geflügelbrühe
250 ml Kokosmilch
1–2 TL *poudre de Colombo* (siehe Seite 262)
Limettensaft

Für die Kokossauce in einer Pfanne das Rapsöl erhitzen und darin die Schalotten, den Ingwer und den Knoblauch anbraten. Alles mit der Geflügelbrühe ablöschen. Die Kokosmilch dazugeben und alles aufkochen. Köcheln und bis auf die Hälfte reduzieren lassen. Die Sauce mit *poudre de Colombo* und Limettensaft abschmecken.

Den Pok Choi putzen, jeden Kopf halbieren und die Hälften in kochendem Wasser blanchieren. Den Babymais ebenfalls blanchieren. Anschließend den Babymais und die Pok-Choi-Hälften auf einer Grillplatte oder in einer Pfanne mit wenig Rapsöl hellbraun braten. Mit Meersalz und Pfeffer abschmecken.

Den Basmatireis nach Packungsanweisung kochen. Die Kokosraspel in einer Pfanne trocken anrösten. In einer anderen Pfanne die Butter erhitzen und darin den gekochten Basmatireis anbraten. Die gerösteten Kokosraspel dazugeben und alles kurz durchschwenken. Den Reis auf Servierteller verteilen. Den Pok Choi und den Mais darauf platzieren und jede Portion mit Kokossauce beträufeln.

Jamaikanisches *jerk chicken*

Für 4 Portionen ⏱ etwa 45 Minuten, plus 8–12 Stunden zum Marinieren

1 Brathuhn, in 8 etwa gleich große Stücke zerlegt
2 Frühlingszwiebeln, fein gehackt
Saft von 2–3 Orangen
2 EL fein gehackter Ingwer
Saft von 1 Limette
2 EL Sonnenblumenöl
3 EL Sojasauce
1 Knoblauchzehe, fein gehackt
1 kleine Chilischote, von Samen und Scheidewänden befreit und in Streifen geschnitten
1 TL schwarzer Pfeffer, ganz
1 TL Piment, ganz
½ TL gemahlener Zimt
½ TL Gewürznelken
1 EL brauner Zucker
Salz

Die Hühnchenstücke am Vortag zusammen mit den Frühlingszwiebeln, dem Orangensaft, dem gehackten Ingwer und dem Limettensaft in einen großen, dicht verschließbaren Gefrierbeutel geben. Über Nacht im Kühlschrank marinieren.

In einer großen Pfanne das Sonnenblumenöl erhitzen und die marinierten Hühnchenstücke darin scharf anbraten. Die restliche Marinade dazugeben und das Ganze aufkochen lassen. Die Sojasauce, den Knoblauch, die Chilischote, die Gewürze, den Zucker und das Salz untermischen und alles mindestens 30 Minuten sanft köcheln lassen. Heiß mit Reis servieren.

Würziges Kokoshühnchen

Für 4 Portionen etwa 1 Stunde

1 Brathuhn, in 8 etwa gleich große Stücke zerlegt
1 TL *poudre de Colombo* (siehe Seite 262)
1 TL Weizenmehl
2 EL Bratfett
1 Zwiebel
2 Knoblauchzehen
1 TL Ingwer
500 ml Hühnerbrühe
1 Dose Kokosmilch (400 ml)
4 Safranfäden
500 g Kartoffeln
2 rote Zwiebeln
200 g grüne Bohnen
Salz
schwarzer Pfeffer aus der Mühle

Die Hühnchenstücke zunächst mit dem *poudre de Colombo* einreiben. Anschließend in Mehl wenden und abklopfen. Die Hühnchenstücke in einer heißen Pfanne in etwas Bratfett von allen Seiten anbraten. Aus der Pfanne nehmen und beiseitestellen.

Die Zwiebel, den Knoblauch und den Ingwer in kleine Würfel schneiden. Alles zusammen in der gleichen Pfanne, in der die Hühnerteile angebraten wurden, anschwitzen. Sobald die Zwiebelwürfel glasig sind, alles mit der Hühnerbrühe und der Kokosmilch aufgießen. Die Geflügelstücke wieder dazugeben und alles bei niedriger Temperatur etwa 35 Minuten köcheln lassen. Die Safranfäden 10 Minuten in 1 EL von der Hühnerbrühe ziehen lassen, dann mit der Flüssigkeit zu der Geflügelmischung geben.

In der Zwischenzeit die Kartoffeln in der Schale bissfest kochen, dann abgießen und vierteln. Die roten Zwiebeln klein schneiden und in einer heißen Pfanne sanft anbraten. Die Kartoffelviertel und die grünen Bohnen dazugeben. Alles kräftig mit Salz und Pfeffer aus der Mühle abschmecken.

Das Hühnchen und die Kartoffelmischung in dekorativen Schalen anrichten und servieren.

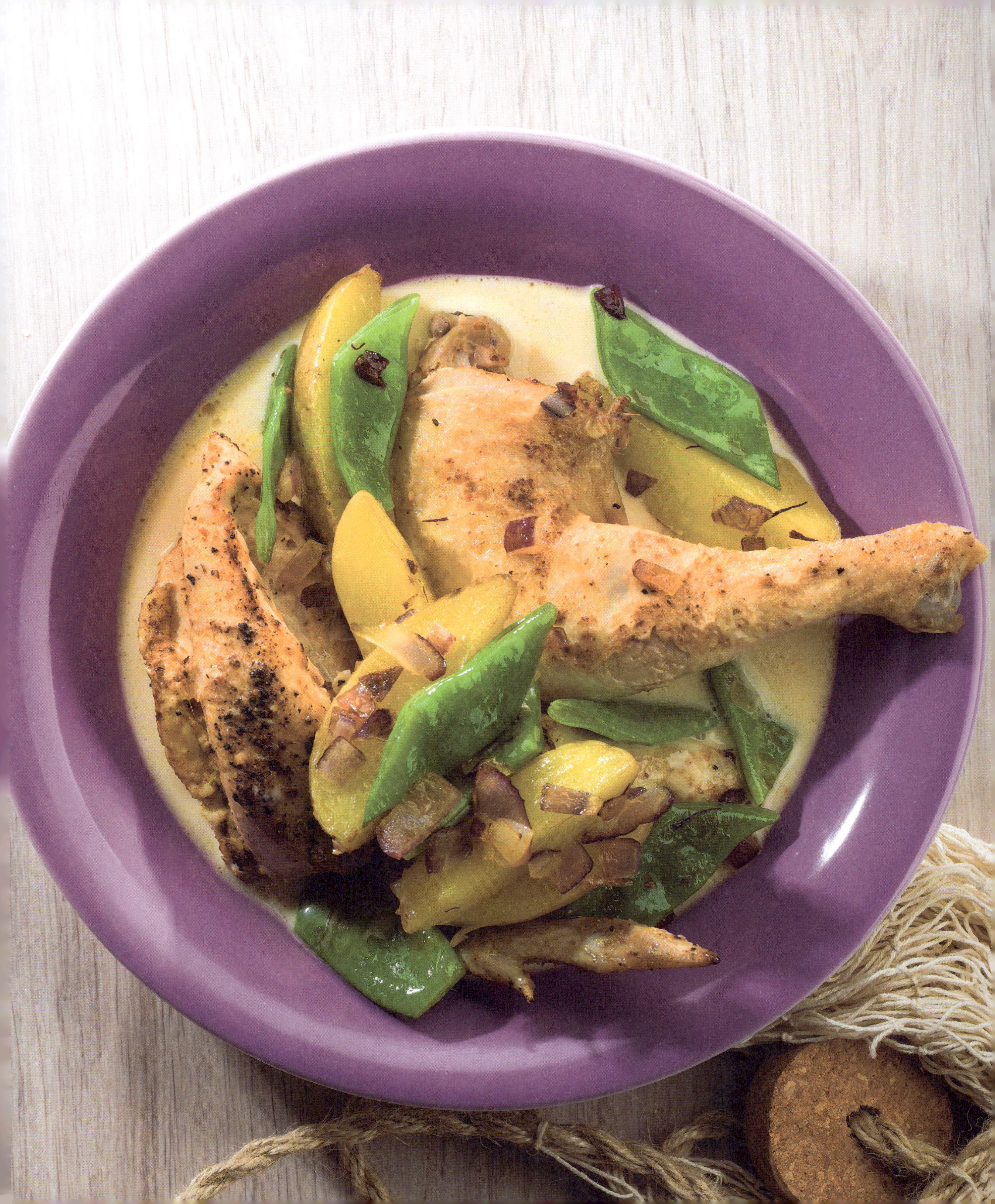

Chimichurri-Steaks

Für 4 Portionen   etwa 50 Minuten, plus 4–12 Stunden zum Marinieren

4 T-Bone-Steaks
Meersalz

Für die Marinade
100 ml Olivenöl extra vergine
4 EL Cognac oder dunkler, milder Rum
1–1 ½ EL *chimichurri* (siehe Seite 262)
1 EL brauner Rohzucker
3 EL Sojasauce
Saft von 1 Limette

Das Olivenöl, den Cognac, das *chimichurri*, den Zucker, die Sojasauce und den Limettensaft in einem Gefäß mit einem Schneebesen verrühren, bis sich der Zucker aufgelöst hat. Die T-Bone-Steaks mithilfe eines Pinsels rundherum mit der Marinade bestreichen.

Anschließend die T-Bone-Steaks zugedeckt im Kühlschrank nach Geschmack 4-12 Stunden oder über Nacht marinieren.

Die marinierten Steaks vor dem Braten nebeneinander etwa 30 Minuten bei Zimmertemperatur ruhen lassen.

Die abgetropften Steaks können sowohl auf einem Elektro-Kontaktgrill oder Holzkohlegrill als auch in einer schweren Pfanne zubereitet werden. Bei Zubereitung in der Pfanne die Steaks von beiden Seiten kurz anbraten und dann im auf 120 °C vorgeheizten Backofen auf dem Backblech etwa 30 Minuten medium garen.

Auf einem Grill die Steaks zunächst bei höherer Temperatur anbraten, dann bei niedriger Temperatur nach Belieben (mit Kerntemperaturmesser arbeiten: bis etwa 60 °C englisch, bis etwa 70 °C rosa, bis etwa 85 °C durch, aber schön saftig) weitergaren lassen. Zuletzt die Steaks mit Meersalz würzen.

Tipp: Zu diesen pikant gewürzten Steaks passen gegrillte Maiskolben, bestrichen mit Kräuterbutter (siehe Seite 133), besonders gut.

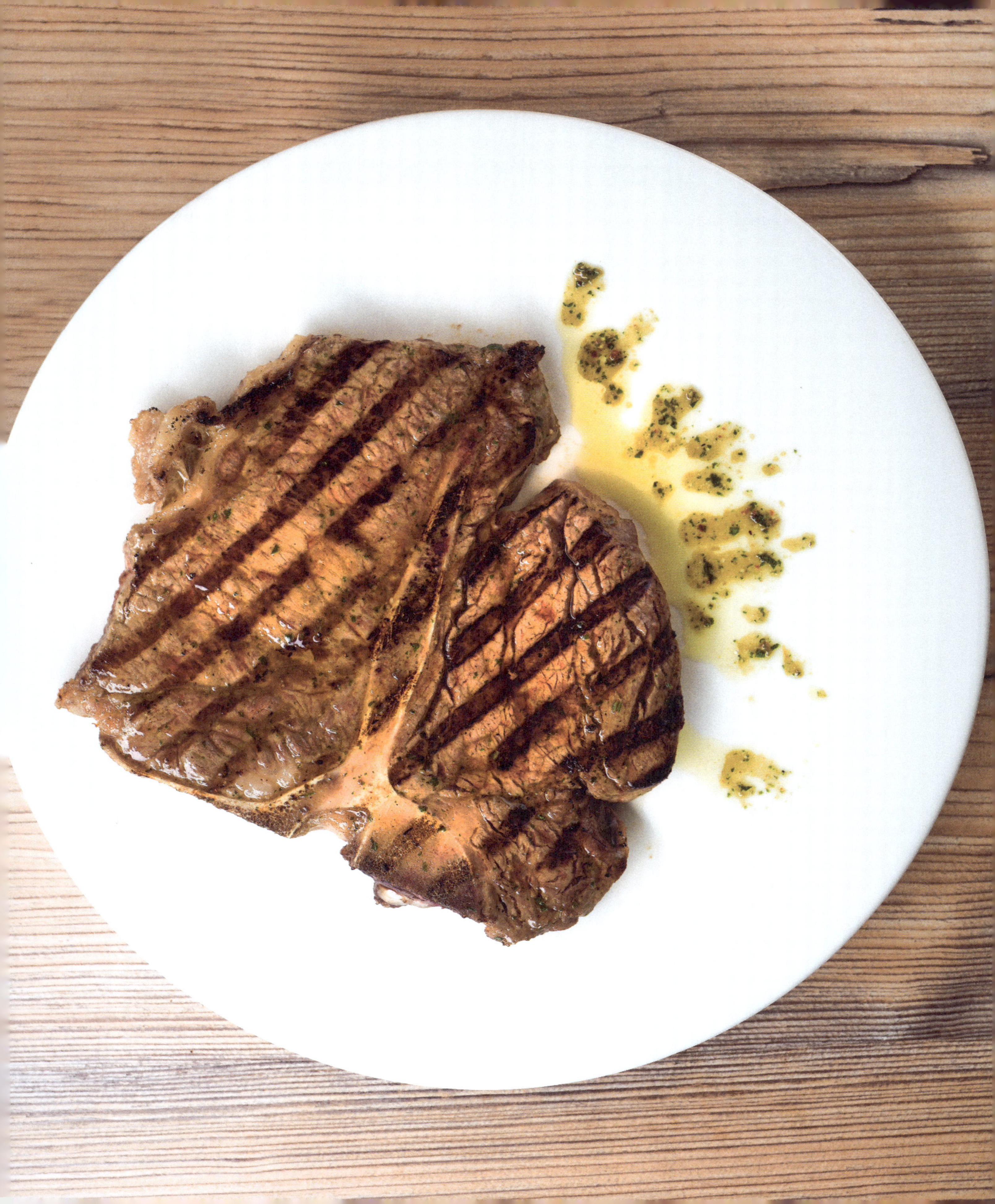

Tatar vom gebeizten Zander mit *chimichurri* und Kopfsalatherzen

Für 4 Portionen etwa 40 Minuten, plus 24 Stunden zum Marinieren

1 ganzer Zander (ca. 1 kg) oder 600 g Zanderfilet, 1 EL fein gehackte Schalotten, ½ Zitrone, 1 TL Traubenkernöl, Salz, weißer Pfeffer aus der Mühle, 4 Kopfsalatherzen, 1 TL Weißweinessig, 1 EL Olivenöl, *chimichurri* (siehe Seite 262)

Für die Marinade
300 g Salz, 450 g Zucker, 1 TL weißer Pfeffer, ganz, 1 EL Piment, ganz, 1 Bund Dill, 1 Bund Schnittlauch, 1 Bund glatte Petersilie, 1 Bund Kerbel, 1 Bund Sauerampfer, 1 Bund Borretsch, 1 Bund Pimpinelle, 2 EL Apfelbrand

Den ganzen Zander vom Schwanz zum Kopf schuppen, den Kopf hinter den Kiemen abtrennen. Die Filets vom Kopf zum Schwanz von der Mittelgräte lösen. Die Gräten mithilfe einer Pinzette sorgfältig entfernen. Die Filets waschen.

Für die Marinade das Salz mit dem Zucker vermischen. Den Pfeffer und den Piment im Mörser grob zerstoßen und zu der Zucker-Salz-Mischung geben. Die Kräuter gründlich waschen. Dill und Schnittlauch fein schneiden, den Rest hacken und alles beiseitestellen. Die Zanderfilets in der Würzmischung wenden, in eine flache Form legen und den Rest der Mischung darauf verteilen. Den Fisch mit den Kräutern bedecken und mit dem Apfelbrand beträufeln. Mit Frischhaltefolie abdecken und im Kühlschrank etwa 24 Stunden beizen.

Den marinierten Zander mit dem Messerrücken von Gewürzen und Kräutern befreien, die Haut entfernen und die Filets in Würfel schneiden. Die Fischwürfel in einer Schüssel mit den fein gehackten Schalotten vermischen, mit etwas Zitronensaft und Traubenkernöl würzen und mit Salz und Pfeffer abschmecken. Alles gut vermischen und bis zum Servieren kalt stellen.

Zum Servieren das Zandertatar mithilfe einer runden Form auf Tellern platzieren. Die Form entfernen. Je ein Kopfsalatherz dekorativ daneben anrichten und mit etwas Essig und Olivenöl anmachen. Das *chimichurri* dekorativ auf den Tellern verteilen.

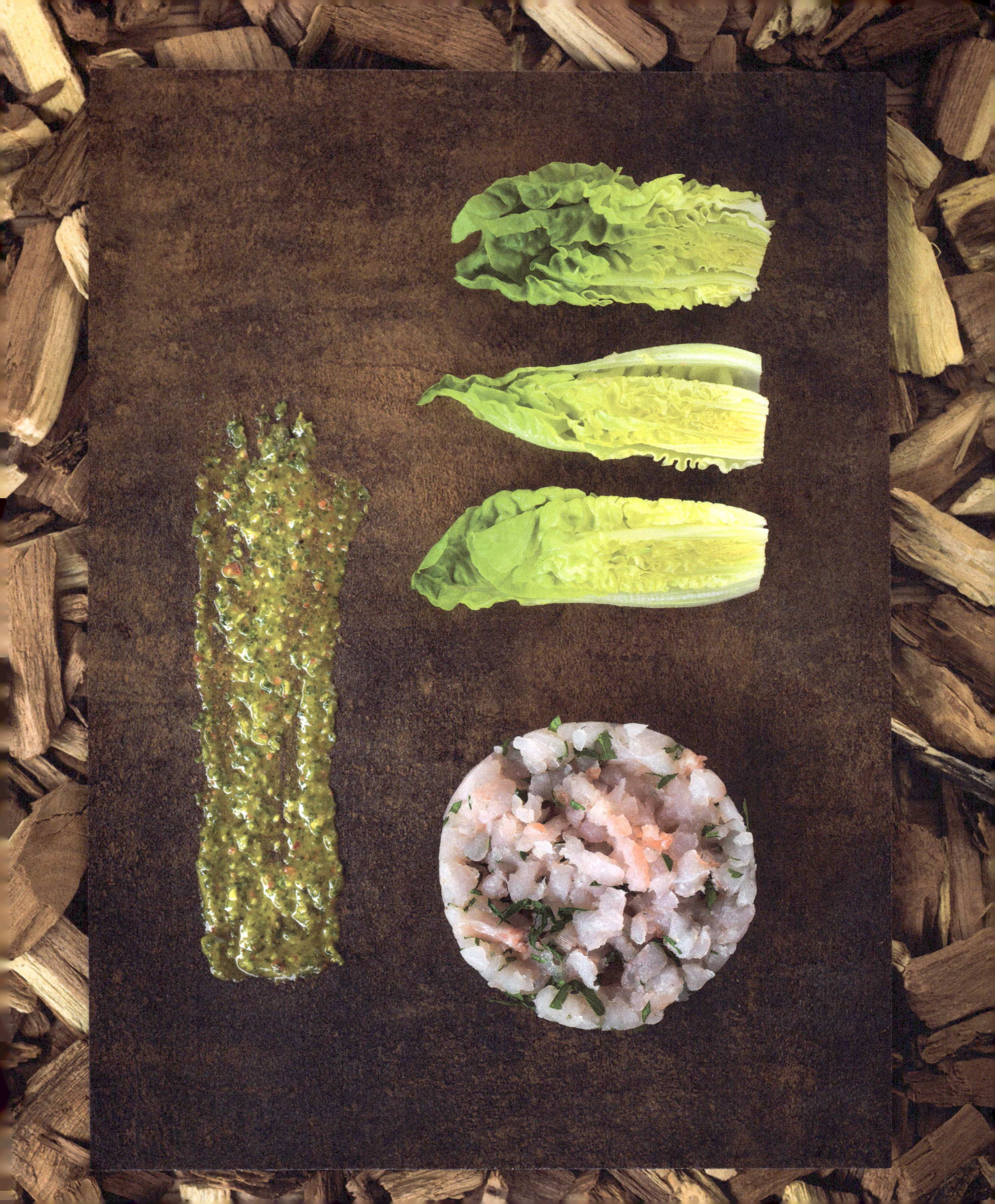

»Johnny Cakes«

Für 4 Portionen etwa 25 Minuten

250 g feines Maismehl
180 ml Vollmilch
1 TL Rohzucker
Mark von 1 Vanilleschote
1 TL Zimt
Salz
2 EL Sonnenblumenöl
Ahornsirup
brauner Rum

Das Mehl mit 250 ml kochendem Wasser übergießen. Die Milch dazugeben und alles zu einem glatten Teig verrühren. Den Zucker, das Vanillemark, den Zimt und etwas Salz untermischen und den Teig 15 Minuten gehen lassen.

In einer Pfanne das Öl erhitzen und darin kleine Pfannkuchen goldbraun backen. Die Pfannkuchen stapeln, dabei jede Lage mit etwas Rum und Ahornsirup beträufeln.

Tipp: Diese aromatischen Pfannkuchen schmecken als Dessert ebenso gut wie als üppiges Sonntagsfrühstück – mit dem Rum sollte man dann allerdings etwas sparsamer umgehen.

Gebratene Ananas mit Piment

Für 4 Portionen etwa 15 Minuten

1 frische Ananas
1 EL Butter
1–2 EL Honig
½ TL Piment, ganz

Die Ananas schälen und die Augen entfernen. Das Fruchtfleisch in 1 ½–2 cm dicke Scheiben schneiden. Den Piment in einem Mörser grob zerstoßen oder in einer Gewürzmühle sehr grob mahlen.

In einer beschichteten Pfanne die Butter schmelzen und die Ananasscheiben darin leicht braun braten. Dabei darauf achten, dass sie nicht zu dunkel werden, denn dann schmecken sie leicht bitter. Die Ananasscheiben mit dem Honig beträufeln und mit dem grob zerstoßenen Piment bestreuen. Heiß auf Tellern anrichten und mit Vanilleeis servieren.

Tipp: Geschmacksvariationen ergeben sich durch die Wahl des Honigs. Akazien- oder Kleehonig sind sehr fein im Geschmack. Wer es etwas kräftiger liebt, sollte dunklen Waldhonig oder Kastanienhonig verwenden.

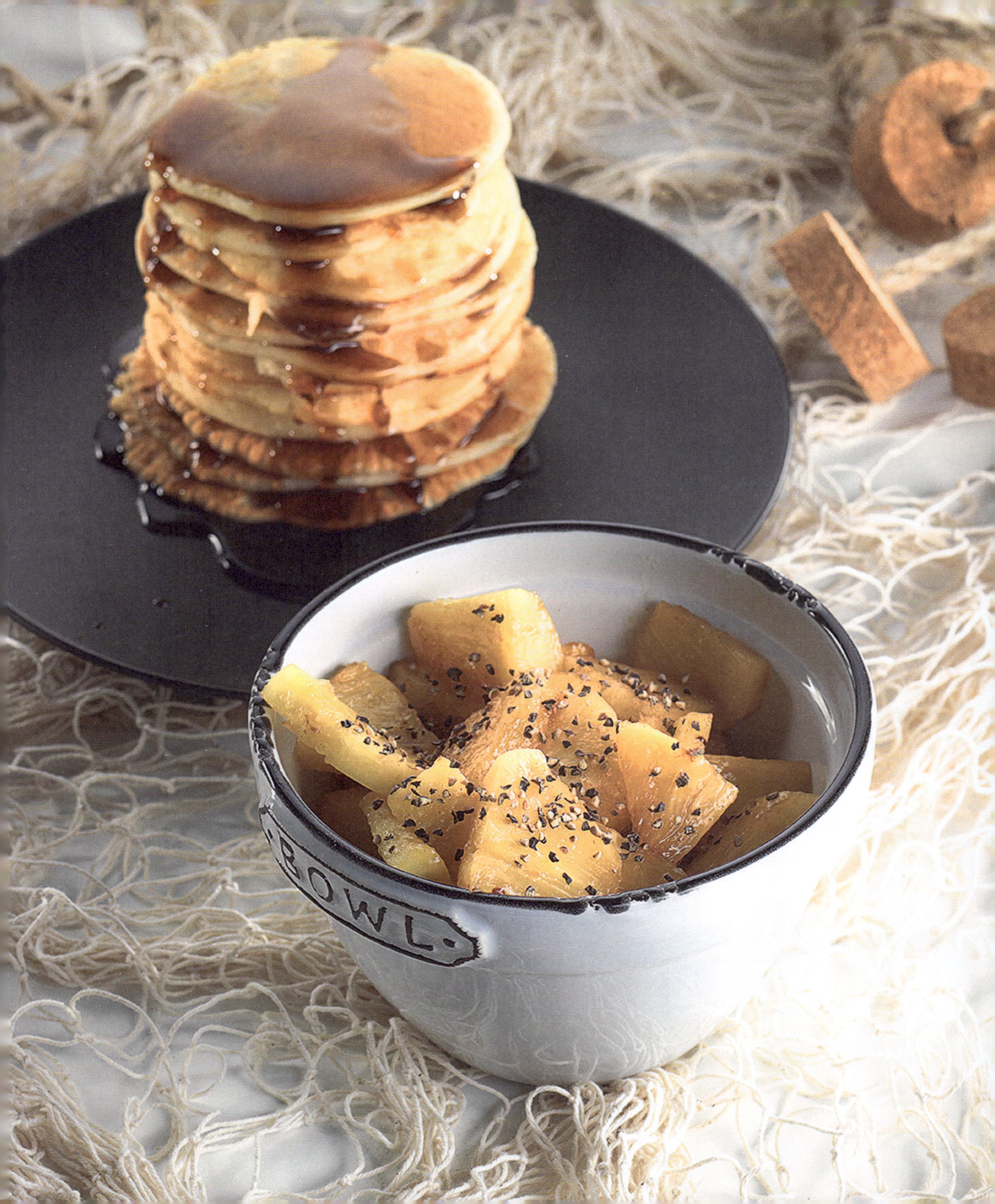
BOWL.

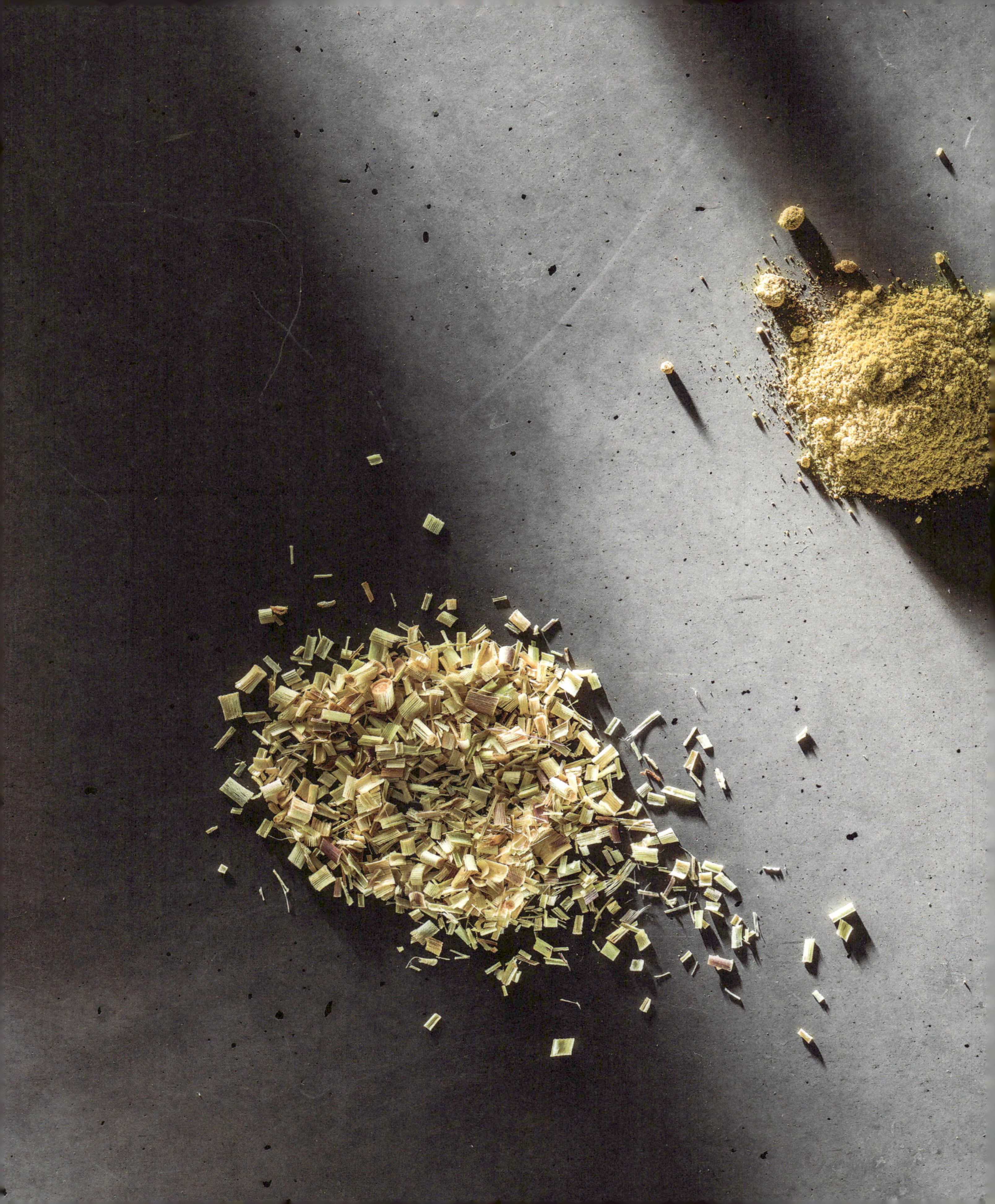

Aromenwelt Asien

Asien ist der Ursprung aller exotischen Gewürze. Kein Wunder also, dass auch die regionalen Küchen dort starke Würzakzente setzen. Ingwer, Kardamom, Zimt und Pfeffer sind Basics des asiatischen Küchenalltags, darüber hinaus besitzt jede Region eigene aromatische Herzstücke.

Ist die indische Küche von duftigen *masalas* geprägt, so setzt die thailändische Kochkunst auf Schärfe und fruchtbetonte, zitronige Nuancen, während die indonesische Esskultur die balsamische Note heimischer Gewürznelke und Muskatnuss sowie die Feurigkeit von Chilipaste schätzt.

China, Heimat von Kassiazimt, Zimtblüten, Sternanis und Szechuanpfeffer, verbindet in seiner Küche gern süßsaure Komponenten mit prickelnder Schärfe zu wahren Aromafeuerwerken.

Garam masala (Indien)

So vielseitig wie der indische Subkontinent sind auch seine Würzmischungen. Garam masala, die Mutter aller indischen Würzkompositionen und Basiswürze für die Küche Indiens, zeigt in den unterschiedlichen Regionen des Landes verschiedene Ausprägungen, der Grundcharakter jedoch ist aromatisch, würzig und scharf mit süßer Anmutung.

3 getrocknete Lorbeerblätter, 2 EL Kreuzkümmelsamen, 2 EL Korianderfrüchte,
1 EL grüne Kardamomkapseln, 1 EL Zimtblüten, 1 EL schwarzer Pfeffer, ganz,
1 TL Gewürznelken, 1 TL gemahlene Macis

Die Lorbeerblätter in kleine Stücke reißen. In einer Pfanne ohne Fett alle Gewürze außer der gemahlenen Macis bei mittlerer Temperatur vorsichtig anrösten. Nach dem Abkühlen im Mörser zerstoßen, dann die gemahlene Macis unterheben. Ideal für Rindfleisch, Geflügel, Gemüse, Reis, Curry- und Eintopfgerichte, Suppen, Saucen, Dips.

Chat masala (Indien)

4 EL Korianderfrüchte, 1 TL Kardamomkapseln, 2–3 getrocknete rote Chilischoten,
3 EL schwarzes Salz, abgeriebene Zitronenschale, ½ TL Mangopulver,
1 TL schwarzer Pfeffer, ganz

Die Koriander- und die Kardamomsamen in einer Pfanne trocken rösten. In eine Schüssel geben und auskühlen lassen. Die restlichen Zutaten dazugeben und alles in einem Mörser oder in einer Gewürzmühle fein mahlen. Ideal für Salate, fruchtige Chutneys, *raitas* und exotische Süßspeisen.

Chettinad masala (Indien)

2 EL Öl, 1 TL Kreuzkümmel, ganz, 1 ½ TL schwarzer Pfeffer, ganz, 1 ½ TL Korianderfrüchte,
5 Kardamomkapseln, 2 Ceylonzimtstangen, 2 Sternanis, 1 TL Fenchelfrüchte,
½ Handvoll Curryblätter, 5 getrocknete rote Chilischoten, 6 EL Kokosraspel, 10 Knoblauchzehen, grob gehackt, 1 EL grob gehackter Ingwer

Das Öl in einer großen Pfanne erhitzen, alle Zutaten darin anrösten bis sie Farbe annehmen. Die Mischung abkühlen lassen, dann im Mixer mit 250 ml Wasser zu einer glatten Paste verarbeiten. Ideal für pikante Geflügel- und Fleischgerichte, Reis und Gemüse.

Panch phoron (Bengalen)

Die bengalische »Fünf-Gewürze-Mischung« panch phoron setzt ihren Schwerpunkt auf die würzigen Samen von Schwarzkümmel, Bockshornklee und Senf. Der duftige Kreuzkümmel sowie die anisbetonten Fenchelfrüchte fügen sich harmonisch in diese ausgewogene Komposition ein. Panch phoron wird zunächst in etwas heißem Öl oder in Ghee angeröstet und ist vor allem als Würze für vegetarische Gerichte beliebt.

1 EL Kreuzkümmel, ganz, 1 EL Schwarzkümmel, ganz, 1 EL Fenchelfrüchte,
1 EL schwarze Senfsamen, 1 EL Bockshornkleesamen

Alle Gewürze miteinander mischen und in einem Mörser grob zerstoßen. Kurz vor der Verwendung wird die Würzmischung in heißem Fett (Öl, Butter, Ghee) angebraten, dann werden die anderen Zutaten des jeweiligen Gerichts, beispielsweise verschiedene Gemüsesorten, hinzugefügt. Ideal für Gemüse, inbesondere für Hülsenfrüchte oder Reis.

Sambal oelek (Indonesien)

Ursprünglich aus Indonesien stammt diese echt feurige Chilipaste, die in kleinen Schälchen zu Reis, Geflügel, Fisch oder Fleisch am Tisch serviert wird. Heute wird die temperamentvolle Paste auch in anderen asiatischen Ländern gerne verwendet.

300 g frische, mittelscharfe Chilischoten (z. B. Jalapeño-Chili), 1 TL Speisesalz,
1 TL brauner Rohzucker, etwas Apfelessig

Die frischen Chilischoten mit Einweghandschuhen von Stielen, Trennwänden und Samen befreien. Die Schoten in kleine Stücke schneiden. Mit dem Salz, dem Zucker und etwas Essig mischen, dann alles mit einem Pürierstab oder im Mixer pürieren. In einem luftdichten Gefäß kann die Chilipaste gut 1 Woche im Kühlschrank aufbewahrt werden. Wer es schärfer mag, der verarbeitet die ganze Schote einschließlich Samen und Trennwänden. Ideal für Fleisch, Fisch, Geflügel oder Reis.

Nam prik (Thailand)

Thailands Küche liebt es scharf. Auch in dieser Würzsauce steht Chili im aromatischen Mittelpunkt, nam prik heißt übersetzt einfach »flüssiger Chili«. Hinzu kommen die kräftigen Lauchnoten von Knoblauch und Zwiebeln sowie das fruchtige Aroma reifer Tomaten. Frisches Koriandergrün und Limettensaft sowie Fischsauce nehmen der Schärfe die Spitze.

5 frische rote Chilischoten, 5 Schalotten, 5 Knoblauchzehen, 200 g Cherrytomaten,
3 TL gehacktes Koriandergrün, 2 TL asiatische Fischsauce, Limettensaft

Alle Zutaten außer dem Limettensaft in einen Mixer geben und zu einer homogenen Masse verarbeiten. Etwas Limettensaft unterrühren, bis die Würzsauce eine dickflüssige Konsistenz erreicht. Separat in einem dekorativen Schälchen servieren. Ideal als würzige Sauce und Dip zu Fleisch, Fisch oder Gemüse.

Shichimi togarashi (Japan)

Chili, feurige Grundlage dieser Mischung, vereint sich in diesem Klassiker der japanischen Küche mit mindestens sechs weiteren würzenden Komponenten zu einem harmonischen Ganzen, das neben scharfen auch fruchtige und nussige Akzente setzt.

4 EL Chiliflocken, 3 EL Szechuanpfeffer, ganz, 2 EL weiße Sesamsamen,
1 EL schwarze Sesamsamen, 3 EL getrocknete Mandarinen- oder Orangenschale,
1 EL Mohnsamen, 1 EL *nori* (getrockneter Seetang)

Alle Zutaten miteinander vermischen und dann im Mörser grob zerstoßen. Ideal als Tischwürze für japanische/asiatische Gerichte, zu Suppen, Nudeln und Fleisch.

Gomasio – Sesamsalz (Japan)

hellbraune Sesamsamen, geröstet
Meersalz

Die Sesamsamen und das Meersalz im Mischverhältnis 7:1 gründlich miteinander vermischen. Ideal zum Würzen von Salaten, Brotaufstrichen, Suppen und Getreidegerichten oder als Tischwürze. Auch einfach aufs Butterbrot gestreut, schmeckt die exotische Salzmischung ganz köstlich.

Fünf-Gewürze-Mischung (China)

Die wichtigsten würzigen Charaktere der chinesischen Küche geben sich in dieser Mischung ein Stelldichein: die typische Anisnote von Sternanis und Fenchel, die prickelnde Schärfe von Szechuanpfeffer und die herbe Süße von Kassiazimt, untermalt vom balsamischen Gewürznelkenbukett.

1 Kassiazimtstange
1 EL Sternanis
1 EL Szechuanpfeffer, ganz
1 EL Fenchelfrüchte
1 TL Gewürznelken

Die Kassiazimtstange in Stücke brechen. Alle Gewürze ohne Fett in einer Pfanne kurz anrösten. Dann alles im Mörser fein zerstoßen oder in einer elektrischen Gewürzmühle fein mahlen. Luftdicht verpackt hält sich die Mischung 3-4 Monate. Ideal für Fleisch-, Geflügel-, Reis- oder Wokgerichte, Eintöpfe, Suppen. Mit etwas Speiseöl glatt gerührt, eignet sich die Mischung auch hervorragend zum Marinieren von Fleisch.

Süß-scharfes Chutney (Indien)

Für 3–4 Gläser à 200 ml etwa 45 Minuten

500 g Aprikosen
2 gelbe Paprikaschoten
2 Zwiebeln
1 Knoblauchzehe
1 rote Chilischote
1 TL Korianderfrüchte
2 EL Olivenöl
75 ml Weißweinessig
300 g Gelierzucker
½ TL Salz

Die Aprikosen waschen, entsteinen und würfeln. Die Paprikaschoten waschen, von Samen und Scheidewänden befreien und in Würfel schneiden. Die Zwiebeln und den Knoblauch abziehen und fein hacken. Die Chilischote längs aufschneiden, von Trennwänden und Samen befreien und fein hacken. Die Korianderfrüchte im Mörser anstoßen.

In einem Topf das Olivenöl erhitzen. Die Paprikaschoten, die Zwiebeln, den Knoblauch und die Korianderfrüchte darin anbraten. Die Aprikosen und die Chilischote dazugeben, den Essig angießen und den Gelierzucker unterrühren. Die Mischung aufkochen und etwa 3 Minuten sprudelnd kochen lassen. Mit Salz abschmecken. In saubere, ausgekochte Gläser füllen und abkühlen lassen. So hält sich das Chutney, im Kühlschrank gelagert, etwa 3 Wochen. Ideal für Lamm und Rindfleisch, Fleisch vom Grill sowie Kurzgebratenes, zu indischen Currygerichten und zu Reis.

Currymischungen (Indien)

Als kari werden in der tamilischen Sprache würzige Saucen bezeichnet. Sie haben in Indien eine lange Tradition. Als die Engländer nach Indien kamen und die einheimische Esskultur kennenlernten, begeisterten sie sich besonders für diese raffinierten Würzen und brachten sie, dem europäischen Gaumen angepasst, als aromatische Souvenirs mit nach Hause. So nahm der Siegeszug indisch inspirierter Currypulver durch die Küchen der Welt seinen Anfang, der auch vor der deutschen Wurstleidenschaft nicht Halt machte.

Curry-Basismischung

2 Ceylonzimtstangen, 3 getrocknete Lorbeerblätter, 1 EL schwarzer Pfeffer, ganz,
1 EL Gewürznelken, 3 EL Korianderfrüchte, 1 TL Kreuzkümmel, ganz,
1 TL grüne Kardamomkapseln, 1 TL gemahlene Kurkuma, ½ TL gemahlene Macis

Die Zimtstangen in Stücke brechen, die Lorbeerblätter grob zerreißen. Beides zusammen mit dem Pfeffer, den Gewürznelken, dem Koriander, dem Kreuzkümmel und den Kardamomkapseln in einer Pfanne ohne Fett bei niedriger Temperatur vorsichtig anrösten. Kurz abkühlen lassen, dann alles in einem Mörser möglichst fein zerstoßen. Zuletzt das Kurkuma- und das Macispulver untermischen. In einem luft- und lichtdichten Behälter aufbewahrt, hält sich diese Curry-Basismischung 3-4 Monate.

Variationen

Scharfe Currymischung
Zusammen mit den übrigen Zutaten zwei getrocknete Chilischoten, zum Beispiel Jalapeño-Chili, im Mörser fein zerstoßen.

Raffinierte Currymischung
Etwas klein geschnittener getrockneter Ingwer, zum Schluss unter die Basismischung gerührt, verleiht dem Curry eine raffiniert exotische Note.

Exotische Currymischung
Eine fernöstliche Note bringen getrocknete Kokosflocken und zerstoßene getrocknete Bananenscheiben in die Mischung. Beides ebenfalls erst zum Schluss mit untermischen.

Alle Mischungen sind ideal für Eintöpfe, Suppen, Saucen, Dips, Fleisch, Geflügel, Fisch und asiatische Wokgerichte.

Currymischung für Rindfleischgerichte

1 Kassiazimtstange, 2 getrocknete Lorbeerblätter, 3 TL Korianderfrüchte,
1 TL Kreuzkümmelsamen, 1 TL Kardamomkapseln, 1 TL schwarzer Pfeffer, ganz,
1 TL Gewürznelken, 1 TL Chiliflocken, 1 TL gemahlene Kurkuma, 1 TL gemahlene Macis

Die Zimtstange in kleinere Stücke brechen, die Lorbeerblätter grob zerreißen. Beides zusammen mit dem Koriander, dem Kreuzkümmel, dem Kardamom, dem Pfeffer und den Gewürznelken in einer heißen Pfanne ohne Fett anrösten. Abkühlen lassen. Dann alles zusammen mit den Chiliflocken in einem Mörser zerstoßen. Zuletzt das Kurkuma- und das Macispulver untermischen. In einem luft- und lichtdichten Behälter aufbewahrt, hält sich die Mischung 3-4 Monate. Ideal für asiatische Rindfleischgerichte und Wokgerichte.

Currymischung für Geflügelgerichte

1 TL Korianderfrüchte, 1 TL schwarzer Pfeffer, ganz, 1 TL Senfsaat, 1 TL Kreuzkümmel, ganz,
1 TL Bockshornkleesamen, 1 TL gefriergetrocknetes, geschnittenes Zitronengras,
½ TL Chiliflocken, 1 TL gemahlene Kurkuma, 1 TL gemahlener Ingwer

Den Koriander, den Pfeffer, die Senfsaat, die Kreuzkümmel- und die Bockshornkleesamen in einer heißen Pfanne vorsichtig anrösten. Abkühlen lassen, dann alles zusammen mit dem Zitronengras und den Chiliflocken in einem Mörser fein zerstoßen. Zum Schluss das Kurkuma- und das Ingwerpulver untermischen. Ideal für asiatische Geflügelgerichte, Wokgerichte und Hähnchenspieße.

Currymischung für Gemüsegerichte

1 TL Bockshornkleesamen, 1 TL Korianderfrüchte, 1 TL Fenchelfrüchte,
½ TL Knoblauchflocken, ½ TL Chiliflocken,
1 TL gefriergetrocknetes, geschnittenes Zitronengras,
1 TL gemahlene Kurkuma, 1 TL gemahlener Ingwer, ½ TL gemahlene Macis

Die Bockshornkleesamen, die Koriander- und die Fenchelfrüchte in einer heißen Pfanne ohne Fett vorsichtig anrösten. Abkühlen lassen, dann alles zusammen mit den Knoblauch- und den Chiliflocken sowie dem Zitronengras in einem Mörser fein zerstoßen. Zuletzt das Kurkuma-, das Ingwer- und das Macispulver untermischen. Ideal für asiatische Gemüsegerichte oder -suppen und pikante Wokgerichte.

Sushi mit Avocado-*wasabi*-Creme und gebeiztem Lachs

Für 4 Portionen etwa 40 Minuten

Für den Sushireis
200 g Sushireis, 3 EL Reisessig, 4 TL Zucker, 1 TL Salz

Für die Avocado-*wasabi*-Creme
80 g Avocadofleisch, Saft und abgeriebene Schale von 1 unbehandelten Limette,
1 EL *wasabi*-Paste, Salz

Für den gebeizten Lachs
200 g Lachsfilet, in dünne Scheiben geschnitten (4 x 10 cm), 1 EL Honig, 1 EL Olivenöl,
Saft und abgeriebene Schale von 1 unbehandelten Limette, Salz, gemahlene Korianderfrüchte

Für die Füllung und zum Servieren
120 g schwarzer Rettich, geschnitten (ca. 10 x 0,5 x 0,5 cm),
4 *nori*-Blätter, eingelegter Rettich, eingelegter Ingwer, Sojasauce

Für den Sushireis den Reis einige Male unter fließendem Wasser waschen, dann zusammen mit 280 ml Wasser aufsetzen und 5 Minuten langsam erhitzen. Anschließend aufkochen und bei niedriger Temperatur 15 Minuten ausquellen lassen. Den gequollenen Reis vom Herd nehmen. Ein Tuch zwischen Deckel und Topf geben und den Reis 10 Minuten ziehen lassen. Den Reisessig mit dem Zucker und dem Salz erwärmen, dann vorsichtig unter den Reis heben.

Für die Avocado-*wasabi*-Creme das Avocadofleisch mit dem Limettensaft, dem Limettenabrieb und der *wasabi*-Paste fein pürieren. Mit Salz abschmecken.

Für den gebeizten Lachs den Honig, das Olivenöl, 2 EL Limettensaft, den Limettenabrieb, etwas Steinsalz und etwas gemahlenen Koriander verrühren und die Lachsscheiben von beiden Seiten damit einpinseln. Anschließend 5 Minuten ruhen lassen.

Auf einer Bambusmatte ein *nori*-Blatt auslegen. Den Reis dünn auf zwei Drittel des Blattes verstreichen, mit einer feinen Schicht Avocado-*wasabi*-Creme bestreichen und eine dünne Scheibe Lachs auflegen. In einer Linie den schwarzen Rettich platzieren, dann *nori*-Blatt und Inhalt mithilfe der Bambusmatte fest zusammenrollen. Die fertige Rolle kurz ruhen lassen, danach in 2 cm dicke Scheiben schneiden. Mit eingelegtem Rettich, eingelegtem Ingwer und Sojasauce anrichten.

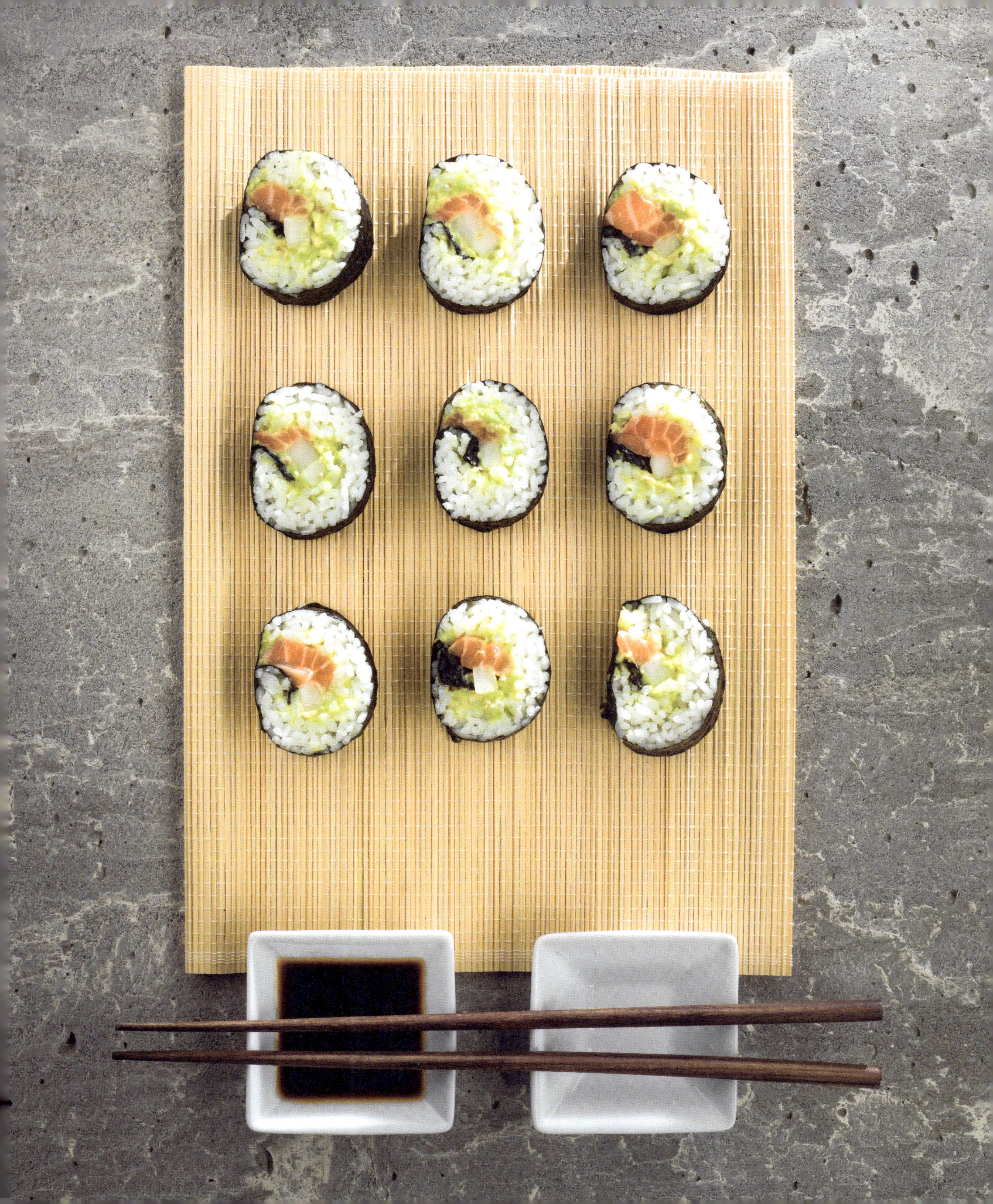

Misosuppe mit Kresse-Eierstich

Für 4 Portionen etwa 40 Minuten

Für den Kresse-Eierstich
50 g *daikon*-Kresse
1 Ei, 1 Eigelb
100 ml Vollmilch
Salz
gemahlene Macis

Für die *dashi*-Brühe
1 l kaltes Wasser
1 Stück getrocknete *kombu*-Alge
250 g getrocknete *bonito*-Flocken

Für die Misosuppe
600 ml *dashi*-Brühe (siehe oben)
30 g *mamemiso*-Paste
80 g Okraschoten, in 2 cm dicke Scheiben geschnitten
80 g Frühlingszwiebeln, in 1 cm dicke Scheiben geschnitten
1 TL Ingwersaft (2 EL fein geriebenen Ingwer mit einem Tuch auspressen)
30 g *daikon*-Kresseblättchen

Für den Kresse-Eierstich das Ei, das Eigelb, die Milch, die Kresse, Salz sowie etwas Macis fein pürieren. Die Masse durch ein feines Sieb streichen und dann in einen Wurstdarm (3 cm ø) füllen. In einem Topf reichlich Wasser auf 80 °C erhitzen. Den gefüllten Wurstdarm in das Wasser geben und den Eierstich langsam pochieren. Anschließend erkalten lassen und schräg in Scheiben schneiden.

Für die *dashi*-Brühe das Wasser mit dem Stück *kombu*-Alge und den *bonito*-Flocken aufkochen. 5 Minuten köcheln lassen, dann durch ein Tuch abseihen.

Für die Misosuppe die Brühe aufkochen und die Misopaste einrühren. Die Okraschoten und die Frühlingszwiebeln zugeben. Alles etwa 4 Minuten köcheln lassen. Anschließend mit Ingwersaft abschmecken, die Eierstichscheiben zugeben, die Suppe auf Schalen verteilen und mit frischen Kresseblättchen garniert servieren.

Hokkaido-Kürbissuppe

Für 4 Portionen etwa 50 Minuten

1 kleiner Hokkaido-Kürbis
1 Zwiebel
1 kleines Stück frischer Ingwer (ca. 3 cm)
2 EL Rapsöl
500 ml naturtrüber Apfelsaft oder Orangensaft
500 ml Gemüsebrühe (Miso-Bouillon)
120 g Tofu oder 8 Riesengarnelen, geschält
2 EL Sojasauce
Sesam
½ TL Fünf-Gewürze-Mischung (siehe Seite 282)
3 EL Joghurt (3,5 %) oder 3 EL Kokospulver
2 EL Kürbiskernöl

Den Kürbis zunächst halbieren, dann vierteln, entkernen und in Würfel schneiden. Die Zwiebel und den Ingwer schälen, in kleine Würfel schneiden und in etwas heißem Rapsöl anschwitzen. Sobald die Zwiebelwürfel glasig sind, die Kürbisstücke dazugeben. Alles mit dem Apfel- oder Orangensaft und der Gemüsebrühe aufgießen. Den Kürbis etwa 15 Minuten weich kochen, dann alles mit dem Pürierstab zu einer glatten Suppe pürieren.

Den Tofu in Würfel schneiden. Die Tofuwürfel in einer beschichteten Pfanne anbraten, dann mit der Sojasauce ablöschen. In einer anderen Pfanne etwas Sesam trocken anrösten. Die Tofuwürfel mit dem gerösteten Sesam bestreuen. Alternativ die geschälten Garnelen in 1 TL Olivenöl in einer beschichteten Pfanne von beiden Seiten je 1 Minute bei mittlerer Temperatur braten.

Die Kürbissuppe nach Geschmack mit Fünf-Gewürze-Mischung und Sojasauce abschmecken und nach Belieben den Joghurt oder das Kokospulver mit dem Schneebesen unterschlagen. Die Kürbissuppe in Suppenteller oder -schüsseln geben und mit einigen Tropfen Kürbiskernöl beträufeln. Mit den gebratenen Tofuwürfeln oder Garnelen garniert servieren.

Loempia – vegetarische Frühlingsröllchen

Für 4 Portionen etwa 60 Minuten

2 EL Sojaöl
1 TL fein gehackter Ingwer
1–2 TL fein gehackter Knoblauch
1 kleine Chilischote, halbiert, entkernt und fein gehackt oder etwas *sambal oelek* (siehe Seite 281)
150 g Karotten, in feine Stifte geschnitten
1 Zucchini, in feine Streifen geschnitten
150 g Sojasprossen
1 EL Austernsauce
1 EL Sojasauce
½ TL grüne Currypaste
Sesamöl
2 Frühlingszwiebeln, in feine Ringe geschnitten
1 Päckchen mittelgroße Wan-Tan-Blätter
2 Eigelb, mit 2–3 EL Wasser verquirlt
Fett zum Frittieren

In einer Pfanne oder einem Wok das Sojaöl erhitzen und darin den Ingwer, den Knoblauch und die Chili anschwitzen. Die Karotten und die Zucchini dazugeben und unter Rühren kurz anbraten. Die Sojasprossen dazugeben und kurz schwenken. Alles mit der Austern- und der Sojasauce, der Currypaste und ein paar Tropfen Sesamöl würzen. Die Frühlingszwiebeln untermischen. Die Pfanne vom Herd nehmen und die Gemüsemischung abkühlen lassen.

Die Teigplatten auslegen und jeweils etwas Füllung darauf platzieren. Die Teigränder mit dem verquirlten Eigelb einpinseln und den Teig vorsichtig über der Füllung zusammenrollen. Die Ränder gut andrücken, damit sie sich beim Frittieren nicht öffnen.

Das Fett in einer tiefen Pfanne erhitzen und die Röllchen darin schön goldbraun und knusprig ausbacken. Sofort mit süßsaurer Sauce oder einem fruchtigen Chutney (siehe z. B. Seite 283) servieren.

Tipp: Für eine nicht-vegetarische Variante gebratene Hähnchenbruststreifen oder gebratene und gehackte Garnelen in die Füllung mischen.

Gefüllter Tofu auf Sprossensalat

Für 4 Portionen etwa 30 Minuten, plus 2 Stunden zum Marinieren

8 Scheiben Tofu (5 x 6 cm), 40 g Ghee, frische Basilkumblätter zum Garnieren

Für die Marinade
60 ml Sojasauce, rote Thai-Currypaste, abgeriebene Limettenschale,
1 Knoblauchzehe, fein gehackt

Für die Füllung
30 g Zitronenbasilikum, 20 ml Olivenöl, 40 g Erdnüsse, frisch ausgebrochen,
30 g frischer Dinkeltoast, in der Küchenmaschine zerkleinert, 1 Ei,
abgeriebene Limettenschale, 1 kleine Chilischote, fein gehackt, Salz, Honig

Für die Panade
20 g Dinkelmehl (Type 812), 1 Ei,
60 g frischer Dinkeltoast, in der Küchenmaschine zerkleinert und mit 20 g Sesam vermischt

Für den Salat
360 g Sojasprossen, Chiliöl,
Saft und abgeriebene Schale von 1 unbehandelten Limette,
Sojasauce, gemahlener Koriander,
30 g Zitronen- oder Thai-Basilikum, in feine Streifen geschnitten

Für das Basilikumöl
30 ml Olivenöl, 30 g Zitronen- oder Thai-Basilikum, 10 ml Limettensaft

Für die Tofu-Marinade die Sojasauce, die Thai-Currypaste, den Limettenabrieb und den Knoblauch gründlich verrühren. Die Tofuscheiben hineinlegen und 2 Stunden marinieren.

Für die Füllung das Basilikum mit dem Olivenöl zu einer Paste mörsern. Die Erdnüsse in der Küchenmaschine mahlen und zusammen mit dem Toast und dem Ei mit der Basilikumpaste zu einer festen Masse verarbeiten. Diese mit Limettenabrieb, Chili, Steinsalz und Honig pikant abschmecken.

Je 1 EL von der Füllung auf eine Tofuscheibe geben. Diese zusammenklappen und mit Mehl, Ei und der Toast-Sesam-Mischung panieren. In einer Pfanne das Ghee erhitzen und die panierten Tofutaschen von allen Seiten goldgelb braten.

Für den Salat die Sprossen kurz in etwas Chiliöl anbraten und dann mit Limetttensaft, Limettenabrieb, etwas Sojasauce und gemahlenem Koriander abschmecken. Zuletzt das Basilikum unterheben.

Für das Basilikumöl das Olivenöl im Mixer auf hoher Stufe mit dem Basilikum und dem Limettensaft glatt mixen.

Den Sprossensalat auf tiefen Tellern platzieren. Die Tofutaschen schräg aufschneiden und gefällig auf den Sprossen anrichten. Mit etwas Basilikumöl beträufeln und mit frischen, ganzen Basilikumblättern garnieren.

Indische *masala*-Kartoffeln

Für 4 Portionen etwa 20 Minuten

1 TL Kreuzkümmel, ganz, 1 Zwiebel, 1 EL Öl, 1 Tomate, 1 TL rotes Chilipulver,
½ TL gemahlener Koriander, ½ TL gemahlener Kreuzkümmel, ½ TL gemahlene Kurkuma,
1 TL *garam masala* (siehe Seite 280), 500 g kleine Kartoffeln,
Salz, Koriandergrün

Die Kreuzkümmelfrüchte in einer Pfanne trocken anrösten. Die Zwiebel in feine Streifen schneiden. Das Öl in einem Topf erhitzen und darin die Zwiebelstreifen anbräunen. Die Tomate in kleine Würfel schneiden, in den Topf geben und 5 Minuten bei mittlerer Temperatur garen.

Das Chilipulver, den gemahlenen Koriander, den gemahlenen Kreuzkümmel, die Kurkuma und das *garam masala* zusammen mit einer Tasse Wasser in den Topf geben und alles gründlich verrühren. Die gerösteten Kreuzkümmelfrüchte dazugeben und alles etwa 4 Minuten bei niedriger Temperatur köcheln lassen.

Die Kartoffeln kochen, danach pellen und zu der Saucenmischung in den Topf geben. Alles weitere 5 Minuten köcheln. Mit Salz abschmecken.

Das Koriandergrün fein schneiden. Die Curry-Kartoffeln kurz vor dem Servieren damit bestreuen.

Chonke khatte – indische Erbsen

Für 4 Portionen etwa 15 Minuten

½ TL Kreuzkümmelfrüchte, 3 EL Pflanzenöl, 50 g Schalotten, fein geschnitten,
1 Msp. gemahlene Kurkuma, 8 Cocktailtomaten,
200 g Erbsen (TK, aufgetaut), 2 ½ TL *garam masala* (siehe Seite 280),
1 TL frischer Ingwer, gerieben, 1 rote Chilischote, fein gehackt,
Koriandergrün, Salz, 1 TL Limettensaft

In einer Pfanne die Kreuzkümmelfrüchte trocken anrösten. In einem Topf das Öl erhitzen und darin die Schalotten zusammen mit dem Kurkumapulver anbraten.

Die Tomaten in Würfel schneiden und mit den Erbsen, dem *garam masala*, dem Ingwer, der Chilischote und den gerösteten Kreuzkümmelfrüchten in den Topf geben.

Das Koriandergrün schneiden und mit etwas Salz sowie dem Limettensaft unter die Mischung rühren. Alles erhitzen, aber nicht zu lange kochen, damit die Erbsen nicht grau werden.

Als pikante Beilage zu Fleisch oder Fisch servieren.

Kichererbsen-Kartoffel-Curry mit Safran-Mandel-Reis

Für 4 Portionen etwa 30 Minuten

Für den Safran-Mandel-Reis
250 g Basmatireis, 3 Kardamomkapseln, 2 Gewürznelken, 3 Stück schwarzer Pfeffer, ganz,
2 EL Öl, Salz, ½ TL Safranfäden, 3 EL Mandelblättchen, geröstet, 2 EL Rosinen

Für das Kichererbsen-Kartoffel-Curry
125–250 ml Wasser oder Gemüsebrühe,
280 g Kartoffeln (vorwiegend festkochend), geschält und in 1 cm große Würfel geschnitten,
400 g Kichererbsen aus dem Glas oder selbst gekocht, 125 ml Kokosmilch,
Salz, 2 TL Öl, 3 Knoblauchzehen, gehackt,
2 TL gemahlener Koriander, 2 TL gemahlene Kurkuma,
½ TL Chilipulver, Saft von ½ Zitrone

Für den Safran-Mandel-Reis den Basmatireis in einem Sieb gründlich unter fließend kaltem Wasser abspülen. In einer Pfanne die Kardamomkapseln, die Gewürznelken und den Pfeffer trocken anrösten. In einem Topf das Öl erhitzen und darin den abgetropften Reis 2-3 Minuten braten. Etwas Salz, den Safran sowie die angestoßenen und gerösteten Gewürze dazugeben und 500 ml Wasser angießen. Die Temperatur reduzieren, den Topf zudecken und alles etwa 20 Minuten köcheln lassen, bis der Reis gar ist. Bei Bedarf etwas Wasser nachgießen.

In der Zwischenzeit für das Kichererbsen-Kartoffel-Curry das Wasser oder die Brühe in einem großen Topf zum Kochen bringen und die Kartoffeln darin 8-10 Minuten kochen. Bei Bedarf etwas Brühe oder Wasser nachgießen. Die Kichererbsen dazugeben und alles 3-4 Minuten bei offenem Topfdeckel köcheln lassen. Die Kokosmilch dazugießen. Alles mit Salz abschmecken und langsam bei niedriger Temperatur köcheln lassen.

In einer Pfanne das Öl erhitzen und darin den Knoblauch anbraten. Die gemahlenen Gewürze dazugeben. Alles zu der Kichererbsen-Kartoffel-Mischung in den Topf geben und den Zitronensaft einrühren. Bei Bedarf nochmals salzen.

Den fertig gegarten Reis in eine Servierschüssel geben und die Mandelblättchen und Rosinen darüberstreuen. Zu dem Kichererbsen-Kartoffel-Curry servieren.

Würziges Rinderfilet auf Sojasprossensalat mit Minze

Für 4 Portionen etwa 45 Minuten

300 g Rinderfilet, küchenfertig pariert
Salz
shichimi togarashi (siehe Seite 282)

Für den Sojasprossensalat
300 g Sojasprossen
Sonnenblumen- oder Erdnussöl
Austernsauce
3 EL Kalbsfond
2 EL frische Minzeblätter, in feine Streifen geschnitten

Für den Dip
125 ml Sojasauce
abgeriebene Schale von 1 unbehandelten Limette
4 EL fein geschnittene Frühlingszwiebeln
gemahlener Piment
schwarzer Pfeffer aus der Mühle
Knoblauch, fein gehackt

Das Rinderfilet salzen und in einer Pfanne rundherum anbraten. Aus der Pfanne nehmen und behutsam mit dem *shichimi togarashi* einreiben. Das Fleisch etwa 30 Minuten bei Zimmertemperatur marinieren.

In der Zwischenzeit für den Sojasprossensalat die Sojasprossen in der heißen Pfanne mit wenig Öl unter stetigem Rühren kurz anschwitzen (sie sollten knackig bleiben!), dann mit der Austernsauce und dem Kalbsfond ablöschen. Die Minzestreifen untermischen.

Die Sprossen aus der Pfanne nehmen und auf Tellern anrichten. Das Rinderfilet mit einem scharfen Messer in dünne Scheiben schneiden und diese auf den Sojasprossen anrichten.

Für den Dip alle Zutaten gründlich vermischen. Die Sauce in einer dekorativen Schale separat zu dem Gericht servieren.

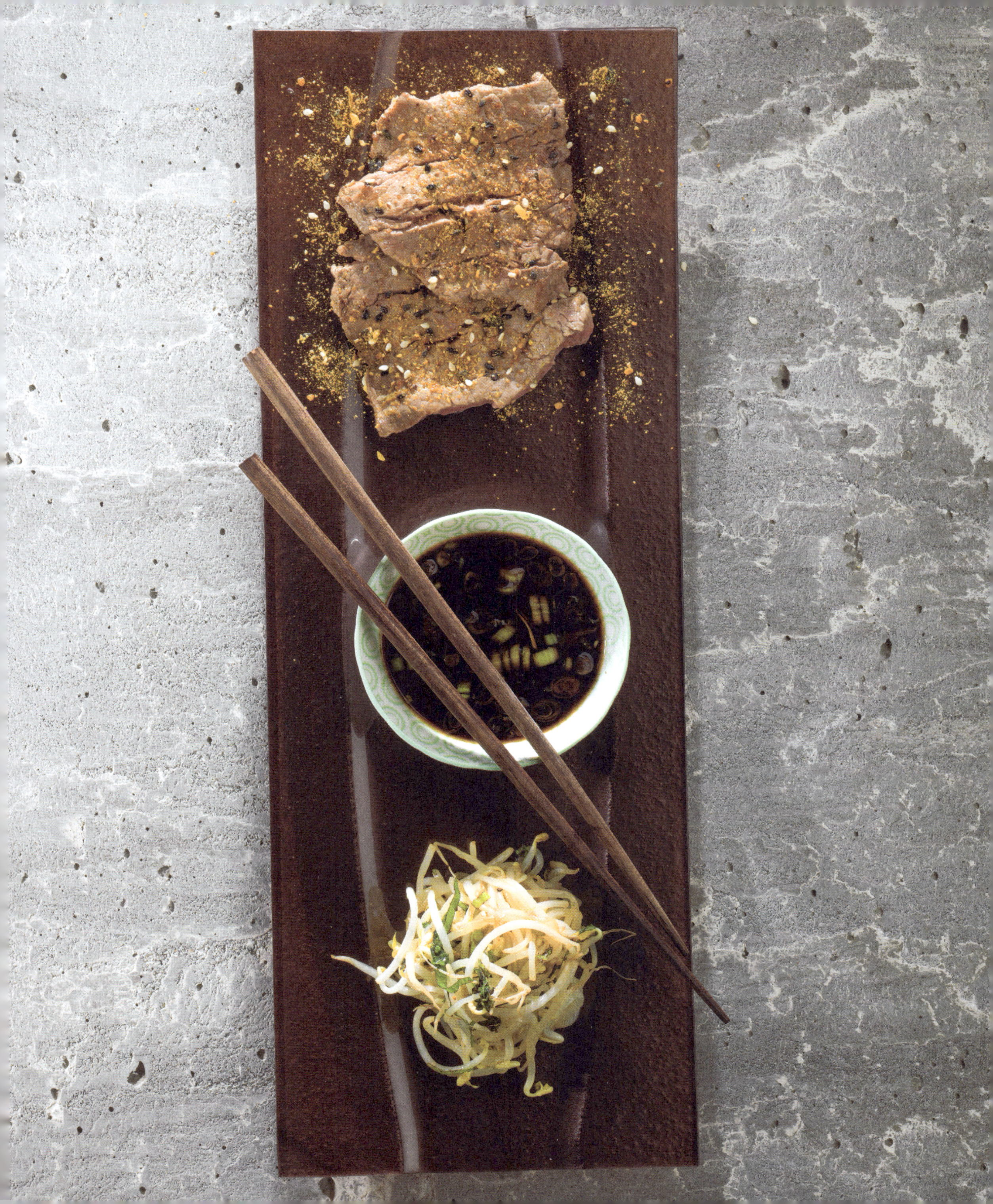

Saftige *shichimi-togarashi*-Rinderhüfte mit Wokgemüse

Für 4 Portionen etwa 2 ½ Stunden

800 g Rinderhüfte, küchenfertig pariert
20 ml Haselnussöl
40 g *shichimi togarashi* (siehe Seite 282)
Karottenstroh zum Dekorieren

Für das Wokgemüse
20 ml Haselnussöl
100 g Zwiebeln, geschält und geviertelt
40 g Knoblauch, in feine Scheiben geschnitten
20 g Ingwer, fein gehackt
80 g rote Paprikaschote, gewürfelt
80 g Frühlingszwiebeln, in 1 cm lange Stücke geschnitten
120 g Brokkoli, zu Röschen zerteilt und die Stiele gewürfelt
40 ml *tamari* (japanische Sojasauce)
20 g *shichimi togarashi* (siehe Seite 282)
20 g Reisstärke
160 g gekochte Kichererbsen
60 g Cashewkerne, geröstet
20 g Koriandergrün, fein geschnitten

Das Haselnussöl in einer großen Pfanne erhitzen und darin das Fleisch von allen Seiten anbraten. Anschließend großzügig mit der Gewürzmischung einreiben. In einen Bräter legen und im vorgeheizten Ofen bei 80 °C und 20 % Feuchtigkeit unter häufigem Wenden auf eine Kerntemperatur von 58 °C erhitzen.

Für das Wokgemüse in einem Wok oder einer tiefen Pfanne das Haselnussöl erhitzen und die Zwiebeln darin glasig braten. Den Knoblauch, den Ingwer, die Paprikawürfel, die Frühlingszwiebeln und den Brokkoli dazugeben und alles kurz mit anschwitzen. Die Sojasauce und das *shichimi togarashi* hinzufügen und das Gemüse abgedeckt bissfest garen. Die Reisstärke mit etwas Wasser glatt rühren. Die Gemüsemischung mit der angerührten Speisestärke leicht binden, dann die Kichererbsen und die Cashewkerne dazugeben. Alles noch einmal erhitzen und kräftig abschmecken. Zum Schluss das fein geschnittene Koriandergrün untermischen.

Das Fleisch in Scheiben schneiden und mit Karottenstroh garnieren. Das Wokgemüse dazu anrichten.

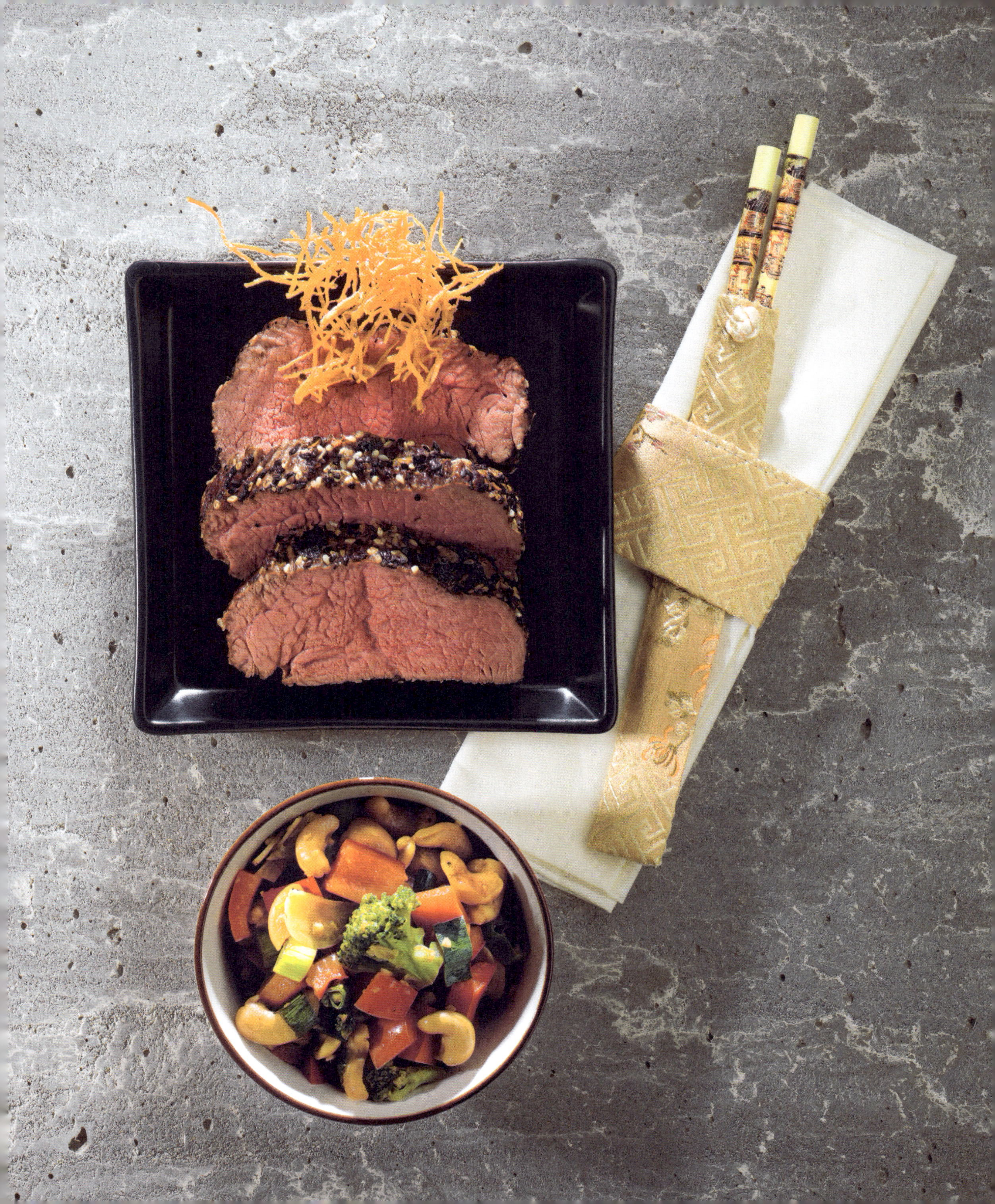

Pasanda – indisches Lammcurry

Für 4 Portionen etwa 1 ½ Stunden

600 g Lammragout
2 TL fein gehackter Knoblauch
2 TL fein gehackter frischer Ingwer
3 mittelgroße Zwiebeln
1 grüne Chilischote
4 EL Ghee oder Pflanzenöl
1 Ceylonzimtstange
gemahlener Kardamom
2 TL gemahlener Koriander
1 TL gemahlener Kreuzkümmel
1 TL gemahlene Kurkuma
4 TL Mandelblättchen, geröstet
400 ml Sahne
Salz
1 EL *garam masala* (siehe Seite 280)
Paprikapulver

Den Knoblauch und den Ingwer vermischen. Das Lammragout in einer Schüssel mit der Knoblauch-Ingwer-Mischung vermengen und etwa 30 Minuten marinieren.

Die Zwiebeln in feine Streifen und die Chilischote in feine Würfel schneiden. Das Ghee oder Öl in einem schweren Topf erhitzen und die Zwiebelstreifen darin goldbraun anbraten. Dann die Chiliwürfel und die zerkleinerte Zimtstange dazugeben und ganz kurz anschwitzen.

In einer Pfanne das Lammfleisch schön braun anbraten. Dann zusammen mit den gemahlenen Gewürzen in den Topf zu den anderen Zutaten geben. Die Mischung mit etwas Wasser aufgießen und bei mittlerer Temperatur köcheln lassen, bis das Fleisch weich ist.

3 TL Mandelblättchen zerkleinern und in einer Schüssel mit der Sahne vermischen. Die Mandelsahne zu dem Lammragout geben. Alles mit Salz und *garam masala* würzen und noch einmal aufkochen lassen.

Das Lammragout mit etwas Paprikapulver und 1 TL Mandelblättchen bestreuen und servieren.

Mango-Hähnchen-Curry

Für 4 Portionen etwa 60 Minuten

3 Hähnchenbrüste ohne Haut und Knochen
2 Stangen Zitronengras
1 rote Paprikaschote
1 gelbe Paprikaschote
1 feste Mango (*nam dok mai*)
150 g grüner Spargel
4 EL Raps- oder Woköl
2 rote Zwiebeln, in grobe Würfel geschnitten
1 EL fein gehackter Ingwer
1 EL fein gehackter Knoblauch
2 TL Rohzucker
1–2 TL *nam prik* (siehe Seite 281)
300 ml Geflügelfond
300 ml Kokosmilch
Saft von 1 Limette
Sojasauce
1–2 TL Speisestärke (nach Belieben)
Kokosflocken
1–2 TL gehacktes Koriandergrün

Die Hähnchenbruststücke in Streifen schneiden. Die Zitronengrasstangen halbieren und leicht weich klopfen. Die Paprikaschoten putzen und in 2 cm lange Streifen schneiden. Die Mango schälen, entsteinen und in Würfel schneiden. Den grünen Spargel schräg halbieren.

In einer großen Pfanne oder einem Wok etwas Öl erhitzen und darin das Hühnchenfleisch zusammen mit den Zwiebelwürfeln von allen Seiten hellbraun anbraten. Aus der Pfanne nehmen.

Etwas mehr Öl in die Pfanne geben und darin den Ingwer sowie den Knoblauch kurz anschwitzen. Den Zucker und das *nam prik* dazugeben und alles gut verrühren. Mit dem Geflügelfond ablöschen, dann die Kokosmilch und die halbierten Zitronengrasstangen dazugeben und die Mischung aufkochen. Die Hähnchenbrust, die Paprikastreifen, die Mangowürfel und den grünen Spargel zugeben und alles 2–3 Minuten aufkochen lassen. Die Sauce mit Limettensaft und Sojasauce abschmecken und nach Belieben mit ein wenig angerührter Stärke binden. Die Zitronengrasstangen entfernen.

Die Kokosflocken trocken in einer Pfanne anrösten. Das Gericht mit den gerösteten Kokosflocken und dem Koriandergrün bestreuen und mit Basmatireis oder gebratenen Asianudeln servieren.

Tipp: Dieses Gericht lässt sich auch wunderbar als vegetarisches Wok-Curry zubereiten. Dazu einfach die Hähnchenbrust durch Gemüse nach Geschmack (zum Beispiel Karottenstifte, Zuckerschoten oder Sojasprossen) ersetzen.

Teriyaki-Entenbrust mit gebratenen soba-Nudeln

Für 4 Portionen etwa 45 Minuten

2–3 Barberie-Entenbrüste, küchenfertig pariert und kreuzweise eingeritzt
Erdnussöl zum Braten
200 g soba-Nudeln
50 g Lauch, in Streifen geschnitten
Meersalz
100 g Maiskölbchen, der Länge nach halbiert
100 g Zuckerschoten, geputzt und in Rauten geschnitten
80 g Shiitake-Pilze
100 g Karotten, in Streifen geschnitten
gemahlener Szechuanpfeffer

Für die teriyaki-Marinade
2 EL mirin, 2 EL sake, 100 ml Sojasauce, 1 TL fein gewürfelter Ingwer,
1 TL fein gehackter Knoblauch, 1 Chilischote, entkernt und halbiert,
4–5 Tropfen Sesamöl

Für die Sauce
200 ml reduzierter Geflügelfond
5 EL teriyaki-Marinade (siehe oben)
1 TL Tomatenmark
1–2 TL Speisestärke, mit Wasser glatt gerührt
20 g Erdnüsse, geröstet und gehackt

Für die teriyaki-Marinade alle Zutaten in einem Topf verrühren. Aufkochen und auf die Hälfte reduzieren lassen. Kurz abkühlen lassen.

Die Entenbrüste in eine flache Form legen und mit der Marinade übergießen. 1 Stunde marinieren, dann wenden und weitere 2-3 Stunden ziehen lassen. Herausnehmen und abtropfen lassen. Anschließend in wenig Erdnussöl erst auf der Hautseite, dann auf der anderen Seite anbraten. Im auf 130 °C (Umluft) vorgeheizten Backofen 10-15 Minuten medium braten.

Für die Sauce den reduzierten Geflügelfond mit der Marinade und dem Tomatenmark aufkochen und alles mit der angerührten Stärke binden. Vor dem Servieren die gemahlenen Erdnüssen darüberstreuen.

Die soba-Nudeln etwa 5 Minuten kochen, dann abgießen und kalt abschrecken. Die abgetropften Nudeln in einer Pfanne oder einem Wok zusammen mit den Lauchstreifen kurz anbraten und mit wenig Meersalz würzen.

Das Gemüse in einer Pfanne oder einem Wok in heißem Erdnussöl kurz anbraten und mit wenig Meersalz und etwas gemahlenem Szechuanpfeffer würzen.

Die soba-Nudeln und das Gemüse auf Servierteller verteilen. Die gebratenen Entenbrüste in Scheiben schneiden und diese dekorativ auf den Nudeln anrichten.

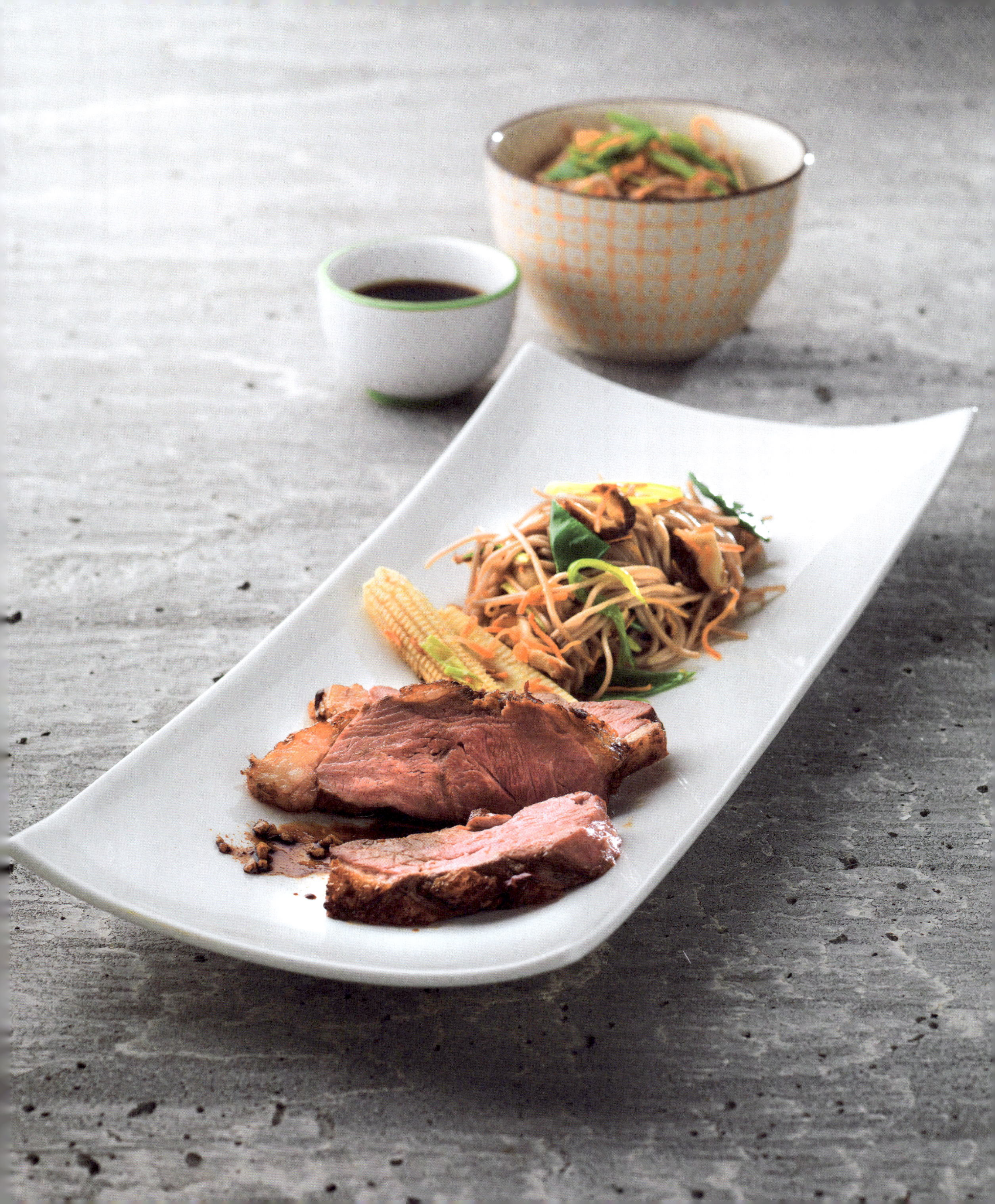

Karamellisierte Gewürzentenbrust mit Apfel-Sellerie-Salat

Für 4 Portionen etwa 60 Minuten

Für die Gewürzentenbrust
4 Stücke Entenbrust mit Haut, kreuzweise eingeschnitten, 1 EL fein gehackter Ingwer, 2–3 EL Rapsöl,
2 TL *garam masala* (siehe Seite 280), 5 EL Rohzucker (bevorzugt Muscovado), 100 ml Portwein,
5 EL Sojasauce, 1–2 rote Chilischoten, in Ringe geschnitten, 4 EL alter Balsamicoessig,
4 EL Grand Marnier oder Cointreau, Abrieb von 1 unbehandelten Zitrone, Meersalz

Für den Apfel-Sellerie-Salat
3 Stück feste Äpfel, Saft und abgeriebene Schale von 2 unbehandelten Zitronen,
1 kleine Knolle Sellerie, 5 Stangen Sellerie, geschält, 150 g Salatmayonnaise,
100 g Crème fraîche, 100 g Joghurt, Agavensirup, *wasabi*-Pulver (nach Belieben),
Meersalz, weißer Pfeffer aus der Mühle, 5 EL Apfel-Balsamicoessig,
5 EL Avocado- oder Olivenöl, 1 EL Pommery-Senf, gemischter Blattsalat,
1 Bund Kerbel, 1–2 Köpfe Chicorée

Den Ingwer in etwas Rapsöl hellbraun anschwitzen. Das *garam masala* und den Zucker zugeben und alles karamellisieren lassen. Mit dem Portwein und der Sojasauce ablöschen und alles bei niedriger Temperatur köcheln lassen. Die Chiliringe, den Balsamicoessig, den Grand Marnier, die Zitronenschale und das Salz zugeben und alles auf die Hälfte einkochen lassen.

Die Entenbruststücke in einer Pfanne ohne Fett zuerst auf der Hautseite, dann auf der anderen Seite kurz anbraten. In eine feuerfeste Form legen und mit einem Pinsel großzügig von allen Seiten mit der Gewürzsauce bestreichen. Zugedeckt 2-3 Stunden im Kühlschrank marinieren. Anschließend im auf 100 °C vorgeheizten Backofen 25–30 Minuten sanft medium braten.

Für den Apfel-Sellerie-Salat die Äpfel schälen. Den Saft einer halben Zitrone mit 100 ml Wasser vermischen und die Äpfel kurz in dem Zitronenwasser wenden. Die Äpfel mit der Küchenreibe in mittelfeine Streifen hobeln oder mit einem Messer in Streifen schneiden. In eine Schüssel geben und mit Zitronensaft beträufeln, damit sie nicht braun werden. Die Sellerieknolle schälen und in mittelfeine Streifen schneiden. Ebenfalls mit etwas Zitronensaft beträufeln. Nach Belieben wenige Sekunden in sprudelnd kochendem Salzwasser blanchieren, anschließend in Eiswasser abschrecken und gut abtropfen lassen. Die geschälten Selleriestangen in feine Streifen schneiden. Die Mayonnaise, die Crème Fraîche und den Joghurt mit einem Schneebesen zu einem glatten Dressing verrühren und die Mischung mit Zitronensaft, Agavensirup, nach Belieben *wasabi*-Pulver, Meersalz und weißem Pfeffer abschmecken. Die Apfel- und die Selleriestreifen behutsam mit dem Salatdressing vermengen.

Den Apfel-Balsamico, das Avocadoöl und den Pommery-Senf zu einem glatten Dressing verrühren. Mit Meersalz und weißem Pfeffer abschmecken. Den gemischten Blattsalat mit dem gezupftem Kerbel vermischen und den Salat mit dem Balsamico-Senf-Dressing anmachen.

Die Chicoréeköpfe zu Schiffchen schneiden und auf Servierteller geben. Die beiden Salate darauf anrichten. Die gegarte Entenbrust dekorativ neben den Salaten anordnen. Alles mit etwas abgeriebener Zitronenschale bestreuen und servieren.

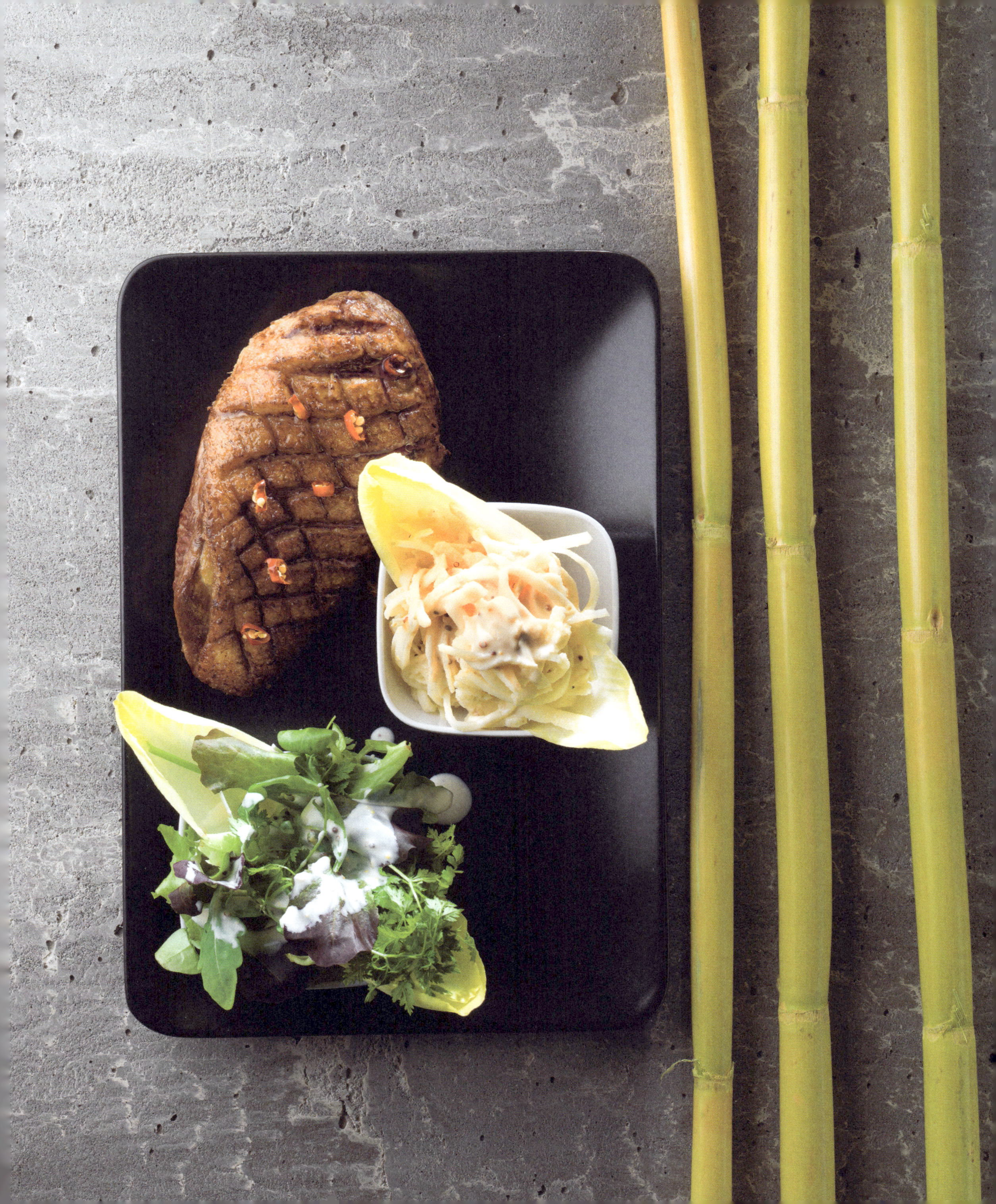

Tandoori-Garnelen mit Cranberry-Sauerkirsch-*espuma* und Puy-Linsen

Für 4 Portionen   etwa 1 Stunde, plus 6–8 Stunden Kühlzeit für die Espuma

Für die *espuma*
2–3 Blatt Gelatine, 400 g Cranberry-Sauerkirsch-Püree (TK),
100 ml Estragonreduktion (Weißweinessig und Estragon)

Für die *tandoori*-Garnelen
2 EL Joghurt (3,5 % Fett), 1 EL Olivenöl, 1 TL *tandoori masala*, Meersalz,
4 Riesengarnelen, geputzt und geschält,
4 Bambusspieße

Für die Puy-Linsen
2 Schalotten, 2 EL natives Olivenöl extra, 50 g Puy-Linsen, gekocht,
50 g rote Linsen, eingeweicht, 3 EL Apfel-Balsamico, 100 ml Gemüsebrühe,
panch phoron (siehe Seite 281), Meersalz

Zum Servieren
Zitronenpfeffer, Alfalfasprossen

Für die Cranberry-Sauerkirsch-*espuma* die Gelatine in kaltem Wasser einweichen. Das Cranberry-Sauerkirsch-Püree mit etwas Estragonreduktion abschmecken. Die aufgelöste Gelatine einrühren. Die Mischung in einem Sahnesiphon (0,5 l Fassungsvermögen) aufschäumen. Mindestens 6 Stunden kalt stellen.

Für die *tandoori*-Garnelen den Joghurt, das Olivenöl, das *tandoori masala* und etwas Meersalz zu einer glatten Marinade verrühren. Die Garnelen auf Bambusspieße stecken, in die Marinade legen und ziehen lassen.

In der Zwischenzeit für die Linsen die Schalotten in feine Würfel schneiden. Das Olivenöl in einer Pfanne erhitzen und darin die Schalotten anschwitzen. Die fertigen Puy-Linsen und die roten Linsen dazugeben und alles mit Apfel-Balsamico ablöschen. Bei Bedarf noch etwas Gemüsebrühe angießen und alles aufkochen. Mit *panch phoron* und Meersalz würzen. Abkühlen lassen, dann nach Geschmack mit Balsamico und Olivenöl abschmecken.

Die marinierten Garnelen abtropfen lassen und im oberen Drittel des auf 250 °C vorgeheizten Backofens auf Backpapier 10-12 Minuten garen.

Vier kleine Gläser (etwa 100 ml Fassungsvermögen) bereitstellen. In jedes Glas zunächst 1 EL Linsensalat geben. Darauf jeweils einen großzügigen Klecks von der Cranberry-Sauerkirsch-*espuma* setzen. Je eine warme Garnele dekorativ auf dem Rand des Glases platzieren und alles mit Zitronenpfeffer und Alfalfasprossen garnieren.

Goa-Fischcurry

Für 4 Portionen etwa 25 Minuten, plus 20 Minuten zum Marinieren

4 Stück Lachsfilet ohne Haut (ca. 200 g), Salz, 1 TL Limettensaft,
2 EL Olivenöl, 1 große Zwiebel, in feine Streifen geschnitten,
2 TL Knoblauchpaste, 2 TL Ingwerpaste, ¼ TL gemahlene Kurkuma,
1 TL gemahlener Koriander, ½ TL gemahlener Kreuzkümmel, ½ TL Chilipulver,
200 ml Kokosmilch, 2–3 frische grüne Chilischoten, in Streifen geschnitten,
1 EL Apfel- oder Weißweinessig, 2 EL grob gehacktes Koriandergrün

Die Lachsfilets in mundgerechte Stücke schneiden (etwa sechs pro Filet). Die Würfel in einer Schale mit etwas Salz und dem Limettensaft 15-20 Minuten im Kühlschrank marinieren.

Das Öl in einer Pfanne erhitzen und die Zwiebeln darin unter ständigem Rühren 6-8 Minuten goldgelb anbraten. Die Knoblauch- und die Ingwerpaste zugeben und ganz kurz anschwitzen. Dann die gemahlenen Gewürze - Kurkuma, Koriander, Kreuzkümmel und Chilipulver - zugeben und alles mit der Kokosmilch aufgießen. Die Chilischoten sowie den Essig hinzufügen und die Mischung 6-8 Minuten köcheln lassen.

Die Lachswürfel in die Sauce geben und darin je nach Größe 6-8 Minuten gar ziehen lassen.

Das Curry mit dem Koriandergrün bestreuen und mit Basmatireis servieren.

Tandoori-Lachs

Für 4 Portionen 25–30 Minuten

4 Lachsfilets (à ca. 160 g), 2 Knoblauchzehen, 1 Stück frischer Ingwer, Saft von 2 Limetten,
1 Msp. rotes Chilipulver, 50 g rote Chilipaste, 200 g Joghurt, 1 TL *tandoori masala*, Butter,
1 Limette, 1 rote Zwiebel

Den Knoblauch und den Ingwer fein hacken und alles mit dem Limettensaft verrühren. Die Lachsfilets mit der Mischung übergießen.

Das Chilipulver und die Chilipaste mit dem Joghurt und dem *tandoori masala* mischen und den Lachs 10 Minuten darin marinieren.

Anschließend die Butter in einer Pfanne erhitzen und den Lachs darin zunächst anbraten, dann bei niedriger Temperatur garen.

Mit Limettenspalten und der in feine Ringe geschnittenen roten Zwiebel servieren.

Mango-Dorade in milder Currysauce

Für 4 Portionen etwa 20 Minuten

750 g Doradenfilet
2 Thai-Mangos
Butter
Currypulver
Salz
500 g grüner Spargel
2 Köpfe Brokkoli

Für die Sauce
Fischfond aus dem Glas
1 EL Crème fraîche
½ Stange Zitronengras, fein geschnitten
3 EL Curry-Basismischung (siehe Seite 284)

In jedes Doradenfilet eine etwa 4 cm breite Tasche schneiden. Die Mangos schälen, in Scheiben schneiden. Jedes Doradenfilet mit einer Mangoscheibe füllen. Ein großes Stück Alufolie buttern und mit Currypulver und Salz bestreuen. Die Doradenfilets fest darin einschlagen.

Für die Sauce den Fischfond mit der Crème fraîche, dem Zitronengras und dem Currypulver vermischen und alles etwa 3 Minuten bei niedriger Temperatur köcheln lassen. Anschließend mit Salz abschmecken, durch ein Sieb passieren und alles mit dem Stabmixer fein pürieren.

Falls nötig, das untere Drittel der Spargelstangen dünn abschälen und die Stangen in kochendem Wasser bissfest garen. Die Brokkoliröschen putzen und 4-6 Minuten in kochendem Wasser garen.

In einem großen Topf reichlich Wasser auf 80 °C erhitzen. Die Fischfilets in der Folie in ein Dampfkörbchen geben und etwa 4 Minuten über dem heißen Wasserdampf gar ziehen lassen.

Die gegarten Fischfilets mit der milden Currysauce und bissfest gekochtem Reis servieren.

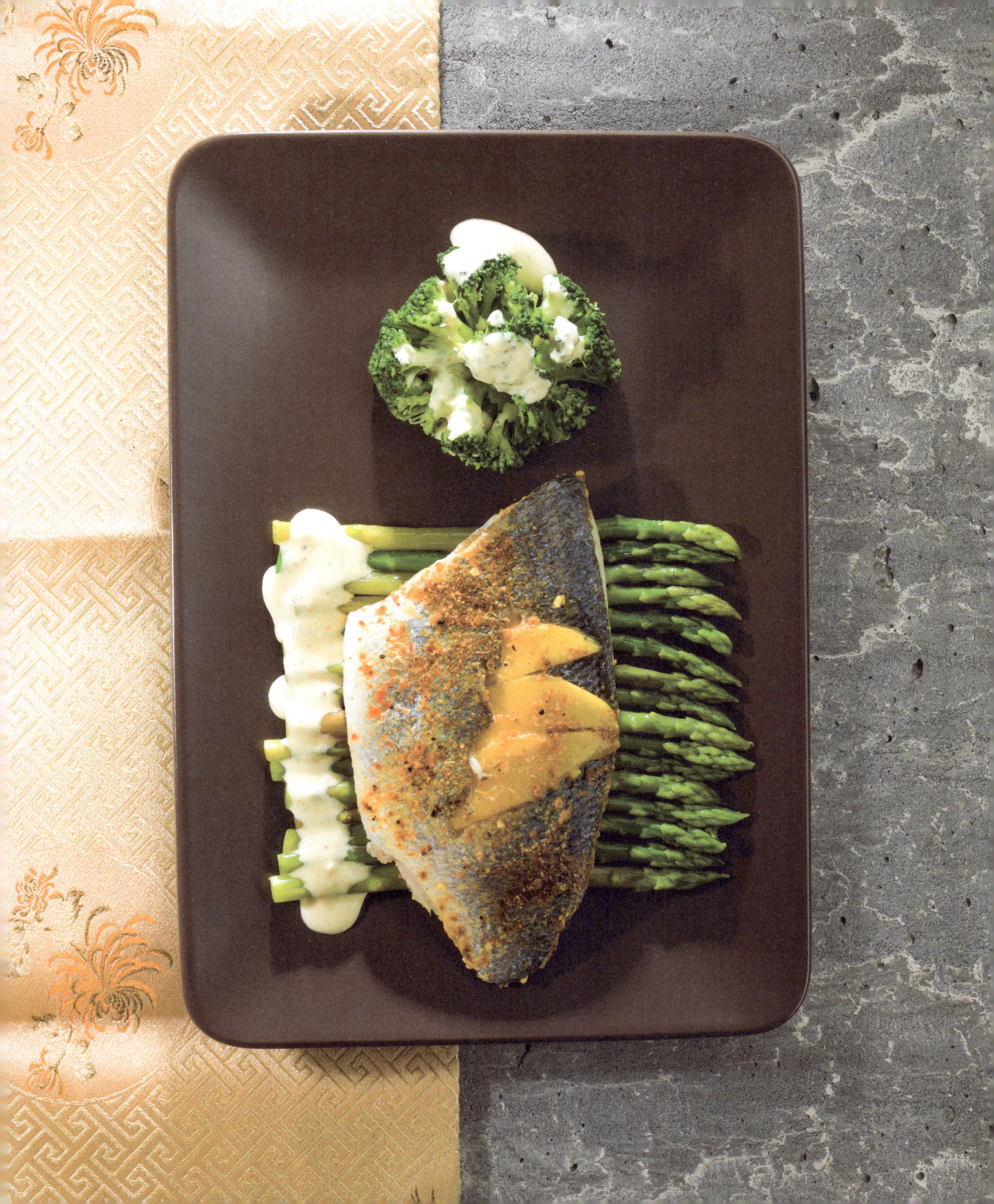

Pochierte Birnen im Gewürzsud

Für 4 Portionen etwa 20 Minuten

4 große, reife Birnen, 300 ml frisch gepresster Orangensaft,
1 Kassiazimtstange, 1 Sternanis, 60 g Rosinen, 2 EL Rohzucker

Zum Garnieren
frische Minze, Orangenzesten (nach Belieben)

Die Birnen mit einem scharfen Messer schälen, der Länge nach halbieren und das Kerngehäuse entfernen. Die Birnenhälften zusammen mit dem Orangensaft, der Zimtstange, dem Sternanis, den Rosinen und dem Zucker in einen Topf geben. Alles unter Rühren leicht erhitzen, bis sich der Zucker aufgelöst hat, dann die Mischung aufkochen lassen. Bei niedriger Temperatur 10 Minuten köcheln, bis die Birnen gar, aber noch fest sind.

Je eine Birne auf einem Dessertteller anrichten und mit je einem Viertel des heißen Sirups übergießen. Nach Belieben mit frischen Minzeblättern und Orangenzesten garnieren und servieren.

Mangopudding mit Kokosmilch

Für 4 Portionen etwa 25 Minuten, plus etwa 6 Stunden Kühlzeit

2 reife Mangos
4 Blätter Gelatine
450 ml Kokosmilch
120 g Zucker
Saft von 1 Limette
2 Stangen Zitronengras

Die Gefäße für den Pudding im Kühlschrank kalt stellen. Die Mangos schälen und in Stücke schneiden. Die Gelatineblätter in kaltem Wasser einweichen.

In einem Topf die Mangos zusammen mit der Kokosmilch, dem Zucker und dem Limettensaft aufkochen. Die Zitronengrasstangen halbieren, dazugeben und kurz mitziehen lassen. Die Stangen wieder entfernen und die Masse nochmals aufkochen lassen. Die Gelatineblätter einrühren, bis sie sich aufgelöst haben. Die Puddingmasse etwas abkühlen lassen und dann in die gekühlten Formen füllen. Mindestens 6 Stunden im Kühlschrank durchkühlen lassen.

Tipp: Die Mangos können nach Geschmack auch durch andere tropische Früchte ersetzt werden.

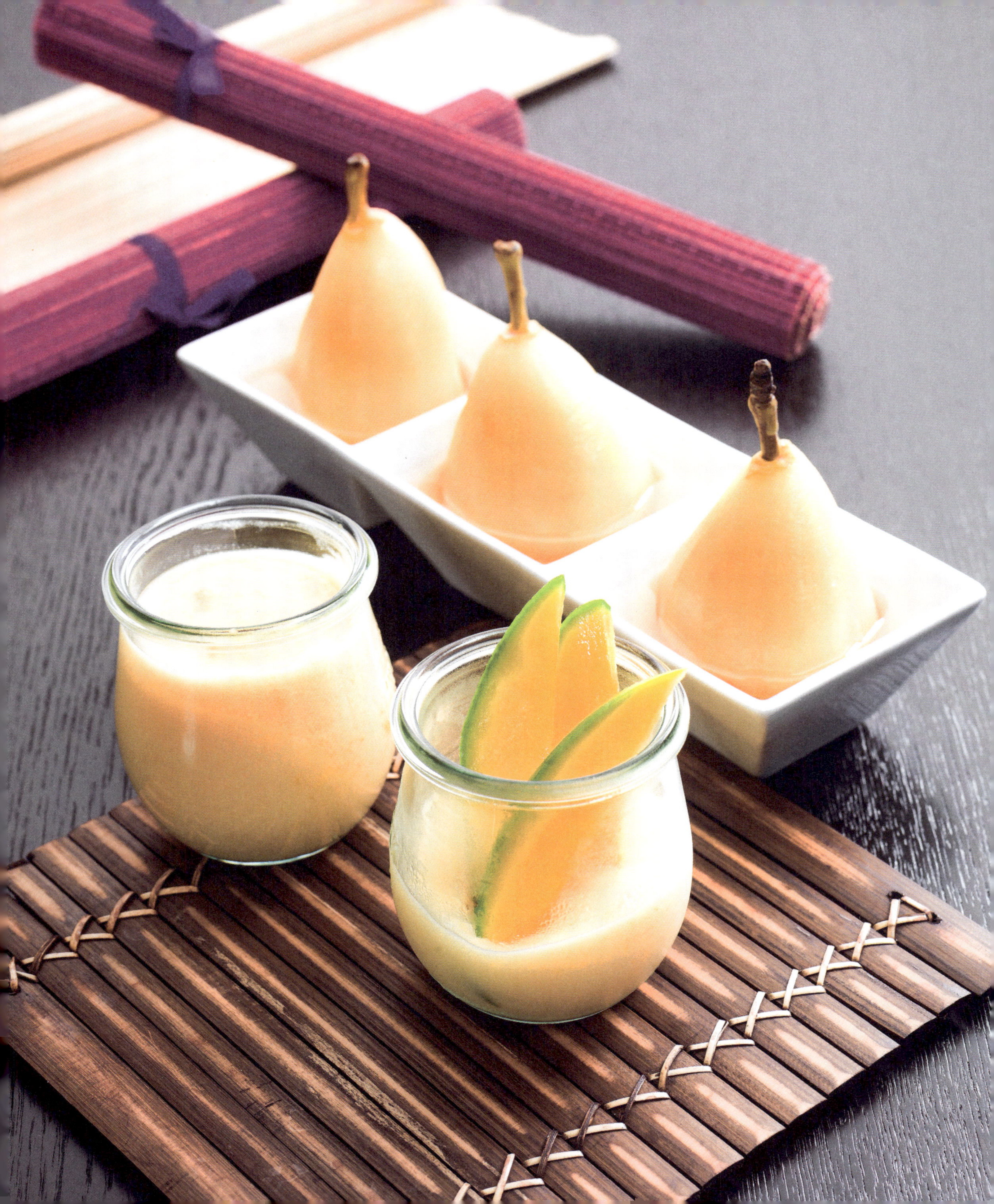

Die Lieferkette des Pfeffers

Pfeffer, einst an der vorderindischen Malabarküste zu Hause, muss auch heute noch einen langen Weg von den Anbaugebieten in Asien oder Südamerika bis in den Kochtopf zurücklegen. Auch Ernte und Veredelung des weltweit beliebtesten Gewürzes sind aufwendig und erfordern eine Vielzahl von komplexen Produktionsschritten. Nur so können beste Qualität und Frische garantiert werden.

1. Der Anbau erfolgt in Pfeffergärten oder auf Pfefferplantagen.
2. Per Hand werden die Pfefferrispen gepflückt.
3. Der geerntete Pfeffer wird sorgfältig sortiert, Rispen werden abgetrennt.
4. Zum Trocknen an der Sonne wird der Pfeffer ausgebreitet und mehrmals gewendet.
5. Bevor der Pfeffer die Plantage verlässt, erfolgt gründliche Auslese.
6. In Säcke gepackt, wird der Pfeffer zum regionalen Großhändler oder zu Exporteuren transportiert.
7. Einkäufer aus Europa prüfen vorab die Qualität und kaufen direkt vor Ort beim Großhändler oder Exporteur.
8. Auf LKWs verladen, wird der Pfeffer zu den großen Häfen gefahren.
9. Im Hafen erfolgt die Verladung auf Containerschiffe.
10. In klimatisierten Containern tritt der Pfeffer seinen Weg übers Meer an.
11. In Hamburg gelandet, wird der Pfeffer auf Lastwagen verladen.

DIE LIEFERKETTE DES PFEFFERS 311

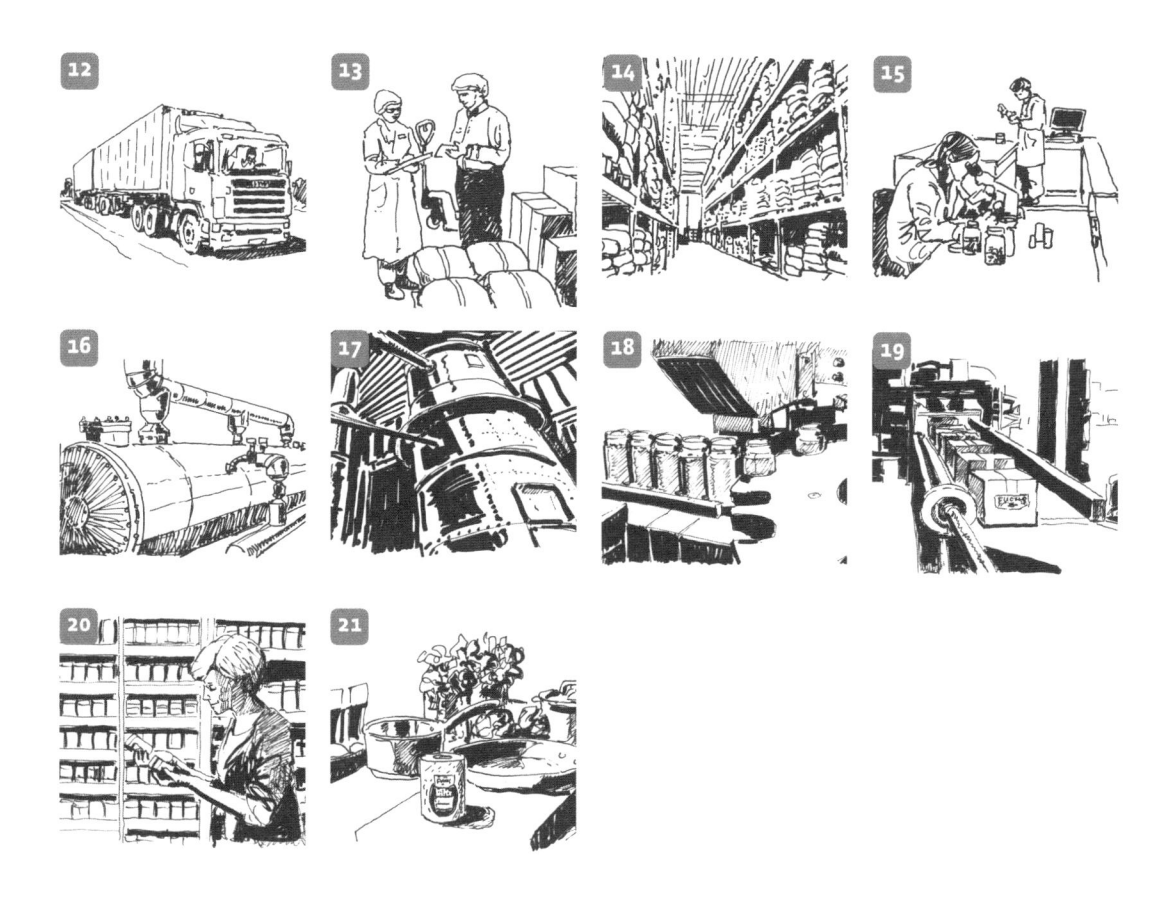

12 LKWs fahren die Rohware zu den großen Gewürzproduzenten.
13 Die Wareneingangskontrolle prüft die Rohware genau, auch auf Form und Farbe.
14 Die Ware wird eingelagert, bis alle umfangreichen Kontrollen abgeschlossen sind.
15 Erst nach Analysen im Labor wird die Rohware weiterverarbeitet.
16 Moderne Methoden wie die Dampfentkeimung gewährleisten Produktsicherheit.
17 Durch Kaltvermahlung wird der Pfeffer besonders aromaschonend vermahlen.
18 In vollautomatischen Abfüllanlagen wird der Pfeffer in aromasichere Verpackungen abgefüllt.
19 Die fertige Ware wird individuell für den Lebensmittelhändler konfektioniert und verschickt.
20 Der Einzelhandel bietet schwarzen Pfeffer in breiter Vielfalt: ganz, geschrotet oder fein gemahlen.
21 Pfeffer mit viel Aroma und exquisiter Schärfe ist ein wahrer Allrounder in der Küche.

REGISTER & GLOSSAR

Register Warenkunde & Küchenpraxis

Ajowan 22
Anis 23
Annatto 25
Aroma-Completing 125
Aroma-Pairing 125
Asant 102

Bärlauch 74
Basilikum 75
Beifuß 77
Berberitze 103
Bitterorange 119
Bockshornkleesamen 108
Bohnenkraut 78
Borretsch 79
Brunnenkresse 80

Capsicum-Gewürze 26-29
Chili 28-31
Currykraut 81

Dill 82
Dressings, Herstellung von 132

Estragon 84
Fenchel 30

Galgant 32
Geräte 126
Getränke 136
Gewürze und Kräuter richtig lagern und verwenden 123
Gewürz- und Küchenkräuter tiefkühlen 122
Gewürz- und Küchenkräuter trocknen 122
Gewürzessige, Herstellung von 130-131
Gewürzmischungen, Herstellung von 125
Gewürznelke 33
Gewürzöle, Herstellung von 128-129
Gewürzpaprika 28-31
Grundausstattung Gewürze 124

Ingwer 36

Kaffee 136
Kaffirlimette 119
Kakao 115
Kandieren von Blüten 137
Kapern 116
Kardamom 38

Kerbel 85
Knoblauch 40
Koriander 42
Kräuterbutter, Herstellung von 133
Kreuzkümmel 44
Kümmel 45
Kurkuma 47

Lavendel 86
Liebstöckel 87
Lorbeer 88

Macis 48
Majoran 89
Marinaden, Herstellung von 134-135
Mastix 104
Meerettich 117
Minze 90
Mohnsamen 109
Muskatnuss 48

Oregano 91

Petersilie 92
Pfeffer 51
   grüner 52
   Kubeben- 53
   Langer 52
   Lieferkette 310-311
   Melegueta- 54
   roter 52
   schwarzer 52
   Szechuan- 54
   Tasmanischer 54
   weißer 52
Piment 55

Regeln im Umgang mit Gewürzen und Kräutern 123
Rosa Beeren 57
Rosmarin 94

Safran 58
Salbei 96
Salz 132-133
Schnittlauch 98
Schwarzkümmel 110
Senf 118,
Sesam 111
Sternanis 60
Sumach 106
Süßholz 105

Tamarinde 61
Thymian 99
Tonkabohne 62

Vanille 64

Wacholder 67
Waldmeister 101

Ysop 107
Yuzu 119

Zimt 69
Zitrone 119
Zitronengras 71
Zitrusfrüchte 119
Zwiebel 72

Gesunder Genuss
Ätherische Ölmischung »Good for the mood« 39
Beifußtee 77
Blasentee 43
Gurgellösung 97
Herzstärkender Trank 32
Ingwertee 37
Magen-Darm-Tee 24
Minztee 90
Pfarrer Kneipps Wacholderkur 68
Rosmarintee 95
Schlankheitstee 31
Zwiebelsirup 73

Rezeptregister

Acciughe sotto pesto - marinierte Sardellen 195
Achaar-Salat, südafrikanischer, mit gebratenem Wolfsbarsch 152
Agneau au vin - Lammfleisch in Rotwein 208
Ananas, gebratene, mit Piment 276

Bärlauchpesto 223
Baharat 160
Baharat-Barbecuesauce 164
Baklava - Mandel-Kardamom-Gebäck 187
Bananas Fosters 258
Barbecue-Würzmischung 250
Babusa - ägyptische Grießschnitten 184
Bayerische Creme 244
Berbere 142
Berbere-Schokoladenpudding mit Orangeneis 154
Birnen, pochierte, im Gewürzsud 308
Bobotie - Hackfleischauflauf 146
Bouillabaisse - südfranzösische Fischsuppe 204
Bouquet garni 191
Buchweizenrisotto mit frischen Tomaten, Gartengurke und weißer Sauce 226
Bulgur-Linsen-Bällchen mit gebratenem Chinakohl 168
Burger mit selbst gemachtem Brötchen und Süßkartoffelpommes 256
Butter, aromatisierte 133
  Minze-Salz-Butter 133
  Salbeibutter 133

Cajun-Würzmischung 250
Cajun-Salat mit Putenfleisch 252
Callaloo »Voodoo« - karibischer Krabbentopf 265
Caponata 195
Chakalaka 143
Chat masala 280
Chettinad masala 280
Chimichurri 262
Chimichurri-Steaks 272
Chonke khatte - indische Erbsen 292
Chutney
  Mango- 178
  süß-scharfes 283

Coleslaw - amerikanischer Karotten-Kraut-Salat 254
Couscous, tunesischer, mit Lammfleisch 171
Crème brulée mit Lavendel 216
Currymischungen 284-285
  Basismischung 284
  für Geflügelgerichte 285
  für Gemüsegerichte 285
  für Rindfleischgerichte 285

Dorade, gegrillt, mit Fenchel und Ananas-*harissa*-Relish 180
Dressings 132
  Kaki-Dressing 132
  Thymian-Senf-Dressing 132
  Walnuss-Vinaigrette 132
Dukka 162

Eier, pochierte, in Senfsauce 224
Erbsen, indische 292
Erdbeeren mit Minze 217

Falafeln mit Sauerrahmdip 170
Feigen, frische, in Sirup 186
Fischcurry, Goa- 305
Fischgewürz 221
Fischsuppe, südfranzösische 204
Fischschnitten, baltische 242
Fladenbrot
  äthiopisches, mit Rotwein-Feigen-Dip 144
  jemenetisches, mit Linsenpüree 166
Frittata con zucchini e pinoli - mediterranes Zucchini-Omelett 196
Frühlingsröllchen, vegetarische 290
Fünf-Gewürze-Mischung, chinesische 282
Fufu-Laibchen, gebratene 144

Garam masala 280
Garnelen mit Cranberry-Sauerkirsch-*espuma* 304
Gemüse, griechisches, mit gegrilltem Wolfsbarsch 198
Gemüsetortilla, spanische 202
Getränke 136-137
  Gewürztee »Chai« 137
  Glühwein 136
  Kaffee, orientalischer 136
  Schokotrunk 136

Gewürzentenbrust, karamellisierte, mit Apfel-Sellerie-Salat 302
Gewürzessig 130-131
  Dillessig 131
  Estragonessig 131
  Rosmarinessig 130
Gewürzketchup 251
Grießschnitten, ägyptische 184
Goa-Fischcurry 305
Gomasio - japanisches Sesamsalz 282
Gremolata - italienische Würzpaste 192
Grüne Sauce, Frankfurter 224

Hackfleischauflauf mit Rosinen 146
Harissa 163
Hokkaido-Kürbissuppe 289
Hirschgulasch 232
Hühnchen in Erdnusssauce 148
Hühnchen mit *berbere* und Kichererbsen 149

Injera - äthiopisches Fladenbrot mit Rotwein-Feigen-Dip 144
Italienische Kräuter 191

Jerk chicken, jamaikanisches 269
»Johnny Cakes« 276

Kalbsrückensteaks, gefüllte, mit *ras-el-hanout*-Peperonata und gebackenen Zucchiniblüten 174
Kanelbullar - schwedische Zimtschnecken 244
Kapernsauce 193
Kartoffeln, gebackene, mit Elchwurst 233
Karotten-Kokos-Suppe, karibische 264
Kichererbsen-Kartoffel-Curry 293
Kilu - Fischschnitten, baltisch 242
Koeksisters - frittierte Teigzöpfe 156
Kokoshühnchen, würziges 270
Krabbentopf, karibischer 265
Kräuter
  der Provence 190
  Italienische 191
  Tessiner 190
Kürbissuppe 289

Lachs
  nordischer, aus dem Wacholderrauch 241
  Tandoori- 305
Lammfleisch in Rotwein 208
Lammcurry, indisches 298
Lammrücken mit Zitronencouscous 176
Lavendeleis 214
Loempia – vegetarische Frühlingsröllchen 290

Mandel-Kardamom-Gebäck mit Pistazien 187
Mango-Dorade in milder Currysauce 306
Mango-Hähnchen-Curry 299
Mangopudding mit Kokosmilch 308
Marinaden 134–135
  Asia-Marinade 134
  Barbecue-Marinade 135
  Mediterrane Marinade 135
  Piri-piri-Marinade 150
Masalas
  Achaar masala 152
  Chat masala 280
  Chetinaad masala 280
  Garam masala 280
Masala-Kartoffeln, indische 292
Mayonnaise 251
Minzsauce 222
Misosuppe mit Kresse-Eierstich 288
Mohnstriezel, schlesischer 247
Mojo rojo – kanarische Würzsauce 193
Moscardini in umido – Tintenfischragout 211

Nam prik 281
Nudelauflauf, süßer 266
Nudeltopf, mediterraner 200

Öl, aromatisiertes 128
  Anis-Minz-Öl 129
  Basilikumöl 128
  Knoblauchöl 129
Ossobuco alla milanese mit Polenta 206

Paella de mariscos – spanische Reispfanne mit Meeresfrüchten 201

Panch phoron 281
Pasanda – indisches Lammcurry 298
Persillade – französische Würzpaste 192
Piri-piri-Hühnchen 150
Pok Choi, gegrillter, mit würziger Kokossauce 268
Poudre de Colombo 262
Porchetta – Schweinebraten toskanisch 207

Quatre épices 191

Ras el-hanout 161
Rehfrikadellen mit Kartoffel-Sellerie-Püree 238
Reispfanne, spanische, mit Meeresfrüchten 201
Reispudding »New Orleans« 258
Rentierrücken in Dörrobst-Nuss-Kruste mit Feigenconfit und Gewürzschmarren 234
Rinderfilet, würziges, auf Sojasprossensalat mit Minze 294

Sambal oelek 281
Salbeimäuschen 194
Salsa roja (Mexiko) 263
Salsa verde
  italienische Würzsauce 193
  aus Mexiko 263
Salzzitronen 149
Sardellen, marinierte 195
Sauerbraten, badischer 229
Sauerkirsch-Rotwein-Creme, ungarische 246
Schweinebäckchen in Trollingersauce mit Wurzelgemüse und Petersilienspätzle 230
Schweinebraten toskanisch 207
»Scrolljoe's Baked Vermicelli« – süßer Nudelauflauf 266
Seeteufelsteaks mit Auberginen, Zucchini und salsa verde 212
Sesamsalz, japanisches 282
Shichimi togarashi 282
Shichimi-togarashi-Rinderhüfte, saftig, mit Wokgemüse 296
Spaghetti allo scoglio – Spaghetti »vom Felsen« 210
Spareribs 255
Sushi mit Avocado-wasabi-Creme und gebeiztem Lachs 286

Tabil 162
Taboulé 165
Tafelspitz 228
Tandoori-Garnelen mit Cranberry-Sauerkirsch-espuma und Puy-Linsen 304
Tandoori-Lachs 305
Tatar vom gebeizten Zander mit chimichurri und Kopfsalatherzen 274
Teigzöpfe, frittierte, aus Südafrika 156
Teriyaki-Entenbrust mit gebratenen soba-Nudeln 300
Thunfischfilets in dukka-Kruste mit Mango-Chutney 178
Tintenfischragout 211
Tofu, gefüllter, auf Sprossensalat 291

Wat 142
Wildbeize 220
Wildgewürz 220
Wildlachs, gebeizter 240
Waldmeistersirup 101
Wallerfilets, mit dukka gebraten, auf Bärlauchgraupen mit Hummerschaum 179
Wildburger vom Räucherbrett mit Cumberlandsauce 237
Wildschweinrücken mit Zwiebelconfit und Kartoffelbrei 236
Würzbutter »Café de Paris« 223
Würzmischung für Lebkuchen 221

Zanderfilet mit dukka-Kräuter-Haube mit Kichererbsen-Mousseline, Tomatensugo und karamellisierten Petersilienwurzeln 182
Ziegenfrischkäserollen, gekräuterte 194
Zimtschnecken, schwedische 244
Zitronenhähnchen, marokkanisches, in der Tajine 172
Zitrone, gebeizte 164
Zitronenpüree 164
Zitronenwasser 164
Zhug 160
Zucchini-Omelett, mediterranes 196
Zwiebelrelish 222

Glossar

Abschrecken: Heißes Kochgut in (eis-)kaltes Wasser tauchen oder kalt abspülen, um dessen Temperatur schnell zu senken und den Garprozess sofort zu stoppen.

Anschwitzen: Ein Lebensmittel bei niedriger Temperatur in wenig Fett kurz angaren, ohne dass es Farbe annimmt. Auch das Erhitzen von Mehl in heißem Fett, vorzugsweise Butter, unter ständigem Rühren bei der Zubereitung von Mehlschwitze wird als Anschwitzen bezeichnet.

Binden (legieren): Flüssige Speisen wie Suppen, Saucen und Cremes durch Einrühren von Bindemitteln wie Mehl, Stärke, Mehlschwitze, Sahne oder Eigelb andicken, um ihnen eine cremigere, sämige Konsistenz zu verleihen.

Blanchieren: Gemüse, Kräuter oder Fleisch kurz in kochendem Salzwasser angaren, um sie von Verunreinigungen zu befreien, um Häute und Schalen zu lösen oder um harte Gemüse vorzugaren, die anschließend mit weicheren Zutaten weiter gekocht werden sollen. Beim Blanchieren bleiben natürliche Farbe, Geschmack und Struktur des Kochguts erhalten.

Bouquet garni: Kräutersträußchen zum Aromatisieren und Würzen von Suppen und Saucen (siehe Seite 191). Traditionell besteht es aus Petersilie, Thymian sowie Lorbeer und kann je nach Verwendungszweck mit Gemüse und anderen Kräutern variiert werden.

Curry: Anglisierte Form des tamilischen Begriffs *kari*, »würzige Sauce«. Als Curry werden verschiedene eintopfartige Gerichte der süd- und und südostasiatischen Küche sowie die zugrunde liegenden Würzmischungen (siehe Seiten 282–283) bezeichnet.

Dämpfen: Garmethode, bei der das Gargut im geschlossenen Topf in einem Dämpfeinsatz in Wasserdampf bei 100 °C gegart wird. Der Dämpfeinsatz hält die Lebensmittel vom Wasser fern, sodass ihre Inhaltsstoffe geschont werden.

Dashi: In der japanischen Küche gebräuchliche Brühe aus Wasser, Algen und *bonito*-Flocken. Sie wird pur und als Suppenbasis verwendet.

Dünsten: Rohe Lebensmittel werden mit wenig oder keinem Fett in etwas Flüssigkeit gegart.

Fines herbes: Französische Kräutermischung aus Schnittlauch, Estragon, Petersilie und Kerbel. Die Mischung wird zur Zubereitung von Suppen, Saucen, Eierspeisen und Gemüse verwendet.

Fond: Konzentrat, das beim langen Garen von Fleisch und/oder Gemüse in Flüssigkeit gewonnen wird. Die Aromen gehen in den Fond über.

Gewürzsäckchen: Kleiner Beutel aus Mull oder Teefilterpapier, alternativ auch in Form eines Gewürz-Eis aus Metall, in dem Gewürze zum Mitgaren zusammenfasst werden. Gewürzsäckchen oder -Eier erleichtern das vollständige Entfernen der Gewürze vor dem Verzehr.

Glace: Sirupartig eingedickter Fond zum Verfeinern oder Herstellen von Saucen und Suppen. Kalt erstarrt die Glace zu einer schnittfesten Masse.

Glasieren: Das Überziehen von Lebensmitteln mit einer glänzenden Schicht, etwa durch Bestreichen mit zerlassener Butter, Zuckermasse oder Honig.

Gratinieren: Ein Gericht bei starker Oberhitze oder unter dem Backofengrill überbacken, sodass eine goldbraune Kruste entsteht.

Jus: Fettfreier Bratensaft, der zur Herstellung von Saucen verwendet wird.

Karamellisieren: Lebensmittel oder Speisen mit karamellisiertem Zucker überziehen. Dazu wird Zucker unter ständigem Rühren so lange erhitzt, bis er geschmolzen und goldbraun ist.

Kerntemperatur: Die Temperatur, die in der Mitte, also im Kern eines Garguts oder Lebensmittels vorherrscht. Sie dient als Anhaltspunkt dafür, ob ein Vorgang (Tiefkühlen, Garen) abgeschlossen ist oder ob Gargut bis ins Zentrum die gewünschte Temperatur erreicht hat. Die Kerntemperatur wird gewöhnlich mithilfe eines Bratenthermometers ermittelt.

Marinade: Eine mit Kräutern und Gewürzen angereicherte Flüssigkeit (Wein, Zitronensaft, Essig, Sojasauce) oder Paste, die dem Würzen und Haltbarmachen von Fleisch, Fisch und Gemüse dient. Die Zutat wird wenige Minuten bis mehrere Stunden in die Marinade eingelegt.

Masalas: Würzmischungen zur Zubereitung aromatischer indischer Speisen. Die Zusammensetzung ist regional geprägt und sehr unterschiedlich, häufig gehören Chili, Korianderfrüchte, Pfeffer, Zimt und Knoblauch zu den Zutaten. Bekanntestes *masala* und Basiswürze für die indische Küche ist das *garam masala* (siehe Seite 280).

Mie de pain: Frisches Weiß- oder Toastbrot wird ohne Rinde fein gerieben und dann meist zum Panieren verwendet.

Mousseline: Eine schaumige, mit Schlagsahne zubereitete Sauce, die ihren Ursprung in der französischen Kochkunst hat.

Muscovadozucker: Ein leicht feuchter, brauner, hoch aromatischer Rohzucker mit hohem Melasseanteil. Sein Aromaspektrum reicht von Karamell- und Malznoten bis hin zu deutlichem Lakritzgeschmack.

Nussbutter: Durch Erhitzen aromatisierte, goldbraune, flüssige Butter mit nussiger Note. Beim Schmelzen der Butter setzt sich der Milchzucker am Topfboden ab und karamellisiert, wodurch das Nussaroma entsteht. Anschließend wird die noch flüssige Butter durch ein Tuch passiert und kann sofort verwendet werden.

Parieren: Das Befreien von Fleisch, Geflügel oder Fisch von allen nicht essbaren Teilen. Die so entfernten Teile nennt man Parüren.

Passieren: Flüssigkeiten, Pürees oder Farcen werden durch ein feines Sieb oder ein Passiertuch gegossen, gestrichen oder gedrückt, um möglichst alle Trüb- und Schwebstoffe sowie anderen festen Bestandteile herauszufiltern. Um das gewünschte Ergebnis zu erzielen, kann auch mehrmaliges Passieren nötig sein.

Pochieren: Eine schonende Garmethode für empfindliche Lebensmittel wie Eier (siehe Seite 224) oder Früchte (siehe Seite 308). Beim Pochieren zieht das Gargut in einer heißen, aber stets unter dem Siedepunkt gehaltenen Flüssigkeit langsam gar.

Quatre épices: Traditionelle Vier-Gewürze-Mischung aus der französischen Küche. Diese besteht meist aus Pfeffer, Gewürznelken, Muskatnuss und Zimt, andere Varianten (siehe Seite 191) sind aber möglich. Verwendet wird die Mischung für eingelegtes Gemüse, Terrinen, Pasteten, Wildgerichte, Ragouts und Würste, aber auch als Lebkuchengewürz.

Reduzieren: Flüssigkeiten wie Brühen, Suppen oder Saucen werden im offenem Topf eingekocht, bis sie die gewünschte Konsistenz und ein intensiveres Aroma erreicht haben. Die so entstandene sämige Flüssigkeit wird als Reduktion bezeichnet.

Schmoren: Langsame Garmethode, bei der das Gargut im geschlossenem Topf bei mittlerer Temperatur in Flüssigkeit gekocht wird.

Spicken: Einstecken von Speckstücken oder Kräutern und anderen Würzmitteln in Lebensmittel, um diese zu aromatisieren.

Zesten: Hauchdünne Streifen der äußeren Schale von Zitrusfrüchten. Sie werden zum Aromatisieren von pikanten und süßen Speisen verwendet.

Die Rezeptautoren

Verband der Köche Deutschlands e.V. (VKD) – Kompetenz in Sachen Köche und Kochkunst

Die rund 12.000 Mitglieder des VKD üben mit Lust, Liebe und Leidenschaft ihren Beruf aus. Die Kompetenz des VKD ist so hoch, weil seine Mitglieder in allen Bereichen der Branche – von der Gemeinschaftsverpflegung bis zur Sterne-Gastronomie – tätig sind und Akzente setzen. Zudem legt der Berufsverband größten Wert auf die Aus- und Weiterbildung, jährlich wird der Titel »Top-Ausbilder des Jahres« vergeben, qualifizierte Ausbildungsbetriebe werden zertifiziert. Seit 1900 richtet der VKD alle vier Jahre die IKA/Olympiade der Köche aus.

Joachim Elflein: Küchen- und F&B-Direktor des *Seehotels*, Niedernberg. Küchenmeister. Nach der Ausbildung im *Gasthof St. Lukas*, Bayrischzell, verschiedene leitende Positionen, unter anderem im *Steigenberger Airport Hotel* und im *Le Meridien Parkhotel*, Frankfurt. Danach Auslandsaufenthalte wie in der Deutschen Botschaft in Casablanca/Marokko und im *Royal Le Meridien Bristol*, Warschau. Erhielt 2014 die Auszeichnung »Top-Ausbilder des Jahres«.

Markus Haxter: Inhaber *Cuisine Concept*, Bergisch Gladbach. Küchenmeister, Dozent, Buchautor. Lernte im *Hyatt*, Köln, und machte sich nach seinen Wanderjahren zu Land und zur See sowie nach einer Tournee mit Ferran Adria als Food-Stylist und Trendentwickler selbstständig. Als Bio-Koch auf Deutschland-Tour mit Auszeichnung der UNESCO für nachhaltige Bildung. Kulinarischer Botschafter des Landes Nordrhein-Westfalen.

Julia Komp: Köchin im Restaurant *La Pôele d'Or*, Köln. Mit 25 Jahren die jüngste Autorin. Nach der Ausbildung im Gästecasino vom TÜV Rheinland, Köln. Bis Ende 2013 Mitglied der deutschen Jugendnationalmannschaft der Köche. Zahlreiche Einzelauszeichnungen als Köchin bei Stadt-/Landesmeisterschaften. Titelerfolge in Costa Rica und Russland. 2013 kulinarische Botschafterin des Online-Reiseportals *Momondo*. 2014 Finalistin bei »Next Queen of Cuisine«.

Georg Lohmann: Cooperate Executive Chef für den Mittleren Osten, Afrika und die Türkei für Unilever Foodservice, Heilbronn, bis 2010. Nach der Ausbildung im *Hotel Schlenter am Ring*, Köln, Wanderjahre durch renommierte Häuser, darunter *Hilberts Parkhotel*, Bad Nauheim. Viele Jahre auf Kreuzfahrtschiffen unterwegs, darunter der MS Astor, dem ersten Fernseh-*Traumschiff*, auf der er Küchenleiter war. Noch heute Trainer für Küchenchefs und Nationalmannschaften in der Türkei.

Frank Gulewitsch: Inhaber *Il Boccone*, Ludwigsburg. Küchenmeister, internationaler Juror für Kochwettbewerbe. Ausbildung im *Stumpenhof*, Plochingen. Danach weitere Stationen wie bei Frank Aspacher, *Landhotel Schlosswirtschaft*, Illereichen, *Palace Hotel*, St. Moritz, *Köhlerstube* in der *Traube Tonbach*, Baiersbronn.

Stefan Jung: Betriebsleiter *Eurest* in Blumberg. Küchenmeister, diätetisch geschulter Koch. Nach der Ausbildung in der Fachklinik Sonnenhof, Waldachtal, diverse Stationen, darunter das Sterne-Restaurant im *Hotel Adler*, Asperg, und die Kurklinik Hänsleberg, Bad Dürrheim. Seit einigen Jahren als Juror in nationalen wie internationalen Wettbewerben für die Gemeinschaftsverpflegung tätig.

Guido Kramer: Küchenchef *Schlossresidenz Mühlberg*, Frankfurt am Main. Küchenmeister. Nach der Ausbildung im *Hotel Gaudesberger*, Bad Nauheim, Stationen im *Steigenberger Airport Hotel*, Frankfurt, Privatkoch beim Generalkonsul von Chile, Bruno H. Schubert, Frankfurt.

Dirk Melsheimer: Inhaber Boutique-Hotel *Villa Melsheimer*, Reil/Mosel. Koch, Restaurantfachmann, Hotelkaufmann. Gelernt im *Hotel Weißmühle*, Cochem. Danach Hoteleinsätze in der *Sheraton Hotels & Resorts* Gruppe in London und Sydney. Eigener Partyservice an der Mosel. Seit 2000 Hotelbesitzer. Für besondere Verdienste um die Ausbildung als »Top-Ausbilder 2010« ausgezeichnet.

REZEPTAUTOREN

Ralf B. Meneghini: Schulungsleiter und Anwendungscoach bei Palux AG, Bad Mergentheim. Bäcker/Patissier, Küchenmeister, Dozent. Nach der Ausbildung sammelte er kulinarische Erfahrungen in Deutschland, Afrika, Spanien, Griechenland, Schweiz, Österreich sowie den USA. Er arbeitete in den Küchen der besten Kreuzfahrtschiffe der Welt und in leitender Position in Hotels in Bayern. Bis 2011 Teammanager der deutschen Nationalmannschaft der Köche.

Manfred Müllers: Universität Johannesburg/Südafrika, Hospitaltity Management. Küchenmeister, F&B-Manager, Hotel- und Gastronomiemanagement (BA). Nach der Ausbildung in Aachen Übersiedlung nach Südafrika. Leitende Position im *Edward Hotel*, *Blue Waters Hotel*, *Southern Sun Hotel Group*, Durban. Bis 1982 Präsident des Kochverbands Südafrika. In den 1980er-Jahren Teammanager der südafrikanischen Nationalmannschaft der Köche. Juror bei Kochwettbewerben. Ab 1996 Fachlehrer.

Michael Viehmann: Küchenleiter im Internat des Hotel- und Gaststättengewerbes, Bad Überkingen. Küchenmeister, 1. Vorsitzender des Kochvereins Stuttgart 1890. Ausbildung im *Pannonia Hotel*, Stuttgart. Weitere renommierte Stationen in Stuttgart, unter anderem als Küchenleiter im *Mo.town*. Aufenthalt in der Schweiz im *Kulm Hotel & Alpin Spa*, Arosa. Initiator von Jugendwettbewerben für Köche in Stuttgart.

Hermann Welter: Küchenleiter des Bildungs- und Freizeitzentrums Stiftsberg, Kyllburg. Metzger, Küchenmeister, Diplom-Ernährungsberater. Nach der Ausbildung im *Hotel Post*, Bernkastel-Kues, Aufenthalte in den USA, Argentinien und der Schweiz, teilweise als Privatkoch. Teilnahme an nationalen/internationalen Kochwettbewerben, Initiator von Küchenpartys in der Region Eifel mit Spitzenköchen aus aller Welt.

Siegfried Wintgen: Inhaber von »Gesundheitsbewusstes Kochen«, Österreich. Küchenmeister, Ernährungsberater, Gesundheitswissenschaftler (MSc), Gesundheitsmanagement (MBA), TCM-Abschluss, Trainer, Dozent, Autor, VKD-Vorstand. Nach der Ausbildung im *Hotel Vier Jahreszeiten*, München, verschiedene Stationen in der Spitzenhotellerie. Als Gesundheitstrainer Schwerpunkt auf Ernährung, Bewegung, Entspannung. Bis 2004 Mitglied der deutschen Nationalmannschaft der Köche.

Markus Wolf: Fachlehrer für Ernährung an der Bergius Berufsschule Frankfurt/Main. Hotelfachmann, Küchenmeister. Ausbildung im *Hotel Kempinski Gravenbruch*, Frankfurt. Zahlreiche Goldmedaillen. Preisträger des Förderpreises KUSS des Landes Hessen. Seit 2010 Teammanager der deutschen Jugendnationalmannschaft der Köche..

Holger Mootz: Küchenchef *Hotel Residenz* am Motzener See, Mittenwalde. Küchenmeister, organisiert Kochkurse. Nach der Ausbildung im *Treffhotel* im Harz verschiedene Stationen, unter anderem Kurhotel Bad Harzburg, *Hotel Borchard's Rookhus*, Wesenberg, *Hotel am Meer*, Binz, Restaurant *Alte Bootswerft* und *Rügen Rauch-Lachsmanufaktur*. Teilnehmer am *Bocuse d'Or* Germany 2014.

Karl Nafz: Produkt- und Qualitätsmanager beim Universitätsklinikum Tübingen. Küchenmeister, diätetisch geschulter Koch, Dozent, VKD-Vorstand. Zahlreiche Auszeichnungen wie Koch des Jahres in der Diätetik, Nationaler Ideenwettbewerb, 2. Platz, Auszeichnung von Baden-Württemberg und erster Sieger beim Kronenpokal über die Verarbeitung regionaler Produkte und Förderung der Esskultur. Zahlreiche Ausarbeitungen für Köche in der Gemeinschaftsverpflegung.

René Weiser: Fachlehrer an der Beruflichen Schule des Wetteraukreises, Butzbach. Küchenmeister, Diätkoch, Verpflegungsbetriebswirt, Qualitätsbeauftragter für Lebensmittel. Ihn zog es nach der Ausbildung im *Dorint Hotel Rhein-Lahn*, Lahnstein, in renommierte Hotels in den USA und in der Schweiz. Seit 2010 Teamtrainer der deutschen Jugendnationalmannschaft der Köche.

Rainer Werchner: Geschäftsführer bei Hela Gewürzwerk Hermann Laue in Österreich. Küchen- und Metzgermeister, VKD-Vorstand, internationale Jurytätigkeiten. Ging nach seiner Ausbildung im *Hotel Schrieder*, Heidelberg, zunächst in die gehobene Gastronomie nach Hamburg, unter anderen *Landhaus Dill* und *La Mer*. Langjährige Aufenthalte in China und der Schweiz. Bis 2013 Teammanager der deutschen Nationalmannschaft der Köche.

Jens Woitzik: Inhaber Restaurant *Esszimmer*, Großostheim. Küchenmeister. Gelernt im *Zum Goldenen Ochsen*, Aschaffenburg. Weitere Stationen in Herleshausen, *Hotel Restaurant Jörg Müller*, Sylt, *São Gabriel*, Portugal, *Hotel Landhaus Waitz*, Lämmerspiel, Kreuzfahrtschiff *Aida*. Ehemaliges Mitglied der deutschen Nationalmannschaft der Köche.

Produktmanagement: Eva Dotterweich
Textredaktion: Gundula Müller-Wallraf
Korrektur: Gertraud Müller
Layout und Satz: Büro Müller-Wallraf, München
Umschlaggestaltung: Caroline Daphne Georgiadis, Daphne Design
Repro: Repro Ludwig, Zell am See
Herstellung: Bettina Schippel
Texte Einleitung, Warenkunde und Küchenpraxis: Dr. Manuela Mahn
Rezepte: Köche des VKD (siehe Seite 318–319), Dr. Manuela Mahn und Michael Ritter
Fotografie: Michael Gunz
Foodstyling: Michael Ritter
Printed in Slovenia by Neografia Martin

★★★★★

Sind Sie mit diesem Titel zufrieden? Dann würden wir uns über Ihre Weiterempfehlung freuen.

Erzählen Sie es im Freundeskreis, berichten Sie Ihrem Buchhändler, oder bewerten Sie bei Onlinekauf. Und wenn Sie Kritik, Korrekturen, Aktualisierungen haben, freuen wir uns über Ihre Nachricht an Christian Verlag, Postfach 40 02 09, D-80702 München oder per E-Mail an lektorat@verlagshaus.de.

Unser komplettes Programm finden Sie unter christian-verlag.de

Alle Angaben dieses Werkes wurden von den Autoren sorgfältig recherchiert und auf den neuesten Stand gebracht sowie vom Verlag geprüft. Für die Richtigkeit der Angaben kann jedoch keine Haftung übernommen werden.

Bildnachweis: Rezeptfotos und Freisteller: Gunz & Ritter, außer: Picture-alliance/akg-images: S. 11, 12; Shutterstock: S. 6, 15, 30 (oben), 32 (oben), 36 (oben), 42, 69, 70 (oben), 71 (oben), 72, 73, 74, 75, 77 (oben), 79, 80, 82 (oben), 88, 89 (oben), 90, 91 (oben), 96, 102 (oben), 103, 105, 108 (oben), 112, 115, 117 (o. u. unten re.), 119 (li. oben); Wikipedia: S. 13 (»Legenogapotekeren«; lizenziert unter Public domain über Wikimedia Commons http://commons.wikimedia.org/wiki/File:Legenogapotekeren.jpg#mediaviewer/File:Legenogapotekeren.jpg); S. 14 (»Caravane sur la Route de la soie - Atlas catalan« von Cresques Abraham - Atlas catalan; lizenziert unter Public domain über Wikimedia Commons - http://commons.wikimedia.org/wiki/File:Caravane_sur_la_Route_de_la_soie__Atlas_catalan.jpg#mediaviewer/File:Caravane_sur_la_Route_de_la_soie_-_Atlas_catalan.jpg).

Die Deutsche Nationalbibliothek verzeichnet diese Publikation in der Deutschen Nationalbibliografie; detaillierte bibliografische Daten sind im Internet über http://dnb.d-nb.de abrufbar.

© 2014 Christian Verlag GmbH, München

ISBN 978-3-86244-677-3

Ein herzlicher Dank geht an die Mitglieder des Verbands der Köche Deutschlands e.V. (VKD), die an diesem Buch mitgewirkt haben, sowie an Deborah Schumann für die Koordination.
Ein großer Dank geht auch an FUCHS Gewürze GmbH (www.fuchs.de) für die Texte und Illustrationen von S. 310/311 sowie für die Bereitstellung von Gewürzen in Top-Qualität. Wir danken außerdem vielmals Rosemarie Weber von Kräuteräckerle (roses-kraeuteraeckerle@web.de) und Rimoco Gewürzmanufaktur (www.rimoco.de) für die Bereitstellung von Gewürzen und Kräutern sowie ZWILLING J. A. Henckels AG (www.zwilling.com) und PSP Deutschland GmbH (www.psp-peugeot.de) für die Leihgabe der hervorragenden Küchenutensilien.